ISBN 978-1-5284-4341-8
PIBN 10918379

1 MONTH OF
FREE
READING

at
www.ForgottenBooks.com

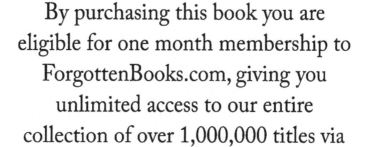

By purchasing this book you are eligible for one month membership to ForgottenBooks.com, giving you unlimited access to our entire collection of over 1,000,000 titles via our web site and mobile apps.

To claim your free month visit:
www.forgottenbooks.com/free918379

English
Français
Deutsche
Italiano
Español
Português

www.forgottenbooks.com

Mythology Photography **Fiction**
Fishing Christianity **Art** Cooking
Essays Buddhism Freemasonry
Medicine **Biology** Music **Ancient
Egypt** Evolution Carpentry Physics
Dance Geology **Mathematics** Fitness
Shakespeare **Folklore** Yoga Marketing
Confidence Immortality Biographies
Poetry **Psychology** Witchcraft
Electronics Chemistry History **Law**
Accounting **Philosophy** Anthropology
Alchemy Drama Quantum Mechanics
Atheism Sexual Health **Ancient History**
Entrepreneurship Languages Sport
Paleontology Needlework Islam
Metaphysics Investment Archaeology
Parenting Statistics Criminology
Motivational

PROLÉTAIRES

NÉCESSITÉ ET MOYENS

D'AMÉLIORER LEUR SORT,

PAR

l'Auteur du *Monde avant le Christ*.

Action et Redemption sans Révolution.
A tout homme qui craint le mal et qui veut le bien.

PARIS,
MELLIER FRÈRES, LIBRAIRIE RELIGIEUSE,
Place Saint-André-des-Arts, 11.

LYON,
GUYOT PÈRE ET FILS, LIBRAIRES,
Grande-Rue Mercière, 37.
—
1846

INTRODUCTION.

Quelles idées le lecteur rencontrera-t-il dans cet écrit, marqué au sceau d'un nom devenu terrible, le nom du prolétaire? — Il y rencontrera des idées de justice et de rédemption, cela veut dire d'ordre et de paix.

Court-il le risque de s'égarer au milieu de l'énorme amas de faits, de descriptions de mœurs, de personnes ou de position qui, page à page, s'y accumulent ou s'y déroulent? Je ne le pense point. Chaque objet, chaque terme de comparaison me paraît se distinguer de l'autre par des différences trop sensibles, pour que l'éblouissement de la confusion fatigue l'œil et trompe le regard.

Mais, peut-être, à la vue des misères et des menaçantes irritations du prolétariat, celui qui ouvrira ce livre va-t-il s'arrêter, céder au découragement, à la terreur? Peut-être même sa nature impétueuse va-t-elle se soulever à l'aspect des obstacles et des dangers? Oh! je ne nourris point cette crainte! Je connais trop ce pays pour redouter de m'être déçu en comptant sur plus de courage et plus de calme. Je me repose avec confiance sur l'activité de cœur et d'intelligence des hommes loyaux et droits. Ceux-là aideront mes paroles à tirer quelque vertu des principes sociaux, si fertiles en miracles partout où nos passions ne les étouffent point sous le sophisme.

Au milieu de cette guerre sourde de faits, de situations et de personnes; au milieu de ces agitations plus ou moins sensibles qui remuent et troublent l'ordre social dans ses plus intimes profondeurs, une pensée qui naît de l'observation raffermit l'âme et la console. C'est l'extrême facilité de guérison que les ressources de notre patrie semblent offrir aux maux qui la ravagent et qui menacent son avenir. Il ne peut être sans attrait pour nous de sentir et de voir à notre portée les moyens naturels de restaurer l'ordre social et d'en consolider les plus larges bases.

Non : point d'empirisme, point de systèmes, point de violences, point de secousses! il y a dans ces paroles, qui sont le résultat de mes convictions et la base de ce travail, de quoi rassurer les pusillanimes et de quoi, je l'espère, exciter les hommes les plus antipathiques au mouvement.

Homme du progrès, je porte une franche haine aux abus; car ils provoquent et motivent les révolutions, notre terreur; les révolutions, cette effroyable et anarchique justice! La guerre que je leur déclare n'est donc point celle qui produit les bouleversements, bien au contraire; et je ne combats que pour les prévenir! Les propriétés et les droits me sont sacrés, et loin d'appartenir à aucune des écoles qui s'évertuent à les diminuer ou à les ravir, sous prétexte de les communiquer à tous, je ne travaille qu'à les accroître et à les étendre!

Donner à qui n'a point, sans ôter à qui possède, voilà la formule d'un problème, dont la solution se dégage lentement, mais naturellement, des faits et des conséquences enchaînés dans cet écrit.

S'il se rencontre un lecteur enclin à s'alarmer de quelques descriptions reproduites par ma plume, qu'il ne se hâte point de m'accuser, ma témérité n'est que prudence, il le verra. Je dispose l'oreille du voyageur à saisir les rugissements lointains du lion, qui signalent les dangers de la forêt. Est-ce là créer le danger?

Du concert de tous les faits que je rapporte s'échappe une sauvage et douloureuse harmonie : c'est leur langage, et ce n'est pas en vain que la Providence le leur a donné. Y resterons-nous sourds? Je me le figure d'autant moins, que cet ouvrage tout entier n'est qu'un des mille efforts tentés et répétés de toutes parts pour briser les fers qui lient l'homme à l'esclavage de la misère, et le condamnent à subir la dégradation morale et physique dont la misère imprime le sceau; car elle ne touche guère une tête sans la flétrir!

Que si nous ne brisons point ces fers, ils briseront nos têtes. La société périra; elle périra bientôt. J'entends répéter autour de moi que, chaque soir, l'œil qui regarde à l'horizon voit se redresser le fantôme menaçant de Spartacus! Mettre la main devant ses yeux pour ne point voir sous sa forme sensible cette prophétique apparition, ou de ses doigts se fermer les oreilles pour ne point entendre les paroles d'épouvante qui en jettent au vent la nouvelle, serait-ce la détruire? serait ce arrêter ou changer de direction ses conséquences? — Réponse :

L'herbe pousse, et nous ne la voyons point pousser et nous ne l'entendons point croître. Que nous y songions ou non, cependant, elle répand sa semence et envahit la terre. Il en est ainsi de cette vérité. Il importe donc à notre salut qu'elle se heurte à tous les échos capables de la faire retentir et de lui prêter une voix. Il importe que de cette voix elle ranime au fond de leurs sépulcres de chair tant d'intelligences léthargiques, tant de cœurs tombés en apathie. Il importe que, de la même voix, elle réveille en nous cette vertu d'humanité qui trop sommeille; on peut le dire, puisque tout le crie! — Mais on ne peut aussi le trop répéter aux violents réformateurs de notre époque : cette vertu, cette humanité

sincère ne hurle ni ruine, ni mort. Elle est active et douce ;
le Christ en a donné le secret.

Grâce à ce secret révélé, les principes de notre civilisation sont excellents et notre nation est excellente ! grâce au
ciel, qui nous l'a donné, notre territoire est excellent ; la
force et la fécondité le caractérisent. Pour qu'un peuple
placé dans de si vives conditions de prospérité périsse, il faut
qu'il ait envie de périr, et je ne sache autre désir à la nation
française que celui de mêler de longs jours de gloire et de
félicité au tissu d'une longue existence.

Gloire et félicité ! Il n'y a rien de tel cependant dans la
misère qui semble dévorer par milliers les vigoureux enfants des peuples européens, et tant de fils de la France ! Le
nom de cette misère est celui de la servitude même ; car ce
mal est son dernier effet ; il en est le plus incurable, et
pour le guérir, il faut.... de l'or : — Pardon du mot ! je ne
suis point banquier ; mais je l'emploie par laconisme, afin
de peindre en une syllabe tous les biens qui se résument
en lui et dont nous l'avons fait le symbole. Il faut, en effet,
pour guérir la misère, lui appliquer tous les biens que l'or
procure ou représente, et qui, matériels ou non, s'achètent
à son poids et s'évaluent à son cours. Les uns, ce sont la
vie de l'âme, l'éducation, la science des devoirs qui ne se
transmet point sans instituteur ; et ceux-ci ne sauraient
trouver le secret d'exister sans recevoir en numéraire la faculté de se nourrir, de se vêtir, de donner à leur tête l'abri
d'un toit... Les autres biens, ce sont les instruments du
travail et de l'aisance ; nous entendons par ce terme consacré, les moyens physiques de conserver et de propager la
vie du corps. Eh bien ! si pour guérir la misère il faut de
l'or, l'or est précisément ce qui manque, lorsque la misère
existe et sévit.

Où le trouver donc ? comment le produire ? de quelle

source faire jaillir cette rançon destinée à la délivrance de notre frère disgrâcié, le prolétaire? Tout le problème apparaît dans cette demande; mais que ses difficultés ne nous épouvantent point! Le sphynx ne dévore que ceux qui reculent. Nous avancerons, car la nécessité nous oblige à franchir le passage dont il défend la gorge.

Nous avancerons; et ce sera pour demander cet or à notre propre terroir, à l'esclavage lui-même, que ses travaux *adoucis* peuvent douer à la fois, *si nous le voulons*, de l'aisance et de la liberté. Si peu que l'état consente à nous aider de son bon vouloir, le succès ne peut se dérober à nos efforts; et nous ne toucherons aux coffres de la richesse publique que pour en multiplier les trésors.

Mais comment cela? cette proposition n'est-elle pas étrange? Eh! mon Dieu, non; c'est là, d'ailleurs, ce que cet écrit explique et développe; ou plutôt telle est la possibilité qu'il force tout homme droit de sens et loyal de cœur à envisager et à reconnaître!

Cependant, s'empressera-t-on de m'objecter, est-ce que que cette idée ne tourne point au système? vous y arrivez à votre tour. Vous y voilà!.. —Non, point du tout, et, qui mieux est, on aurait tort de traiter cette idée de hardie, de téméraire; elle n'est que grande, et sa grandeur est dans son extrême simplicité! Si je m'adresse à d'autres hommes qu'à des hommes de parti pris quand même, une faible attention les convaincra de la justice et de l'efficacité du plan que j'adopte; il est le plan même de la nature : or, par quelle fatalité ne s'est-il pas réalisé plus tôt! car, loin qu'il exige beaucoup d'art et de grands efforts pour réussir, nous concluerons qu'il a fallu lui opposer une suite de combinaisons, aussi laborieuses que funestes, pour prévenir l'heureuse spontanéité de ses développements et de ses effets.

Quelques mots auront à justifier ou à expliquer l'exécution de ce plan, dont le mode, assez singulier quelquefois, nous paraît indiqué par l'état actuel des esprits et des choses.

Pour certaines personnes, le prolétaire, c'est à peu près tout le peuple ; car, par l'extension qu'elles donnent à ce mot, c'est l'ensemble de la classe ouvrière; qui est à leurs yeux toute la nation, moins ce qu'elles nomment les inutiles, moins ce que leur farouche logique ne peut se décider à compter.

Pour d'autres, au contraire, le peuple entier n'est pas grand'chose : ce n'est qu'un ramas de prolétaires ! Ce n'est rien ! On ne compte pas plus ces gens-là que les grains de l'arène *qui se multiplient sous le pied dont la pesanteur les écrase.* On les prend en masse comme un amalgame d'où le savoir-faire consiste à extraire par la pression autant de suc qu'il peut en produire.

Entre ces deux erreurs également brutales, la place est belle et forte : je cherche à l'occuper. Voilà pourquoi j'aborde le prolétariat dès son origine. Mais, en remontant à la source, je n'ai pas la prétention de m'y noyer. Dès que je l'ai touchée, je m'en éloigne, emportant avec moi les titres trop souvent méconnus du prolétariat, ceux qui nous y rattachent de la manière la plus prochaine et la plus intime !

Il y avait, ce me semble, quelque importance à décrire avec vérité ces titres antiques et vénérables; car il était impossible de le faire sans soumettre aux leçons de l'histoire les esprits trop raides pour se plier aux enseignements de la Religion ! Oui, cette tentative était digne de tous nos efforts, car ce n'est point dans notre orgueilleuse insouciance que nous pouvons apprendre tout ce que doit valoir à nos yeux la grande famille des misérables, tout ce qu'au point de vue purement social elle exige de nous de prudence et d'action !

L'examen critique d'un livre savant m'a semblé propre à

résumer, sous des formes attachantes, les notions qu'il s'agissait de revivifier. Je veux parler de l'*Histoire des classes ouvrières et des classes bourgeoises*, issue de la plume de M. Granier de Cassagnac. Cet ouvrage, où perce un mérite littéraire devant lequel je m'incline, déroule une série de propositions que je me suis souvent permis de combattre et de remplacer par des propositions fort dissemblables ; je devais leur disputer le terrain de l'histoire au profit d'idées plus consolantes et plus fécondes.

Ce point obtenu, j'entre dans le vif. Le lecteur me semble assez dégagé de préjugés généraux pour aborder la question pratique du prolétariat. L'homme de sueurs et de souffrances se présente à nous sur son Calvaire, et je consacre plusieurs chapitres à le reproduire dans une série de parallèles et de tableaux d'où naissent et sortent les raisonnements qui entraînent ma conclusion.

De temps en temps il m'arrive de rompre cet enchaînement : c'est lorsqu'il s'agit de signaler des causes indirectes, mais dont l'action sur les destinées du prolétariat ne saurait être omise sans laisser une lacune dans l'appréciation de ses plaies et de la possibilité de la cure. Le chapitre relatif à la traite et aux engagés appartient à cette catégorie. Episodique plutôt qu'étranger au sujet, il prouve son importance par les lumières qu'il y répand. Sans ces clartés, nous ne saurions apprécier à sa juste valeur la mauvaise foi de notre plus intime ennemi, ses ruses, sa politique implacable, l'action de cette politique sur la prospérité de nos établissements d'outre-mer, et puis, enfin, la réaction des fautes commises dans ces établissements, peuplés de prolétaires de couleur, sur le prolétariat européen. Ces documents sont les pièces de bois que charrie un fleuve, et qui ajoutent leur poids et leur choc au choc des eaux irritées contre les obstacles qui brisent leur cours.

Sans la série de parallèles dont je reprends le fil, il me
semble impossible de comprendre la question pendante du
prolétariat : impossible de la résoudre sans ignorance, et,
par conséquent, sans injustice. Nous y envisageons à la
fois l'homme de couleur et le prolétaire européen dans
toutes les variétés de leur condition et dans les phases de
leur existence. Quels sont ici et là leurs moyens de subsister,
les heures et les ressources de la liberté et de la servitude?
Quelles sont les gradations de la misère et les biens que
l'une des deux races se trouve réduite à envier à l'autre?
Quelles différences de mesures nous donnent la Religion,
l'éducation, la débauche et la crapule? De l'un et de l'autre
côté, les châtiments ont-ils une ligne de démarcation qui
les sépare avec la netteté qui distingue la liberté de l'esclavage? Le respect accordé à la dignité de l'homme honore-
t-il mieux ici que là-bas notre nature? Quels sont, enfin,
les moyens que l'organisation actuelle du travail y offre au
travailleur pour s'affranchir et devenir le maître de sa personne? Ce sont là autant de demandes auxquels le prolétariat comparé à lui-même ne ménage point les réponses fécondes en aperçus!

Cette poursuite de mœurs et de positions si variées nous
conduit à la grande question des temps modernes : celle
qu'une académie a repoussée comme n'offrant pour solution
que des chimères; en un mot, la question de vie ou de mort
de la société actuelle, je veux dire l'organisation du
travail. Que de plumes savantes et habiles se sont exercées
sur ce vaste sujet! L'une des plus remarquables est celle
de l'illustre auteur de l'*Histoire de dix ans*. Mais, hélas!
la plupart des erreurs qui bouleversent une société me semblent amoncelées dans son système, où elles empruntent
leur séduction au seul talent de l'écrivain!...

Cependant, toute la gloire d'un général ne saurait le garantir des attaques d'un soldat ; que l'on ne reproche donc point à ma faiblesse de combattre les moyens profanes imaginés par M. L. Blanc, et dont l'action désorganiserait la société, loin d'y organiser le travail !

Ce devoir accompli, j'énonce de quelle sorte l'organisation *purement* religieuse, celle qui fut si florissante jadis au sein des républiques chrétiennes du Paraguay, ne produirait dans notre Europe que torpeur et léthargie. Deux ou trois pages nous démontrent après cela que, si l'organisation mixte du Mexique avant Cortez s'adaptait aux idées de quelques novateurs modernes, ces idées sout mauvaises et dangereuses ; car, sur le théâtre où elles ont régné, le peuple, sevré par elles de toute sa vigueur d'âme, languissait misérablement à côté des éléments amoncelés de sa prospérité matérielle !

Dans ces excursions à travers les systèmes et l'histoire, des routes pavées de leçons nous ramènent forcément à chercher nos moyens de salut sur le double domaine de notre territoire et de notre constitution sociale.

« En ce monde, il se faut l'un l'autre secourir, » a dit le Fabuliste en formulant une doctrine chrétienne. Eh bien ! que la France, affranchie, s'il se peut, du joug de quelques intérêts individuels, ne connaisse plus d'autre règle que celle des intérêts généraux ; que la France veuille aider ses colonies en leur concédant au plus tôt des lois de justice, et ces possessions fécondes rendront au décuple à la mère-patrie le service qu'elles en attendent. L'or y germe et y soulève la glèbe, lorsque de mauvaises lois n'y scellent point le sol. Des lois fatales, en frappant le sol de stérilité, appesantissent dans les colonies le joug de la servitude qu'elles prétendent détruire. Au lieu de dispositions rétrogrades, des lois justes et politiques verseraient au sein de la France un énorme accroissement de produits. On les verrait, avec la rapidité de la parole, doubler, quintupler, grossir indéfiniment la masse des richesses publiques, accélérer le mouvement de toutes les productions, de toutes les industries nationales, et rendre à notre marine son ancien, son formidable éclat! Réveillant notre génie dans les profondeurs de sa tombe, ces quelques lois, réclamées par la lettre et l'esprit du pacte colonial, mettraient aux mains de l'État enrichi la rançon du prolétaire, le dividende du prolétaire, son instrument de travail et de liberté! Quelques paroles deviendraient le terme pacifique de la servitude!

La vérité que je développe devient aujourd'hui si palpable, que de toute part son évidence lui suscite des défenseurs. Une série de faits incontestables enchaînera sur ce point les éléments de notre conviction à six chapitres d'une haute importance.

Chaque ligne y répète que, pour se réformer et se dégager des entraves où quelques intérêts individuels la compriment, notre société ne demande à la nature qu'un peu d'aide et pour un peu de temps. Les combinaisons compliquées et l'artifice des systèmes ne peuvent que paralyser son action et arrêter ses progrès!

L'industriel et le planteur, ces deux maîtres actuels du prolétariat exerceront une vaste et peut-être une décisive influence sur les modifications et l'avenir du travail. De quelle sorte se comportent-ils aujourd'hui à l'égard du prolétaire qui travaille sous leur main? A quel degré devons-nous nous hâter de le soustraire à leurs lois?— Les différences énormes qui caractérisent la position sociale de ces deux maîtres, marquent en traits saillants les différences qui doivent caractériser la condition de leurs serfs. Nous aurons donc à jeter un coup-d'œil sur ces deux personnages, afin de savoir de quel côté le travailleur peut vivre et racheter sa liberté; de quel côté la politique et l'humanité doivent, en préparant l'avenir, porter les secours les plus vifs et les plus décisifs.

Enfin, le gouvernement prépare pour les colonies une grande et générale mesure d'émancipation *que la France prétend étendre à ses prolétaires métropolitains*. Dans ces circonstances, il était naturel de se demander par quelles combinaisons on saurait unir avec les intérêts des esclaves et des prolétaires émancipés, les intérêts des anciens maîtres; comment, enfin, on cimenterait cette union avec celle de la puissance nationale et de la richesse publique. Car, sans la réalisation de ce triple accord, combien débile est la France devant l'étranger, combien pauvre et dénuée en face de ses prolétaires, aussi affamés de pain que de liberté! Oh! sans cet accord, quelle figure serait la sienne; quel avenir resterait à notre société appauvrie, à notre nation chassée des mers, à notre patrie prise entre l'ennemi du dehors et cet autre ennemi de l'intérieur, dont les bras doivent être partout et toujours et sa force et sa gloire.

Quoique ces difficultés rencontrent leur solution dans un assez grand nombre de pages antérieures, elles se rattachent en général par quelque point à la question du travail libre, objet de mon dernier chapitre, où se résout la question finale !

Mais, quelle que soit l'issue de l'implantation du travailleur libre, ce dernier n'est qu'un des éléments de la question, et pour la résoudre en m'affranchissant de sa dépendance, je veux résumer d'un mot tout un chapitre de mon ouvrage sur les colonies[1]. Voici ce mot, que toute nation peut s'appliquer :

Le science du devoir est l'âme du travail : moralisons

---

[1] Chap. *Moyens religieux. Les Colonies françaises*, chez Dauvin et Fontaine. 1844.

un pays quelconque et le travail y rendra profit et honneur.

Usons donc des moyens qui s'offrent à nous de moraliser tout ignorant, et dès-lors, sous l'influence des idées de la civilisation chrétienne, l'œuvre de l'affranchissement général du prolétariat s'accomplit dans les voies du plan que la nature nous a tracé.

Je termine cette page en récapitulant le sens et l'esprit de cet ouvrage, *où je n'ai d'autre prétention que celle de me servir de la science d'autrui, au profit de mon prochain :*

Le prolétaire est notre frère.

Aucun droit ne l'autorise à nous dépouiller de nos biens.

Mais aucun principe ne nous permet l'insouciance à son égard. Tous nos efforts doivent tendre à faciliter l'exercice de son droit qui est de conserver la vie, de la répandre et de la rendre douce ou supportable par le travail.

Or, devant cette mer d'hommes dont la misère soulève les flots, la difficulté paraît énorme !

Elle est grande ! mais la vertu de quelques bonnes lois, la vertu d'une bonne éducation populaire est plus grande encore ; et, dans la situation respective de la métropole et de nos possessions d'outre-mer, les richesses qu'il est facile de créer et de répandre entraîneront jusqu'aux vestiges de l'esclavage, dont la cause la plus persistante est la misère.

Mais, pour que cela soit, il faut le vouloir.

Cependant, quoi que nous fassions, il y aura toujours des pauvres parmi nous. Le Christ l'a dit et le bon sens le veut : il y a trop de passions chez les hommes et trop de vicissitudes dans les choses de ce monde, pour que le riche n'ait pas à côté de lui son ombre.

Mais, entre *des pauvres* et *la misère*, la misère hideuse et sans issue apparente, dont le spectacle épouvante nos yeux, la nature a creusé tout un abîme !

ET DES MOYENS D'AMÉLIORER LEUR SORT.

—◆—

ORIGINE.

Le Prolétaire ne descend point du brigand et de la prostituée. — Sa noblesse
est écrite dans l'histoire aussi clairement que dans la Religion.

Embrasser d'un coup d'œil les douleurs présentes du prolétariat ; comparer le prolétaire à lui-même, ici, là-bas et
ailleurs, dans le dessein de faire sortir des vices même de
l'organisation sociale un moyen expéditif et naturel de
mettre un terme à ses souffrances ; délivrer pacifiquement
le prolétaire par le prolétaire ; donner au pauvre sans ôter
au riche... unir et fortifier par ce bienfait les classes mobiles et discordantes dont se compose notre société ; oserai-je
promettre de réunir tant de solutions dans un essai ? Un char-
latan l'oserait-il ?

Chercher, cependant, s'efforcer de trouver, ce n'est point
s'engager à réussir. Le lecteur voudra bien m'aider, et se
faire un devoir de suppléer, par les notions qui lui sont
propres, aux lacunes de cet ouvrage. Il y a tout un nouveau

monde dans la direction de ce peu de lignes; et peut-être un de mes lecteurs aura-t-il la gloire de lui donner son nom! Puisse cet appât l'entrainer vers mon but, il m'aura bientôt devancé!

Le prolétariat, et ses misères, et les ressources négligées que nous croyons pouvoir lui garantir : le sujet est assez vaste déjà! Est-ce que, pour le compléter à notre point de vue, nous aurons à percer au delà du dédale des questions positives auxquelles le bon sens nous assujettit? Est-ce qu'avant de pénétrer dans le vif, il nous faudra remonter le torrent des âges, et nous égarer dans la nuit des temps, à la recherche des origines conjecturales ou fabuleuses d'une *race* qui est la nôtre, d'une *classe* qui n'a de fixe que ses misères? — Aucune raison péremptoire ne nous y oblige; mais un puissant intérêt de curiosité nous attache aux questions d'origine de ces classes qui, sous des noms divers et dans des conditions successivement modifiées, demandent à la civilisation chrétienne une transformation définitive! Il y a plus : le sentiment de la fraternité catholique se développe dans ces recherches, sous un des plus éclatants rayons de l'histoire. — Nous glisserons, et d'un coup d'aile le temps nous ramènera près de ce point sans cesse défaillant qui se dérobe avec notre existence, et d'où il s'élance vers l'avenir.

Quelques érudits se sont fatigués à chercher une filiation, une date au prolétariat : je veux dire à démêler la généalogie de la race des prolétaires. *La race des prolétaires!* C'est avec une intention marquée que je reproduis ce terme, auquel leur esprit s'est arrêté; car le seul nom de la chose cherchée annonce aux hommes de science la complète impuissance des recherches. Postérité d'un seul homme primitif, nous sommes frères : peu de vérités se reproduisent en ce monde avec de plus irrésistibles entrainements. La race du riche et du potentat est à la fois la race de l'indigent et de la plèbe infime. Un seul couple nous a produits. L'aspect des joies ou des souffrances d'un être humain nous le dit au cœur, lorsque la science se tait ou que nos souvenirs sommeillent.

Ce rappel de l'une des vérités historiques et religieuses les plus fécondes n'a pas dû me sembler oiseux, avec quelque soin que la défende l'immense majorité des nations et des hommes. La science humaine, dans ses fantasques écarts, a multiplié les sources de notre origine ; il importe donc de rappe'er les esprits à l'idée d'une origine commune, quoique la plupart et la plus saine partie des érudits aient respecté cette notion vulgaire, jusque dans l'interprétation des termes qui semblent l'attaquer ou la détruire. Sous leur plume, en effet, une race n'est qu'une famille de familles ; et toutes celles qui peuplent le globe accusent, par les antiquités du langage, par les monuments ou les traditions, une filiation commune[1].

C'était là ce que je voulais établir, afin que ce terme dépouillé de toute insolence, en se dépouillant de tout mensonge, refusât de se prêter à l'erreur.

Je procède, et j'engage avec moi le lecteur à travers les pages attrayantes d'un livre où les premières questions qui nous captivent se déroulent sous une plume originale et vigoureuse. La variété, la richesse des recherches qui provoquent l'attention et la changent en plaisir dans le cours de cet ouvrage, y laissent malheureusement une place trop grande à des interprétations aussi peu fondées qu'ingénieuses !

Soulevant, à propos des origines du prolétariat, une des

---

1 Voir quelques preuves dans les Beth-el, *Unité de la race humaine*, opuscule qui termine mon livre du *Monde avant le Christ* ; 1845, chez Paul Mellier, n° 11, place Saint-André-des-Arts.

plus graves questions modernes, M. de Cassagnac dit : « Il ne
suffit pas de vouloir organiser les classes ouvrières. Il faut
encore que les classes ouvrières veuillent être organisées. Il
faut surtout qu'elles reconnaissent que la condition d'ouvrier
est une condition naturelle et normale, et que, par conséquent, il faut maintenir, améliorer et aimer, au lieu de la
détruire ; que, s'il y a des pauvres et des riches, ceux-ci
n'ont point amassé leur fortune aux dépens des pauvres.
Que les pauvres n'ont jamais [1] eu d'autres tyrans que ceux
qui leur ont rempli le cœur de haines injustes, et qui les ont
détournés de tirer tout le parti possible du destin que Dieu
leur a fait [2]. »

« Le mal le plus redoutable qui travaille depuis plus de
quarante ans les ouvriers, c'est la répugnance qu'ils ont à
n'être qu'ouvriers, et l'espèce de persuasion... que la condition de mercenaire est une situation dégradante et anor-
male, que la violence et la cupidité des grands ont à la
longue imposée au peuple [3]. »

Ces paroles sont excellentes ; mais pourquoi, réhabilitant
la condition du travailleur indigent, rabaisser son origine
et la faire sortir de l'esclavage ? Cette origine, sans relever
l'esclavage, ravale le prolétariat et jusqu'à la famille, car
une autre opinion de l'auteur c'est que l'esclave, c'est le fils
de la famille ! Il n'en est rien. Non. La supériorité et l'infériorité ne se confondent jamais à ce point, et M. de Cassagnac nous permettra de lui opposer quelques souvenirs
assez présents à tous les esprits. Car aux institutions que
l'on veut rendre utiles il faut toujours et d'abord donner la
vérité pour base.

---

1 Jamais ! c'est trop dire, et beaucoup trop. — 2 *Histoire des classes ouvrières et des classes bourgeoises* Paris, 1838, p 17 et suiv. — 3 *Id.* Tous
les renvois en chiffres de ce chapitre se rapportent au même ouvrage, sauf
indication contraire.

Loin que la qualité de fils se confonde avec celle d'esclave, l'antiquité limite, par les termes les plus positifs, la distance qui sépare ces deux conditions. Elle fait de l'une le contraire de l'autre; c'est-à-dire qu'elle traduit par ses paroles et par ses actes les sentiments indélébiles de la nature.

L'Ecriture, dès les premiers temps, distingue entre le fils de la servante et le fils de la femme libre. Isaac, l'enfant de la promesse, est l'héritier du père, il est son autre lui-même. Et l'Ecriture ne se contente point de nous montrer un homme libre dans ce fils d'une obéissance si parfaite. Elle le choisit pour figurer la liberté dans les siècles à venir, disons plus, pour figurer le Libérateur.

Ismaël, cependant, le fils de l'esclave, va donc subir la destinée maternelle? Il n'en sera rien. Tout au contraire. Ismaël, parce qu'il est le fils du maître, affranchit sa mère; ou, du moins, conduit par la main d'Agar, il s'en va fonder une nation libre dans le désert; le fils et l'esclave ! ces deux idées se repoussent.

Mais gardons-nous de nous égarer au travers des exemples, et cherchons plutôt à les généraliser. Pour inspirer à leurs enfants l'horreur des vices habituels d'une condition qui doit être l'opposé de la leur, les Spartiates abusent de la dépendance des ilotes et les livrent au vin.

Chez les Romains, malgré les excès de la puissance paternelle, la liberté prête son propre nom, dès qu'il s'agit de qualifier la postérité du maître. Les enfants du citoyen se nommaient les libres : *liberi*. Et puis, *heres* procédait-il ou non d'*herus?* L'héritier, le fils, c'est donc le maître rajeuni.

La loi distingue entre le pouvoir du maître et le pouvoir du père[1]. L'obéissance de l'esclave diffère donc au même degré de celle du fils.

[1] *Institutes de Justinien,* Ducaurroy, p. 30.

La puissance exorbitante des citoyens Romains sur leurs enfants paraît exceptionnelle. Elle excède la puissance de tous les autres pères[1]. Les Latins mêmes, avant la guerre sociale, étaient exclus de cette haute prérogative[2]. Cependant, tandis qu'aux yeux du citoyen Romain l'esclave valait ce que vaut *le néant*[3], le fils, apte aux fonctions publiques, était tenu, dans l'exercice de ces fonctions, *pour l'égal du père*[4].

Le pouvoir du maître consiste à user et à abuser de son esclave; celui du père est *défini* par les lois, et ne s'étend qu'aux enfants légitimes[5]. Or, comment supposer que ces enfants, à qui la loi doit faveur parce qu'ils naissent sous son empire, sont les victimes qu'elle choisit pour les livrer à la puissance paternelle? Comment l'admettre, si cette puissance se confond, par le droit, avec le despotisme du maître; si elle n'honore, par sa formidable protection, l'être sur lequel elle s'exerce?

L'esclave est *une chose*, *res*; ou moins qu'une chose, *non tàm vilis quàm nullus*. Et le fils est *la chose du père*; mais de quelle sorte? Comme sa propre chair; car le père et le fils se confondent autant que possible, aux yeux de la loi, en une seule et même personne! l'un des deux ne peut intenter une action contre l'autre; et la loi regarde le fils, du vivant même de son père, comme *le maître* des biens que celui-ci possède[6].

En un mot, l'esprit de la loi est à la fois si clair, si net et conforme aux mœurs, que cette évidence détruit l'idée de barbarie que certains textes *absolus* présentent à la pensée des modernes.

---

1 *Institutes de Justinien*, Ducaurroy, p. 34. — 2 *Elementa juris romani*, Delvincourt, p. 24. — 3 *Pro nullo habebatur.* p. 29 *Elem.* — 4 *Pro patribus*, p. 29, *ibid.* — 5 *Ibid.*, p. 29.— 6 *Ibid.*, p. 34.

Nous ajouterons un autre fait. En regard du nom des enfants ou des libres par droit de naissance, *liberi*, l'usage a placé le nom de l'esclave, *servus*, comme pour établir, par le monument traditionnel du langage, la différence de leur origine? — Et pourquoi l'homme, condamné au joug de l'esclavage, se nomme-t-il *servus* ou conservé? Parce qu'il a été conservé par une personne qui pouvait le détruire[1]. !

Remontez brusquement aux temps héroïques, à Homère. L'esclave s'appelle Δμῶς, Δμῦια, de Δαμνύμι, l'homme qui a été dompté, le fruit de la guerre; et puis encore Δοῦλος, l'homme de douleurs[2], l'homme de peine, par opposition au citoyen, qui ne doit s'occuper d'aucune occupation manuelle ou *servile*.

L'esclave est le fruit de la victoire; le droit des gens de ces temps barbares permettait de le tuer; une humanité plus ou moins cupide a substitué la captivité travaillante à la mort. La guerre est donc la source la plus abondante de l'esclavage. L'esclave est un captif, il est tombé sous la main du fort, et c'est encore ce que le langage exprime en le nommant *mancipium* ou *manu captum*. La liberté ne lui est rendue que lorsque la main qui l'a saisi le relâche; si bien que le nom de l'affranchissement se confond avec cet acte et porte le nom de manumission[3].

Écoutons enfin saint Paul, cet organe sacré, apôtre des nations, placé entre le monde oriental et l'occident, interprète des mœurs de l'antiquité qu'il rappelle aux peuples en les enseignant. Avec quelle autorité ses paroles ne posent-elles pas une distinction capitale entre le fils et l'esclave :

« Aucun de vous n'est donc plus maintenant esclave,

---

[1] *Quod imperatores, etc., Instit.*, de Ducaurroy, p. 18. — [2] Je ne donne cette seconde étymologie que comme conjecturale, mais je doute qu'on puisse l'examiner bien logiquement sans la trouver forte. — [3] *Mittere manu.*

mais enfant; s'il est enfant, il est aussi héritier[1]. » Et l'esclave n'était pas héritier, il était héritage !

Si nous remontons aux jours de la vie patriarcale, les premiers esclaves ne sont-ils pas les malheureux qui ont perdu leur famille? Ces êtres faibles et dénués de protecteurs contre les hommes qui déjà assujettissent, contre les bêtes qui dévorent, contre la faim qui tue : ces êtres s'attachent au chef d'une famille, ils se donnent, ils servent le patriarche et ses enfants; mais à charge de protection, mais à condition de trouver un abri sous les tentes où reposent la force et la richesse, parce que la famille y repose! En un mot, sans remuer les arsenaux de l'érudition, il me suffit d'énoncer que si les lois et les mœurs ont généralement établi des différences si fondamentales entre l'esclave et le fils, l'esclave ne peut sortir d'où sort le fils, c'est-à-dire de la famille, ou ce qu'il y a de plus opposé à son essence !

Et s'il convient de s'écarter du sein de la famille pour découvrir l'origine de l'esclavage, il n'est pas moins juste de chercher ailleurs que dans l'unique condition d'esclave ou d'affranchi, l'origine du prolétariat.

Les guerres, ministres des passions et des vengeances des peuples, les ravages dont elles affligent les états, mille fléaux plus ou moins rapides, mille causes évidentes ou secrètes de misère, conduisent les hommes, et quelquefois par masses, à la nécessité de solliciter de leurs semblables la faveur de travailler moyennant salaire, et à l'aide d'un instrument de travail qui n'est point le leur. En d'autres termes, une partie de l'espèce humaine sans cesse remuée par les événements et les passions, se voit, partout et toujours, réduite à solliciter de l'autre sa subsistance au prix de sa soumission laborieuse.

---

[1] *Ad Galatas,* ch. iv, ỳ. 7; *id.,* ỳ. 30; *ad Romanos*, ch. viii, ỳ. 19, etc.

Le malheureux, pressé de subvenir à ses besoins, engage son indépendance tantôt au jour le jour, tantôt pour une durée moins brève ; d'autrefois, enfin, à tout jamais ! C'est alors que, sans le secours maudit des armes, il y a définitivement esclavage.

Dès la plus haute antiquité, l'histoire nous dit que la prévoyance du peuple égyptien, dont elle vante la sagesse, s'était engourdie au sein d'une prodigieuse abondance. Ce fut au milieu de ce luxe de subsistances qu'une affreuse disette vint à sévir. Pressé par l'excès de la famine et après avoir donné à son souverain tout ce qu'il possédait pour obtenir des vivres, le peuple finit par se donner lui-même. Cette servitude n'est point celle dont nous nous entretenons ; mais cet exemple des irrésistibles effets d'un seul fléau, décrit en traits sensibles la variété des origines, des physionomies de l'esclavage et des routes qui peuvent y précipiter !

Ouvrons les yeux et regardons près de nous. En Angleterre, la misère a réduit le corps et l'âme des ouvriers à l'état de dégradation du plus abject esclavage ; nous voyons, en quelques localités ces malheureux consentir à la ratification d'actes publics qui sont de véritables contrats de servitude, où la réalité se déguise à peine sous les termes du droit commun ! et ces actes, où l'homme vend sa personne, ont pour but de lui assurer un travail qui le consume, un salaire insuffisant, de la pourriture pour aliment, une subsistance plus propre à détruire le corps qu'à le réconforter. En cette région donc, la misère enfante l'esclavage ; la loi le prohibe, mais le langage le déguise, et les mœurs s'en accommodent [1].

A dater des temps les plus reculés, ou tout au moins dès la première splendeur des états policés, le paupérisme put

---

[1] Voir mes *Colon. franç.*, chap. dern., p. 166, 171 ; 1844.

donc, ainsi que de nos jours, partager avec la guerre le triste honneur d'enfanter l'esclavage. Mais quelles sont les causes du paupérisme? Nous l'avons dit : les malheurs, les coups imprévus de la fortune, et, plus que tout cela, les mauvaises lois et les passions. Le mal, une fois créé, se perpétue et se propage par l'hérédité. Le pauvre d'argent et de morale, l'indigent n'a rien à transmettre avec son sang que son indigence; elle passe de génération en génération, se fortifiant et s'accroissant avec le nombre des enfants, jusqu'à ce qu'elle ait atteint son plus infime degré, la servitude ; voilà quelle est la marche ordinaire des choses; lugubre et rapide décadence! Loin donc « que l'émancipation des esclaves soit la cause première et universelle du paupérisme [1],» le paupérisme fut et sera l'une des sources les plus naturelles et les plus fécondes de l'esclavage.

Émanciper des esclaves avant que l'éducation et de sages lois leur aient inspiré le goût du travail et leur en aient assuré l'instrument, c'est, il faut l'avouer, en créant le paupérisme, substituer l'esclavage sans patron, l'esclavage le plus arbitraire et le plus réel, à l'esclavage mitigé par des réglements. L'Europe et l'Amérique nous prouveront tour à tour cette assertion.

Tout dévoués que nous sommes à l'émancipation, nous admettons donc que d'éclatants exemples autorisent, *de nos jours*, la théorie dont nous contestons la justesse ; et de l'autre côté de l'Atlantique, nulle vérité ne brille d'une évidence plus vive que celle-ci : la cause première du paupérisme, la source unique du prolétariat, c'est l'émancipation des esclaves. Mais le simple aspect de la société coloniale révèle le motif de ce fait exceptionnel. C'est que l'affranchissement réclamé à haute voix par le Christianisme et pro-

---

[1] *Classes ouvrières*, p. 106.

posé sous des formes réalisables par les hommes compétents de ces régions[1], mais tardivement précipité par le zèle
d'ignorants émancipateurs, verse au sein des colonies une
population qu'une éducation sérieuse n'a point préparée à
soutenir les épreuves de la liberté. Échappés des mains d'un
maître, ils ne savent point encore se maîtriser eux-mêmes.
Ignares par la faute des gouvernements, qui n'ont rien
entrepris pour les moraliser, nulle loi intérieure ne les domine[2]; et tandis qu'ils restent étrangers à la notion du devoir, nul impérieux besoin ne réveille et ne stimule leur apathie. Les richesses du sol et du climat éloignent de ces hommes
les deux fléaux dont les aiguillons réduisent notre nature à
l'heureuse et morale nécessité du travail : le froid qui tue,
ou la faim dont on meurt. Ils se reposent donc dans une
misère qui ne tue pas encore. Mais dans les sociétés anciennes, il s'en fallait bien que l'émancipation pût être la
source unique et originaire du prolétariat. Avant l'existence
de l'esclavage au sein des sociétés policées, je veux dire avant
la possession complète de l'homme, chose ou néant[3], par
l'homme maître, combien de familles les malheurs, les infirmités de corps et d'esprit et la misère n'avaient-elles point
déjà précipitées aux derniers rangs de la hiérarchie sociale!
Ce point éclairci, nous essayons vainement de nous rendre à cette autre proposition de M. de Cassagnac, que l'esprit du Christianisme aurait singulièrement enflé cette masse
d'hommes commune à tous les peuples, qui pèse de tout le
poids d'un arriéré de six mille ans sur les sociétés modernes[4].
Le Christianisme est une loi de liberté parfaite[5]. Cette liberté
n'existe que dans la règle et par la règle. Elle repousse
donc cette indépendance sauvage d'où naissent la violence et

---

[1] De Chazelles, *Émancip.*, 1845 — [2] Voir rapp. Rémusat, *Moniteur
du 19 juin 1838.* — [3] *Res, Nullus.* — [4] *Classes ouvr.*, p. 445. — [5] Saint Jacques, ch. 1ʳ, ✝. 25; ch. ɪɪ, ✝. 12.

l'arbitraire que, grands et petits, nous devons détester d'une même haine comme nous étant également funeste.

Or, l'esprit de cette loi de liberté voulait que le maître, empressé de rendre son esclave à lui-même, se gardât bien d'affranchir en lui un être ignorant et brutal, funeste à la tranquillité des sociétés. Cette liberté qui est l'essence même du Christianisme et *la réhabilitation* de l'homme, donnait en outre à l'affranchi, dans la règle qui la distingue de l'arbitraire, un maître sage, un guide sûr qui, en l'arrachant au despotisme des passions, l'arrachait aux conséquences les plus rapides de la misère. Laborieux, sobre, rangé, patient, l'homme qui naissait à la liberté, sous le patronage du maître chrétien, portait au cœur le germe des qualités qui conduisent et aboutissent à toutes les prospérités sociales. Il n'entrait point dans la société les mains vides, le cœur vide et l'intelligence dénuée de ressources.

Le Christianisme ne pouvait donc relever le moral de l'homme, sans lui assurer par l'exercice des vertus dont il ranimait l'empire, un corps plus sain, un esprit plus juste, une situation plus facile, plus honorable et plus douce; situation tout opposée à celle du prolétaire !

Et d'ailleurs, nous nous garderons bien d'oublier que le Christianisme, en renversant les idées païennes, fonda tout à coup un peuple de frères, au sein duquel les distinctions même de rang et de richesses restèrent *un moment* éclipsées, c'est-à-dire autant de temps qu'il en fallut pour diminuer et adoucir les prodigieuses inégalités de la société païenne. Il effaça donc le paupérisme plutôt qu'il ne le créa. Non, jamais l'esprit du Christianisme n'a grevé les sociétés modernes, et accru ce fardeau qui pèse sur elles du poids d'un arriéré de six mille ans; mais les bouleversements postérieurs à sa naissance l'arrêtant dans sa marche, engendrèrent des faits dont il serait injuste de lui attribuer les conséquences, ou seulement les suites. Les barbares, qui se ruèrent sur l'empire et qui s'en partagèrent les lambeaux, exercèrent contre l'esprit de liberté du Christianisme une réaction aussi violente que complète. Ces terribles vainqueurs ne tardèrent pas à réduire à néant les sages affranchissements que les chrétiens avaient multipliés au milieu de l'effroyable misère du peuple, moins abreuvé de jour en jour du sang et de l'or des riches que leur avait versés à flots la main des Césars. Et ces affranchissements avaient été la base d'une société dont le paganisme persécuteur contemplait avec admiration la dignité, la sagesse et la fraternelle union. Tout entier dans ces deux mots, *Væ victis*, redits à toutes les nations par l'écho du Capitole : malheur aux vaincus, malheur aux faibles, le système anti-chrétien des barbares fut celui de la servitude. Jusqu'au-delà du terme où les croisades rendirent les lumières à la foi de l'Occident, la loi de ces peuples, bizarre et singulier compromis entre l'ordre et l'anarchie, ne vendit au faible sa protection qu'au prix de l'abandon de sa personne.

La guerre et l'esclavage redevinrent les deux lois de la terre; et si une profonde secousse n'eût enlevé ces peuples à eux-mêmes pour les jeter vers les régions où souffrit le Christ, qui peut dire le sort réservé sous leur empire au code des vérités évangéliques?

Le Christianisme jeter le désordre dans le monde! Eh quoi! le désordre serait le fruit d'une loi d'union, d'ordre et de liberté; cela ne peut se soutenir. Comment, en effet, la doctrine fraternelle et pure du Christ eût-elle enfanté cette masse énorme de prolétaires turbulents et faméliques, du sein de laquelle on veut que jaillissent le brigandage et la prostitution, comme un fleuve jaillit de sa source [1].

---

[1] Pages 12, 13, 22, 106, *Classes ouvr.*

Les furieuses querelles qui éclatèrent aux beaux jours de l'idolâtrie entre les plébéïens et le patriciat de Rome, n'eurent-elles point pour origine une misère dont l'esprit n'ose accuser l'esclavage, puisque ces affamés d'extraction libre étaient les citoyens du *peuple-roi?* N'était-ce pas l'insolvabilité des plébéïens qui les exposait aux tortures infligées par la race patricienne? On accordera, sans trop hésiter, que le nécessaire devait manquer à la masse de ces hommes du mont Sacré, qui renonçaient à leurs foyers plutôt que d'y souffrir une vie de douleur et d'ignominie? Étaient-ce ou non des prolétaires, ces citoyens dont les dettes abaissaient bien au-dessous de néant le total de leur avoir ; ces insolvables dont une loi féroce adjugeait les membres vivants aux usuriers qui en réclamaient le partage? Leur misère accusait-elle l'esclavage, ou l'imprudence des affranchissements, ou la charité sans mesure du Christianisme?...

C'est trop s'avancer encore que de représenter cette race de prolétaires, renouvelée et transformée sans cesse par l'invariable instabilité des conditions humaines, « comme marchant depuis soixante siècles toute couverte de railleries et d'opprobres, sans qu'on lui tienne compte de ses vertus et de ses douleurs[1]. » En détruisant cette assertion, nous rappellerons aux classes les plus disparates la tolérance et le respect mutuel qu'elles se doivent !

Issue du même sang que les races nobles, est-ce que cette race des prolétaires n'a point refait et régénéré toutes les bourgeoisies et toutes les noblesses, par un mouvement dont l'action ramène circulairement vers leur source les eaux qui s'en sont écartées? D'un coup-d'œil, astreignons-nous donc à saisir cette merveilleuse rotation des éléments du corps social ; elle peut se rendre sensible dans un bien petit nombre d'exemples.

[1] P. 116, *Classes ouvr.*

A peine échappé aux fers de l'esclavage, Joseph, fils du pasteur Jacob, régnait en maître à l'ombre du trône de Pharaon, disposant en souverain du peuple qui professait pour la race des pâtres le plus insultant mépris. Saül cherchait les ânesses de son père, lorsque le prophète eut ordre de verser l'onction sacrée sur sa tête. Avant de porter le sceptre d'Israël, le berger David maniait la fronde et le bâton, il combattait corps à corps les bêtes féroces de la solitude... Plus tard, et ailleurs, les fils des affranchis naissaient *ingénus* sous l'empire de la loi romaine? Ces tourbes frémissantes, ces hommes que Scipion apostrophait du nom de faux fils de Rome, parce qu'il les y avait amenés esclaves, tout à coup devenus citoyens par un coup de baguette, se confondaient dans la masse du peuple-roi. De leur sang mêlé à je ne sais quel autre sang, sortaient les guerriers et les législateurs de Rome! De simples affranchis gouvernaient le monde; ils contemplaient froidement à leurs pieds l'orgueil rampant du patriciat. Lorsque Terentius défend la mémoire de son ami Séjan : « Rappelez-vous le temps, dit-il aux sénateurs, où vous briguiez l'honneur d'être connus de ses affranchis! » L'immortelle impudence de Narcisse emprunte la langue de Racine, pour s'écrier :

> . . . . . . Revêtu d'un pouvoir emprunté,
> Que je reçus de Claude avec la liberté,
> J'ai, cent fois, dans le cours de ma gloire passée,
> Tenté leur patience et ne l'ai point lassée !

Enfin, le frère de l'affranchi Pallas, devant la tombe duquel s'était prosterné le sénat, l'affranchi Félix, proconsul et gouverneur de la Judée, avait épousé deux reines. Mais, dédaignant l'éclat des trésors et de la puissance de ces princes à

peine échappés aux fers et aux fouets des ergastules, vous
nous dites en répétant la raillerie du poëte courtisan[1] :
« L'argent ne change point la race. » Non, mais le malheur non plus! Est-ce donc, par hasard, que la perte d'une
bataille qui les rendait captifs, changeait la race de ces
nobles, de ces chefs de guerre, ou de ces rois *descendus des
dieux*, que Rome sacrilége enfermait dans les cages de ses
catastes et vendait à l'encan sur ses marchés? Ce malheur
épuisait-il dans leurs veines le sang de leurs ancêtres, pour
y substituer un sang ignoble! Et d'ailleurs, au bout d'une
ou deux générations, la manumission ne mêlait-elle pas à
la foule, sous la toge du citoyen, ces étrangers d'extraction libre ou noble, devenus esclaves des grands dont les
pères avaient eu le cou pelé par le collier de la servitude?
Sur notre terre de vicissitudes, où selon l'expression de
Bossuet, la loi du changement est la loi du pays, il suffit
donc d'un peu de patience pour voir une race, ou plutôt une
classe, transformée, redevenir une autre classe, et s'élever
sur le théâtre même où elle vient de subir les degrés extrêmes
de l'humiliation. Un mouvement de circulation et de vie soulève en effet les diverses parties du monde social, comme
l'ébullition d'un liquide en agite et en déplace sans cesse les
molécules.

Qu'importe après cela, si de fort loin quelqu'un osait
crier : « à Galère : vous avez été porcher; à Dioclétien : vous
avez été esclave; à Probus : votre père était jardinier; à
Pertinax : votre père était affranchi; à Vitellius : votre père
était savetier; si l'on écrivait jusque sur la statue d'Auguste : votre grand-père était mercier et votre père était
usurier[2]. » Les détracteurs ne tombaient-ils pas avec la
foule aux pieds de ces personnages, issus pour la plupart du

---

[1] P. 116, *Mot d'Horace.* — [2] P. 118, *Classes ouvr.*

sang des prolétaires? Ne se montraient-ils pas heureux et
fiers d'être les favoris ou les officiers du fils d'un affranchi,
ou du petit-fils d'un mercier? Et d'ailleurs, en remontant
aux premiers patriciens fondateurs des plus hautes maisons, n'eût-il point été facile de dire à chacun d'eux : vous
avez été des brigands, des esclaves fugitifs, des vagabonds
ou des vaincus; la ville dont vous avez jeté les bases fut un
asile de malfaiteurs! Et les brigands, selon le système que
je critique, ce sont les fils des prolétaires. Par Rome qu'ils
ont engendrée, les prolétaires ont donc régné sur le monde!

Non, ce n'était point le prolétaire heureux que le public
aimait à persiffler; ses railleries prenaient pour but l'insolence et la gaucherie prétentieuse du parvenu. Nous faisons
de même. « Les affranchis, dites-vous encore, ont été toujours et partout repoussés avec mépris du gouvernement et
des alliances des familles nobles[1]. » Eh! mon Dieu, non!
Sans compter les personnages que nous venons d'énumérer,
bien avant ce Félix, époux de deux reines, et bien avant
tant d'autres encore, le fils d'un esclave, Servius Tullius,
avait ceint son front du diadème royal. Tarquin l'Ancien,
ce noble Etrusque d'extraction lucumonaire, avant de lui
laisser son trône, lui avait donné sa fille. Voyez donc percer
de toutes parts les rejetons des familles plébéiennes : tribuns,
édiles, censeurs, et, par cette fonction, arbitres du sort des
sénateurs, sénateurs eux-mêmes lorsque leur mérite les élevait à ce rang, consuls, enfin, et dictateurs, ils ont rempli,
concurremment avec les familles patriciennes, les charges
les plus élevées de la république.

Et la classe des plébéiens se formait d'un mélange confus
de noblesse déchue, de libres primitifs et de citoyens dont
les pères avaient traversé l'esclavage.

[1] P. 172.

Des affranchis revenons aux nobles, pour en finir. Frappée au front par les foudres de la Grèce, la noblesse de l'Asie se vit partiellement absorbée dans le prolétariat des états fondés par les successeurs bataillants d'Alexandre, états réunis, plus tard, sous la *très-plébéïenne* dynastie des Arsacides! Renversée sous les coups des Romains, la noblesse gréco-asiatique vint se répandre et se perdre dans le prolétariat de l'empire des Césars. Ecrasée par les barbares, la noblesse romaine a disparu au sein de cette mer d'hommes sans nom dont les débordements inondèrent tous les états du vieux monde. Enfin, dans notre patrie, la noblesse d'origine gauloise, avant de se refaire sous l'empire du temps, s'est-elle ou non perdue dans ce mélange d'hommes de toutes conditions et de toutes langues, que le hasard amalgama, de ce côté sous le sceptre des Visigoths, de cet autre sous le fer des Boùrguignons ou des Francs?

De nos jours enfin, il suffit *de savoir lire les titres* pour se convaincre que la noblesse presque tout entière ne se compose plus que d'anoblis. Fort au-dessous de ceux-ci, des noms déguisés ou usurpés pour la plupart, et couverts de titres, ne sont plus là que pour éblouir et tromper le vulgaire. Le mensonge lie aux plus antiques maisons des membres supposés, que jamais, à aucune époque, la plus insignifiante alliance n'en a rapprochés. Ou bien, lorsque l'œil consciencieux de la science héraldique démêle l'origine de quelque famille dont l'illustration toute moderne appartient quelquefois aux belles pages de l'histoire, les investigations aboutissent presque aussitôt, soit au néant de l'obscurité, soit aux rangs les plus modestes de la classe la plus populaire. Qui de nous, cependant, n'a vu les noms les plus épais de roture, après avoir, un instant à peine, brillé au soleil de la faveur ou de la gloire, se mêler à toutes les gloires de nos annales? Et n'est-ce point du

concert de pareils noms que se forma l'amalgame de cette
noblesse de robe et d'échevinage, de fonctions et de faveurs,
qui se croisa par tant de mariages avec les restes de l'antique noblesse militaire, et qui, plus tard, se confondit avec
elle et s'usa, comme elle, dans l'exercice des plus hautes
prérogatives?

Lors donc qu'en présence de tous ces faits je vois tant
d'orgueil et tant d'envie éclater à la surface de la société, et
quelquefois en soulever les profondeurs ; lorsque je vois les
questions d'origine et de caste envenimer, arrêter et détourner de leur direction nécessaire les questions les plus utiles
et les plus simples, je me demande, non pas si le chrétien,
mais si l'homme simplement attentif au mouvement et au
tourbillonnement des classes ne doit point rougir, quelle
que soit la sienne, de ces écarts anti-sociaux de l'ignorance
et des passions?

Nulle considération, peut-être, mieux que celle de ces
vicissitudes, ne sert à émousser l'orgueil ou à soutenir
la faiblesse. Nulle ne s'adapte mieux à la pensée du sage,
qui croit se respecter en respectant les rangs sociaux et les
prérogatives historiques, mais sans jamais se laisser éblouir
par le prestige des noms ou par l'insolence des prétentions.
Non, soixante siècles de railleries et d'opprobres, eussent-
ils été versés sur la race des prolétaires, ne feraient pas oublier au chrétien que cette race de mélanges est la sienne ;
que, quelle que soit sa noblesse à lui, le peuple fourmille
d'hommes à physionomie vulgaire auxquels il ne manque
pour l'éclipser que la connaissance de leurs titres perdus !
Quelle que puisse être sa position sociale, le chrétien se
rappelle, pour dernier mot, que du sein de cette masse, où
tant d'illustrations et de royautés se sont engouffrées et
d'où tant d'autres sont issues, l'Homme-Dieu naquit d'une
Vierge royale et vit s'élever son enfance sous la tutelle

d'un royal prolétaire. Le dogme de la fraternité refleurit dans les cœurs au souvenir de ce Dieu soumis aux supé—riorités sociales, ouvrier obéissant, patient et humble. Et, sans être téméraire, on peut se demander si, du haut des cieux, sa volonté n'est pas d'éprouver tour à tour chaque famille humaine, en lui attribuant à son heure sa part et sa durée de grandeur!

A l'aspect du premier homme venu, quelque grand, quelque faible et humble qu'il puisse être, l'histoire nous dit donc de la même bouche que la Religion : Voici ton semblable, voici ton frère, voici l'homme qu'il faut respecter, qu'il faut aimer, qu'il faut *servir!*

LE PROLÉTARIAT ET L'ESCLAVAGE. — QUELQUES LIGNES DE CONSIDÉRATIONS GÉNÉRALES.

Femmes et enfants. — La-bas et ici.

S'il n'y a point lieu de s'étonner que des écrivains ardents à remuer les questions du prolétariat, soient tombés dans des erreurs nécessitées par l'étroitesse du terrain où ils se cantonnaient, émerveillons-nous d'un autre phénomène : c'est qu'un si petit nombre encore aient conçu l'idée de lier les termes de ces questions, afin d'en soumettre les discordances et les difficultés aux lois d'une solution générale.

La sentence du public finit par devenir celle du législateur. Comment donc omettre d'éclairer l'opinion de ce public, en fixant sous ses yeux l'ensemble des rapports que l'expérience établit entre le sort du prolétaire et la condition de l'esclave ?

J'aime à me figurer cette exposition dépouillée de tout caractère aride et métaphysique. Une double série de personnes, de situations et de faits disposés, dans ce but, en parallèles , serait de nature à exciter et à soutenir une curiosité sympathique et, par cela même, féconde. Car les deux modes de l'existence de l'ouvrier pauvre, le prolétariat et l'esclavage, ne se produiraient pas aux regards sans ébranler le cœur.

Des parallèles de cette nature n'auraient point le sort de ces rapprochements ingénieux, mais superficiels, où les hommes graves n'ont vu qu'un jeu de l'esprit. Offerte tout entière, mais prudemment offerte à la vue, la vérité qui doit en sortir dirigerait, en l'éclairant, la volonté générale contre l'un des plus cruels fléaux qui puissent atteindre la fortune et menacer l'existence des peuples.

Frappé de l'utilité pratique de ce plan, mais sans prétendre à la vigueur nécessaire pour réaliser mes conceptions, j'aborde, avec la simplicité d'une bonne conscience, un sujet qui sera toute ma force, grâce à l'irrésistible intérêt qu'il a réveillé dans les âmes. Des considérations de l'ordre le plus important en découlent au profit de la politique et de la morale. Puissent les vérités ravivées dans le chapitre qui précède jeter leurs lumières, comme du haut d'un phare, sur la route que notre nation doit ouvrir !

. . . .

. . . . Poussé vers son dernier extrême, le prolétariat engendre la même série de phénomènes que celle qui dérive du principe outré de l'esclavage. Cette vérité ne se dérobe à notre clairvoyance que sous les faussetés du langage. Le moyen de lever les doutes à cet égard, c'est d'arrêter ses yeux sur un spectacle qui, de nos jours, souille la terre, provoque le ciel, et que tant de nations européennes étalent dans tout l'odieux de son cynisme. Il suffira, pour me comprendre, d'abaisser un regard sur les prolétaires.

Au loin, fort loin de notre continent, dans les colonies françaises, existe, ou plutôt s'évanouit l'esclavage, forme secondaire du prolétariat ! — Vaincu par les influences de la civilisation, l'esclavage commence à n'être qu'un mot de plus en plus étranger à sa signification primitive ! Cependant on l'y nomme encore de son vieux nom, dont les siècles n'ont pas détruit une lettre ! C'est que les mots résistent à

l'action du temps, tandis que les choses s'altèrent et se modifient atome par atome! Lentement sensible aux yeux, le
changement ne l'est donc point aux oreilles. Et ce qui facilite les erreurs, c'est que ces régions, où le prolétariat revêt
une physionomie si différente de celle que nous lui connaissons, ne se rencontrent point sur la route des touristes. Chez
la plupart des opinants, les notions ne se sont donc introduites
que par le sens de l'ouïe, si largement ouvert à l'erreur!

Et puis, dans un âge aussi lettré que le nôtre, on ne se
méfie guère de son incompétence. Quiconque a voyagé de
l'œil au travers des pages d'un livre s'imagine posséder à
fond ce qu'il effleure, et se demande peu si l'auteur savait
ce qu'il expose! Il est si doux de se rendre, sans travail
et sans lutte, au premier occupant! Ceux même à qui l'étude
a beaucoup appris se figurent connaître encore bien au
delà; ils préjugent, et, sur une multitude de points importants, le faux jour des préjugés est la lumière de leur esprit.
Alors, plus l'esprit de ces hommes est médiocre, plus inex-
pugnable est le rempart qu'ils se forment de leurs erreurs!

Mais, dans quelque fourré de préjugés que la vérité se
trouve engagée, le temps saura lui frayer une route. Quel
que soit donc, sur ce sujet, l'état des esprits, osons précéder
nos preuves et le dire : le prolétaire esclave n'est plus en-
chaîné que par un fil, et nous aiderons à le rompre; le
prolétaire libre ne tient plus à la liberté, à la vie, que par
un mot! Les pages suivantes diront de quelle importance il
nous est de savoir cette vérité terrible!

Écoutons bien : « Le manufacturier, en admettant, ou
« en excluant une famille, exerce indirectement » mais
réellement, « sur les membres qui la composent, *le droit* [1]

---

[1] Léon Faucher (cité désormais L. F.), *Études*. La plupart des faits sont
tirés du *Rapp. officiel : Children employment commission*, où j'ai largement puisé.

« *de vie et de mort.* » La condition du prolétaire se ren‑
ferme tout entière dans cette formule ! Le maître et l'esclave
ne s'y dérobent que sous des paroles transparentes ; l'un et
l'autre ne tarderont guère à en sortir, chacun avec son
attitude et son allure.

Tout prolétaire, il est vrai, n'est pas industriel ; et si je
m'arrête plus longuement aux maux de ce dernier, c'est que
je m'y sens attiré par le cri plus aigu de son infortune !
L'homme obligé par le besoin de se donner un maître, de
vendre au jour le jour le travail où ses bras sont à peu près
l'unique instrument qu'il apporte… ; celui qui, n'ayant sous
le Ciel aucun avoir, aucun asile, n'a d'autre propriété con‑
tingente que celle des enfants issus de sa chair ; cet homme
est pour nous le Prolétaire[1] !

Et maintenant, quel est l'esclave ? Qui donc, si ce n'est
l'homme que *les mœurs d'accord avec la loi*, assimilent
à la chose, celui que l'un achète et que l'autre vend, sans
que la volonté du vendu intervienne dans ces transports : le
travailleur, dont le travail profite uniquement au maître
qui le possède, l'ouvrier à qui sa condition ravit la libre
disposition de son temps et de sa personne ! Peut‑être, sous
la rigueur de cette définition, arriverons‑nous à convenir
que nos colonies ne connaissent plus cet esclavage. Les
lois, tombées en désuétude devant les mœurs, n'en ont
conservé dans leurs dispositions les plus fâcheuses qu'un
imparfait souvenir. L'esclavage, en un mot, vicieuse mais
véritable organisation du travail, n'y est rien de plus
aujourd'hui que la possession rémunérée d'une partie fixe
du temps de l'homme, par un autre homme. Et s'il est un
axiome salutaire en politique et que l'histoire se plaise à
répéter, c'est celui qui apprend aux nations à ne détruire

[1] *Proles.*

que ce qu'elles peuvent remplacer, à ne produire le vide
dans aucune partie du corps social . . . .

 . . . La fin du travail obligatoire dépend donc de la
réalisation du travail libre!... En attendant que ce problème obtienne une solution que nous hâtons de nos vœux et
de nos efforts, nous démontrerons que le *non-libre* peut
atteindre une vigoureuse vieillesse, qu'il peut presque toujours vivre largement et s'enrichir du fruit de son travail;
tandis que le sort d'une masse énorme et croissante de
prolétaires est de dépérir en travaillant.

 D'un côté, la durée du travail se trouve réglée par
la loi; de tout le reste de son temps l'esclave est l'arbitre et
le seigneur. Ses labeurs sont rémunérés par le nécessaire et
par le superflu; ce superflu, lorsqu'il lui plaît d'en former
un pécule, sert au rachat de la servitude, et c'est là la
liberté de l'esclave[1]!

 D'autre part, la durée du travail est livrée, au nom de
la liberté, à l'arbitraire et à la cupidité de celui dont le
Prolétaire dépend pour sa subsistance, et c'est là qu'est le
poids de son esclavage! Rarement parvient-il à en triompher par la formation de ce pécule, que nous espérons pouvoir lui procurer, en tournant les yeux de la France vers
la source la plus naturelle de ses richesses.

 Loin d'être le moyen de la liberté, ou plutôt de la libération du prolétaire industriel, le travail excessif, le travail sans fruit semble être devenu le terme final de son
existence.

 L'organisation du travail obligatoire conduit l'esclave
industrieux à la liberté, par l'affluence des biens et la prospérité du corps, tandis que la liberté n'a guère que des in-

---

[1] Schœlcher, *Colon. franç.*, p. 9 à 15; *Rapp. de Broglie*, 206 à 209;
Du Patronage officiel (désormais cité *Off.*), p. 128, 129, 158, 332, 333, etc.

sultes pour le prolétaire européen, et ne se nomme que pour le décevoir.

Ces deux prolétariats, partis de deux points si différents, aboutissent à deux points-également dissemblables. L'esclave marche ; une route facile et simple peut le conduire à la libre disposition de sa personne... Engagé d'enfance dans une voie pénible, le prolétaire s'y achemine; la loi le proclame libre, il a donc le droit d'en sortir; mais cette voie est le chemin de l'esclavage, et sa forme est celle d'un cercle ; une fois engagé, l'on y meurt.

En combien de contrées la liberté apparente du prolétaire n'est-elle autre chose que le vagabondage dont le terme se nomme hôpital, exil volontaire ou prison..... ou bien, dans sa réalité la plus générale, qu'est cette liberté, si ce n'est la faculté d'abandonner un acheteur de travail afin de vendre ses bras à un autre que souvent il ne trouve point? elle se résume donc en un loisir forcé, qui des membres s'étend à l'estomac ; le chômage n'y amène aucun aliment. Et ces hommes, en se regardant de leurs yeux creux et enflammés par la faim, se disent quelquefois : Frère, il faut mourir..... Quelques autres se sont dit : Il faut tuer, frère, il faut tuer pour vivre!

Ne cherchons point ailleurs la raison de cette formule fatale : « Il vaut mieux être serf qu'affranchi[1] », formule qui caractérise l'état de la Grande-Bretagne, ce royaume qui répand généreusement sur le monde *l'exubérance de sa liberté!*

..... L'institution de l'esclavage repose sur un principe, et ce principe est faux ; tandis que dans le fait du prolétariat, l'esprit ne peut saisir que la conséquence de faits antérieurs. Il arriva donc qu'aux colonies le principe éprouva le sort

[1] L. F.

de l'erreur, le temps en a fait justice; des étais temporaires y ont remplacé la colonne dont la civilisation chrétienne a lentement pulvérisé le granit. Tout y sera restauré,
pourvu que les imprudents daignent se rappeler, ou apprendre, que le temps n'a jamais respecté que ses œuvres. Oh!
je ne sais quelle fatalité, quelle malédiction semble condamner l'Europe à la marche contraire. Le prolétaire y naît libre. Le vent du pays y repousse le nom de l'esclavage; mais
hélas! moins légère que les paroles qui se jouent dans l'atmosphère des discoureurs, la réalité de l'esclavage s'appesantit sur les riches veines du sol et s'y implante. Ce qu'on
appelle la force des choses, pour éviter de dire la force des
abus, n'est qu'une guerre ouverte contre les droits de l'humanité; et chaque jour, le principe de la liberté se voit ravir,
au nom même de la liberté, quelques-unes de ses plus rigoureuses conséquences. C'est que, chaque jour, ce principe divin perd de sa valeur au cœur des hommes cupides. L'or est
le dieu; la sueur et le sang des hommes font cet or, la chair
du prolétaire se jette donc au creuset de l'industrie, et....
... la société laisse faire! Les réformes qui concernent l'Europe n'attaquent encore que le papier, tandis que les tortures de la servitude condamnent par millions les corps des
prolétaires à une mort précoce et lente. Quant à leur
âme, elle n'a jamais connu la vie; nulle éducation ne l'a
fait jaillir du néant de l'ignorance. Ne cherchons point, hors
de notre insouciance et de notre cupidité, la cause de leur
abrutissement et de leurs vices. Grands et petits, qui que
nous soyons, nous sommes les coupables, cessons de l'être!

Il ne serait que juste de lapider un homme assez scanda-
leusement téméraire pour tenir un si singulier langage, si la
multitude des faits ne se réunissait point pour confirmer ces
paroles et en démontrer l'utilité. Puisse cet essai ouvrir au
public rassasié de romans quelques-unes des voies où l'inté-

rêt de sa conservation appelle ses méditations et sa justice.

Le prolétariat de ces esclaves, maîtres de leurs biens et presque de leurs personnes, le prolétariat de ces libres, réduits à dépérir au-dessous de la condition de l'esclavage, voilà ce qui ne pouvait guère s'apprécier d'une manière absolue et sans une série de comparaisons sérieuses. Opposons ces malheureux l'un à l'autre et délivrons-les l'un par l'autre! Européens que nous sommes, cédons tout de suite le pas au fils du prolétaire d'origine africaine. Le Nouveau-Monde sera réellement nouveau pour la plupart des hommes sincères et droits qui consentiront à s'y engager. Eh! mon Dieu, le monde ancien, celui qui commence à leur porte, leur dérobe encore de si lugubres mystères! L'ignorance a bouleversé pour eux tant de notions! lorsque leurs yeux auront été contraints de voir, lorsque la vérité leur aura montré ses papiers officiels et historiques, lorsqu'ils sauront ce qui est ici et ce qui est là-bas, au lieu de savoir trop simplement ce qui se dit, nous nous garderons bien de leur imposer notre jugement; nous accepterons le leur; et pour être un peu modeste notre rôle sera beaucoup plus sûr.

Le prolétaire de nos possessions tropicales n'habite point, comme le prolétaire des régions les plus civilisées de l'Europe, une terre dure et avare; il n'a point à lutter, depuis le berceau jusqu'à la tombe, contre les brusques et dangereux caprices de l'atmosphère. Les douceurs du ciel napolitain et les richesses de la province de Labour, n'offrent qu'une pâle image de ces contrées splendides où le soleil est la richesse et la vie de l'homme dont il a marqué la race au sceau de ses feux, sous la zone torride de l'Afrique!

Si la pudeur le permettait, l'atmosphère serait dans ces îles le seul vêtement[1] sur ce sol plantureux, presque

---

[1] *Ordonn. punissant la nudité, Off.*, p. 219, 230, 233.

partout où le feuillage d'un végétal étend ou balance son ombre, la terre se change en aliment savoureux pour en former la racine ou la tige[1]. La faim et le froid, ces deux mortels ennemis de nos corps, mais aussi ces deux violents et utiles conseillers de la prudence et du travail... : voilà jusqu'ici deux inconnus sous le ciel fortuné des tropiques, où la mollesse tapisse le berceau de l'homme; et c'est sur un berceau que nos yeux doivent commencer à se fixer!...

Arrêtons-y nos regards; une femme noire se tient auprès, c'est la mère. Déjà, la conception de l'enfant qui vient de naître fut la rançon de son travail. Elle est esclave : sa tâche, graduellement diminuée depuis l'heure de sa déclaration de grossesse, a cessé totalement avant les couches. A partir de ce moment, deux mois encore lui sont accordés avant le jour où elle reprendra les travaux *du petit atelier;* et l'on ne compte guère son ouvrage jusqu'au jour où elle sèvre son enfant, c'est-à-dire douze ou dix-huit mois après ses couches.

Le petit atelier se compose d'enfants de l'un et de l'autre sexe, depuis l'âge de douze ans au moins jusqu'à l'âge de vingt et vingt et un ans au plus. Il est complété par des noirs qu'un défaut de conformation rend impropres aux travaux du grand atelier; par des négresses enceintes de cinq à six mois; par des nourrices, et enfin par des sujets de cinquante à cinquante-cinq ans, et quelquefois soixante, selon le degré de leur vigueur[2]. Cet atelier obéit aux ordres d'un vieux nègre ou plutôt d'une négresse; car tout est prévu dans le régime de l'habitation, et le maître qui sait « la hardiesse avec laquelle les noirs font respecter leurs droits[3] », redoute pour les plus jeunes les effets du caractère du vieil-

---

[1] Lisez Schœlch., *Col. fr*, p. 267, 268, etc. — [2] *Off.*, p. 307, etc. — [3] *Rapp. de Broglie,* p. 204.

lard, et surtout sa colère. Les petits noirs, comme les petits blancs, ont leurs malices souvent exaspérantes ; et si les niches du négrillon sont quelquefois de véritables méchancetés, il n'est rien au monde de moins endurant qu'un nègre qui se croit quelque pouvoir ! Moins emportée, la vieille négresse, accessible à tous les souvenirs maternels, offre plus de garanties de douceur ; elle obtient la préférence.

Les légers travaux de cet atelier consistent à balayer les environs de la maison et des cases à nègres, à nettoyer les écuries, à préparer l'herbe pour les animaux, à récolter le ricin, ou bien à sarcler les nouveaux plans de cannes et les jeunes maniocs, et à pourvoir de chauffage la gragerie, c'est-à-dire la pièce où les rapes attaquent la racine [1].

Cet atelier entre à l'ouvrage plus tard que le grand, et ne répond qu'à l'appel du soir. Pendant la récolte, les plus vigoureux d'entre les jeunes nègres sont employés, le jour seulement, comme piqueurs ou cochers de manége dans les moulins à bêtes. Dans aucun temps de l'année, le petit atelier n'est appelé à la veillée, quelque courte qu'elle soit ; les hommes s'y partagent les occupations les moins faciles et les moins douces [2] ! La prospérité du nègre est celle du planteur, et réciproquement ; plût à Dieu qu'il en fût ainsi entre l'industriel et le prolétaire ! L'erreur des hommes à systèmes, c'est de vouloir séparer des intérêts qui ne sont qu'un, et souvent même de les opposer l'un à l'autre. Cette idée est l'âme de tous leurs plans........

Jusqu'à ce jour, il est donc naturel que les propriétés tombées dans des mains nécessiteuses, offrent le spectacle d'*une misère commune entre le serviteur et le maître.* L'indigence y rapproche, puis y confond les rangs [3]. Tandis

---

[1] *Off.*, p. 306, 307, etc. — [2] Détails principaux, Sideville Huc ; Manuscrit paternel, expliqué plus loin ; *Off.* — [3] *Off.*, p. 129, 137, 146, 204, etc.

que, dans les grandes propriétés, l'aisance du maître se répand sur les serviteurs et les enrichit[1]. De savants économistes ont observé une répétition de faits contraires à ce dernier dans des régions européennes, fort différentes de mœurs les unes des autres. Il me suffira de nommer l'Angleterre et l'Italie.

Sur les grandes habitations sagement administrées, le règlement accorde une prime à la négresse pour chaque enfant viable qu'elle met au monde. Cette prime est aussi favorable à la fortune du colon qu'à la cause de la morale et de l'humanité ; elle appelle souvent à naître des enfants que le libertinage aurait détruits dans le sein de la mère[2].

Chaque habitation réserve dans son hôpital, ou dans la maison du maître, une chambre spéciale pour les femmes en couches ; la lingerie s'y trouve pourvue des objets dont se compose une layette ; cependant, beaucoup de négresses dédaignent la layette commune, et préfèrent s'en former une à leurs frais ; elles le peuvent donc. La plupart réclament aussi l'autorisation d'accoucher dans leurs cases ; de sorte que l'hôpital ne s'ouvre que pour les négresses paresseuses ou abandonnées du père de leur enfant. A elles aussi la layette d'attente.

L'Européen ne voit guère sans étonnement le confort d'un grand nombre de ménages nègres ; la plupart du temps, il est vrai, la main du planteur s'y est ouverte. Abondamment pourvue de toutes les choses nécessaires à son état, l'accouchée reçoit en outre, pour garde, une vieille négresse. Il n'existe, quant aux soins donnés, aucune différence matérielle entre les couches de la maîtresse et celles de la femme du noir ; l'une et l'autre ont pour accoucheur le même mé-

---

[1] *Off.*, p. 225, 230, 276, etc. — [2] E. Buret, vol. ii, p. 131, 132. — [3] *Off.*, p. 136.

decin, l'esculape attitré de l'habitation; la cave et la basse-
cour du maître servent à l'une et à l'autre. La nourriture de
la mère et celle du nouveau-né partent de la maison et de la
table du maître. L'ordinaire ou la ration légale ne commence, pour l'enfant, qu'à partir du jour où sa mère retourne au *petit* atelier, deux mois seulement après les
couches.

Lorsque le négrillon compte ses quinze jours, l'heure du
baptême sonne à l'église du bourg. Oh! le beau jour de fête
dans la famille! et comme il est divertissant de voir les parents singer le maître avec une gravité qui peint et leur
fond d'estime *pour eux-mêmes* et leur haute idée du planteur!

Les choses se passent pour le mieux dans le ménage du
nègre fortuné. Mais en est-il ainsi chez le pauvre? je devrais
dire chez le paresseux; car ces deux mots sont là-bas d'une
synonymie presque rigoureuse. Eh bien! les pauvres compensent leur dénuement par un appel à la générosité du maître, *fine oreille* lorsqu'il s'agit de se rendre aux vœux d'une
supplique; et, dans ce cas, c'est la maîtresse de la maison qui
subvient aux frais d'habillement et de parure. Les esprits
les plus chagrins avoueront au moins que l'ostentation ne
peut s'engager dans une voie plus profitable aux classes inférieures.... A chaque région ses mœurs! Nos industriels ont
liberté plénière de donner cette direction à leur vanité...
l'habitude pourrait la transformer en vertu!..

Lorsque la mère a sevré son enfant, elle l'abandonne
pendant les heures du travail aux soins et à l'expérience de
la négresse qui lui servait de garde. Celle-ci le nettoie dès
le matin, pourvoit à ses besoins, et vers le soir, le lave et
l'habille avant de le remettre à ses parents[1]!

[1] *Off.*, p. 307, 308, 309, etc.

Chaque habitation offre, réalisée dans son enceinte, l'institution des crèches et des salles d'asile qu'un nombre considérable de nos villes se trouvent encore réduites à désirer. La salle d'asile, ou *le camp*, reconnaît pour surveillantes une ou deux vieilles négresses[1]. Le choix du maître s'arrête sur celles qui réunissent à la moralité la moins ébréchée l'intelligence la plus dégourdie. Une ou deux jeunes négresses de treize à quinze ans leur sont adjointes en qualité d'auxiliaires, et régentent, sous leurs ordres immédiats, cette loquace et tapageuse république. Chaque matin, les nourrices, qui sortent longtemps après l'atelier et à des heures différentes, selon l'âge plus ou moins avancé de leurs enfants, remettent à la vénérable présidente le déjeuner de leurs nourrissons[2]. On se figure, sans doute, qu'il leur est interdit de renoncer à l'ouvrage avant le reste de l'atelier. Il n'en est rien. Au tintement de la cloche qui répond à l'horloge placée dans l'estomac du travailleur, les nègres se forment en groupes et s'occupent de la sérieuse affaire du déjeûner. Tandis qu'accroupis à l'ombre d'un galba ou d'un poisdoux, ils savourent la morue de Terre-Neuve ou le bœuf salé de New-Yorck, les négresses nourrices se sont acheminées vers le camp en chantant le bel air nouveau ; elles en retirent leurs enfants, les portent chez elles, et ne regagnent les champs qu'une heure après les autres ouvriers ; ce qui se passe le matin se renouvelle l'après-midi. Cessons, après cela, de nous étonner s'il meurt, proportion gardée, plus d'enfants d'affranchis que de non libres[3].

Moins ingénieux que le manufacturier de l'Angleterre,

---

[1] Analogie entre ces camps et les ouvroirs de M. de Cormenin, *Annales de la charité;* avril 1845, p. 201. — [2] *Sollicitude des maîtres, Rapp. de Broglie.* p. 131. — [3] Sid. Huc ; *Rapp. de Brogl.*, p. 131. Voir pour la douceur du régime des habitations, M. l'amiral Laplace, *Extraits,* p. 54, 55 ; 1844, etc.

le planteur ne réduit point la mère à mêler au lait de ses mamelles le célèbre cordial de Godefroy, ce poison industriel qui engourdit et arrête, quelquefois à tout jamais, les battements du cœur de l'enfant ; ce cordial qui jour à jour cadavérise l'enfance dont la vivacité se rend importune ; ce cordial dont le narcotisme procure aux mères, par la léthargie de leurs nourrissons, le temps de s'exténuer par le travail ; ce cordial, en un mot, qui permet aux mères de ne se coucher dans la tombe qu'après avoir épuisé toutes les lenteurs de l'agonie, plutôt que de céder tout à coup à l'agonie plus expéditive d'une complète inanition [1]. Mais j'anticipe, et tel lecteur qui se figure connaître son Europe, ne me comprendra pas encore !

L'âge du premier travail, ou du petit atelier, dépend pour le négrillon du développement de ses forces ; nous le placerons entre la douzième et la quatorzième année. Loin que ce moment lui cause aucune épouvante, il le hâte souvent de ses vœux ; et empressé de se soustraire à la contrainte des salles d'asile, vous l'entendez demander avec instance le panier : c'est le symbole du petit atelier. Le maître pèse la requête, et l'on sait qu'il n'est point sujet à se presser.....
« Ainsi, sur l'habitation de mon père [2], une jeune capresse [3] devint enceinte avant d'avoir figuré dans le petit atelier ; elle ne quitta l'asile de l'enfance qu'après s'y être fait remplacer par son enfant. »

Les rapports entre la progéniture du nègre et celle du maître sont de tous les jours et de tous les instants. Tout à coup, ce sont les enfants du planteur qui s'échappent et désertent la maison pour la salle d'asile, où ils se livrent avec les enfants du nègre à tous les jeux de leur âge ; d'autres fois, c'est une invasion subite de la maison par les jeunes

---

[1] Voir le *Rapp. off. : Children employment commission.* — [2] Sid. Huc. — [3] Enfant d'une négresse et d'un mulâtre.

esclaves marchant à la suite de leur petit maître. Parmi ceux-ci, le fils du planteur comptait autrefois un ou deux compagnons inséparables et destinés à rester attachés à sa personne. Avant l'effet des déclamations passionnées que souffla dans les îles le vent d'Europe, ces deux êtres, liés d'enfance, partageaient les mêmes plaisirs, le même repas souvent, grandissaient à côté l'un de l'autre et s'habituaient à s'aimer. Hommes faits, il leur était doux de s'enchaîner aux mêmes vicissitudes; et dans ce temps, que les nègres d'un âge mûr aiment à se rappeler, rien n'était plus commun que de rencontrer des serviteurs d'un dévouement à toute épreuve. Le nom d'ami, en Europe, n'exprime que bien rarement des affections de cette trempe.

On ne se figure pas sans peine l'ébahissement du philanthrope à l'aspect de ces pétulants négrillons, dont les bandes font irruption jusque dans les appartements, jusque dans le salon, mêlent leurs gambades et leurs cris à ceux des fils du planteur, et *ré lament* du maître *à couï tendu*[1], l'exécution de la promesse faite à la salle d'asile ou à la maison même[2]!

Mais, quelle que soit la peine que se donne le planteur pour laisser à son fils des serviteurs formés pour lui comme il l'est pour eux, il ne voit que trop tôt s'évanouir le résultat de ses soins.

A peine le jeune noir a-t-il abordé les travaux, qu'il entend un autre langage, qu'il se familiarise aux diatribes de certains journaux et à des doctrines d'égalité fort étrangères à celles de l'Evangile. La reconnaissance et la justice ne lui semblent plus qu'une bassesse servile. Haïr le bienfaiteur dans l'homme que les vices de la constitution coloniale ont *forcément* revêtu du titre de maître[3], voilà ce qui

---

[1] Calebasse formant vase. — [2] Schœlcher, *Col. fr.*, p. 18, 19, etc. — [3] Voir mes *Col. fr.*, p. 60. Paris, Dauvin et Fontaine, pass. des Panoramas.

devient pour lui une vertu d'homme libre; prouver cette haine, c'est un devoir. La bonté, la libéralité du maître, ce sont les froids calculs de l'intérêt; plus il répand de bienfaits, plus il verse de dons, plus sa cupidité est évidente et plus il est sage et magnanime de le haïr. Il s'en faut de beaucoup, grâce à Dieu! que tous les philanthropes et tous les nègres tombent dans ce dévergondage d'idées et de sentiments; mais celui qui oserait nier le progrès et les résultats de ces excitations se serait décidé à rester bien aveugle. Et comment le nègre résisterait-il toujours à ces déclamations! Les sénats de l'Europe s'y laissent bien prendre!... Une fois donc le jeune noir initié aux mystères de certains ateliers, l'habitation compte un ennemi de plus. Après cela, les actes d'hostilité auxquels il se livre deviennent, entre les mains des excitateurs qui les ont produits, un argument irrésistible contre la tyrannie des planteurs, qu'ils en accusent. Et tandis que les progrès de la liberté et de la civilisation se trouvent arrêtés par cette irritation *artificielle* des deux races; tandis que les intérêts les plus vitaux de la France périclitent avec l'existence menacée de ses colonies; tandis que *l'esprit des réformes cède à l'esprit des révolutions*, les philanthropes qui se feraient conscience de priver le pays de leurs lumières, sollicitent des ministères et des urnes électorales le payement de leurs paroles et de leurs peines... Les académies leur décernent des palmes, et le public leur vote des couronnes. A ce compte, l'Europe doit être un bien admirable pays! oui, sans doute; mais le soleil de la civilisation a ses taches. Elles s'étendent; effaçons-les, ou préparons nos yeux aux ténèbres de l'éclipse!...

Tandis que l'Europe attache ses regards sur le prolétaire de sang africain, examinons donc son ouvrier pauvre; voyons s'il serait sage de modeler le bien-être et la liberté de la femme et de l'enfant du nègre, sur le bien-être et la liberté

de la femme et de l'enfant de son prolétaire! L'émancipation n'est pas un principe à l'usage exclusif des pays
d'outre-mer, et l'Europe n'a point allaité du lait de ses
mamelles ce fruit de ses entrailles, pour lui faire sentir le
cœur d'une marâtre!...

Au serrement de poitrine que nous font éprouver certaines
descriptions, nous sentons quelquefois se joindre un mélan-
colique attrait, celui que le mal développe dans la pensée de
l'homme qui peut le guérir : puisse un tel attrait naître de
ces pages! elles apprendront à quelques personnes ce qu'elles ignorent; elles réveilleront chez quelques autres des émotions jusqu'ici stériles, mais dont la répétition les ébranlera.
Quant aux moins fortunés de mes lecteurs, ils s'estimeront
heureux de savoir quel abîme les sépare encore des plus
misérables de tous les êtres, et leur pitié ne restera point
oisive. Chacun voudra d'une volonté ferme corriger des
rigueurs dont le récit épouvante, et dépouille de sa vraisem-
blance jusqu'à la vérité revêtue du caractère que nous lui demandons, c'est-à-dire du caractère officiel ou authentique.

Les éléments épars dans ces chapitres sont les éléments
d'une charité intelligente, et nous les croyons indispensables aux méditations d'une politique vraiment française,
c'est-à-dire morale, habile et douée d'entrailles!... Cette politique est celle dont nous pouvons nous dire les régulateurs,
si bon nous semble, puisqu'en dernière analyse chacun de
nous tient ou peut tenir, par les rênes de l'élection, les organes de la vie et du mouvement de l'Etat!

Ce que je me permets de bien recommander au lecteur,
c'est de ne pas confondre le prolétaire et l'ouvrier. Sinon,
dès le premier pas ses reproches viendraient m'atteindre et
m'accuser d'hyperbole!

Un faible capital, ou bien un lambeau de terre avec
des bras valides, une tête meublée des rudiments de quel-

ques connaissances utiles, et fortifiée contre l'inconduite par les principes fondamentaux de la morale : cet ensemble constitue ce que nous pouvons appeler le moyen et l'instrument du travail, l'instrument de la liberté, son signe et sa sauvegarde.

Au-dessous des millions d'hommes de la classe ouvrière qui ne possèdent cet instrument libérateur que d'une manière diversement incomplète, des myriades de prolétaires, condamnés au dénuement le plus complet, végètent sur la glèbe du champ d'autrui, à l'ombre des usines ou dans les bouges odieux des villes. Leur maître à tous se nomme *salaire;* les circonstances le rendent impitoyable... Mais au milieu de cette foule hâve, déguenillée, haletante, efforçons-nous pour le moment d'isoler l'enfant et la femme, premiers objets de notre examen...

Dans notre société, la femme a beaucoup plus de peine à vivre que l'homme, ou plutôt elle ne trouve nulle part de quoi vivre[1], bien qu'elle ait de moindres besoins et des habitudes généralement plus sobres. La condition de la femme pauvre, de la femme ouvrière est affreuse! Son travail, moins assuré que celui de l'homme, est aussi moins rétribué. Elle n'est pas moins habile, elle est plus faible. Seule, il lui est presque impossible de subvenir à ses besoins... Quand elle est jeune, elle ne manque guère d'appui; si un mariage légitime ne l'unit pas à un époux, le vice se charge toujours de lui payer une subvention d'autant plus large qu'elle est plus honteuse. Mais plus tard, quand la jeunesse est effacée, elle reste seule à porter sa misère et le poids est trop lourd pour ses forces. Ou bien les exceptions

---

[1] *Organisation du travail*, p. 13, 14; L. Blanc, 1841; Villermé; E. Buret, vol. I, p. 269; vol. II, p. 192; *Annales de la charité*, numéro de juillet 1846, p. 448. *De la misère*, etc.

sont rares, et son sort n'est pas moins hideux. C'est ainsi qu'à Sedgeley, les *femmes-forgerons* combattent le feu de 14 à 16 heures par jour. Dès l'âge de dix ans, leur tâche quotidienne est de mille clous. Associées à des hommes ignorants et dépravés, elles en contractent bientôt les habitudes, boivent, fument, jouent et dépouillent toute pudeur[1]. Le pain de l'âme, l'éducation, leur a manqué, et 15 heures d'un travail cyclopéen leur suffisent à peine à conquérir le pain du corps[2]!

Sobre, chaste, affamée, pleurant la faim, la femme que vous rencontrez ici, travaille et souffre sans jamais se plaindre!... Un peu plus loin, les physionomies changent, les femmes n'appartiennent plus à leur sexe[3] : la misère les a dénaturées. « Elles marchent dans le crime d'un même pas, avec la même hardiesse et la même brutalité que les hommes[4]. » Elles n'ont pu souffrir jusqu'au martyre!

L'impossibilité absolue de se soutenir par le travail contre tous les besoins qui les assiègent, voilà pour un nombre considérable de jeunes filles le premier écueil de la vertu... De ces souffrances naissent les différents degrés de la débauche et du concubinage. Et chose horrible : « les ouvrières entraînées à se prostituer par le sentiment affreux de la misère ou par de pieux motifs, forment une classe nombreuse[5]. » Le dénuement et les douloureuses privations de parents infirmes ajoutent un dernier poids au fardeau déjà si pesant, dont leur pauvreté les accable.

Entre les femmes adultes indigentes et les hommes, la proportion est de 46 à 27[6]. Ces deux chiffres peignent l'ef-

---

[1] L. F.—[2] Birmingham.—[3] L. F.; Willenhall.—[4] *Id.*, *Femmes et salaire*, voyez *Annales de la charité*, n° de juillet 1846, p. 392, 394 et 448; L. F.; Lond.—[5] Frégier, *Des classes dangereuses*, vol. 1, p. 94 à 102.—[6] Buret, vol. 11, p. 243.

frayante majorité que forment les plus malheureux dans
la classe innombrable des êtres souffrants! Notre sensibilité s'épuisera-t-elle à les plaindre? Pourquoi ne pas imiter
certains philanthropes, diriger vers quelque plage lointaine
notre vertu pour lui faire prendre l'air fortifiant des
voyages, et laisser cette tourbe expier dans d'indicibles
souffrances les vices qui ont enfanté sa misère? Mais les
vices ont-ils enfanté cette misère? Est-ce là chose assez
certaine? Cela se peut, et je consens à leur en attribuer
une part; il est question de savoir laquelle... ou plutôt quelle
nécessité de reprendre si haut l'origine des choses!

Mieux inspirés, nous nous demanderons si cette misère physique une fois produite, n'importe comment, n'entraîne point fatalement après elle un degré correspondant
de misère morale; si cette seconde, après cela, ne réagit
pas assez énergiquement sur la première pour l'augmenter,
la faire descendre au dernier terme et, seule, enfin, sembler
en être la cause unique? Oh! oui, cela est constant, les *deux
misères s'engendrent l'une l'autre;* commencer par la
première et suivre droit son chemin, c'est tendre à coup
sûr vers la deuxième[1].

Oui, veuillons bien le remarquer, et avec une attention
infatigable, la misère physique ne reconnaît point nécessairement pour source les vices et les désordres de ceux qu'elle
afflige; mais une fois produite, une fois excessive, elle engendre l'immoralité. L'immoralité la fortifie et l'enra-
cine. Tout ordre de faits relatif au prolétariat dépose au
fond de son courant les preuves multipliées de cette vérité
générale. Comment donc la charité, comment la politique
elle-même n'attaque-t-elle point plus sérieusement à sa
source cet effet désastreux devenu cause?

---

[1] V' Buret, vol. 1er. p. 392. Ce signe V', mis pour voir, indique extraction
mais non pas citation textuelle.

Est-ce à l'Angleterre, est-ce à la France, que ces paroles s'adressent? car ces deux pays diffèrent essentiellement l'un de l'autre! — Oui, souvent, mais « je crois que la différence entre les deux pays, quant à l'étendue de la misère, n'est pas aussi grande que le feraient croire les documents officiels [1]. »

Rien de plus facile que de s'imaginer à première vue la marche et les irrésistibles progrès de la corruption et de ses conséquences, lorsque l'on observe, comme en Angleterre, et quelquefois en France, les rues des villes populeuses remplies d'enfants de quatre à huit ans, sales, déguenillés, pieds-nus, prenant leurs ébats dans la boue des ruisseaux, afin d'échapper à l'obscurité et à l'air impur des habitations de leurs familles. Toutes les villes d'Angleterre que nous avons parcourues, nous ont offert le triste spectacle de bandes d'enfants immondes, vaguant comme de petits animaux... Tantôt, vous les voyez assemblés en petits groupes; tantôt, couchés en tas sur le pavé boueux ou le fumier... L'enfant du pauvre reçoit moins de soins de sa mère que les animaux n'en accordent à leurs petits... La mère, oh! la pauvre femme! *à peine heureusement délivrée*, elle reprend *aussitôt* ses occupations *habituelles*, et laisse son enfant à la garde de quelque vieille mercenaire, ou d'un enfant à peine plus âgé que celui qu'elle vient de mettre au monde. Sous l'influence de cet abandon, il se manifeste une grande mortalité parmi les enfants jusqu'à l'âge de deux ans [2].

---

[1] « La misère *officielle* est d'un indigent sur sept à huit habitants, la « misère *réelle* d'un indigent sur quatre personnes. » Pierre Leroux, *Revue sociale*. 1846; E. Buret, vol. I, p. 237, ouvrage couronné. — [2] Buret, p. 392, 393. Quoique ayant parcouru l'Angleterre et quelques autres régions, je citerai le plus rarement possible *de visu*. Pascal dit que les moines ne sont pas des raisons. Je crois le contraire, en ce sens que j'ai toujours vu les autorités l'emporter sur la raison. De là mon penchant à prêter à la raison le secours des autorités. V· *Ann. de la charité*, août 1845, p. 465, etc.

Je n'ose parler de ces multitudes de petits martyrs qui, dès l'âge de trois à quatre ans, se voient condamnés à des travaux de 12 à 14 heures par jour[1]! Je me suis tu sur le compte de ceux que les mères abreuvent d'opium, afin de consacrer à l'impitoyable nécessité du travail les heures réclamées par le soin de leurs nourrissons! Passons et plaignons la mère, qui cependant devait savoir quel était son droit à la vie; je veux dire la mesure de longévité que son industrie promet à ceux qui l'exercent. Car, pour ne citer que l'exemple de Mulhouse, les probabilités de vie qui sont, pour les enfants de négociants et de gens aisés de vingt-neuf ans environ, ne sont que de deux ans pour ceux de l'industrie cotonnière[2].

Eh mon Dieu! comment l'intérêt qui conseille si efficacement au planteur de prodiguer ses soins à l'enfant et à la mère, comment *cette vile et détestable pass on* ne se rencontre-t-elle point ici pour sauver tant d'êtres humains? A défaut de vertu, grand Dieu, sachons utiliser les passions! On pardonne quelque chose au mal, lorsqu'il produit le bien; voyez donc! la philanthropie, trop désintéressée dans cette question pour s'en fatiguer, bat le pavé sans le purger de cette fange vivante; et la charité hors d'haleine, épuisée, succombe à la tâche et laisse encore après elle tant de victimes!

Ne nous préoccupons pour le moment que de suivre le cours de ces rues : voilà les enfants inoccupés qui survivent et la foule en est grande encore. Voyez-les, pieds-nus, souillés des ordures qui sont le duvet de leur couche, et déguenillés, ramper dans la boue ou se livrer à quelque amuse-

---

[1] « *Children as young as three or four years old who work from twelve to fourteen hours by day.* » (*Children employment commission*). — [2] Buret, vol. i, p. 358, 359.

ment de fainéantise! Dépourvus de toute instruction, ils se livrent sans frein « à la jouissance d'une liberté en *opposition directe avec la condition* qui les attend dans la vie, et qui doit leur devenir fatale [1]. » Pour ceux-ci, donc, pour ceux que les excès de travaux précoces n'ont point estropiés et abrutis [2], le vagabondage devient la conséquence du délaissement. Dès l'âge de six à huit ans, ces petits misérables sont expédiés par leurs parents avec injonction de ne rentrer au logis que munis d'argent ou de vivres. Cherche et rapporte, ou jeûne : ces mots sont leur leçon et le germe de leur avenir. La mendicité, la vente de quelques bagatelles et le larcin composent toute leur vagabonde industrie. De douze à quatorze ans, ceux que l'occasion et la nature ont sollicités le plus vivement, entrent à tout jamais dans la carrière du vol et de la prostitution [3]. Que dirons-nous de cette enfance?

Soit que nous parcourions l'Angleterre, soit que nous jetions les yeux sur la France, les mêmes phénomènes accuseront des causes identiques. La misère prépare et conduit aux désordres de toute nature. « Nous l'avons vue rassembler pêle-mêle les âges et les sexes dans des chambres étroites, souvent sur la même couche, et provoquer ainsi le libertinage par le rapprochement et l'exemple. »

L'industrie des grands ateliers continue cette incessante provocation. « Et si la jeune fille, dit Villermé, résiste au spectacle de la dépravation et à la corruption de l'exemple, croyez-vous qu'elle trouve la même force contre la misère?... En proie à tous les besoins, jetée dans les ateliers, loin de sa mère, sans guide, sans religion, et tentée par le luxe, ce

---

[1] Buret, vol. II, p. 394; *id.*, voir *Ann. de charité*, août 1845, p. 465; et *Enfants dans les fabriques*, juin, p. 385 à 389. — [2] *Childr., Empl. comm.*, — [3] Bur., 394, etc.; *Ann.*, août 1845, p. 465. Je m'abstiens de multiplier les citations.

prix du déshonneur que déploient avec ostentation ses compagnes, comment ne succomberait-elle pas aux séductions.
qui la pressent [1] ? »

Le lien sacré des familles, s'il s'est jamais formé, ne
tarde point à se rompre, attaqué par la dissolution, par
l'indiscipline des enfants et par la négligence des parents [1] ,
qu'abrutit et dénature la pauvreté. Car « les sentiments
mêmes de la paternité et de l'amour filial ne résistent point
aux rudes épreuves de la misère. Rien au monde n'y peut
résister ! Sous ses cruelles inspirations, les parents essaient
de se débarrasser au plus vite du fardeau que leur impose
la famille ; et les enfants, aussitôt qu'ils sont en état de travailler, deviennent étrangers à leurs parents [3]. » La misère
et la morale ne se rencontrent que pour se combattre à
mort !

Aussi, lors de l'enquête conduite à Rouen, en 1832, la
municipalité « fut-elle épouvantée de la corruption qu'elle
remarqua dans les familles des ouvriers les plus pauvres.
L'indifférence de beaucoup d'enfants pour leurs pères et
mères devenus vieux, était poussée jusqu'à la plus révol-
tante inhumanité. »

Cependant, il faut le dire, les vices de cette enfance ne
sont rien, en quelque sorte, à côté des douleurs par lesquelles elle les expie... l'enfant, mais surtout la femme,
voilà deux êtres qui, dans cette classe, semblent ne respirer
que pour souffrir... et si de la ville nous nous enfonçons
dans les campagnes, les mêmes images de dénuement et
de souffrance vont s'associer pour nous poursuivre.

Le pauvre habitant du village ne refuse guère à de plus
malheureux que lui-même une portion de son pain, de quelques sueurs qu'il l'ait achetée ; mais sa charité ne peut-être

---

[1] Buret, vol. i, p. 447. — [2] Id., vol. ii, p. 13. — [3] Ibid.

de tous les instants. Que va donc devenir sous le chaume
« l'orphelin qui n'a, dans le monde entier, personne pour
lui donner la main ; la veuve isolée, pauvre, malade, mère
de jeunes enfants... la pauvre vieille femme qui a vu tomber autour d'elle tous ses enfants et qui, repoussée par sa
propre race comme un être à charge, n'est secourue ni par
les siens, ni par la société qui s'inquiète trop peu si ses
membres souffrent et tombent de faiblesse... Dites-moi que
vont devenir ces pauvres paysans, isolés dans la commune,
et auxquels personne ne doit l'asile, la nourriture, le foyer
et le vêtement[1]. Tout leur est lutte, danger sans secours et
torture : l'habitude seule les soutient contre cette vie d'angoisses et d'épreuves...

« Passant un jour dans mon pauvre village, nous vîmes
cinq à six femmes qui collaient une oreille attentive à la
porte d'une maison délabrée, et qui cherchaient à pénétrer
du regard dans l'intérieur, à travers les fentes d'une porte
formée de planches mal jointes, mais fortement verrouillée
à l'intérieur. Nous entendîmes un gémissement étouffé, qui
nous fit croire que dans cette misérable chaumière il se
commettait un crime ; et nous allions entrer de force, lorsqu'une des voisines nous dit que la pauvre femme habitant
la maison fermée était en mal d'enfant ; que n'ayant pas
trois francs à donner à la *bonne mère*, ou sage-femme du
village[2], elle s'était renfermée ; enfin que, seule, sans
expérience, sans secours d'aucune espèce, elle donnait le
jour à un être humain dont les cris nous apprirent que là
une mère courait risque de la vie et mettait en danger les

---

[1] De Bourgoing, président du Comice agricole de l'arrondissement de
Cosne (Nièvre), *Mém. présenté aux Chambres et au pays*, p. 31, 1844
(cité désormais : de Bourg.). — [2] Le D' polonais Zurkowski m'a fait lire son
intéressant *Rapport sur l'ignorance meurtrière des accoucheuses de village!*
rapport qui obtint une mention honorable : ce D' habite Neuilly, près Paris.

jours d'un enfant, parce qu'il lui manquait trois francs !...
Combien, oh ! combien de douleurs ne vous sont point
connues, gens des villes !... vous qui n'êtes souvent si
indifférents, que parce que, dans sa pudeur, la misère se
cache et ne s'expose point à vos regards[1]. »

Je commence à concevoir les colères des philanthropes
qui, à l'aspect des prospérités matérielles du nègre, nous
repoussent brusquement au chapitre de la morale et de la
dignité de l'homme, où je les attends, par la raison que mon
sujet m'y oblige. Et je les y arrêterai, non point pour justifier l'esclavage, que cet écrit poursuit sous toutes les
formes, non point pour entraver dans son cours la question
de l'émancipation, mais pour la faire avancer ici, comme
là-bas, c'est-à-dire des deux côtés à la fois et sur deux
lignes bien parallèles.

Nous n'incriminerons point le libéralisme moderne et
religieux ; c'est celui de la France royaliste presque tout
entière, et c'est le nôtre. Mais, le vieux libéralisme, celui
qui, tout essoufflé et haletant, expira sur les barricades de
1830 ; celui que l'auteur de l'*Histoire de dix ans* appelle
la religion du désordre, celui-là laissa au milieu de la génération présente quelques pâles héritiers, de la bouche
desquels s'échappaient naguère encore ces paroles qui
allaient solennellement insulter le planteur au delà de l'Atlantique : « Qu'as-tu fait de ton frère?... » Oh ! s'il s'agissait
d'aigrir les esprits et non pas de calmer les irritations d'un
affreux ulcère, l'Atlantique, traversée de nouveau par le
Verbe de l'homme, ne rendrait-elle pas à l'agresseur européen
ces paroles : « Que fais-tu de ton frère ?... » et j'ajouterais :
de ton fils ? Regardez bien, en effet, et voici que nos yeux
s'arrêtent encore sur de frêles, sur de chétifs enfants, au

---

[1] De Bourg., p. 31, 32.

sein de fraîches et de verdoyantes campagnes. C'est pitié de
les voir s'exténuer dans la servitude, et commencer la vie
par des tortures ! Et cependant, la vue des ruisseaux et des
frais gazons, le spectacle des riches campagnes, si poétiquement retracées par le magique pinceau de Thompson[1]
ce spectacle où se complaisent nos regards, semble devoir
nous ouvrir le cœur par des émotions d'un genre bien
étranger à celles que la réalité nous prépare[2].

Hélas ! « les habitants des districts ruraux participent à
la dégradation des districts manufacturiers, » et la raison
en est aussi simple qu'elle va nous paraître étrange, « c'est
que l'agriculture tend à se constituer en Angleterre, sur les
mêmes bases que l'industrie[3]. » L'un des calculs actuels de
l'industrie étant d'éliminer des ateliers le plus grand nombre
d'hommes possible, et de répartir sur les femmes et les
enfants le fardeau de leur tâche, comment pourrais-je
m'abstenir de consacrer à ces derniers quelques lignes ?

L'agriculture, au lieu d'être la mère et la nourrice des
populations agricoles, n'en est donc plus que la marâtre,
grâce à l'immensité des grands domaines, et, par contre
coup, des exploitations. Chacune d'elles devenant un fief
électoral révocable, conféré à une famille unique, la terre
repousse les populations sédentaires, pour se concentrer dans
un nombre de mains de plus en plus limité ! Le cultivateur,
dont la personne tient moins du fermier que du chef de fabrique, exploite le sol à force de bras, portés tantôt ici

---

[1] *Seasons.*— [2] *How often have I blessed the coming day.*, etc. *Deserted
village de Goldsmith.* Voilà ce que l'industrie a fait non plus d'un village, mais de provinces entières. — [3] Voyez les précieux travaux de
M. Faucher, qui pour les enfants a surtout puisé à la source officielle *Child.
employ. comm.* Ce sont aussi les documents qui, antérieurement à ses
études, m'ont servi pour le dernier chapitre de mes *Col. fr.*, 1844 ; Voir
E. Buret, vol. ii, p. 132, 284.

tantôt ailleurs : ces bras restent aussi étrangers à ses intérêts qu'à ceux de la terre ; il a des ateliers de passage qui fonctionnent sur des sillons au lieu de fonctionner sur des métiers. Et quel est le nombre des travailleurs voués à ces ingrats travaux ? je ne le sais ; mais, d'après le cens de 1831, 800,000 familles, formant 4,800,000 individus, composent, en Angleterre, la classe des travailleurs agricoles [1]. Dans ce compte, il n'est point question de l'Irlande.

L'ouvrier dont la main travaille, n'est donc ni l'homme, ni le produit du sol. Il vient je ne sais d'où, il va de ce côté, si vous l'y appelez ; de cet autre, si je l'y appelle. Il a faim ; toutes les éventualités le dominent, il obéit ; le pain sec et dur est son maître !

S'il parvenait à se faire attacher à la glèbe, une place se trouverait sur la terre où il lui serait donné de voir naître et croître sa famille ; la femme qu'il prend ou qu'il épouse et les enfants issus de son sang seraient à lui. A demi-possédé, par conséquent à demi-libre, il posséderait. Au lieu de cela, la misère le donne ou le vend à qui le veut... Regardez froidement : *rien* est le mot précis qui formule exactement tout son avoir. La société au sein de laquelle son sort le jette ne lui accorde ni feu ni lieu. Qu'est-il ? Le langage nous offre-t-il un mot pour le désigner ? Cet *out-law* n'a pas de nom, et tout cela parce qu'en Angleterre l'agriculture est constituée comme l'est ailleurs l'industrie !

Sur cette terre d'excès et de contrastes, un peu plus loin, en Irlande, l'excès contraire, je veux dire le morcellement, donnant à chaque famille, pour toute ressource, un chétif lambeau de terroir, produit un résultat exactement pareil [2].

---

[1] Buret, vol. II, p. 204. — [2] *Ibid.*, *ibid*, p. 193, 200, 352, 353, 367 à 368.

Qui pourra compter aujourd'hui dans chaque royaume les provinces où le travail, frappé de je ne sais quelle malédiction, épuise et divise les membres de la famille, au lieu de les enrichir et de les réunir? Qui comptera les lieux où le travail « dissout la famille[1]? » Il la dissout au lieu de la former! Il l'attaque jusque dans son principe et dans son germe. Est-ce que les vérités du Christianisme seraient près de s'échapper du sein maudit des sociétés? Sinon, comment admettre qu'il puisse s'y rencontrer des classes entières, fatalement repoussées hors de la tutelle des lois de la civilisation? Conserver et reproduire, ces deux mots qui donnent la raison de l'être des sociétés, semblent devenir étrangers à leur esprit; ou plutôt, produire est devenu leur maxime; mais ce mot se borne à la matière et ne répond qu'aux besoins de l'industrie et du commerce. Détruire la mère de famille et la remplacer par des filles-mères, qu'importe! Détruire l'enfance, la jeter aux quatre vents, qu'importe! Détruire l'âme par la corruption, qu'importe! si, toutefois, l'âme existe. Qui l'a vue? qui l'a palpée? Détruire le corps, et qu'importe encore! Produire le fer et le coton..., marcher à la conquête du monde par le coton et par le fer... voilà le but. Eh quoi! voudrions-nous que ce fût là tout ce que demande à la civilisation le siècle de la vapeur?

Tout bien pesé, la condition de nombreux ouvriers agricoles n'égale donc point en fixité celle des populations manufacturières, et dans ce royaume de la liberté, le travail indépendant est l'exception; il y a pour le prolétaire incertitude de gagner le pain par la sueur... la constitution même du travail des champs donne pour conséquence l'emploi le plus exclusif possible des femmes et des enfants; le travail par bandes, substitué au travail individuel; le

[1] L. F.

servage, la misère et la démoralisation des travailleurs[1].

Au nombre de ces travailleurs figurent de misérables enfants qui, sous le nom d'apprentis, reproduisent les traits principaux de la physionomie de nos enfants-trouvés agricoles[2].

Dans le tourbillon de cette société monstrueuse, où il appartient à tant d'espèces de misérables de nous frapper par l'étrangeté de leur aspect, quelle sorte d'être est donc l'apprenti?[3] L'apprenti, c'est l'enfant de l'homme qui fut assez étroitement serré à la gorge par la pauvreté, pour n'avoir plus d'autre ressource au monde que celle de la charité légale, dont voici le premier effet:

Lorsqu'une famille, abattue par quelque revers et succombant sous la détresse, inscrit son nom sur la liste des secours, les enfants qui lui appartenaient ne sont plus les siens. Dès l'âge de neuf ans, ils tombent sous la dépendance des gardiens de la paroisse[4]. A partir de ce moment, l'enfant devient réellement la chose du maître auquel le vœu de la loi le livre, et qui tolère ou rompt, selon son bon plaisir, les liens de la famille. En effet, le maître reste libre et souverain dans sa conduite; il exerce son droit de souveraineté sans contrôle et sans appel, si ce n'est lorsqu'il pousse la cruauté jusqu'à des actes qui obligent le magistrat à sévir. L'apprentissage, pour le bien définir, n'est autre chose que la confiscation, au profit d'un étranger, du corps et de l'âme des enfants orphelins ou malheureux; et la société, qui la décrète, ne l'opère point dans le dessein de compenser cette excessive rigueur par les bienfaits de l'éducation, et d'enfanter à la vie sociale ces pauvres créatures. Cette pa-

---

[1] L. F. — [2] Voir le chap. *Enfants trouvés*, plus bas. — [3] Voir sur le paupérisme, cause et effets, etc., *Statistique comparée du chevalier de Tapiez*, p. 414 et suiv., 1845. — [4] *Church-warden, over-seer*, etc.

ternité lui est inconnue; son anarchie religieuse lui défend cette œuvre de vie. Le sentiment de la morale n'entre donc par aucune ouverture dans l'âme aride de l'enfance ! Il y a tout près de cette assertion des faits qui nous attendent pour nous en convaincre. L'unique vœu, le vœu transparent de la loi, ce fut de sauver l'argent du public !...

A partir du moment de sa collocation, l'enfant croupit dans la plus abrutissante de toutes les apathies morales ; étranger à tout sentiment d'émulation, à toute espèce d'affection et de devoir, son état est celui de la servitude illimitée. Quant au père et à la mère, débarrassés de leurs enfants, le mariage n'est plus pour eux qu'une sorte de concubinage légal ; ils produisent, et voilà tout !... Que leur demander de plus ? La paroisse fera le reste. Elle les remplace, mais à la façon des parents que n'a point formés la nature. Oh ! si l'enfant du noir avait de tels pères et de tels maîtres !

Egalement dégradés l'un et l'autre, le père et l'enfant échappent au sentiment de leur responsabilité morale. « *Le père cesse d'être un homme libre, et le fils ne le peut pas devenir.*[1] » Privé de la libre disposition d'un salaire avant l'âge de vingt-un ans, tandis qu'en ce point essentiel l'usage laisse au nègre la disposition la plus libre de son pécule ; nourri, logé, vêtu par le maître, et formé par la routine, l'enfant, après une longue et pénible végétation dans la servitude, arrive à l'âge d'homme sans rien connaître des droits et des devoirs de la vie. Les deux caractères principaux dont l'absence constitue le sauvage, la prévoyance et la perfectibilité, ces deux caractères sont également refusés à son âme. Voilà l'homme formé des mains de la philanthropie légale !

[1] L. F.

En un mot, et pour définir cette institution, « *l'appren-tis-age est une véritable traite*, la traite des enfants pau-vres, que l'on vend ainsi pour un terme de douze, et quel-quefois de quatorze années[1]. »

Un penchant instinctif, habituel à la révolte, manifeste chez les apprentis le dégoût que leur inspire un travail aussi ingrat qu'opiniâtre. Instruits par les leçons d'une expérience quotidienne, les fermiers reconnaissent enfin que le travail salarié, *mais garanti par la misère et la concurrence forcée des classes ouvrières*, leur offre des avantages que ne peut réaliser le travail gratuit.

Comparons cependant, comparons encore et toujours, afin de mieux saisir et redresser les difformités de notre Europe. L'enfant du nègre est élevé sous le toit du maître; il y vit confondu avec les jeunes maîtres de l'habitation, dont on ne le distingue guère que par la couleur; l'enfant du nègre ne connaît que fort tard le travail enfantin du petit atelier. Et l'une des énormités du système de l'indus-trie européenne, consiste précisément dans l'emploi des plus jeunes enfants. On les met à l'œuvre dès l'âge de cinq à six ans[2].

Dès l'âge le plus tendre, la cupidité excède de peines et de fatigues ces néophytes de la misère. Et ce que l'on ne sau-rait assez remarquer, c'est que le caractère de cet esclavage est de préparer l'homme mûr à un esclavage plus invin-cible encore, par l'ignorance où elle le plonge, par la cor-ruption des exemples qui l'assiègent dès le berceau! Voilà comment les classes les plus inférieures, celles dont nous étudions « la condition physique et la condition morale, sont peu à peu repoussées, à travers les souffrances et les privations de la misère, dans l'état de barbarie[3]. »

[1] L. F. — [2] En France : Madame Em. Michel, *Annales de charité*, juin 1845, p. 384. — Ve E. Buret, etc. — [3] E. Buret, vol. II, p. 1.

Mais quoique, tout en se modifiant, la leçon s'étende pour nous sur de si vastes étendues de campagnes, elle resterait fort incomplète, si nous n'écartions nos regards de la faiblesse des êtres sacrifiés aux exigences de l'agriculture, pour les arrêter sur les enfants et les femmes condamnés aux travaux forcés de l'industrie [1]!...

Un mal incalculable dans ses effets, l'une des racines des maux dont la simple nomenclature porte l'épouvante dans nos âmes, l'énormité des impôts, écrasait les populations de l'empire britannique. Facile et doux, le remède ne s'accordait guère avec les goûts des gouvernants, avec les passions des gouvernés, je veux dire avec les exigences d'une politique ambitieuse. Acculés dans des positions fausses, les grands hommes eux-mêmes oublient quelquefois les grandes et naturelles ressources, pour se vouer à la politique des expédients. La découverte de ces moyens, à la fois extrêmes et provisoires auxquels ils se voient alors contraints d'avoir recours, serait un triomphe pour la médiocrité. Je pense qu'ils sont le désespoir du génie, tant ils engagent d'une manière évidente et terrible l'avenir le plus prochain des peuples. Les populations manufacturières, pliant sous le faix des charges publiques, et faisant monter jusqu'aux régions du pouvoir le concert de leurs gémissements, le ministre Pitt leur dit un jour : Mettez au travail les mains nombreuses de l'enfance, et l'argent affluera dans vos coffres.

De quelque façon que le conseil ait été donné, les chefs du travail qui s'en emparèrent ne songèrent nullement à utiliser au profit de l'enfance ses forces et son temps ; une simple pensée leur vint au cœur : ce fut d'exploiter l'enfance

[1] L. F., *Angl.*, de Bourg., Guiraud, L. Blanc, E. Buret, *France* Agriculture, etc., etc.

à leur profit; acte de rapine et de meurtre! Une loi aussi rigoureuse que prévoyante, et rendue dès le principe, eût-elle dérouté les calculs implacables de la cupidité? Eût-elle arrêté les calculs coupables de la misère que cette cupidité exploite?... Je le suppose! Mais comme on n'y songea point -tout d'abord, il est certain que, du premier bond, l'abus s'étendit aussi loin que l'usage.

Cependant, il se fit trève de murmures, et le ministre vit affluer l'or de l'impôt dans les coffres de l'Etat. Pour les hommes dont le génie et *le métier* consistent à construire un budget, ce serait de la joie et de la richesse! Le grand ministre dut gémir de ses succés, car ce revirement eut pour cause « une effroyable conscription qui ne se borna point, comme celle de Napoléon, à moissonner les adultes. Enrôlant les enfants dès l'âge le plus tendre, elle s'étendit bientôt aux femmes, et traîna des familles entières sur les champs de bataille de l'industrie[1].

Sous l'influence de cette révolution économique, la santé des enfants éprouva des atteintes si graves, leur stature, leur physionomie révélèrent de si profondes lésions que la pitié publique s'émut enfin. Une mesure législative *restreignit* la journée à *douze heures* effectives de travail *dans les manufactures ouvertes aux apprentis*[2]. Cette limite, vainement posée aux travaux *quotidiens* de l'enfance, doit nous rappeler que le travail hebdomadaire du nègre adulte se borne à cinq jours, et n'excède point la mesure de neuf heures entre les deux soleils.

Digne de son nom, l'industrie ne se tint pas pour battue; on la vit s'éloigner des orphelins dont la loi prenait ce faible souci. Avide d'indépendance, elle ne demanda plus que

---

[1] L. F. — [2] *Childr. employ. comm.; Statistique comparée du chevalier de Tapiez,* p. 117; 1845.

des enfants libres, et ce ne fut point pour leur ménager la besogne; leur vie devint sa pâture; le temps du travail s'éleva pour eux jusqu'à treize et quatorze heures par jour. De ce moment, la dégradation physique avança du même pas que la dégradation de l'esprit et du cœur. La cupidité des parents devint aussi monstrueuse que celle des manufacturiers, mais elle était provoquée par la misère[1]. Pour amorcer l'enfance au travail, les parents y mêlèrent comme récompense la liberté du vice!

Cependant, on ne voit guère les abus mourir de vieillesse; il est de leur nature de s'accroître en prenant de l'âge et de s'enlaidir en croissant. Le travail des enfants eut de tels excès qu'un sentiment de pudeur finit par s'emparer du public.

Quelles forces d'athlète, en effet, se prêteraient sans rompre à des fatigues de quatorze, quinze ou seize heures, passées sans relâche dans l'atmosphère malsaine des manufactures! L'air, le soleil, le repos, une nourriture saine, voilà ce que le code noir accorde, et ce que la bienveillance des planteurs prodigue à l'enfant du nègre. Le fils du pauvre ouvrier de l'Europe ne connaît aucun de ces biens! cela paraît étrange peut-être, mais retenons notre étonnement de peur qu'il ne retombe sur nous-mêmes!

Épouvanté de la condition de l'enfance, un économiste la déclarait être « *le plus horrible esclavage que l'on eût encore infligé à l'espèce humaine*[2]. » Cependant, lorsque la pitié s'émut au sein de cette nation qui fourmille d'hommes généreux et bienfaisants, lorsque le mot de réforme fut prononcé, les manufacturiers, soutenus par les passions cupides des brutes qui leur avaient engendré ces

---

[1] L.F. *Id.* en France, MadameEm. Michel, *Ann. de charité*, juin 1845, p. 386. — [2] L. F.

enfants, organisèrent une résistance opiniâtre. Il fallut leur accorder une enquête. « Le comité fut nommé ; il siégea durant trois sessions , *et jamais on ne dénatura davantage les faits*[1]. » *J'arrête les yeux sur cette faussete systématique*, parce que, depuis longtemps , les hommes d'Etat qui ont le plus fatigué la France et qui ont porté la plus rude atteinte à sa fortune, puisent avec une aveugle confiance aux documents officiels de l'Angleterre. Vous les voyez ensuite se targuer, jusque sur le trépied législatif, du rôle de dupes dont leur orgueil scientifique s'est accommodé.

Ces données mensongères devinrent la base sur laquelle le législateur construisit son œuvre, et, sous le nom de réforme, on vit s'échapper de ses mains un privilége. Le travail, règlementé dans une branche de l'industrie , ne le fut point dans une autre; ou bien, et plus tard, il y eut des exceptions pour telle catégorie de femmes , d'enfants et d'ouvriers; tandis que pour telle autre, il n'y en eut point. Voici quelle est en deux mots l'analyse historique de cette croisade entreprise en faveur des enfants des fabriques , et qui dure déjà depuis trente ans. Je continue , mais sans m'astreindre à rapporter la série des productions législatives dans le dédale desquelles la cupidité sut et saura se jouer.

Un peu plus tard, la loi interdit l'emploi des enfants aux travaux nocturnes. Pétrie de ruse et d'audace , la cupidité trouva moyen de se faufiler entre les interdictions légales. C'est que les lois du royaume, en dépit de *leurs imperfections prémédités*, l'emportent en mansuétude sur les mœurs des exploiteurs du travail. On ne pourrait que trop souvent appliquer cette assertion à notre patrie, sans qu'il fût possible de la contester , tandis que la vérité contraire éclate aux

---

[1] L. F.

colonies françaises. Les commissions législatives l'ont confessé par leurs plus illustres organes. Nos prolétaires trouveront dans ces contrées des armes précieuses à opposer aux exigences dont ils sont victimes; on le leur cache et pour cause; car l'un des artifices les plus grossiers et les plus efficaces des hommes intéressès à les comprimer, c'est de raffermir la patience du prolétaire qu'ils appellent libre, en rabaissant devant lui par le mensonge la condition du prolétaire qui porte encore le nom d'esclave!

Un de ses grands hommes d'Etat l'a déclaré : condamnée qu'est l'Angleterre à l'injustice à l'égard de l'Irlande et de la France, par les vices de sa politique ambitieuse, elle s'y voit condamnée, au jour le jour, à l'*égard du monde entier et de ses propres populations;* sa grandeur désordonnée se paie à ce prix d'abord! Il faut que les basses classes de cette nation expient par leurs misères lamentables cette soif d'or et de pouvoir qu'elles ont si longtemps encouragée, si passionnément applaudie dans leurs princes, lorsque ceux-ci, pour prix des sueurs et des veilles du travailleur, lui promettaient l'empire.

Le peuple anglais sait aujourd'hui ce qu'il en coûte de sueurs, de larmes et de sang pour produire et fonder les fortunes modernes et colossales de l'aristocratie britannique, dont la puissance collective tend à s'imposer impudemment au monde comme sa règle et sa loi dernières. Il sait au prix de quelles douleurs une nation expie les joies insolentes de son orgueil; et chacun de nous peut apprendre de ses yeux si les Etats les plus éblouissants à distance par l'éclat des hautes fortunes, ne sont point ceux où les ulcères de l'indigence s'épanouissent dans leurs plus choquantes énormités. Spectacle étrange, effrayant! d'une part, ce sont, à côté de quelques hommes de race antique, des parvenus qui daignent à peine traiter en égaux les chefs des nations; de

l'autre, et depuis longtemps, ce ne sont déjà plus des êtres
humains.

Mais remettons-nous au fil de la question. Une loi règle-
mentant d'une manière positive le travail des enfants dans
certaines fabriques, limitait par le contre-coup de ses dispositions les fatigues des adultes; forcés de s'arrêter avec la
machine qui fonctionne pour tous à la fois. Dirons-nous
par quelle opiniâtre fatalité cette loi porta son néant dans
son texte? Le voici : si quelques gouttes venaient à manquer au cours irrégulier des ruisseaux dont le volume
animait les fabriques; si la raideur, le détraquement momentané d'un ressort en suspendaient le jeu, le législateur
permettait au manufacturier de réparer le temps *perdu
par suite de ces accidents*, et de compléter par la retenue
des ouvriers la mesure des douze heures normales du travail. Or, il arriva que ces accidents se reproduisirent une
fois chaque jour. Il était naturel de s'y attendre; et le travail
resta sans limites!

Une autre disposition, en réduisant à huit heures par
jour l'emploi des enfants de neuf à treize ans, semblait
totalement interdire aux manufacturiers l'usage et les
secours de l'enfance; car la retraite inopportune des enfants laissait tout à coup incomplet le nombre des ouvriers
indispensables à l'action de forces motrices très-coûteuses
et qui n'étaient plus dépensées qu'en pure perte; ou bien, le
fabricant se voyait astreint à l'adoption et à l'organisation
du système des relais. D'après ce procédé, un atelier d'enfants devait fonctionner pendant la première partie du jour;
ce terme atteint, un second atelier venait compléter le nombre d'heures, parallèle au travail quotidien des adultes. Ici,
l'industrie sut encore ruser, tricher et reprendre de la main
gauche ce que la main droite avait paru concéder. Les
enfants employés le matin dans une fabrique formèrent,

l'après-midi, le second relai de la fabrique voisine. Comme la misère donne sa mesure dans une mesure d'immoralité correspondante, les parents se prêtèrent de tout cœur à ces manœuvres. Ils eussent perdu trop de moyens de débauche au repos des enfants, pour ne point seconder de tout leur zèle la fraude des acheteurs du travail[1]. Dans quelques établissements où la journée se prolonge au-delà du terme de douze heures, on ne congédiait les jeunes ouvriers avant la fin de la journée que dans le cas où l'on se croyait exposé à la visite des inspecteurs. D'autres manufactures étalaient plus d'audace que de ruse, et M. Horner cite une de ces dernières où « de jeunes personnes employées depuis six heures du matin jusqu'à neuf heures du soir, fonctionnent sans quitter l'établissement, sans s'absenter pour prendre un repas[2] »; car la machine ne s'arrête jamais, et les machines humaines, mues par le sang, doivent être les esclaves de celles que la vapeur fait mouvoir. Ailleurs, le travail cessait au bout de douze heures. Enfants et adultes s'occupaient alors du nettoiement et de la mise en état des machines. Cette fatigue, si forte et si prolongée qu'elle puisse être, ne porte pas le nom de travail; le repos des machines compte pour le repos des hommes! O puritains!

Ainsi donc se trouvait sans cesse éludée une des intentions manifestes du législateur qui visait, en diminuant la tâche de l'enfant, à lui imposer la nécessité de l'éducation, inestimable bienfait pour des êtres déchus de leur dignité d'hommes, étrangers à la plus faible connaissance de leur nature et de leurs fins, et réduits à croupir dans les plus ténébreuses profondeurs de l'ignorance. Le langage se dépouille de toute figure en énonçant que leur destination

---

[1] Buret, p. 357. — [2] Dans mon dernier chapitre sur les *Col. fr.* j'ai cité des traits plus forts que celui-ci, extraits du même rapport *Children employment commission*, etc.

générale les convertit en animaux de labour ; mais grâce
aux cieux, quelquefois leur servitude, sans être plus mor-
telle pour leur âme ou pour leurs corps, revêt des formes
plus propres à réveiller l'indignation et la justice.

C'est ainsi, par exemple, que l'enfant du mineur commence à descendre dans les profondeurs des mines à l'âge de
quatre ou cinq ans. Le voilà *trapper*, ou gardien des trappes,
derrière lesquelles il végète accroupi, pour les ouvrir aux
wagons chargés de minéraux. S'il néglige sa tâche, le gaz
s'échappe, s'accumule et fait explosion. Cet être à peine
formé, à peine au fait de l'usage de ses membres, le voilà
devenu l'arbitre suprême de la vie de tous les ouvriers d'une
mine ! voué à la solitude abrutissante du régime cellulaire,
ce reptile humain descend dans les humides ténèbres de sa
prison, vers trois ou quatre heures du matin, pour ne
remonter dans notre monde que vers cinq ou six heures du
soir.

Imaginez-vous le nègre adulte traité avec cette féroce
insouciance ; quels termes nouveaux notre indignation n'in-
venterait-elle point pour célébrer et maudire la barbarie
du planteur !... Il ne fut bruit jadis que des cachots et des
chaînes de nos colonies ! Le planteur nous répondit par les
rapports officiels qu'on ne lit guère !... Mais avant de jeter
un coup d'œil sur les enfants de nos prolétaires, je retourne
aux enfants de cette terre qui engendre la liberté? Vers l'âge
de huit à neuf ans, l'imberbe ouvrier change d'emploi ; sa
tâche est de traîner les wagons, à la chaîne desquels l'attelle
une courroie. Enharnaché comme une bête de somme, il en
reproduit jusqu'aux allures ; car les voûtes basses et évasées
des galeries l'obligent à se servir de ses mains pour avancer ;
ou bien, dans d'autres mines, garçons et filles chargent sur
leurs épaules l'écrasant fardeau du minerai, et le transportent en gravissant d'interminables échelles. Ces épouvan-

tables travaux occupent dans l'existence de ces êtres sans nom de onze à quatorze heures sur vingt-quatre..... Je dis ces êtres sans nom, car leur donner le nom d'esclave, ce serait le profaner; et le nègre ne se formerait pas une idée plus formidable de l'enfer que de cette vie de tortures!

Quelle trace de nature humaine aurait-on la folie de chercher dans ce rebut de l'espèce, envisagé du côté des facultés intellectuelles? Quatorze heures passées à quelques cents pieds sous terre, dans ces labeurs, dans cet enfer, et suivies d'un sommeil agité, fiévreux, de telles fatigues peuvent-elles laisser un seul instant à l'esprit pour se prêter à une leçon de morale? Dans ce vide de l'enseignement, l'âme et Dieu restent deux êtres toujours ignorés des enfants; la vie des brutes est celle qu'ils mènent; elle est celle qu'ils transmettront plus tard!

Les usines et les ateliers, soustraits à la capricieuse tutelle de la loi, admettent l'enfant, quelquefois dès l'âge de trois ou quatre ans : le plus souvent, lorsqu'il en compte cinq ou six, et l'on y observe que le nombre des filles surpasse celui des garçons! il arrive assez fréquemment que les parents les ont engagés au maître, c'est-à-dire qu'ils ont hypothéqué le travail de leurs enfants au remboursement de quelques avances! La vente de la chair et du sang, la traite, en un mot, et la traite ayant pour terme un esclavage aussi cruel qu'ignominieux, s'y pratique ouvertement et dans les règles!

Il se rencontre, en Angleterre comme en France, de nombreuses manufactures soumises à l'énervante et désastreuse inaction des chômages. Là, tout-à-coup quelquefois, et pour faire face aux commandes, l'atelier doit fonctionner de jour et de nuit sans désemparer, et pendant des mois consécutifs, pour tout à coup s'arrêter et chômer encore!

Or, dans ces terribles reprises du travail, les forces du

jeune apprenti s'épuisent; il arrive souvent que ses jambes
vacillent, que le vertige de la fatigue l'accable; il roule à
terre, un sommeil de plomb l'y abat...; c'est alors que
pour reculer le plus possible cette perte de temps et d'ouvrage, le maître ouvrier applique à l'enfant quelqu'une de
ces corrections qui joignent le réveil à la surprise. Ce régime
produit des merveilles et fait faire de véritables tours de
force à notre pauvre nature ; car on vous citera des enfants,
qui, s'étant mis au travail à six heures du matin, n'ont dis-
continué de fonctionner jusqu'au lendemain à dix heures.
Mille fois, sans ces traitements, ils se fussent rendus au sommeil, ils y eussent mille fois succombé..... Si la dignité de
l'homme perd quelque chose à ces brusqueries, que voulez-
vous? Le travail ennoblit l'homme, et le travail y gagne[1].

. . . . Cependant le cri des abus, la crainte de
nouvelles enquêtes, je ne sais quel sourd frémissement dans
le public, jetèrent l'alarme au camp des manufacturiers.
Déjà un bras hors de ses entraves, l'enfance commençait à
se dégager; ils craignirent de voir les adultes se soustraire
au poids de leurs chaînes, et obtenir de la législature un
règlement de travail et de salaire. Ligués et raidis contre la
tempête, ils réclamèrent donc à haute voix, en faveur du
principe illimité de la liberté des transactions d'adulte à
adulte. Leur vœu était le vœu de la science! grand mot,
mot sonore avec lequel on a tout dit aux gens qui se contentent d'un accent pédantesque et d'une croyance sans examen. Mais cette science se trouvait être dans une opposition malencontreuse avec le *but sensible des sociétés*,
qui est de réunir des êtres semblables dans un dessein de
conservation et de *reproduction*. Il est trop certain, en effet,
qu'au milieu des abus de ce régime dévorant, les corps rapi-

[1] E. Michel, *Ann. de la charité*, juin 1845, etc., etc.

dement détériorés, devenaient de jour en jour moins propres à la reproduction. Une fécondité malheureuse ne permettait aux êtres de reproduire que leurs imperfections physiques et morales. L'enfance, la jeunesse n'offraient plus dans leurs membres que les ruines précoces de leur espèce, et l'imagination osait à peine se représenter les formes des races nouvelles, destinées à sortir un jour de ces races hideusement dégénérées.

L'opinion publique se laissa donc entraîner du côté où la faisaient pencher l'humanité et la raison. On s'était essayé à protéger les enfants par des mesures rarement sages, le plus souvent dérisoires, et quelquefois fatales. « On en vint à penser que les femmes avaient les mêmes droits à la protection de la loi[1]. » Quiconque est incapable, quel que soit son âge ou son sexe, l'État ne doit-il pas le protéger? et le protéger dans cette mesure qui lui assure les moyens de conserver la vie dans sa personne, d'en jouir sagement et de la répandre?

Cette tendance, si conforme à la nature du pouvoir, fut cependant blâmée par de savants économistes. Écoutez-les : « Il ne restait plus, désormais, qu'un pas à faire pour soumettre l'industrie tout entière à ce régime des règlements administratifs, dont le progrès des mœurs l'avait affranchie[2]. »

Nous nous redemanderons, à ces mots, si l'industrie, débarrassée d'entraves et livrée à la fougue de ses instincts, ne fut point la créatrice et la mère des excès dont la description émousse aujourd'hui tant de plumes, et dont le simple récit épouvantera longtemps le monde? Il serait aussi difficile que cruel d'accoller le mot de progrès, qui implique l'idée de perfectionnement, à cet état légal de tyrannie sans

[1] L. F. — [2] Id.

frein que les rapports officiels nous ont signalé sans relâche ;
ou bien , l'industrie sera tout au monde ; l'humanité n'en
sera plus que le brut et insensible organe, et nous poserons
comme axiome que la perfection des produits doit l'emporter sur celle des hommes !.. Nous ne pouvons aller si
loin ! Nous ne craindrons même pas de répéter que l'État
doit aux êtres qui le composent les moyens de répondre
aux sollicitations matérielles et morales de leur nature.
Nous persistons à penser que le progrès réel et durable est
dans cette voie et non pas dans la voie qui s'en écarte. Laisser
croître les moyens de nuire aux êtres ou de les détruire,
ce n'est introduire la perfection que dans le désordre. L'expérience n'est-elle pas là pour nous crier au cœur que la
cupidité, que les tristes nécessités de position qui entraînent
un nombre si considérable d'industriels dans des écarts
excessifs, réclament, non point des demi-mesures tracas-
sières, mais des règlements d'une justice et d'une fermeté
complètes.... Que si toutefois l'Europe a raison de repousser
ces mesures, pourquoi les prodiguer dans ses colonies ?

Mais vraiment, demander aux gouvernements cette sollicitude, est-ce donc exiger d'eux une chose impraticable ?
Il faut le croire, en entendant ces paroles : « Les gouvernements qui se considèrent comme représentant la Providence,
entreprennent une tâche laborieuse et dont il leur importe
de calculer toutes les obligations. La pauvreté, dans notre
état social, est un accident qui tient, soit à la force des circonstances, soit à l'*imprévoyance* des hommes. Quand on
veut réparer les malheurs qui tiennent à l'une et à l'autre
cause, on ne se propose rien moins que de prévoir pour tout
le monde et de gouverner les évènements !. »

Étranges paroles , en effet ; car nous dira-t-on ce que

[1] L. F.

représentent sur la terre les gouvernements qui n'y représentent point la Providence? Pouvoir, providence, paternité, tous ces mots ne sont-ils point semblables en valeur? et le père ne doit-il pas prévoir et pourvoir? Les fonctions du père ne consistent-elles point à pressentir, à diriger, à gouverner les événements autant que toutes ses facultés le lui permettent? sinon, quelle serait la raison de son autorité sur sa famille? Est-il un seul de ses faibles enfants auquel sa sollicitude ne doive les moyens de soutenir cette existence, dont son devoir est de leur régler le mode? Dans les états où des représentations plus ou moins fictives prêtent le nom du peuple aux réalités du pouvoir, la loi peut-elle nommer un seul individu qui ne soit point légalement le pair d'un autre? Par quel faux-fuyant de logique un tel gouvernement prétend-il donc échapper à l'obligation naturelle à tout pouvoir, de maintenir dans la plénitude de l'existence celui dont il reflète en grand l'existence et l'image, cet être collectif qui comprend depuis le premier jusqu'au dernier venu! Comment, d'ailleurs, refuserait-il les bienfaits de cette prévoyance protectrice dont tout le public lui fournit les moyens, au malheureux qui fait partie de ce public et qui consent au travail, à l'homme dont la condition, étant un état de faiblesse et d'incapacité, le range, autant qu'elle dure, et se prolonge sous le même niveau que l'enfance. En un mot, que serait un gouvernement incapable de prévoir, *de gouverner les événements*, de soutenir et de protéger les hommes? Est-ce donc celui-là que la science moderne nous a fait, est-ce celui qu'elle veut nous faire?

Quoi qu'il en soit, et quelles que fussent et les prétentions des ouvriers et les réclamations des industriels, le pouvoir fit encore un effort. L'emploi des femmes et des jeunes filles fut interdit dans certains travaux, ainsi que l'admission des enfants mâles, antérieurement à leur dixième année.

Et nous ne signalons ces tâtonnements législatifs que pour en signaler l'inanité, l'hypocrisie peut-être..... Que signifie, de grâce, cette humanité qui exclut des mines la femme et la fille du mineur, c'est-à-dire qui sépare la femme de l'époux, du fils et du père, sans lui laisser en quelque sorte d'autre parti que celui de se consumer dans les travaux d'autres fabriques? Quelle logique imbécile ou perfide présidait à la conception de cette loi? Dans cette région où le travail dissout la famille, pourquoi faut-il qu'elle se dissolve encore sous l'empire et par la volonté de la loi? Et pourquoi, je le demande encore, régler l'âge du travail sans en limiter la durée, si ce n'est en faveur de quelques manufactures exceptionnelles? Lorsqu'on prétend remédier à de si criants abus, comment permettre à la pensée de s'égarer et de se perdre dans le dédale et la foule des industries échappées aux restrictions de la loi?

Notre appréciation définitive reposera sur ce fait : qu'une loi rendue pour régler le travail des êtres faibles et surtout des enfants, n'étend guère au-delà de quelques milliers d'entre eux ses dispositions protectrices. Et, si peu que ce soit, nous nous hâtons d'ajouter que ces quelques mille peuvent se soustraire à l'action législative, si bon leur semble, ou plutôt s'il plaît à leurs parents de diriger leurs bras vers une industrie plus lucrative, parce qu'elle est meurtrière.

Peut-être à la suite de cet exposé éprouverons-nous moins de pitié que de terreur, lorsque nous entendrons parler du « *Livre du Meurtre*, publié en Angleterre au mois de février 1839; ou bien de cet écrit de Malthus, dont G. Cavaignac a rendu compte et où l'on propose d'asphyxier tous les enfants de la classe ouvrière, passé le troisième, sauf à récompenser les mères de cet acte de patriotisme. » Observons-le bien : la folie de cet écrivain est celle que lui donnent les effrayantes proportions du mal qu'il cherche à combattre ; car ce livre a été écrit sérieusement par un publiciste philosophe ; il a été commenté, discuté par les plus graves écrivains de l'Angleterre[1]. » Oh! savions-nous cela?

Si, comme je le pense, nous ignorons pour la plupart ce qui se passe à notre porte, nous pouvons bien ignorer également ces monstrueux abus qui fourmillent dans notre intérieur et sous nos yeux; s'y arrêter, faire une pause sur soi-même, tenir ses regards sur ses propres membres, serait-ce un mal? La délicatesse de l'égoïsme et non point celle de la conscience se refuserait seule à cet examen !

C'est donc au sein de la capitale des sciences et des idées libérales, que nous choisissons de préférence nos exemples, parce que, de la sorte, les plus incrédules se trouveront à même de vérifier ; car soit en Europe, soit en France, Paris est sous la main de tout le monde; qui ne le connaît pas ne s'en vante guère; mais on ne connaît point assez ses oubliettes, ses vrais mystères!

Longtemps encore une loi qui pose au travail des enfants une limite infranchissable, sera d'une application difficile en France. Jusqu'à ce jour, malgré des lois absolument *impuissantes pour faire le bien ou pour empêcher le mal,* les enfants accaparés par l'industrie ne promettent à la société que des misérables et des barbares[2]. » Et que peuvent les règlements? quelle prise aurait l'inspection de l'autorité sur ces myriades de petits ateliers qui pullulent à tous les étages au milieu des quartiers populeux[3] ! Par quelle science, par quel art de police, par quelles ressources multipliées atteindre sous la tuile brûlante ou glaciale des

[1] L. Blanc, *Organ.*, p. 37.— [2] Buret, vol. II, p. 4. — [3] L. Faucher, *Travail des enfants a Paris.*

toits, ou bien dans les ténèbres et la fange des caves, ces ex-
ploitants dont tout l'atelier se compose de deux ou de trois
misérables?

Moins limitée que la loi britannique, la loi française se
garde de spécifier une industrie plutôt qu'une autre; partout où plus de vingt ouvriers se trouvent réunis, elle prétend régner. A huit ans commence l'âge où la porte des
manufactures s'ouvre légalement devant l'enfance, et la
durée du travail qui lui est permis ne doit pas excéder huit
heures. Le terme s'étend à douze heures lorsque l'enfant a
franchi sa douzième année; et jusqu'à la seizième, cette
mesure de temps demeure irrévocable. Mais l'effet de ces
mesures est-il complet? L'enfant profite-t-il, dans l'intérêt de son éducation, des heures de repos que la loi *lui souhaite?* Non, lors même qu'il parvient à les obtenir! Et puis,
après tout, sût-il lire et écrire, « il n'en serait pas moins
sans moyens d'existence, au sortir d'un apprentissage qui ne
mène à rien[1].

Que deviennent donc ces milliers de jeunes ouvriers,
véritables enfants perdus de l'industrie, lorsqu'ils ont atteint
l'âge de quinze ans? Si nous voulons connaître leur valeur
morale, adressons-nous au tableau de la criminalité[2]; ou
bien, s'il s'agit tout simplement de leur destinée industrielle, écoutez bien : fût-il resté dix ans dans une fabrique,
l'enfant n'a rien appris. La division du travail ne lui a permis de savoir qu'une fraction, un dixième, un vingtième
d'état. » Il n'a pas de profession, tout ce qu'il a gagné ce
sont des habitudes vicieuses et un corps énervé. » Cette
masse d'hommes sans moyens d'existence et dont le nombre s'accroît chaque jour, se forme des enfants des manu-

---

1 Buret, vol. ii, p. 40. — 2 *Annales de la charité,* juin 1845, Madame
Em. Michel, p. 385 (citée désormais E. Michel).

factures *devenus hommes*. L'industrie qui a pris leurs
années d'enfance n'en a plus affaire [1]. »

« Parmi les établissements industriels de la capitale, il
y a plusieurs fabriques d'impression sur étoffes, et c'est là
surtout que sont la plaie et le malheur de cette population
de plusieurs milliers d'individus, qui se recrute d'ouvriers
roulants n'ayant entre eux presque aucun lien de famille,
vivant au jour le jour, et ne conservant ni moralité, ni
retenue! De là le désordre sous toutes ses faces, la perversité avec toutes ses conséquences [2]. » Et pourquoi cette population voyageuse, ce flux d'enfants nomades? C'est que,
grâce à la constitution du travail dans les manufactures, ce
mouvement fournit aux fabricants de fréquents moyens
d'échapper à l'inspection, qui est pour le maître et pour
les parents une gêne à laquelle on cherche à se soustraire.
De là, cette fâcheuse mobilité d'humeur qui se fortifie par
habitude et prédispose le paresseux aux écarts du vagabondage. Si, d'ailleurs, l'humeur sédentaire de l'enfant le portait à se fixer dans un établissement, la cupidité des parents
s'opposerait à cet acte de constance!

Mais après tout, le travail de l'apprenti est-il ou non au-
dessus de ses forces? On en jugera par quelques brèves données : dans un grand nombre d'ateliers, où la journée du
travailleur commence à six heures et demie du matin pour
durer jusqu'à huit heures du soir, le règlement accorde une
heure de suspension de travaux à l'ouvrier; cette heure est
celle du repas. Voilà qui est bien pour les adultes; ils le
sentent, et jaloux d'en profiter pleinement, ils obligent leurs
imberbes auxiliaires à remettre les instruments en état pendant ce chômage momentané; ils leur commandent ensuite
de préparer pour la reprise de l'ouvrage les matériaux du

[1] Buret, vol. ii, p. 38, 39. V' *Annales de la charité, Apprentis*, numéro d'août 1845, p. 465, etc. — [2] Em. Michel, *Ann. de la ch.*, juin 1845.

6

travail. Cette *tâche laisse à peine aux apprentis le temps de manger !..*

Dans les fabriques d'impression sur étoffes, chaque ouvrier imprimeur a besoin d'un aide qui lui prépare sa couleur. Pour cela, il prend un enfant, garçon ou fille, qui peut avoir de cinq à quinze ans ; l'âge n'y fait rien, la force suffit ; et si la force n'existe pas, la nécessité ou les mauvais traitements donnent à l'apprenti une vigueur factice. Pour gagner 50 centimes, l'enfant travaille depuis six heures du matin jusqu'à sept heures du soir en été, depuis sept heures du matin jusqu'à la nuit en hiver ; et le tout, constamment debout, monté sur un petit escabeau[1] !

Dans les grandes villes, mais à Paris surtout, l'industrie subit le joug impitoyable et capricieux du luxe et de la mode. Tantôt les bras et l'estomac de l'ouvrier auront des mois entiers de chômage ; tantôt, le travail le retiendra pendant d'interminables saisons et par séances de quinze heures, de dix-huit heures, sans distinction de la nuit ou du jour. Comment l'enfance résisterait-elle sans s'énerver à ces désastreuses alternatives ! D'ailleurs, lorsque les manufactures entravées par la loi, excluent les enfants de leur enceinte, ceux-ci courent demander un refuge aux petites fabriques, « où le travail est absolument sans limites et l'instruction sans garantie. Ce sont des esclaves qui changent de maîtres, mais dont l'esclavage s'appesantit. On accusera peut-être les mœurs, dit M. Faucher, je n'accuse que la loi. »

Quels que soient les coupables, les ouvriers et les fabricants, nous dit-on, témoignent plus que de l'indifférence sur les mesures propres à adoucir le travail des enfants en le régularisant ; ils laissent éclater dans la plupart des cas une mauvaise volonté choquante. Nourris et soignés tout juste

---

[1] Em. Michel, p. 384, *Ut suprà.*

comme des bêtes de somme, la plupart de ces jeunes malheureux sont de véritables serfs [1]. »

Nous comprenons, je le pense, et sans aller plus loin,
comment d'un bout à l'autre du royaume, comment à
Paris, à Mulhouse, partout enfin, les enfants de l'industrie sont pâles, énervés, aussi lents à penser qu'à se mouvoir, tranquilles dans leurs jeux, offrant un extérieur de
misère, de souffrance et d'abattement [2]. « Jusqu'au moment
où les enfants de cette classe peuvent, moyennant un travail
pénible et abrutissant, augmenter de quelques liards la
richesse de leur famille, ils passent leur vie dans la boue
des ruisseaux ; pâles, bouffis, étiolés, les yeux rouges et
rongés par des ophtalmies scrofuleuses, ils font peine à voir ;
on les dirait d'une autre race que les enfants du riche [3].
Hommes à morale transatlantique, rappelez-vous donc encore un moment le loisir, les joies et la santé de l'enfant du
nègre ! rappelez-vous pour imiter !

Comme l'industrie parcellaire l'emporte en France sur les
établissements construits sur une grande échelle, on peut
considérer comme privilégiés, malgré la rude corvée qui
pèse sur eux, les enfants que la manufacture admet à l'aumône de ses salaires. La foule la plus compacte des pauvres
enfants voués aux travaux industriels, ne trouve d'autre
asile, en s'éparpillant, que le galetas du petit négociant.
C'est bien là que du côté de l'âme et du corps, l'apprenti
n'est plus que la chose du maître.

Dépouillé de son ancien caractère, l'apprentissage n'offre
plus les avantages d'un contrat [4]. Que cela répugne ou non à
notre orgueil, il faut y voir une des variantes de la traite,
un marché véritable, où, dans maintes circonstances, le

---

[1] Frégier, *Classes dangereuses*, vol. II, p. 225, 226. — [2] Buret, vol. II,
p. 39. — [3] L. Blanc, *Organ.*, 1841, p. 21. — [4] V⁺ Lafarelle, *Réorganisation*, etc.

père pèse dans sa main le prix réel de la servitude de son enfant.

Les traitements que subissent ces infortunés passent, en vérité, toute croyance. Combien le juste amour-propre des gens de bien s'en trouverait-il humilié, si l'âme n'était trop remplie des excès de cette misère pour se partager avec un autre sentiment que celui de la compassion et de la douleur ! Voici leur sort :

Malgré l'insuffisance de la nourriture odieuse que leur jette une main avare, le travail ne s'arrête point pour ces enfants, « même à l'épuisement des forces, et ne connaît ni règle, ni frein. » A Paris surtout, où la difficulté de vivre irrite l'âpreté du gain, le maître ne s'épargnant pas pour vivre, épargne moins encore les jeunes ouvriers. A cinq heures du matin l'on est debout, et la veillée se prolonge bien avant dans la nuit ! on va jusqu'à ce qu'il n'y ait plus de sang dans les veines et que la nature vaincue ne se sente plus vivre ; si elle succombait avant l'heure, on la ranime à force de coups. Tout enfant du peuple a ainsi les galères en perspective, depuis l'âge de neuf ans jusqu'à l'âge de seize ou dix-huit[1].

Le lecteur admettra désormais, parmi les faits incontestables, les énormités du fameux procès Granger ; il aurait pu jusqu'ici se refuser à y croire, malgré la sanction des formes judiciaires dont il est revêtu. Maintenant, son esprit y est préparé.

Ce fut en 1839, que l'autorité, cédant aux murmures du

[1] Nous ne pouvons trop engager à lire les attachantes études de M. Léon Faucher sur l'Angleterre. Quoique puisant aux mêmes sources (*Children employment commission*), nous avons parfois analysé les passages qui convenaient le mieux à notre écrit ; une appréciation aussi nette que la sienne devait avoir pour nous un grand poids ; mais cela ne peut dispenser de le lire. V' Egron, malgré son *optimisme*, p. 124, 155.

public, s'introduisit dans un atelier de bijouterie situé
dans la rue des Rosiers. Trente-sept apprentis, ramassés çà
et là, subissaient dans cet enfer les plus incroyables traitements. Dix-sept heures, interrompues à peine par les deux
repas, formaient leur journée commune de travail. Quelques
détritus de paille immonde étaient l'unique coucher de ces
malheureux, dans un grenier ouvert tour à tour aux froids
de l'hiver et aux chaleurs de l'été... Pour nourriture, le
maître leur jetait, avec quelques légumes bouillis, un pain
mêlé de nénuphar. Les coups assaisonnaient ces dégoûtants
aliments. Mais lorsque le châtiment avait pour motif quelque négligence dans le travail, ces enfants devenaient, les
uns contre les autres, les ministres obligés de la vengeance
du maître. Vengeance horrible !.. c'était le fouet et le bâton
jusqu'au sang, ou bien la marque d'un fer rouge !.... ou bien
encore, l'obligation pour ces pauvres abandonnés d'avaler ce
qu'ils avaient rendu. [1].

Je ne sais si la nef des plus scélérats négriers nous a jamais
offert un système d'horreurs comparable à celui des époux
Granger ; et cependant, si le régime de tous les petits ateliers ne ressemble pas à cette horrible histoire, on peut la
considérer *comme un type*, quoique dans l'excès [2] ! Comme
un type ! pourquoi donc le besoin d'émotions conduit-il le
mélodrame à reconstruire si laborieusement les anciens
cachots des nègres ? la fortune dort à sa porte ; à quoi bon
traverser les mers et la chercher si loin [3] !

Comme un type ! il n'y a donc plus moyen de considérer
ce tissu d'horreurs comme une exception monstrueuse, ainsi
que l'avait affirmé M. Schœlcher [4] ? Oh ! s'il se fût agi des
colonies, comme le mot esclave eût fait bondir sa plume ! il

[1] *Gazette des trib.* et *Débats*, 27 sept. 1839. Ride, vol. ɪɪ, p. 296. L. F.
— [2] L. F. — [3] Plusieurs feuilles judiciaires sont tous les jours remplies de
aits horribles. — [4] *Col. fr.*, p. 364.

n'y eût eu que l'esclavage au monde pour enfanter cette scélératesse dans l'âme des maîtres!... Mais pourquoi donc les familiers de l'hyperbole épargnent-ils la paternité? car elle aussi leur offre un superbe thème. Écoutez un simple récit: je le choisis sur *un monceau* de faits semblables.

Un père et une mère viennent de se rendre de compagnie les bourreaux de leur fille. Ils l'ont martyrisée de concert et les tortures étaient variées. Parmi les supplices inventés contre cette innocente enfant, nulle indignité n'était omise. Le père, digne auxiliaire de sa femme, attachait sa fille avec un collier et une chaîne de chien, et, dans cet état, se plaisait à lui laisser passer la nuit sur le carreau. Non-seulement, la mère la privait de nourriture pour lui infliger le tourment d'une mort lente; mais, afin de varier les aspects de son agonie, elle la forçait à manger des pommes de terre crues... et puis, je n'ose le dire, à manger ses propres excréments[1]!.. Puisque des pères, puisque des mères se montrent capables de tels forfaits, il n'y a donc, selon la logique qui conclut du particulier au général, que la puissance paternelle qui soit assez dénaturée pour les produire! et cette logique en doit jurer la mort.

Le trait général de l'industrie parcellaire, c'est donc la tyrannie des maîtres et l'oppression des apprentis misérables, pour lesquels revit l'esclavage ancien dans les rigueurs extrêmes de ses sévices. Abreuvés de chagrins et de dégoûts, les enfants qui ne meurent pas à la peine, se livrent au vagabondage : la prison devient leur dernier asile. Le maître, cet homme que le travailleur appelle le bourgeois, devient pour lui un tyran odieux, un bourreau, et la société dont nous voulons qu'il respecte les lois, n'est à ses yeux que le protecteur de ce tyran, de ce bourreau[2]!..

---

1 Tribunal de Montbrison, juin-juillet 1845. — 2 V' les *Ann.* de la *ch.. Apprentis,* août 1845, et *Des enfants dans les fabriques,* juin 1845.

« Hommes des campagnes, dit aux ouvriers agricoles un ouvrier des villes, vous pleurez sur le sort de vos
enfants. Et les nôtres ! savez-vous comme on les traite? savez-vous que la plupart des apprentis sont battus comme
des chiens? qu'il y en a qu'on estropie, qu'on abrutit,
qu'on rend fous! Ah! vont dire des incrédules, il y a des
lois pourtant ! Des lois . . . . ! Quels sont donc les
ateliers que l'on visite [1] ? » « Je le répète, vous a dit un autre
observateur, une femme vouée aux œuvres d'une charité
réfléchie, *aucune de mes assertions n'est exagérée.*
Depuis plusieurs années, pour accomplir les devoirs d'une
association, j'entre dans toutes les maisons, j'approche de
toutes les souffrances, je connais toutes les misères; presque
partout, j'ai trouvé les traces de la corruption des enfants,
et j'ai vu la honte de l'existence des parents qui abandonnent
leurs enfants comme ils ont été abandonnés eux-mêmes, ne
recherchant qu'une seule chose, les 50 centimes que la pauvre créature gagne après douze et treize heures de travail.
Il y a des fabriques où, *pendant plusieurs mois,* on travaille
jusqu'à minuit, ou même toute la nuit, et plusieurs fois par
semaine [2]. »

A l'aspect de cette misère, de ces douleurs, de ce travail qui, à la porte et au centre même de notre capitale, non
moins que sur le sol britannique, produit « la dissolution
de la famille [3], » nous étonnerons-nous de voir la famille
faire place au concubinage? Que si nous voulons, à ce sujet, nous borner aux limites de Paris, et nous demander
quelle protection sainte et légale la femme et l'enfant du
prolétaire ont la chance de rencontrer dans la famille, nous
apprenons que le tiers de la population y naît en dehors de

---

[1] *Atelier*, p. 89, juin 1843. — [2] Em. Michel, *Ann. de ch.*, p. 387,
juin 1845. — [3] L. F. et L. Blanc, *Organ.*, p. 24, 25.

la loi sur laquelle repose la société toute entière! En ran-
geant les Parisiens trois par trois, la statistique donne donc
place dans chaque rang à un bâtard! Quelle honte et quelle
charge accablante imposée à la partie honnête de la société,
par ceux qui vivent dans le désordre[1]!

Après avoir jeté ce coup-d'œil sur le sort de l'enfant du
prolétaire, résumons-nous d'un mot : les lois positives
destinées à prévenir, à combattre cette misère qui, dès le
berceau, serre à la gorge l'enfant du pauvre, ces lois, dans
l'état actuel de l'industrie « sont absolument *impuissantes
pour empêcher le mal et faire le bien[2].* »

Le même spectacle frappe et attire l'attention chez les
grands peuples de l'Europe; c'est-à-dire que la misère et
la dégradation des ouvriers reproduit dans ses proportions
celle des développements de l'industrie!...

Les campagnes législatives de l'Angleterre contre les
excès du régime manufacturier nous révèlent une puissance guerroyant à contre cœur contre des abus, des crimes
qu'elle cherche à ménager, et pourquoi? parce que sa propre
conservation lui paraît attachée à celle des horreurs qu'on
lui signale! Elle vit donc de luttes et de guerres contre la
logique du Christianisme, parce que, dans ce pays de précé-
dents et d'expédients, tout répugne à l'action des vrais principes, qui répugnent eux-mêmes à la politique *exclusive*
des intérêts actuels et matériels.

Toutefois, quels qu'aient été ses tâtonnements, ses hési-
tations, ses inconséquences, l'exemple ne fut point absolument stérile. Il est dans la nature des peuples comme
dans celle des individus, un secret ressort qui les pousse à
l'imitation, et la plupart des grandes nations européennes

[1] A. Cochut, *Mouvement de la population de Paris,* 1845. De Bonald,
De la loi sur l'organisation des corps administratifs, 1829, p. 69. —
[2] L. B., *Organ.,* p. 4.

se sont engagées dans les mêmes voies. — Ont-elles fait preuve de plus de franchise?

Une ordonnance dans le royaume de Prusse, en 1830 annonçait un double but : le premier c'était d'obliger l'enfant à recevoir l'enseignement primaire avant de se voir admis dans les manufactures, ou, tout au moins, dans les écoles spéciales de ces établissements; le deuxième de restreindre en faveur de l'enfant ces heures si précieuses et si longues du travail.

Or, depuis cette ordonnance rendue, il a été constaté que les dispositions relatives à l'instruction primaire, ont seules reçu quelque exécution. Rien n'est changé, quant à la durée du travail; ce qu'elle était, elle l'est encore, et les *enfants* fonctionnent au moins douze heures par jour : trois heures de plus que le nègre *adulte*, et un jour de plus par semaine!

« L'Allemagne offrait dans sa vaste étendue de singulières facilités pour une législation sur le travail des enfants et des jeunes gens. » Elle n'a rien statué sur ce point. « Si les gouvernements allemands n'ont point établi des règles plus efficaces, c'est qu'ils ne l'ont pas voulu[1]. »

« On en peut dire autant pour la France. *Là, comme ailleurs, on a imité l'Angleterre sans discernement*[2]! » Enfin, disons le dernier mot : le plus destructif des esclavages, l'esclavage de l'enfance reste encore à déraciner!

Mais comment espérer de sitôt une loi qui, se calquant en quelque sorte sur les dispositions du Code noir et des ordonnances par lesquelles il fut modifié, garantirait au prolétaire adulte de l'Europe ce que ce code garantit au prolétaire de race africaine, c'est-à-dire un travail qui ne soit pas la mort, une existence qui ne soit pas abrutissement

[1] L. F. — [2] *Idem.*

ou torture, un salaire[1] qui puisse se convertir en rançon, puis en instrument de travail! Une loi de cette nature pourrait répugner aux enseignements de *la loi économique,* et, dès lors; l'Europe n'en voudrait à aucun prix *sur son territoire.* Mais nous ne la demandons point sérieusement. Une autre voie conduit au même but, et nous y arriverons!

[1] Pécule; on en verra l'explication.

LA TRAITE ET LES ENGAGEMENTS.

La traite et les engagements, considérés comme pépinière du prolétariat des colonies européennes. — Phase actuelle. — Conséquences. — Effets inobservés sur le prolétariat de la Métropole.

L'étude du mal précède naturellement l'étude du remède. Si tous les traits de la physionomie du prolétariat ne se découvraient point à nos regards, prétendrions-nous connaître le prolétaire ? Déjà, près de l'enfant de la race noire, l'enfant du misérable européen a étalé ses plaies. Le tour de l'adulte est arrivé, et sa présence réveille notre attention. Il faut que les deux races viennent encore poser l'une à côté de l'autre ; et l'adulte de sang africain est le premier dont notre description reproduira l'image. Mais, tandis que son histoire se lie d'une manière si intime à l'histoire de la traite, tandis que son passé d'hier, tandis que son sort d'aujourd'hui se rattachent encore si étroitement aux phases de ce fléau, comment hésiter à jeter une esquisse de la traite sous les yeux du lecteur ? Comment perdre l'occasion de la lui signaler sous le masque dont la philanthropie politique a su l'affubler, pour déguiser ses allures ? Ce ne sera qu'un mot, un mot au profit de l'humanité et du prolétariat.

La traite ! On ne m'accusera point de parler en apologiste de cet odieux trafic ! Non point que je m'avise de nier avec aplomb les bienfaits que ce fléau répandit sur la race qui en fut victime ; ma conviction n'aura point de ces lâchetés qui caressent aveuglément l'opinion. Mais aussi, je ne bénirai point la peste, je ne bénirai point la guerre, parce que la peste et la guerre développent au cœur des populations l'héroïsme de la charité, les mâles vertus du patriotisme !

En arrachant aux brûlantes solitudes de l'Afrique les esclaves sauvages des plus sauvages et des plus effrénés despotes, la traite, qui les jetait dans le cours vivifiant de la civilisation , leur créait une nouvelle âme et un nouveau corps. Le plus souvent, en effet, le nègre aborde sur nos plages, couvert de vermine, rongé par des maladies cutanées, répugnant à l'œil le moins délicat, et ce sont, non plus déjà ses pairs, mais ses semblables d'il y a quelques années qui s'en emparent et qui, parrains de la civilisation dont la grâce les a régénérés, transforment ce néophyte ! Ce sont eux qui lui apprennent à rendre au corps les soins et le culte que la raison accorde à l'instrument de l'esprit humain. Le sauvage reçoit, en abordant, les premières leçons de la vie matérielle : il avait vécu de la vie des brutes ; bientôt, des leçons plus puissantes, bien faibles, bien misérables encore, l'initient aux secrets d'une vie plus noble..... Il commence à se sentir, les désirs lui naissent, l'émulation lui bat au cœur, et vous le voyez, au bout de quelques années, cacher sous ses manières et déguiser par son langage les souvenirs de son origine africaine. C'est un orgueilleux parvenu qui rougit à la pensée de sa basse extraction !... Il rougit, car il rencontre au-dessus de lui un autre nègre sur lequel la civilisation a quelque peu déteint : le nègre créole, celui qui est né sous le toit du planteur européen, et qui devient l'objet de son envie ; c'est là ce qu'il veut être ! Cela ne se peut ; mais il s'évertue de toutes ses forces à le paraître. Voilà comment la vie du désert, comment la vie du sauvage est jugée par celui qui l'a pratiquée ! C'est une bien invincible réponse aux apologistes lyriques des grandeurs de l'homme de la nature, que cette aristocratie du nègre créole, si passionnément enviée et singée par le nègre d'origine africaine [1].

Et, je puis encore le répéter, puisque l'étroitesse de mon cadre impose un sens général à mes paroles : ces nègres transbordés de l'Afrique ne se voient point arrachés aux regrets, au désespoir de leur famille, par la raison qu'ils n'en ont point ! Car, il ne se forme guère d'autre lien dans ces régions sauvages, que ceux dont la nature unit les brutes... L'enfant qui sait tendre un arc ou manier un instrument grossier, n'a plus de mère... Celui qui l'enfanta, s'il peut le saisir et le garrotter, marche au rivage et vend son captif. Il le vend au prix où, quelquefois, il lui arrive de se vendre lui-même, c'est-à-dire pour une bouteille d'eau-de-vie, pour une arme à feu. La jeune fille, à peine nubile, sait qu'elle appartient à de cyniques passions ; elle sait que le fruit de sa chair est le revenu de son despote. Mais dans ces passions ignobles, dans ces caprices de despotisme. et de férocité, il n'y a rien qui révolte ces natures dégradées par les habitudes invétérées de l'abrutissement. Que leur chair appartienne à la débauche, qu'elle passe sous le coutelas du boucher, ou dans la case du négrier, elle y accomplit pour eux une de ses fins ; rien ne les étonne ! [2]

Et ces actes de barbarie, et ces habitudes d'anthropophages, et ce massacre en masse des prisonniers qui ne peuvent trouver d'acheteurs, ce sont là des us et coutumes qui se perdent en Afrique dans la nuit des temps, et remontent

---

[1] V⋅ *Rapport de Tocqueville*, aux *Questions et réponses*, etc. — [2] V⋅ E. Buret, vol. ii, p. 47. Le Pelletier Duclary, *Travail libre*, 1841, p. 55. L'abbé Hardy, *Liberté et travail*, 1838, p. 83 à 86. Clausson, p. 9 à 15. Ride, vol. i, p. 334 à 349, etc.

à la plus haute antiquité[1]. « Tous les voyageurs, sans exception, constatent l'existence de l'esclavage dans tous les royaumes d'Afrique qu'ils ont parcourus. L'esclavage, dans toute son impudeur, vous fait face et vous fait baisser les yeux de honte, partout où vous portez les pas[2]!. Soit dans le palais du prince, soit dans l'humble domicile du dernier de ses sujets, vous rencontrerez le maître et l'esclave : là tout être humain est l'un ou l'autre[3] ! »

En dépit de la proverbiale dureté des négriers, accrue par la terreur que la répression leur inspire, la traite elle-même, envisagée dans ses résultats, peut donc se vanter de quelques bienfaits!... Mais comment ne point condamner cet odieux trafic, lorsqu'on le considère dans son principe, dans ses moyens et dans son but? Comment ne point maudire ce crime, qui fut celui des état seuropéens[4]?

Lorsque la pensée, parcourant le globe, se repose sur tant de régions jadis barbares, et depuis métamorphosées par la parole évangélique, comment ne point accuser l'Europe, si avide d'or et de royaumes, de s'être montrée si peu soucieuse du bonheur des peuples, qui paraissaient ne rien avoir à lui offrir en retour de quelques efforts?

Dieu me garde de réclamer pour l'Afrique ces missionnaires qui, pour la plus grande gloire du coton national, y soufflent déjà le feu des passions au nom du Dieu de paix... Mais je me demande si de vrais religieux n'eussent point soutenu l'honneur de la civilisation tout aussi bien que des négriers; le Paraguay nous répondra!

La traite, eh mon Dieu! la religion, l'humanité, les intérêts de ma patrie me font un devoir d'en retracer les horreurs et d'ajouter que ses caractères les plus odieux, elle

---

[1] Ride, vol. i, p. 349. — [2] *Slavery stares you in the face on every hand.* — [3] *Idem; Antislavery reporter*, 19 mars 1845 (journal abolitionniste). — [4] V' la brochure citée Huc et de Chazelles, 1841.

les doit aux folles agitations de la philanthropie ! Dans quel intérêt donc, une main maladroite s'efforcerait-elle d'en voiler les monstruosités ?

Le développement de la traite ne s'est guère rétréci depuis le commencement de ce siècle, et M. Peel reconnaissait, l'année dernière, que le chiffre des nègres qui en sont victimes s'élevait annuellement à 100,000. Ce sont, pour la plupart, des prisonniers de guerre. Ce sont des femmes vendues par leurs maris, les unes en punition d'une faute, les autres, parce qu'ils en sont dégoûtés. Ailleurs, une multitude de jeunes filles sont livrées par leurs frères, quelquefois même par leurs pères, en échange d'un fusil ou de quelques munitions. Puis, enfin, les enfants forment pour les parents un objet de trafic. Je l'ai dit : *Voilà la famille africaine*[1] *!* Amenés, quelquefois de fort loin, les nègres ont à souffrir dans le trajet des douleurs égales à celles qui les attendent dans la traversée. Leurs maîtres, les *négriers* de terre ferme, tout libres qu'ils sont, ne valent pas même les nôtres ; et le calcul fait monter aux cinq douzièmes le nombre des esclaves qui périssent avant d'atteindre les factoreries. Dans ces factoreries, ou *Baracons,* lorsqu'une femme accouche, l'enfant est mis à mort. Les tentatives d'évasion des prisonniers sont fréquentes, et cela se conçoit : car ils jugent de l'avenir par le présent. Eh bien ! chaque fois qu'elles se renouvellent, les chefs du complot, attachés à un pilier, y sont torturés et fusillés pour l'exemple. Si le négrier, qui a tant de surveillants à tromper pour embarquer son monde, se fait attendre un peu de temps, il devient important de diminuer la dépense de l'entretien des captifs. On fait alors un choix parmi les esclaves, et les malades ou ceux dont l'apparence ne promet pas un débit avantageux

[1] V' Alfr. de Clavigny, 1845.

sont tout simplement mis à mort. Quand les négriers ont fait leur tri, les esclaves qu'ils ont rebutés passent sous le plomb des armes à feu. Voilà la traite, telle qu'elle s'est modifiée sous l'influence *du droit de visite* qui, sans diminuer les profits du négrier, rend les mesures expéditives plus nécessaires. Il faut avouer enfin que le remède de ce mal se cache ailleurs [1].

« Quoi qu'il en soit de la traite, aucune nation, dit Clausson, n'y prit une part plus grande que l'Angleterre. »

Ce fut en 1791 que Wilberforce, chef du parti des Saints, proposa l'abolition de la traite... Il fut éloquent, et cet argument, digne du temps des ogres, s'échappa de la bouche de son antagoniste, M. Grosvenor : « le commerce du boucher, comme celui de la traite, n'est guère aimable, et cependant, une côtelette de mouton est un friand morceau ! » Chez nos voisins, les intérêts sont des principes, et périsse plutôt l'univers qu'un intérêt britannique !

La parole généreuse d'un Anglais accusa solennellement l'Angleterre d'avoir brisé le cours de la civilisation sur la terre africaine, et d'y avoir fomenté la guerre entre des peuples de frères, afin de s'enrichir des mains du vainqueur par ce trafic de chair humaine. Repoussé, mais prenant conseil de ses échecs, le parti de Wilberforce modifia ses plans. La traite ne fut plus un crime odieux au ciel; elle devint une faute impardonnable à l'habileté de la politique britannique; l'abolir devait être un coup de maître, et voici quelle était la base du calcul :

L'Angleterre se prenant à reconnaître les droits de l'humanité, quelle nation ne se trouverait entraînée par son exemple? Or, ce qui importait au début, c'était de décider cet entraînement comme se décide une chute, par un choc,

[1] V. Alfr. de Clavigny, etc.

à l'improviste! Car, durant le cours désastreux des guerres
de l'Europe, la traite n'avait que faiblement comblé les
vides de la mort dans les colonies européennes; le travail
en souffrance y languissait, faute de noirs, tandis que le
spectacle contraire frappait la vue, partout où s'étendaient
les plantations britanniques[1]. Le bénéfice était donc tout
clair. Forte de tous les éléments du travail, l'Angleterre
engageait contre la faiblesse et la pauvreté la lutte à mort
de la concurrence. Un si prompt, un si manifeste avantage
valait bien la peine de se montrer humain.

Lord Lauderdale fut, en conséquence, dépêché par le ministre Fox vers l'empereur des Français. Celui-ci connaissait la nation du négociateur et savait se tenir debout devant l'ennemi... Voilà ce qui le rendit populaire!

Cependant, en 1814, la paix allait offrir aux nations,
qui commençaient à respirer, les moyens de recruter par
la navigation leurs ateliers éclaircis. Ce fut, à point, le
moment où une fièvre violente d'humanité précipita les
mouvements de l'Angleterre contre la traite; et, quatre
fois, au congrès de Vienne, lord Castlereagh manœuvra les
représentants des grandes puissances, jusqu'à ce qu'enfin,
le 8 février 1815, elles accédèrent à la résolution d'abolir
le trafic de chair humaine[2].

Se tournant de là vers l'Espagne, l'Angleterre conclut
avec elle, à Madrid, un *marché* qui se nomma *traité*, et vers
le 23 septembre 1817, dix millions de francs payèrent la
renonciation immédiate de cette puissance à la traite, *au
nord de l'équateur*, et la renonciation totale à dater du
30 mai 1830. La voix onctueuse de Wilberforce applaudit à ce traité, dans la séance du 7 février 1818. Les sacrifices pécuniaires, dit-il, seront amplement compensés

[1] En 1787, 250,000 noirs, en 1807, 400,000 y furent introduits, etc. —
[2] Schœlcher, vol vii. Jollivet, p. 12 et suiv., *Traite*.

par les avantages commerciaux! Sa philanthropie s'é-
tend et se dilate sur ce thème avec une complaisance mer-
cantile; et tout porte à croire que le ciel avait éclairé du
don de seconde vue la sainteté de Wilberforce; car, en
avril 1842, lord Palmerston avouait naïvement : « que
l'abolition de la traite tendait au développement de la marine et du commerce britanniques. Ici, comme en beaucoup
d'autres cas, ajoutait-il, la vertu porte avec elle sa récompense[1] ! »

Cependant l'Angleterre abolit la traite en tous lieux pour
les autres peuples, et à son heure; mais elle ne l'abolit pour
son compte que dans les régions exceptionnelles *dont le
climat se prête au développement de sa philanthropie.*
Je lis, en effet, dans les documents officiels, publiés par
ordre du Parlement en 1839, que la traite se pratique paisiblement et en grand sur la côte orientale d'Afrique, ainsi
que dans l'Inde[2].

Dans une revue célèbre et animée de sentiments abolitionistes, je trouve en substance ces paroles : avec quelle noble
ardeur les croiseurs anglais harcèlent les négriers portugais
et espagnols, traquent et brûlent leurs navires! L'esclavage
offusque la pieuse Albion; elle l'attaque sur toutes les mers,
et ne veut *s'en rapporter qu'à elle* du soin de cette haute
surveillance. » Elle le poursuit sous tous les pavillons; un
seul résiste, et ce n'est pas le nôtre! C'est celui d'une nation
qui veut que partout on la compte, et qui prétend rester
maîtresse d'elle-même sur ses vaisseaux aussi bien que sur
ses terres! La brutalité des licteurs étrangers s'arrête devant
ses couleurs; ce sont celles de l'Union, et à l'aspect provoquant de visiteurs étrangers, un éternel défi lui naît aux
lèvres!...

---

[1] *Dolus an virtus, quis in hoste requirat.* — [2] *Parliamentary papers,*
1838-39.

Mais, tandis que les licteurs britanniques fouillaient la France, « les navires arabes et persans, sous pavillons anglais, commandés par des capitaines anglais, faisaient le commerce des esclaves dans l'Inde. Cette assertion n'est pas faite à la légère, elle repose sur des faits établis, sur des preuves authentiques, officielles même. Dans une question aussi grave, il importait à un agent de la France de s'appuyer sur des documents certains, et M. Fontanier n'y a pas manqué [1]. »

Quoi qu'il en soit, aux lieux mêmes où la traite subit une apparente répression, il n'y a guère de changé que la forme et les dehors.

C'est que les exigences de l'ouvrier noir affranchi, les irrégularités invincibles de son travail, et le plus souvent sa paresse à l'épreuve de toute tentation, sont des faits dont la répétition a forcé le gouvernement anglais à reconnaître que le nègre libre se refuse à cette continuité de labeurs que la culture exige. Les colonies ont donc sollicité du gouvernement, elles en ont obtenu, non plus la traite elle-même, fi donc! ce nom a succombé sous l'anathème et le dégoût, mais l'immigration des Africains... Oh! rien ne serait plus avantageux pour les deux races que ce mouvement, *si la liberté présidait aux engagements des travailleurs*. Mais, en général, il n'en est rien. Les contractants Africains sont odieusement trompés ou contraints; et qu'importent ces manœuvres à l'Angleterre, pourvu qu'elle agglomère sur un même lieu tant d'affranchis et *d'engagés libres*, que nul ouvrier ne parvienne à subsister dans ses possessions sans attacher ses bras à la glèbe. L'immigration a donc fait de l'Afrique et des Indes la pépinière où se recrute, une fois encore, le prolétariat des possessions

---

[1] *La Mer Rouge et le Golfe Persique, Rev. des Deux Mondes,* 1844.

britanniques; elle est une véritable traite et les engagés sont
de vrais esclaves[1].

L'esclavage qui avait disparu devant *la loi*, revient à la
fois par les *engagements légaux* et par la misère!

Les Anglais ne font plus la traite! les Anglais se bornent
à favoriser l'immigration!... Oh! vraiment, cela me rappelle la suppression définitive des gendarmes au sein de
Paris, délivré de cette peste, et noblement protégé désormais
par le sabre civique de sa garde municipale; c'était l'époque
où le soleil de la Charte entrait triomphalement dans le
signe zodiacal de la vérité!...

Ce qu'il y a de certain, c'est que les Anglais se sont
arrogé le privilège de l'immigration; c'est qu'il y a, de leur
part, défense à peu près formelle aux Français de s'en mêler[2].

Il suffit d'avoir jeté les yeux sur les plages de Sierra-
Leone, pour se former une idée des avantages qu'assurent
à l'Angleterre la suppression de la traite, remplacée par les
engagements africains, et l'établissement du droit de visite
sous son ancienne ou sous sa nouvelle forme. Je donne
pour appui à mes autorités le témoignage irrécusable du
contre-amiral Laplace.

Les rapides accroissements de Sierra-Leone ne prirent
point leur source dans l'exubérance des produits agricoles,
qui n'existèrent jamais que sur le papier. Les agents de
cette prospérité, ce sont les brocanteurs qui achètent à vil
prix les bâtiments confisqués et qui échangent, avec d'é-
normes bénéfices, leurs marchandises européennes contre
les piastres, versées aux mains des souverains nègres pour
prix de leurs captifs!

C'est ainsi que, dérobant sa cupidité savante et impla-

---

[1] V· le journal abolitioniste *Antislavery reporter*, 19 févr. 1845. Mau-
ritius: *A system so fearfully mischievous! a veritable slave trade*, etc., etc.
— [2] Ride, vol. ii, p. 443.

cable sous le masque de l'humanité, le commerce anglais
stimule l'avarice barbare des princes africains... Trop aisé
serait-il, dit le loyal marin, d'exposer les moyens inventés
pour se faire adjuger les primes accordées aux libérateurs
des captifs saisis sur les négriers; je pourrais « faire voir
ces derniers vendus à vil prix, et repris peu de temps après,
ayant souvent à bord *les mêmes esclaves* dont ils avaient
été trouvés chargés la première fois; tant l'enregistrement
auquel ces malheureux devraient être soumis à leur arrivée
dans la colonie était accompli avec négligence et mauvaise foi. » Fréquemment livrés à des marchands de l'intérieur, une deuxième vente les mettait au pouvoir de
capitaines « dont *le métier* était de faire tomber navire
et cargaison aux mains des croiseurs; » métier lucratif, car
un traité préalable avait réglé, *entre le capteur et l'ar-
mateur saisi*, le partage des sommes promises au nom de
la loi pour chaque tête de libéré. Parmi les nègres *ainsi
délivrés*, ceux qui échappaient aux maux dont la violence
les moissonnait par hécatombes, se voyaient confiés, *sous
prétexte de conversion*, à des planteurs dont l'affaire
principale était de tirer parti de leur travail. C'était un
jeu de mettre en défaut l'action des ministres méthodistes,
et grâce à l'insouciance des inspecteurs ou à leur criminelle
connivence, les nègres vivaient soumis à un joug cent fois
plus dur que celui qui pesait sur leurs semblables des Antilles !

Le gouvernement lui-même, donnant l'exemple de la
foi punique, enrôlait dans les régiments noirs l'élite des
cargaisons négrières arrachées à des mains plus faibles
que les siennes. Le malheur de ces soldats, jetés dans les
colonies occidentales, c'était souvent d'y contempler d'un
œil envieux le sort de l'esclave facilement racheté par son
travail et récompensé de ses travaux; c'était encore, quel-

quefois, d'être prêtés et loués aux colons comme manœuvres, sans que rien les distinguât de l'esclave, si ce n'est l'absence des privilèges et des douceurs par lesquels les lois essayent de compenser la servitude[1].

Si l'émancipation était pour l'Angleterre la réalisation d'une idée religieuse, on ne saurait assez admirer la persévérance de sa lutte contre la traite. Il ne faudrait la plaindre que de son erreur dans le choix des moyens; mais la simple vue de Sierra-Leone dissipe jusqu'au dernier prestige des illusions. Le mercantilisme britannique s'y affiche dans le cynisme de la nudité. « Les nègres enlevés aux bâtiments qui font la traite subissent à Sierra-Leone un esclavage plus odieux que dans toutes les autres colonies du monde. Avant d'atteindre cette île, les malheureux, entassés dans la prison flottante d'un navire armé pour la cause de l'humanité et de la civilisation, succombent par troupes. » Les survivants perdent le nom d'esclaves, pour le titre d'engagés, qui leur vaut la dénomination d'hommes libres, jusque pendant le cours des quatorze années de travail servile auxquels l'administration les assujettit, sous la loi de planteurs anglais. Il est vrai qu'avant ce terme révolu, *les maîtres de ces citoyens* n'éprouvent guère de scrupule à les *revendre*, et le procédé n'exige pas grande science ! On les dit morts; un papier l'atteste ! l'homme revendu ne peut donc être celui qu'un certificat a fait mourir en règle, celui dont l'existence serait une insulte à la véracité de son supérieur. Voilà comment il se fait que les *libres* engagés, vendus par les planteurs de Sierra, courent de nouveau les chances de la *libération* sur le pont des négriers. « *Tous ceux qui ont visité le Brésil ont rencontré de ces esclaves. J'eus d'abord*

---

[1] Fort dure, d'ailleurs, aux îles anglaises avant l'émancipation. Macauley, *Introduct*. Voir, pour ce qui précède, le contre-amiral Laplace, *Extraits* cités, p. 14 à 20.

peine à croire, je l'avoue, que l'Angleterre tolérât de semblables abus ; mais j'ai dû me rendre à l'évidence. La liberté
des engagés équivaut, d'ailleurs, à l'esclavage au Brésil ;
car un engagement de quatorze années en ce climat, et
dans ces conditions, « ne peut être considéré que comme
un esclavage perpétuel [1]. »

. . . . L'Angleterre, au jour où sa politique trô-
nant sur un comptoir voulut qu'elle se proclamât notre
alliée, l'Angleterre aux jours des plus extrêmes faiblesses
de cœur de nos diplomates, nous imposa la flétrissure du
droit de visite dans l'intérêt de cette ironique abolition de
la traite ! Etait-il une raison pour elle d'exiger cette humiliante et ruineuse concession ? je veux dire une raison
d'humanité, étrangère au besoin de détruire la prospérité
de tout commerce qui n'est pas le sien ? Aucune.

La répression opérée par le droit de visite, impuissante
à arrêter le cours de la traite, ne promettait qu'un résultat évident ; lord Palmerston a bien voulu l'avouer [2]. « C'était
le développement de la marine et du commerce britanniques. »
Existait-il pour le ministère espagnol qui a fléchi devant
cette prétention un autre motif que la nécessité de se cour-
ber sous le joug du plus audacieux et du plus fort ? Aucun !
et voici pourquoi : c'est que le luxe de répression que l'Angleterre étale sur les mers, devient de la plus complète inutilité, du jour où il plaît au gouvernement de se passer de
l'intervention britannique. « A Cuba, le capitaine-général
tient en sa main les négriers et leur fortune ; il est impossible de se soustraire à son pouvoir absolu, ni de tromper

---

[1] De Chavagne, *Le Brésil en* 1844. La France aussi, adopta dans les
possessions du Sénégal, l'idée de substituer l'engagement à la servitude ;
mais il existe entre le régime des engagés de la colonie française et ceux de
Sierra-Leone, une différence égale à celle du génie des deux nations (Chevalier Cottu, lieutenant de vaisseau, 1848). — [2] Avril 1832.

sa vigilance; il est impossible qu'une goëlette arrive dans l'île, si déserte que soit la côte; il est impossible qu'elle essaye d'en sortir, sans que, par ses carabiniers et ses marins, les meilleurs et peut-être les seuls bons de l'Espagne, le capitaine-général soit à même de suivre tous ses mouvements. L'avenir de cette colonie est donc tout entier entre les mains de l'Espagne. A l'Espagne seule et non à l'Angleterre il appartient d'y supprimer la traite[1]. »

Voilà pour ce qui concerne la puissance dont l'Angleterre convoite le plus au monde les riches et spacieuses colonies; et si nous reportons les yeux sur nous-mêmes, à quoi bon cet acte qualifié *de droit?* M. le duc de Broglie voudra bien, lui-même, nous permettre de lui adresser cette question; elle est provoquée par cette phrase ensevelie dans son rapport : « Par suite de la *cessation complète* de la traite, il n'y a plus ici de nègres nouvellement venus d'Afrique[2]. « M. Mérilhou répète et confirme cette vérité banale : « Les témoignages les plus certains et les plus unanimes nous permettent d'affirmer que l'introduction des nègres de traite a complétement cessé sur le territoire français[3]! »

Cependant, à quel prix le gouvernement est-il parvenu à modifier la forme de ce droit? je veux dire de cette concession? A temps, et plus tard, les vedettes des intérêts de la France se sont empressées de nous en prévenir[4]! Mais à quel rayon d'espoir un Français se fût-il réchauffé le cœur sous le coup des paroles du ministre qui, du haut de la tribune des pairs, avait déclaré que toute négociation pour l'abolition du droit de visite devait aboutir à une faiblesse ou à une folie?

Si l'honneur, si la politique de notre nation condamnait

[1] X. Durrieu, 1845. — [2] P. 131. — [3] Rapp. Mérilhou, Chambre des Pairs, 1844, p. 5. — [4] *Moniteur*, débats de la loi coloniale, 1845.

le droit de visite, c'est que l'humanité devait en gémir.
Cela est clair, et il résulte de l'observation des faits, que
jamais le fléau de la traite ne s'est montré plus destructeur que sous l'empire de ce traité [1].

Depuis le droit de visite, un nègre n'occupe pas plus
de place dans un navire qu'un cadavre dans son cercueil !
La mortalité, qui dépassait rarement le quart de la cargaison humaine, a varié du tiers à la moitié; et le négrier,
qui se voit serré de trop près par un croiseur *sérieux*, jette
sa cargaison tout entière à la mer ! Il s'en dédommagera !
car les splendides produits de la traite sont un gage de sa
longue durée ! cela se prouve par l'impossibilité de détruire
la fraude, toutes les fois qu'elle assure un bénéfice de 30
pour cent. Toutes les écoles économistes n'ont qu'une voix
sur ce fait d'expérience ; et les choses en sont venues à ce
point, qu'une expédition couronnée de succès est la fortune
d'un entrepreneur ! effet tout naturel ; car, tandis que le prix
d'achat des noirs baissait en Afrique, le prix de vente s'élevait dans les régions américaines. Le nègre, qui ne coûte en
Guinée que 5 napoléons, se vend ailleurs jusqu'à 100 louis ;
lorsqu'une expédition sur quatre a réussi, tous les déboursés se trouvent donc couverts ! Et les statistiques de 1830
établissent que les croiseurs n'arrêtent qu'un négrier sur
trente !

Qu'arriverait-il, si les croisières parvenaient à saisir un
bâtiment sur quinze ? Il arriverait que le prix de la denrée
et que la barbarie des spéculateurs s'élèveraient encore !
Les rigueurs de la répression n'offrent donc aux négriers
que des chances de plus en plus splendides. Les philanthropes qui se sont faits patrons du droit de visite s'atten-
daient-ils à de tels résultats [2] !

[1] Lire l'écrit abolitioniste de M. A. de Clavigny, 1845 — [2] v· *Thougts
on the extinction of the slave trade ; Ant. report.*, 19 mars 1845. P. 51.

En résumé : la traite était une des plaies de l'Afrique, et la pépinière du prolétariat des colonies européennes.

L'Angleterre, en abolissant la traite, l'a rendue plus meurtrière pour les noirs et plus lucrative pour les négriers. Pour l'Angleterre, l'immigration, telle que nous l'avons vue pratiquée, est devenue l'equivalent de la traite!

Le but capital de l'Angleterre fût-il ou non, en prohibant la traite de l'Europe, d'écraser les colonies rivales des siennes, d'y restreindre la production, et par contre-coup la consommation; en d'autres termes, fût-il ou non de les appauvrir en appauvrissant du même coup leur métropole? son but fût-il de s'arroger un droit onéreux sur le commerce maritime, de le repousser de certains parages? ce qui est certain, c'est que le coup de ces mesures retombait et retombe d'aplomb sur le prolétariat métropolitain!

Dans nos colonies, en effet, la misère de l'esclave reflète la misère du planteur. Cet axiôme jettera autour de lui son évidence, et si nous suivons pas à pas l'Angleterre, nous la verrons en tête de toutes les mesures capables de réaliser chez nous cette misère. Nous n'ignorons pas qu'en Europe, la langueur de la production réduit au chômage l'estomac du prolétaire; mais nous serons étonnés de voir tout ce que le sol et les manufactures de l'Europe produisent à l'usage des colonies, lorsque la misère n'y tarit point les bourses. C'est assez dire quelles sont l'influence et l'action des colonies sur le travail et la prospérité des prolétaires métropolitains, lorsque l'aisance y favorise la consommation. Guerre donc, et guerre implacable aux colonies de l'Europe! Le prolétaire en paiera les frais dans les deux mondes, au profit exclusif de la nation devant laquelle se tairont du silence de la peur les droits des autres peuples!

Abolir la traite, c'est un devoir; — oui, certes; — mais si c'est là ce que l'on veut, il appartient à chaque état de la faire tuer sur place dans chacune de ses colonies.

A Cûba, la chose est possible. Dans nos colonies, la chose est faite. Ailleurs, en est-il une que l'on veuille nommer où la chose soit impraticable?

Quand luira donc le jour où les véritables intérêts du prolétariat susciteront un défenseur intelligent et habile?

Les intérêts du prolétariat! mais où sont-ils? Regardons bien autour de nous. — Les voyons-nous?... Non; pas encore... Eh! mon Dieu! les voici; que cela était simple! ce sont les intérêts de la France! si vous pouvez, séparez-les!...

Gouverner c'est unir.

LE PROLÉTAIRE NOIR ADULTE.

Ses travaux, raison de ce parallèle.

Si notre première esquisse est celle du prolétaire africain, il est temps de le prendre hors de la geôle flottante du négrier, hors de la terre de servitude où il naquit... Disons plutôt, où quelques-uns de ces prolétaires naquirent, si nous ne parlons plus que des établissements au sein desquels nous avons naguère suivi l'enfance du nègre ! — Quel est l'état, quel est l'avenir de cet adulte et l'influence que la civilisation doit attacher à ses derniers travaux ? Ne saurions-nous, en améliorant la condition du nègre, le transformer en instrument aussi utile à l'émancipation du prolétaire européen, que nécessaire à la sienne ? Grande question, mais que le sort de ces deux ouvriers une fois connu, dépouillera de ses nuages. On saura dès lors si le travail obligatoire et modéré prépare efficacement la liberté du travail sous les tropiques ; on jugera si le nègre peut contribuer, sans qu'il en coûte une goutte de sueur de plus à ses membres, à chasser enfin la servitude qui étreint dans ses fers une partie si notable des travailleurs libres de notre Europe.

Nous n'omettrons dans nos pages rapides ni le fouet si

propre à les animer, ni les misères du travail forcé ; et les cachots y tiendront leur place!

L'esclave n'a pas de devoirs, parce qu'il n'a pas de droits. Il est chose et non personne. Chose! oh! c'est trop encore, il est plutôt néant que chose, répliquait l'orgueil du paganisme! — Gloire donc à la civilisation qui, malgré le fait antichrétien de l'esclavage, jette en relief une différence assez sensible entre la chose-esclavage des anciens et l'homme non libre des colonies chrétiennes! Nos lois donnent en effet à celui-ci des droits réels; il a donc des devoirs puisqu'il a des droits; *et des droits qu'il fait respecter avec hardiesse* [1].

Le principal de ces devoirs c'est, pour lui, le travail, compensé presque toujours par un salaire légal et par un salaire facultatif. Car l'élément du pécule est un salaire et bien supérieur à celui de l'Europe !

La mesure légale de son travail est de neuf heures ; au delà de ce terme il ne doit rien, et les exceptions à ce principe lui sont assez avantageuses pour qu'il les préfère à la règle [2]. Le travail est divisé par intervalles qui ménagent les forces du noir. Une suspension d'une heure marque le temps du déjeûner; deux heures et demie de repos lui laissent la disposition libre du milieu du jour. Il a le temps de manger ! Le prolétaire européen peut lui envier cette jouissance; et nous verrons aussi qu'il a le temps de vivre ! Ajoutons « qu'il serait presque impossible à un habitant de prendre quelque peu du temps appartenant à son esclave, et cela, quand même l'autorité patronnesse l'ignorerait. Il y a un esprit de résistance chez les esclaves qui empêche qu'on n'attente à ce qu'on peut appeler leurs droits. Si le maître s'avisait de les méconnaître, il aurait

[1] *Rapp. de Broglie*, p. 204. — [2] *Off.*, p. 306, etc. *Rapp. de Broglie*, p. 131, etc.

à redouter les mystères terribles de la vengeance des noirs, le poison et l'incendie qui effrayent les propriétaires plus encore que les lois pénales [1]. » Mais les maîtres ne demandent pas à leurs serviteurs « plus qu'ils ne peuvent faire ; *personne aux colonies ne se presse et ne presse-les autres* [2]. » Le travail du noir « est une routine facile [3]. »

Juger la position relative de notre prolétaire et du prolétaire des colonies, telle est la nécessité qui nous conduit à jeter un coup-d'œil sur la condition et le travail assez peu connu de ce dernier. L'intérêt de cet examen en rachète les faibles longueurs.

Composé d'hommes et de femmes robustes, le grand atelier obéit aux ordres d'un ou de deux commandeurs, au-dessus desquels figure l'économe. Il est rare que ce dernier ne soit pas un blanc d'Europe ; il contrôle les actes du commandeur, il est l'agent du maître et l'exécuteur de ses plans. L'économe et le commandeur intelligents sont l'âme de la propriété. Le premier veille à tout et se partage entre le grand et le petit atelier, entre l'inspection des gardiens et celle des ouvriers. Il préside à la distribution de l'ordinaire ou de la nourriture des noirs, et pendant la durée de la récolte, le planteur trouve en lui son second ; ils prennent à tour de rôle la corvée des quarts. Les créoles économes appartiennent aux familles peu fortunées du pays, ou bien ce sont des jeunes gens qui font leur apprentissage du rude métier de planteur ! Celui qui a travaillé quelque temps sur l'habitation et qui possède la confiance du maître, fait, en quelque sorte, partie de la famille, et fort souvent il y entre. Le représentant du colon absent porte le nom de géreur.

Sur les grandes propriétés, il existe presque toujours un sous-économe. Ses fonctions consistent à observer les gar-

---

[1] *Off.*, p. 306, etc., etc. — [2] Schœlch., *Col. fr.*, p. 22. — [3] *Rapp. de Broglie*, p. 134.

diens d'animaux, à présider aux pansements et aux distributions d'herbes. La surveillance des bâtiments entre aussi
dans ses attributions ; il en a les clefs et préside à la vente
du tafia ou de la mélasse. Dans cette seconde classe, il se
rencontre plus de mulâtres que dans la première. Quelquefois, c'est un affranchi du planteur, qui reçoit avec ce
titre les marques de sa confiance.

Le colon choisit pour commandeur, soit le meilleur sujet,
soit le plus fieffé coquin de l'habitation. Peu d'habitants s'arrêtent à ce violent parti. Lorsqu'ils le font, c'est, disent-ils,
que tout nègre dangereux doit être mis dans la position de
nuire le moins possible : aujourd'hui, surtout, que l'effort
des lois est de restreindre et de limiter l'autorité disciplinaire.
Or, comme les antécédents de ces nègres les ont mis en rapport avec tous les vauriens de l'habitation et de la commune,
ces colons se figurent trouver en eux un agent d'autant plus
apte à connaître et à réprimer les désordres. Il y a quelque chose de captieux dans ce raisonnement, dont, fort heureusement pour la morale, le nègre démontre la fausseté
par sa conduite. Des sociétés ne doivent pas gagner à avoir
des misérables à leur tête, et l'autorité qui provoque le mépris provoque sa ruine. Je ne dis cela que pour là-bas !.....

Mais, il faut l'avouer, rarement se présentera-t-il, sur
une habitation de deux cents noirs, un commandeur excellent. Si celui-ci n'est pas voleur, il vous fait payer, par
ses insolences, l'absence de ce défaut. Pour cet autre, comprendre et respecter vos volontés, c'est chose antipathique à
sa nature. Ce n'est point tout encore; si le nègre est vindi-
catif, le commandeur l'est entre tous au suprême degré et
la facilité de se venger, que lui procurent ses fonctions, le
rendrait redoutable s'il parvenait à endormir la surveillance. Heureusement, il s'en faut que ses prérogatives lui
mettent en main un pouvoir sans limites sur les noirs de

l'atelier. Quelque approbation patente que ses actes reçoivent de la part du maître, il n'en demeure pas moins soumis à la loi commune ; seulement, c'est à l'insu de l'atelier
qu'il rend ses comptes à la justice.

Cela doit être ainsi ; car tout commandeur tancé publiquement en présence de l'atelier, perd à l'instant son autorité morale et se voit exposé aux insultes de ses subordonnés ! Le propriétaire dont l'intérêt , conforme à celui de
l'atelier, est de conserver le même commandeur à la tête de
ses noirs, l'entoure donc du prestige du commandement, et
demande aux subordonnés qu'il lui donne de respecter leur
chef , leur égal d'hier , comme ils le respecteraient lui-
même.

Pour ce qui concerne l'atelier, le commandeur a la haute
main, *sous l'é. on me.* Avec l'approbation de celui-ci, il
prend ses dispositions sur le terrain ; range, comme un général, son monde en bataille et, comme lui, commande à
haute voix l'exécution de la besogne ; le signe de son commandement est un long fouet [1] ; c'est la cloche portative,
la crecelle, l'instrument des signaux de l'atelier. Réduit à
la nécessité de s'en servir, ce sous-chef ne peut d'ailleurs,
hors de la présence de l'économe, en frapper plus de cinq
coups [2]. L'économe qui accompagne l'atelier aux champs,
peut, en cas de récidive et seulement alors, autoriser le
commandeur à frapper le coupable d'un plus grand nombre de coups ; mais jamais au delà de dix. A ce chiffre
s'arrêtent les pouvoirs de ce dernier, et s'il existe des exceptions, elles sont rares. Sur quelques habitations, le fouet a
complétement disparu. Pour les fautes graves, le commandeur, comme l'économe, a recours à l'autorité du maître ,

---

[1] Ce châtiment tend à disparaître ; c'est celui que préfère le nègre ; nous
verrons pourquoi au chap. *Dignité,* où nous reviendrons sur ce point. —
[2] Voir sur les châtiments, *Off.,* p. 109, 118, 407. *Rapp. de Broglie,* p. 131.

limitée par celle de la loi. Tout sera dit sur ce pénible sujet.

Le colon, pour exciter le zèle de son commandeur, lui donne par mois, à titre *de gratification*, et selon sa fortune, 15, 20 ou 30 francs. D'autres emploient le même stimulant, mais sous une autre forme. Ils donnent au commandeur, nonobstant le jardin et le samedi, qu'il a toujours ainsi que le dimanche, l'ordinaire double et deux bouteilles de vin par semaine. D'autres, enfin, lui abandonnent le vendredi et un nègre à son choix, dont il emploie la journée selon son bon plaisir, mais sous l'empire de la loi. Il est inutile de dire que le plus beau jardin est celui du commandeur.

Le commandeur de l'habitation de mon père [1] a, non-seulement le plus beau jardin de la propriété et la journée du dimanche et du samedi comme tous les noirs, mais encore, par semaine, cinq pots de farine de manioc, trois livres de morue ou deux livres de viande salée et deux bouteilles de vin, sans compter la journée du vendredi de sa négresse. Celle-ci est autorisée à rester dans sa case, jusqu'à l'heure où les nourrices se rendent à l'atelier.

Le grand atelier est appelé le matin à la prière qui se fait en commun. La prière achevée, le commandeur qui a reçu les ordres de l'économe, donne le signal du départ et indique à haute voix le lieu du rendez-vous. Chaque nègre se pourvoit de son panier, de son coutelas, de sa houe ou de son grattoir, selon le genre du travail et se rend aux champs. Là, de rechef, le commandeur fait claquer son fouet à deux reprises pour appeler les retardataires ; il donne ensuite le signal de *border* la pièce et le travail commence.

Le soleil est chaud sous les tropiques, et je n'irai point

---

[1] Sideville Huc, dont j'ai mis la complaisance et *l'expérience* à l'épreuve, lorsque je doutais de mes autorités ou de moi-même.

jusqu'à répéter que plus ses rayons sont brûlants, plus le
travail sourit aux nègres. Cependant sa race a reçu le caractère ineffaçable du baptême de feu dans les régions torrides de l'Afrique. « Et ce qui est une cause de mort, pour
le blanc, est pour le nègre une cause de jouissance et de
santé. Ainsi, lorsqu'il se repose au milieu de la journée, il
recherche l'exposition du midi ; quand le blanc sort couvert d'un chapeau de Panama et armé d'un parasol, le
nègre oublie son chapeau, ôte sa chemise et ne garde que
son pantalon. Il travaille ainsi, le corps nu, pour être plus
à son aise, et sans éprouver la moindre incommodité des
rayons d'un soleil qui frappe d'aplomb sur tout son
corps [1]. »

Sur les sucreries, où le manioc se cultive pour la consommation des ateliers, les noirs commencent par se rendre
aux champs les deux ou trois premiers jours de la semaine,
afin d'en arracher une certaine quantité qu'ils portent à la
gragerie ; c'est le lieu où la rape réduit cette racine en
farine.

Le manioc se partage par égales parties entre les femmes
enceintes, les jeunes et les vieilles négresses du petit atelier, ainsi qu'entre les nègres que des chiques ou des javarts
retiennent à l'hôpital. L'unique travail de ces ouvriers est
d'enlever de chaque racine la pellicule noire qui la re-
couvre. La surveillance des gratteurs étant laissée au sous-
économe, dont la présence peut être requise ailleurs, les
gratteurs sont soumis à une tâche uniforme ; aussi leur
arrive-t-il très-souvent d'avoir terminé leur besogne vers
les deux heures. A partir de ce moment, les voilà libres :
c'est donc pour eux un bénéfice de quatre heures. Ici
l'activité dans le travail profite au noir ; elle ne sert à l'ou-

[1] Ride, vol. 1, p. 139.

vrier de nos manufactures qu'à l'épuiser plus rapidement.

Le grand atelier, conduit la seconde fois aux champs, borde la pièce de cannes.

Le travail, selon la saison, consiste à fouiller, planter, sarcler, fumer, épailler et récolter. La fouille et la récolte seules donnent quelque peine. Mais par un heureux effet du caractère du nègre, ce sont là des travaux auxquels il prend quelque plaisir; ce sont aussi les seuls qui ne durent pas la journée entière. Sur les habitations dont les ateliers sont peu nombreux et où fonctionne un moteur puissant, comme un moulin à eau ou à vapeur, il arrive cependant de continuer le soir, et même le lendemain durant toute la journée, la coupe des cannes.

C'est dans la fouille que le commandeur fait surtout briller son intelligence. Familiarisé avec le terrain sur lequel il fait manœuvrer son atelier, d'un coup-d'œil il doit en embrasser l'étendue pour tirer parti des plis, des accidents du sol et employer convenablement tout son monde. Peu de commandeurs sont des fouilleurs habiles; aussi ce travail reste-t-il presque toujours sous la direction de l'économe.

Sur les propriétés administrées par des habitants coquets, le travail se fait à la ligne; cette ligne est divisée par de petits morceaux de drap rouge, bleu ou blanc, en fractions de trois pieds. Deux ligneurs sont tirés de l'atelier; leur travail consiste à mesurer du sillon achevé au sillon à faire, une distance de trois pieds dont un bâton leur fournit la mesure. C'est à eux de tenir la ligne tandis que chaque nègre marque avec un pieu l'espace qui doit séparer les fosses. Enfin, leur chant préside aux fouilles. Une fois les distances marquées, le commandeur s'écrie : Haut les houes; à ces paroles, le ligneur commence sa chanson. Les houes, lentement levées, retombent en cadence et le sol frappé rend la mesure. Alors les nègres se livrent à une sorte de danse

qu'ils exécutent en faisant des passes avec leur houe. Comme
ils se fatiguent beaucoup plus à ce travail qu'à tout autre
besogne, un punch composé de tafia et de sirop[1] leur
est distribué par les soins du commandeur ; ceux qui
aiment mieux le tafia pur en reçoivent au lieu de punch.
Voilà ce qui se passe sur les habitations dont notre système
colonial n'a pas encore épuisé la substance[2]. Les noirs qui,
d'ordinaire, travaillent sans choisir leurs voisins, ne peuvent guère se placer au hasard lorsqu'il s'agit de la fouille ;
l'économe ou le commandeur désigne à chacun les siens,
selon les forces et l'habileté connues.

En temps de récolte, les hommes presque seuls abattent les
cannes ; lorsque, cependant, ils ne sont pas assez nombreux
pour alimenter le moulin, les plus fortes négresses prennent
part à leurs travaux. Le commandeur veille à ce qu'elles se
placent entre deux nègres. Le reste de l'atelier, qui ne se
compose que de femmes, arrive en seconde ligne derrière les
coupeurs, pour réunir et attacher en bottes les cannes abat-
tues. Les bottes sont enlevées de la pièce par des mulets et
déposées au chemin le plus voisin, d'où les cabrouets, ou
charrettes, les voiturent au moulin.

La différence entre le travail des hommes et celui des
femmes est assez grande, pour mériter qu'on la signale. Le
grand atelier fournit les gardiens d'animaux, les cabroué-
tiers ou charretiers, et les muletiers : ce sont tous des
hommes. Pendant la récolte, les hommes s'acquittent exclusivement des travaux de la sucrerie, de la rhumerie et des
fourneaux. Sur les habitations qui préparent leur farine de
manioc, mais sans avoir de moulin à grager, ce sont des

---

[1] Mélasse. — [2] Ailleurs la gêne du maître est celle de l'esclave. Chez les
petits blancs la misère nivelle le blanc et le noir ; ce sont deux prolétaires
également libres, également esclaves ! Les rapports officiels (v° *Patronage*,
p. 137, 146, 155, 103) répètent à satiété cette vérité.

hommes encore qui rapent la racine. Comme on le voit, il y a pour les femmes une sorte d'exemption des labeurs qui demandent de la force ou de l'adresse...

Un mot encore sur la manipulation du manioc.

Lorsque le planteur fait chez lui sa farine, quatre nègres nommés pour la cuire, travaillent renfermés dans la gragerie. Il est rare que leur tâche n'ait point été terminée avant le coucher du soleil; mais, en compensation des trois heures de repos dont ils ont été privés, ces ouvriers reçoivent une ration exceptionnelle, et puis, à titre d'indemnité, un pot de farine chacun. Ce travail s'accomplit à portes closes, afin de prévenir les allées et venues du nègre des cases à la gragerie, et de la gragerie aux cases; c'est-à-dire afin d'empêcher les larcins, ou plutôt d'en diminuer la fréquence; car ils échappent aux yeux d'Argus! Pour le nègre, comme pour l'écolier, prendre des vivres ce n'est jamais voler; le nègre n'est donc point voleur; mais on ne s'imagine guère tout ce qu'il prend!

Les opérations relatives, non point à la culture de la canne, mais à la fabrication du sucre, sont trop familières à l'Europe pour qu'il y ait nécessité de les décrire. Ce sont celles qui demandent le plus d'assiduité, celles qui exigent le plus de fatigues, et ce sont celles qui réjouissent le cœur du nègre. Nous avons sous les yeux la clef de ce phénomène dans la riante image de nos vendanges. Ces jours de labeur ne se transforment-ils point en des jours de fête jusque pour le plus humble, pour le dernier des salariés? S'il plie sous le faix de la hotte, n'a-t-il pas sous la main la grappe vermeille? Ses lèvres ne sont-elles point à portée de la douce et intarissable liqueur dont le pressoir fait déborder la cuve? Eh bien! la belle humeur du nègre dans ces occasions est celle du vendangeur, c'est pour lui le moment et des profits quotidiens et des voluptés de la bouche!

Jamais, nous disent tous les rapports officiels, jamais la santé du nègre ne brille d'un plus vif éclat et ne donne à l'œil du planteur une satisfaction plus parfaite qu'à cette époque; jamais son embonpoint n'est plus florissant [1]!

Hélas! tout émancipateur que nous soyons, il faut bien le redire aux amis sincères du noir et aux pleureurs patentés des souffrances de l'esclavage transatlantique. Si l'œil du maître éprouve cette satisfaction dont il se montre habituellement jaloux, c'est que les intérêts de son serviteur se confondent habituellement avec les siens. Et c'est, grâce aux fruits de cette union, que celui-ci marche d'un pas assez facile vers la conquête de la liberté!

Cette similitude d'intérêts partiellement établie dans nos possessions coloniales, où le moment le plus pénible du travail du nègre est à la fois le plus favorable à sa santé et le plus conforme à ses goûts, ne serait-ce point là tout le contraire du spectacle que nous offre l'Europe, où le prolétaire et l'homme qui l'exploite restent séparés, sur tous les points, par un antagonisme farouche, haineux et sans compensation de liberté [2]!

Non-seulement le travail règlementé du noir est énormément inférieur à celui du prolétaire européen, mais son instrument de rédemption définitive est dans ce travail et dans ses bras. S'il veut avoir sa liberté, rien ne peut l'empêcher de la saisir; s'il veut devancer une mesure d'émancipation générale, rien ne peut arrêter son élan! Qu'il en soit donc ainsi pour ces prolétaires européens que la misère asservit et consume. On verra que cela se peut, car cela est dans l'ordre; et dans l'ordre est la paix! la paix forte et fière! celle que nous aimons tous, et la seule que nous aimions!

---

[1] *Patronage officiel*, p. 129, 303, 318, 326, 427, etc. Le Pelletier-Duclary, *Observ.*, p. 27. — [2] Buret, vol. II, p. 144, 145, 238, 240. Ride, vol. II, p. 46, etc.

LE PROLÉTAIRE NOIR ADULTE.

Temps libre. — Moyen de rançon.

L'esclave travaille sans salaire ; tout ce qu'il est, tout ce qu'il a, tout ce qu'il produit est la propriété d'autrui : son temps ne peut donc pas être plus libre que sa personne. Et déjà, nous savons que le prolétaire noir a son salaire, puisqu'il possède ! qu'il a son bien, ses choses et son temps dont il peut faire argent, aisance *et rançon*, sans plus se fatiguer à son propre service qu'au service normal de ce maître auquel il ne doit jamais que neuf heures entre deux soleils, pendant cinq jours de chaque semaine.

Avons-nous placé notre prolétaire dans des conditions d'aisance et de liberté définitive comparables à celles du nègre ? Je ne veux pas me prononcer : il n'est point temps de le faire, non plus que d'indiquer les moyens de corriger l'une par l'autre ces deux conditions si opposées dans la servitude. Je me contente, pour le moment, d'emprunter cette phrase à nos documents officiels : « Il n'y a point d'esclave qui ne puisse *tous les jours*, sans épuisement, travailler à se créer des ressources personnelles que le maître respecte toujours et partout[1]. On ne rencontre guère de noirs laborieux qui,

___
[1] *Patronage officiel*, p. 158.

par l'usage de leur samedi, ne gagnent, outre la nourriture, de 200 à 400 francs, les hommes plus, les femmes moins [1]. »
Mais si peu que le nègre ait d'intelligence et d'activité, ses profits, objet d'un respect chevaleresque de la part du maître [2], ne s'arrêtent pas à cette somme.

Toutefois, avant de comparer les résultats de l'emploi de son temps avec les fruits du travail du prolétaire européen, nous nous demanderons de quelle sorte et dans quels travaux le temps libre s'écoule dans l'intérieur des habitations....

Triste, abattu, hâve, taciturne, le travailleur indigent des manufactures fuit l'œil du monde s'il a quelque loisir ; il cache dans sa noire et humide retraite une misère dont il rougit, ou bien il recherche en forcené les terribles jouissances auxquelles l'âme étourdie ne peut s'initier qu'aux dépens des organes de la vie et du travail [3].

Les noirs laborieux consacrent le temps libre à la culture des jardins que le planteur leur a distribués ; car « les maîtres concèdent toujours à leurs noirs beaucoup plus de terrain que ceux-ci n'en veulent cultiver [4]. » A cette occupation succèdent les soins de la basse-cour, le pansement et la surveillance des animaux dont ils savent multiplier la race et féconder les produits... Mais tout cela c'est du travail ! c'est le contraire de la paresse ! Mieux vaut dormir ! Et, fidèles à cet insatiable besoin de repos, la plupart cherchent l'ombre d'une lisière ; c'est là qu'ils s'étendent, qu'ils s'allongent, et qu'ils se débarrassent nonchalamment de tout le poids de leur corps !! — Cependant, l'activité des plus égrillards se dépense de mille façons plus ou moins voisines des règles de la morale, sur des habitations plus ou moins

---

[1] Schœlcher, *Colon. franç.*, p. 11. — [2] Cochut, *Sur le Rapport de Broglie. Off.*, p. 100, 204 à 206, etc. — [3] Buret, Frégier, etc., etc. — [4] *Rapport de Broglie*, p. 208, etc.

proches. La soirée ramène pour les industrieux la lucrative distraction de la pêche. Aux uns, la mer, aux autres les rivières, offrent pour butin leur frétillante population. Mais celui-ci n'a pas le goût de la pêche : il préfère chasser le manicou; son frère noir poursuit l'iguame... Et que feront les plus pacifiques?.. Les pères de la Thébaïde ne faisaient pas mieux ! Les pacifiques, retirés sous le toit de leurs cases, tressent le panier caraïbe, ou bien les cosses s'entr'ouvrent et laissent rouler dans leurs mains le pois d'Angole [1]. La providence du maître en a bordé leurs passages ! Au retour de leurs travaux, ces cosses leur chatouillent les doigts le long des lisières; elles tombent donc naturellement dans leur main, et leur marmite en fait justice.

J'oubliais de dire qu'une bonne partie de l'atelier se livrait, cependant, aux danses des pays africains, aux jeux animés et aux conversations bruyantes; les plus indolents ne sont guère paresseux du côté de la langue et du ventre.

Le vendredi, dès le midi, heure de liberté, le mouvement qui présage le samedi libre se manifeste et se propage; l'habitation prend vie, et rapides deviennent les courses des jardins vers les cases, puis des cases vers les jardins. Les noirs se pressent du côté de la gragerie, suivis de leurs amis, de leurs parents. C'est que, bien qu'ils n'aient guère plus de famille légale que tant de prolétaires de ces régions européennes où « le travail dissout la famille, » ils vivent étroitement serrés par les nœuds d'une parenté naturelle. Les séparations qui pourraient s'opérer par les ventes, réprouvées par les mœurs et arrêtées par la terreur qu'inspirent les mécontents, sont plus rares que celles dont la traite des blancs afflige les pays européens [2]. Ces séparations, en

---

[1] *Trahit sua quemque voluptas!* — [2] Duchâtel, p. 12, 17. Ride, ch. 1er, liv. xii. Faucher, *Leeds*, Paris, etc.

un mot, sont devenues impossibles sans le consentement préalable des noirs [1].

Quoi qu'il en soit, parents et amis affluent joyeux et chargés des racines friandes du manioc; la soirée sera bruyante. Ils se dispersent ou se groupent à leur gré, dès que la prière du soir s'est échappée de leurs lèvres, et, disons-le, chemin faisant, les nègres qui prient fort mal savent mieux prier que les fils du prolétaire [2]. Le tambour, le bamboula résonne à la gragerie; les nègres s'y précipitent en chantant, impatients d'y saisir les meilleures rapes. Mais, entre eux tous, il en est un qui se fait remarquer par ses airs importants et l'éclat de sa voix : c'est l'amphytrion de la fête, le propriétaire du manioc. Il faut l'entendre, le voir lancer aux échos le nom des grageurs qui lui ont promis leur concours. Liés d'honneur, ceux-ci viennent se faire exciter au travail par la chanson qui dispose l'âme aux épanouissements, et puis encore par quelque chose de moins aérien : je veux dire d'abondantes libations de tafia et la promesse toute prête à s'accomplir d'un souper copieux... Le travail finit bientôt; mais, avec le travail, les bruits, les chants, les courses et les danses ne finissent point.

Les chants et les danses! c'est que vraiment il ne dépend pas de moi de changer les faits; et je n'y puis rien, si la qualité, si la nature du travail n'ont affaissé chez le nègre ni son moral ni ses jambes! — Cependant, voici venir des hommes de couleur chez qui la gaîté semble s'éteindre : ils appartiennent à des colons nécessiteux, ceux-là! Leur extérieur et leur physionomie trahissent l'indigence et l'ennui. Nouveau phénomène dont les rapports du gouvernement s'accordent à nous signaler la cause. Cette misère sort toute rongeante et toute vive des lois que l'Europe a faites à ses colo-

[1] *Rapp. de Broglie*, p. 52. — [2] V' mes *Colonies françaises*, chez Dauvin et Fontaine, passage des Panoramas. *Children employment commiss.*

nies pour le bonheur de leurs esclaves! Le planteur en fut atteint, et c'est alors qu'en contemplant le maître et l'esclave, vous voyez marcher de front « la pauvreté avec *l'égalité* [1]. » Dans ce cas, « la maison du maître ne se distingue pas de la case de l'esclave [2]; si le maître donne peu, c'est qu'il a peu [3]; et le plus heureux dans cette occurrence, c'est évidemment l'esclave. Les esclaves vivent de la vie du maître et partagent sa bonne ou sa mauvaise fortune, » ce qui n'est pas la loi de nos ateliers! Il se rencontre, après tout, dans toutes les conditions et dans tous les pays, des misères dont l'humanité s'afflige, et les esclaves en ont leur part; mais les reproches doivent-ils partir de la bouche de ceux dont le zèle ignorant a causé le mal et le maintient? Ces exceptions fâcheuses deviennent, en se multipliant, l'un des arguments les plus invincibles de cet écrit, où nous sollicitons la France de prendre en main les intérêts de tous ses enfants et de les fortifier en les unissant. — L'Evangile, l'expérience nous apprennent trop ce que vaut et ce que coûte l'esclavage pour que nous n'appelions pas de tous nos vœux un régime complétement digne de l'homme, et ce ne peut être le régime de l'anarchie. Nous y courons pourtant !....

. . . . . Mais nous avons laissé les nègres de nos habitations livrés à la danse délirante du bamboula. Leurs chants fatigueraient plutôt l'air que leurs poumons, et le planteur, qui veut enfin clore la paupière, a donné l'ordre au tambour de se taire. Il est une heure fort avancée de la nuit.

Dormir grassement, chanter, rire, danser et s'appeler esclave, oh! c'est là le comble de la dégradation morale, et ce spectacle est le désespoir sans cesse renaissant de nos grands sentenciers. Leur regard a découvert dans ce trait

---

[1] *Officiel*, p. 137. — [2] *Ibid.*, p. 146. — [3] *Ibid.*, p. 155.

la nécessité d'une émancipation immédiate, d'une émanci-
à tout prix et quand même. Et, de fait, quelle stridente
discordance avec toutes les idées reçues produirait l'apparition subite d'une bande de tels esclaves sur un théâtre, au
sein d'une ville manufacturière peuplée de prolétaires libres? — Ah! si seulement ces infâmes portaient leur esclavage avec abattement, avec une dignité sombre, rien n'em-
pêcherait de les y laisser gémir. Et c'est, je le suppose, pour
cette forte raison qu'à la vue du prolétaire de l'Europe,
à l'aspect de ce misérable marqué au sceau des sept douleurs
de l'esclavage, nos émancipateurs *transmétropolitains* se
sont dit : Ce misérable est le type de la souffrance; il est
beau de souffrance! Le froid, la faim, les chagrins, l'opprobre, creusent et sillonnent son visage. La dignité de
l'homme n'est point compromise en sa personne par le contraste des ignominies qu'il endure et des éclats d'une folle
gaîté. Voilà qui honore l'humanité; tout se passe ici selon
nos règles. Gardons-nous bien de toucher du doigt à un
état si parfaitement normal. Ce spectacle est vraiment digne
de la civilisation! — Cette civilisation ne sera point la
nôtre.

Le sens commun me rappelle de ces hauteurs sublimes
du philanthropisme, et je me retrouve tout prosaïquement
auprès de la gragerie. Tandis qu'elle s'anime de la variété
des scènes que j'ai décrites, des groupes de quatre à cinq
nègres, armés de pilons et rangés en cercle autour d'une
vieille chaudière qui leur sert de mortier, se font remarquer
par la cadence des mouvements exécutés pour broyer le
ricin. L'instrument favori, le tambour, le bamboùla, est
encore le stimulant de ce travail du noir; on aura fort à
faire si l'on tient à le déshabituer de sa gaîté. Voilà certes
des occupations qui font honneur aux nègres et auxquelles
le planteur applique tous les moyens d'encouragement dont

il dispose; car tandis que, du vendredi soir au lundi matin, les hommes laborieux mettent à profit la liberté, d'autres consacrent ce temps à butiner; peu leur importe si les vivres qui leur tombent sous la main ont pour maître un compagnon ou le planteur : cela se mange, et tout est dit. Aussi, dès le vendredi soir, malgré les distractions et l'enivrement causés par le tambour les chants et les danses, la surveillance du colon reste sur le qui-vive... L'écolier dont la malice aurait reçu la plus habile culture prendrait ici des leçons de maître...

. . . . Ceux qui, la veille au soir, ont rapé le manioc et broyé le ricin, consacrent le samedi à cuire la farine et à préparer l'huile que le dimanche ils porteront au marché du bourg. Les autres se rendent à leurs terrains, lorsque le cœur leur en dit; ils y travaillent comme ils l'entendent et se retirent dans leurs cases aussitôt que bon leur semble. Entièrement libres de leur temps et maîtres de leur jardin, ces travailleurs n'en reviennent jamais sans rapporter quelque produit : ce sont les légumes ou les fruits qui, le lendemain, souriront aux acheteurs du bourg.

La volumineuse histoire du paresseux n'est plus celle-ci. Une sérieuse menace y est écrite contre l'avenir de la liberté! Ce fait explique pourquoi les paresseux prennent rang encore, le samedi, sous la surveillance du commandeur qui les conduit à tour de rôle dans le jardin de chacun d'eux. Tous les bras réunis y fonctionnent, jusqu'à ce que ce jardin, mis en ordre et bien planté, n'attende plus rien que du sol et du ciel. Grâce aux bienfaits de ce travail forcé, les fainéants vivent dans l'heureuse obligation de posséder, avantage inappréciable pour le maître, car ils deviennent alors plus actifs, moins dérangés, mais surtout vigilants ennemis des vagabonds et des pillards, qui sont les ennemis du planteur.

Une société où les intérêts des classes extrêmes se lient [1] s'harmonient et se soudent, comme celle de nos colonies, quelque vicieuse qu'elle puisse être dans son organisation, me paraît un peu moins dangereusement constituée que celle où les intérêts vivent dans un antagonisme hostile. Je la redoute moins que celle où le maître du travail — c'est presque dire le *maître absolu du travailleur* — regarde comme une conquête tout ce qu'il enlève d'aisance et *par là même de liberté* à l'instrument de ses profits [2].

Autre avantage. Lorsque les noirs deviennent propriétaires, l'atelier n'offre point le spectacle de nègres déguenillés et malheureux. Et si le travail obligatoire répand l'aisance dans la case du paresseux, celui-ci échappe encore à l'exploitation d'un noir plus intelligent et plus laborieux que lui: dur esclavage que réservent à son apathie les imprudences d'un système inconsidéré d'affranchissement.

Le dimanche est le jour où le nègre bat monnaie; c'est alors que surabondent sur les marchés du bourg ou de la ville voisine les produits des jardins et des basses-cours. Les noirs qui, ce jour-là, ne font point commerce, se livrent au plaisir du jeu et de la promenade.

. . . . . . Mais cinq heures viennent de sonner, et le bamboula répond, du côté des cases, à l'airain de la cloche. Armés de toutes pièces pour la conquête, nègres et négresses se présentent avec fierté aux yeux les uns des autres. C'est dans ces joûtes de l'élégance et de la coquetterie que les figurants surprennent l'Européen par l'étalage et le luxe de leur parure [3]. Ne vous avisez plus, en ce moment,

1 *Rapp. de Brogl.*, p. 134, etc., lire la note. — 2 V⁺ E. Buret, vol. II, p. 144, 145, 238, 240. Ride, vol. II, p. 46, etc. — 3 *Manuscrit paternel*, p. 46 à 18. Rapp. de Brogl., *leur passion pour le luxe*, p. 313 à 315. *Rapp. de Tocqueville*, p. 83.

de chercher quelques rapports de mise et de tournure entre ces messieurs ou ces dames et les ouvriers que vous avez vus la veille! Ne demandez pas plus au papillon ce qu'il était hier. Sous ses reflets d'or et d'azur, s'inquiète-t-il de ce qu'il fut et prend-il souci de ce qu'il sera? Fort peu le nègre aussi songe à l'avenir; il jouit, il jouit vite et beaucoup; ou bien, s'il sait aussi imperturbablement que M. de Gasparin « que le bonheur est impossible dans l'esclavage, » reconnaissons que la joie n'est pas du bonheur; car ces esclaves s'en donnent à qui mieux mieux, et les plaisirs, les danses aux quelles ils se livrent ne cessent guère que par l'épuisement!

J'ai dit que le temps libre et le jardin du nègre formaient les éléments de son *salaire;* mais je ne renferme point dans ce mot tout ce que le prolétaire européen serait heureux d'y faire tenir, ce qui ne forme aux colonies qu'un excédant de rémunération. Tout le monde, aujourd'hui, sait que le nègre a la pleine jouissance de sa case ou de sa maison, que chaque individu possède la sienne, que chacun reçoit annuellement les vêtements exigés par la décence et non par le climat, que le médecin du nègre est celui du maître, que la sage-femme de la négresse est celle de la maîtresse de l'habitation. Quant aux médicaments de toute nature, le noir les reçoit depuis le jour de sa naissance jusqu'à l'heure de sa mort. Il a le loisir d'être malade; et, pour se guérir, on lui accorde tout le temps que la guérison veut avoir. La faim de sa famille ne l'oblige point à lutter à la fois contre le travail et la fièvre. L'habitation qui ne possède point d'hôpital offre le toit du maître pour asile au malade, et bien souvent aux paresseux, bien souvent encore au travailleur que le libertinage des courses nocturnes a épuisé; car on n'y regarde jamais de trop près, et l'homme qui se dit malade est tenu pour tel. Un hôpital! oh! demandez à M. de Bourgoing si les portes de ces maisons de Dieu s'ou-

vrent devant les douleurs du paysan de la France[1]! Le
nègre vit donc exempt de toute dépense d'entretien; son
salaire demeure intact entre ses mains, net et quitte de toutes
ces charges. Il ne lui reste exactement à prélever sur ce revenu que sa nourriture, lorsque le maître, au lieu de la
lui fournir, la compense par une somme de temps équivalente[2].

Il se rencontre un nombre encore considérable de personnes qui ne sont entraînées vers la solution de la question
de l'esclavage et du prolétariat, ni par l'entêtement naturel
à l'ignorance et à la médiocrité, ni par des intérêts d'orgueil ou d'argent. Ce ne sont point là des gens de parti pris
quand même! J'oserai recommander à ces hommes, placés
dans les voies brèves et droites de la vérité, d'analyser et de
comparer le sort de l'esclave noir et du prolétaire libre!
Cette analyse nous met en présence de vérités palpables dont
la connaissance ne sera pas moins utile à l'esclave qu'au
prolétaire, et aux maîtres qu'à nous-mêmes...

Ces vérités, peu les connaissent et beaucoup les redoutent!
Eh bien! lorsque nous parlerons à ces derniers, nous nous
efforcerons de leur parler plus haut que leur conscience!
Si les paroles utiles sont perdues pour les oreilles qu'elles
doivent frapper, d'autres oreilles les recueillent : ce sont
celles du public, en qui est la force et de qui procède la loi;
car le législateur naît du public! On oublie trop cela; ne
l'oublions pas. Qui manque à la publicité manque au public et se manque à lui-même?...

---

[1] P. 24 à 33. — [2] Il n'est point ici question des ordonnances qui transforment cet état de choses, au moment même où ces feuilles sont sous presse
et dont je ne pourrai dire qu'un mot.

LE PAYSAN PROLÉTAIRE.

Travail et condition.

Nous croyons le chapitre qui précède assez parlant, dans sa brièveté, pour redresser des préjugés aussi vulgaires parmi nous que funestes aux intérêts de la France. Sous les rayons de la lumière que la vérité nous a faite, il est temps de pénétrer dans le cœur de notre sujet. La condition de l'adulte noir reste pour nous sans grands mystères. Nous serait-il possible d'en dire autant du prolétaire adulte qui nous coudoie ?

Le travail du *prolétaire* européen n'a point pour inspirateur suprême l'idée du devoir ou le sentiment de la dignité personnelle ; mais la faim et le froid..., l'indigence, d'impérieux besoins, la misère. — Le salaire de ce travail, de cette longue et douloureuse agonie, ce n'est, le plus souvent, qu'une bribe avarement départie et qui confine au néant, lorsque vous la placez entre l'énormité du travail et l'étendue des besoins du travailleur. Il s'agit de savoir si j'exagère, car je conçois l'indignation que causeraient ces paroles avancées sans preuve ; je sais aussi de quel léger poids elles pèseraient auprès d'hommes, fort estimables d'ailleurs, mais dont les entrailles n'ont point expérimenté les

9

déceptions cruelles, les alternatives meurtrières du travail et du salaire, non plus que les homicides caprices du chômage.....

Pour les millions de prolétaires qui couvrent de vastes régions de l'Europe, une même et fatale vérité prodüit une conviction sans variété et sans nuance. C'est qu'une faim permanente consume et détruit leurs corps [1].

Je dirai donc avec M. Buret, que tous les hommes qui ont examiné d'assez près la condition des classes laborieuses et qui ne se sont point contentés de les 'étudier dans les livres, s'accordent tristement à reconnaître les dangers dont une si intolérable misère menace l'ordre social. Et je me plais, à son exemple, à reproduire les « témoignages d'hommes que l'on ne peut accuser de vouloir semer en vain l'alarme dans les esprits [2]. »

La condition du prolétaire, qui est « la servitude sans le pain [3] », ne laisse d'autre intérêt à des millions d'hommes que la ruine de cet état fièrement nommé *civilisation ;* car cet état de civilisation, vraiment digne de tous nos hommages, se mêle à des abus dont la tyrannie ne leur offre souvent d'autre alternative que celle de servir ou de mourir.

Cependant, comme en France le tiers seulement de la population s'est condamné aux travaux de l'industrie, et que les deux autres tiers végètent sur le sol des champs, les phénomènes de la misère n'égaleront jamais ceux de la misère du peuple anglais. Et puis, dans nos campagnes, le peuple commence à posséder l'instrument du travail. Il est

---

1 V' E. Buret, vol. ii, p. 198, 199, ouvrage couronné. L. Faucher, *Études sur l'Angl.* L. Blanc, *Organisation.* Hollande, G. de Thury ; Prusse, Silésie ; A. Schneer ; Irlande, de Beaumont ; Russie, de Custine ; France, de Bourgoing, Guiraud, etc., etc. Je ne puis citer mes documents personnels ; j'ai pris le parti de les fondre avec des autorités irrécusables pour le public. *J'ai vu* quelque misère, et notamment en Irlande ! — 2 P. 199, vol. ii. — 3 Vol. i, p. 198.

peu de familles que quelque lambeau de champ n'ait
rangées au nombre des familles de propriétaires [1], souvent,
je le sais, pour leur malheur; telle est l'extrême division du
terroir! Tandis que sur le sol britannique, le pauvre n'a
d'autre terre que la poussière qui se colle à sa sueur. Une
loi toute aristocratique lui dit : Tu ne possèderas point, tu
ne jouiras de la terre que par les yeux !... Aussi l'honorable
M. La Farelle ne nous laisse point ignorer que la misère
des habitants des campagnes ne souffre point de parallèle
avec la misère du travailleur urbain : « Elle est rude et laborieuse la condition de nos pauvres paysans dans la Lo-
zère, l'Aveyron, l'Ariège, les Vosges, etc.; mais, combien
n'est-elle pas supérieure à celle des malheureux ouvriers
des fabriques de Lille, d'Amiens, de Mulhouse, etc. [1]! » La
plupart des paysans sont assurés du moins que le pain, un
pain rude et grossier, à la vérité, ne manquera point à leur
bouche affamée tandis que l'atelier des manufactures
s'ouvre et se ferme au gré du chef d'industrie qui, par là,
possède une sorte de pouvoir de vie et de mort sur toutes les
machines vivantes employées sous ses ordres à la production. S'il ne dispose pas, comme le planteur américain, du
fouet des commandeurs, « dont chaque jour l'usage disparaît, et qui n'est plus guère qu'un épouvantail [3] », il a un
instrument de domination bien plus énergique encore : *la
faim*. Voilà pourquoi le paysan le plus misérable est encore un homme, tandis que l'ouvrier industriel du *dernier
ordre*, le prolétaire, « a perdu jusqu'à sa personnalité vis-
à-vis de son seigneur et maître : rien n'est à lui dans son

---

[1] Sur nos vingt-et-un millions d'agriculteurs, seize millions sont malheureux; car il a été calculé qu'ils ont à peine seize francs de revenu moyen:
(*Statistique comparée du chevalier de Tapiès*, 1845, p. 63; imprimé chez
M. Moussin, à Coulommiers.—[2] *Id.*; V. L. Blanc, *Organ.*, p. 19; 22.—[3] *Rapp.
de Brogl.*, p. 131.

ménage; non, rien; pas même la fidélité de sa femme et l'honneur de sa fille [1]. »

Il existe plusieurs classes de paysans; celui qui provoque nos investigations est le prolétaire; le travail est son unique gagne-pain; ou bien il ne possède au monde que quelques ares de terre ou de vigne; et l'usure, ce chancre des campagnes, ou la stérilité d'une ou deux saisons, l'en dépouillent, malgré ses courageux efforts. « Son existence précaire et menacée à chaque instant, est la plus misérable du monde [2]. »

Notre type sera le paysan du Nivernais, région dont M. de Bourgoing fait ressortir les nombreux avantages et les progrès agricoles. D'un mot, il nous apprend que cette province est dans des conditions de prospérité meilleure que le tiers des autres départements de la France [3]. Voilà ce qu'il ne faudra point oublier en nous accompagnant!

Ces paysans s'établissent jeunes, ils ignorent tout à fait les lois de Malthus [4], et presque autant celles de la Religion qui les valent bien. Aussi, quoique leur humeur soit douce et constante, et malgré leur amour pour le travail, la misère, chez eux, suit de près le mariage. Eh mon Dieu! comment cela ne serait-il point? les dépenses indispensables au ménage le plus rigoureusement économe dépassent de quelques francs le salaire de toutes les journées de travail [5]. « Il n'est cependant, dans ce budget du paysan prolétaire, aucune recette pour faire face aux dépenses de maladie, de médecin, de remèdes et de linge, en cas de blessures; rien pour le vin, la viande, le laitage, l'assaisonnement, la lu-

---

[1] La Farelle, député, *Réorgan.* — [2] De Bourgoing, président du Comité agricole de Cosne (Nièvre), *Mémoire aux Chambres et au pays, en faveur des indigents et des travailleurs de la classe agricole*, p. 9. — [3] *Id*, p. 10, 11. — [4] V° le chap. de *Malthus.* — [5] Voir ces comptes, p. 12 à 15, et les dépenses d'une famille de prolétaires manufact. L. Blanc, *Organ*, p. 21, 22.

mière, les mois d'école ; rien pour fournir à la nourriture d'un vieux père ou d'une vieille mère infirme, qui sont obligés de venir diminuer la ration si exiguë de la famille [1]. »

Le secret de la vie consiste, pour eux, dans la privation et le jeûne accompagnant l'excès du travail. C'est là que se trouve la clef des prodiges dont leur économie étonne l'observateur. Ecoutons ce calcul : c'est, en moyenne, avec 387 francs par an, que cinq personnes doivent se loger, se nourrir, se vêtir et se chauffer, c'est-à-dire à raison de 21 centimes par personne et par jour [2]. »

On ignore, vraiment on ignore trop, que « les campagnes sont souvent le séjour de la plus affreuse misère, moins méritée que celle des villes, et que, par conséquent, on devrait chercher à soulager davantage [3]. »

Humidè, sombre, étroite et assiégée d'immondices, l'habitation du paysan proclame, dans les hameaux et les villages, que les bienfaits de la police sont un privilège exclusif des villes [4]. De ces causes notoires d'insalubrité proviennent les fièvres et les maladies cruelles qui déciment les chaumières. Après cela, que « l'on consulte les maires et les curés, je ne serai pas démenti : *plus de la moitié, peut-être*, des habitants de la campagne périssent faute de secours [5]. »

J'aurai bientôt décrit le mobilier de ces tristes demeures. « Un misérable grabat, un coffre qui contient les hardes de la famille, une tasse et un banc en composent le mobilier ; un seau, quelques assiettes, une marmite en fonte pour ceux qui sont riches, un pot de terre pour ceux qui sont pauvres, sont les seuls ustensiles qui se remarquent dans ces chaumières, le plus souvent couvertes en paille, et dont

---

[1] P. de B. 15. — [2] *Id.*, p. 16. — [3] D' R. Marchand, *Paupérisme*, p. 375, 376 ; imprimé à Coulommiers, chez M. Moussin, 1845. — [4] P. 16, 17. — [5] *Annales de la charité*, Hyde de Neuville p. 318, numéro de mai 1845.

les murs sont lézardés de toutes parts. Une petite boîte sert de berceau à l'enfant nouveau-né, et dans beaucoup de ménages, la famille entière couche dans la même chambre; souvent les sexes sont confondus dans le même lit [1]. »

Le pain des paysans les moins malaisés, est mélangé par tiers de froment, de seigle et d'orge. Deux fois par jour, ils se lestent l'estomac d'une pâtée dont le véhicule est une mesure de lait abondamment mélangée d'eau. Le pain sec, dur et moisi, forme l'aliment des autres repas; la raison de cette préférence est simple, mais elle est poignante : on mange moins de ce pain que d'un autre; le dégoût dompte la faim! Pour eux, point de viande, et la seule boisson, c'est de l'eau [2]!

Fécondité maudite de cette terre qui *tantalise* [3] son laboureur! Elle impose la vie crucifiée du solitaire de la Thébaïde à l'homme qui ne sait ni les compensations de l'avenir éternel, ni les mérites de la pénitence ou des épreuves [4]!

Comment oser reprocher à cet homme la lenteur de ses travaux! En Flandre, en Alsace, en Beauce, en Brie, etc., les ouvriers agricoles usent d'une nourriture substantielle; le goût de la viande ne leur est point inconnu. Pour éteindre, et souvent pour provoquer leur soif, ils ont le vin, la bière, les cidres. Mais, qu'exiger de ce paysan du Berri ou du Bourbonnais, du Nivernais ou de la Bretagne; qu'exiger de ce corps construit d'un mortier de seigle et de sarrazin, détrempé d'eau!

Cependant, lorsque l'ouvrage manque à ces bras courageux, lorsque la maladie abat les forces de cet ouvrier, « il n'est point de sort comparable au sien, » et il lui faut « une incroyable habitude de la misère pour ne pas mourir de désespoir [5]. » S'il meurt, il a rarement demandé; il a plus

---

1 P. 18; B. —[2] P. *id.*, B. 18, 19. — [3] Cette expression anglaise me paraît assez francisée. — [4] V. *l'Ignorance relig. du paysan*, p. 12, 38. — [5] P. 19, 20, B.

rarement obtenu des secours. « Nous avons sous les yeux cinq ouvriers pères de famille auxquels il faut, pour la nourriture de la semaine, deux doubles décalitres de mouture à trois francs; ils gagnent un franc par jour; c'est juste, au bout de la semaine, le prix de la nourriture. Si, demain, la terre se couvre de neige, la semaine sera pour eux sans salaire. » Car, les parcelles de cuivre jetées dans la main de ce misérable, nous les appelons salaire, parce qu'il est libre, et le salaire équivaut, dans nos idées, à la suffisance! Eh bien! dans ce cas, « par quel miracle vivront ces « libres » sans travail et sans épargne? Nous allons le dire : lorsqu'ils auront fait chez eux les réparations nécessaires à leurs instruments, *ces hommes, tout de vigueur, passeront leurs journées dans leur lit, serrés les uns contre les autres, pour avoir plus chaud et moins manger*[1]. Ils s'affaiblissent volontairement pour avoir le droit de refuser à leurs corps une nourriture qu'il ne leur paraît pas mériter, puisqu'il reste dans l'inaction. » Oh! si je m'étais avisé d'écrire ce que j'ai vu, que de clameurs m'eussent assourdi, que de voix m'eussent accusé d'hyperbole! Mais, je me borne à transcrire, et je reçois les témoignages des balances mêmes de la critique[2]!

Ce sont « les petites villes, et surtout les campagnes, presque absolument deshéritées de toute sympathie, qui excitent mon intérêt, dit M. Guiraud, c'est sur elles que je désire attirer l'attention des hommes charitables et même des législateurs; car, jusqu'à présent, les gouvernements ont montré une telle indifférence pour toutes les souffrances, qu'ils ne craignent pas de voir se traduire en émeute ou en

---

[1] P. 21, 21, *id.* — [2] M. Hyde de Neuville, ancien ministre, dit que le *Mémoire* de M. de Bourgoing mérite *à tous égards* de fixer l'attention du gouvernement. V' sa *Pétition aux Chambres, Ann. de la Charité,* mai 1845, p. 315.

révolution, que la société rurale se trouve, sous le rapport de la charité, ramenée presque au point où en était la société urbaine sous le paganisme [1]. »

S'adressant aux Chambres et au pays, avec cette certitude de soi-même que commande la qualité de ses juges, le président du comité agricole peut donc hardiment répéter ces paroles : La province que je décris « est dans des conditions de prospérité meilleures que le tiers des autres départements de la France [2]. » O philanthropes, le travail ne vous manquera donc point, comme au paysan du Nivernais ! Nous ne vous verrons point de sitôt réduits, faute d'ouvrage, à vous serrer dans un lit les uns contre les autres pour vous réchauffer, et laisser chômer votre faim et votre soif d'humanité et de justice !

Si l'indigence du paysan est rigoureusement supportable aussi longtemps que ses forces lui permettent de lutter contre le travail, sa vieillesse est affreuse, et ses enfants l'abandonnent, obligés qu'ils sont de se sacrifier afin de pourvoir aux besoins de leurs propres enfants. La misère leur a rongé la moitié du cœur. Dans certaines campagnes, il n'est sorte de duretés que les enfants et les petits-enfants ne se permettent envers des vieillards dont la carrière prolongée les fatigue et les irrite [3].

Jeune encore, quelquefois, voici le paysan tout brisé ! c'est qu'une maladie l'accable, et que tous les soulagements lui manquent ! Si la fièvre le dévore, il a, pour étancher sa soif, la fontaine du village..... Si sa convalescence lui promet un retour à la santé, il a, pour rendre la force à son estomac délabré, ce pain dur qu'il ne doit souvent qu'à la charité du voisin [4] !

« Combien de souffrances devenues incurables, et que la

[1] *Ann. de la Charité*, p. 148, numéro de mars 1845. — [2] P. 10, 11. — [3] Egron, p. 302. — [4] De Bourgoing, 23, 24.

moindre prévoyance, le moindre conseil auraient guéries.
Le jeune travailleur souffre sans cesse son travail; ou bien,
s'il est obligé de le suspendre, il aime mieux attendre un
miracle gratuit de la nature que de demander à l'art un secours ruineux. Les médecins sont si chers à la campagne[1]!
Si la maladie se prolonge ou s'aggrave, on finit quelquefois
par appeler le médecin; mais, le plus souvent, il est trop
tard. Nous ne disons rien du pharmacien, il est si cher
aussi ! Et puis les médicaments, vendus dix fois au delà de
leur valeur, ne sont-ils point falsifiés[2]?

Le chef-lieu de l'arrondissement possède un hôpital, un
bureau de bienfaisance et, le plus souvent, des dames de
charité, ingénieuses à stimuler la compassion au profit de
l'indigence. Rien de tout cela n'existe pour les communes
rurales abandonnées de tout le monde.

Cependant, la charité commence à donner signe de vie et
d'intelligence; elle s'émeut de ces misères, mais où cela?
Hélas! seulement dans les communes privilégiées où quelque gros propriétaire possède une terre habitable, *qu'il
habite*[3]· N'y aurait-il pas lieu d'organiser, enfin, dans les
campagnes, l'exercice de la charité publique, de lui créer
une existence rudimentaire, un germe, un noyau; et par
où commencer l'entreprise? Ce qu'il y aurait à faire, le
voici : Procurer à l'enfance une éducation convenable,
fonder des « écoles de jeunes filles; prévenir les causes de
maladie qui affligent plus tard la vieillesse, en donnant à
l'âge mûr des soins intelligents, désintéressés et opportuns,
et assurer, enfin, aux infirmités de l'âge, un asile, une sorte
d'adoption et les secours de la pitié, à défaut de ceux de la
famille[4].

Tous les secours prodigués au nègre souffrant ou infirme

---

[1] Baron Guiraud, p, 154. — [2] B. P. 23, 24. — [3] V' Guiraud. p. 155.—
[4] Baron Guiraud, 162, *id.*

de tout âge manqueront-ils donc à la fois à nôtre paysan ?
Ne lui reste-t-il pour dernier refuge que l'hôpital ? L'hôpital ?... Eh ! mais, c'est vous qui le dites ; en ouvre-t-on
les portes à tout venant ? Non, point ; « il faut être riche et
protégé pour y entrer, vous dit le président du Comité agricole ; celui qui peut payer un franc par jour, qui est appuyé
par un administrateur, ou recommandé par un médecin, et
qui dépose trente francs, est admis dans ce refuge. Celui qui ne
paye rien et qui n'a pas de protection ira mourir à la porte de
l'hôpital. — Voilà ce qui est ignoré de beaucoup de monde[1].

Je me fais une loi d'éviter ces faits horribles, mais rares,
qui permettent à la bonne foi égarée de conclure du particulier
au général et de transformer en règle l'exception qui la confirme. Je laisse donc, malgré le caractère de généralité que
M. de Bourgoing leur attribue, deux actes de cruauté révol-
tante qui appellent, à l'appui de ses doléances, l'indignation de tout homme dont l'égoïsme n'a pas glacé le sang[2].

L'étude des observateurs n'a guère porté, jusqu'à ce jour,
sur le paysan prolétaire de la France entière ; elle paraît
s'être cantonnée dans quelques provinces favorisées, les
unes par les influences persistantes de l'éducation religieuse
et morale, les autres par des causes toute locales de prospérité. A la suite de telles autorités, des hommes superficiels
généralisent le paysan d'après le type de ces contrées, au
lieu d'embrasser dans son ensemble la vaste étendue de
notre territoire. C'est pour avoir rétréci leur horizon, c'est
pour s'être limités à des points tout spéciaux de l'espace, au
lieu d'avoir gravi la hauteur qui en domine toutes les parties, que des hommes d'une merveilleuse clairvoyance se
sont égarés dans leur jugement[3].

---

1 P. 27, id. — 2 P. 27 à 38. V' à l'appui les *Lettres de M. Hyde de Neuville*
et les *Réponses de M. Duchâtel.* — 3 Le *Roman des paysans,* de M. de Balzac !
La vérité se trouvera dans les pages du savant député du Jura, M. Cordier.

Ecoutez-les nous dire : « Les mœurs de l'ouvrier restent *simples* à la campagne ; s'il souffre (le paysan), *comme il a de la religion*, il se résigne à la volonté de Dieu, et il est bien rare que la pitié des hommes ne vienne pas à son aide [1]!... En général, tous entretiennent facilement leur famille, élèvent *convenablement* leurs enfants... » Et beaucoup, parmi eux, font de petites épargnes. Nulle part, enfin, je n'en ai rencontré autant qui m'aient dit être heureux [2]. » Et puis voici ces hommes heureux qui s'arrachent aux ineffables douceurs du sol natal [3] ; qui se ruent, par milliers, du côté où la mer leur oppose en vain ses terreurs si souvent, si formidablement grossies sous le chaume durant les longues heures de la veillée... Les monstres et les tempêtes leur paraissent moins redoutables que cette terre qu'ils ne veulent plus appeler patrie... La douce image du clocher, les amis, le souvenir des pères, rien ne les arrête ! —Ils ont tort. — Eh quoi ! le premier de tous leurs torts n'est-il pas celui de la faim ?

Que si l'on opposait au prolétaire agricole le paysan dont un travail productif ne cesse d'exercer le bras, et qui récolte quelques gerbes dans son champ, quelques grappes dans la vigne que lui a laissée son père, ce paysan n'est plus le nôtre ; il est libre, et nous ne parlons que de l'homme dont une misère outrée fait le dernier des esclaves!

Mais d'où procède cette misère ? Est-ce le travail qui manque aux bras ? Est-ce la rémunération qui manque au travail ? Une chose nous paraît certaine, et nous la dirons : si cette misère qui enfante l'esclavage accuse elle-même de son existence l'organisation viciée du travail, réorganiser le travail, ce serait donc organiser la liberté. Voilà ce que nous apprenons de la bouche de nos économistes, et

[1] Dutol, dans Egron, p. 103. Le contraire dans M. de Bourgoing, p. 45, etc. — [2] Villermé, dans Egron, p. 107. — [3] P. 112 à 117, *id.*

pourquoi point de leurs œuvres? « La liberté doit être catholique, c'est-à-dire universelle [1]. » Pourquoi donc nos
émancipateurs ont-ils oublié ce principe? Chose plaisante !
faudrait-il que bientôt les colonies des puissances européennes
se cotisassent pour former des sociétés d'abolitionnistes
fonctionnant à l'endroit de l'Europe? Quiconque se sent du
cœur frappe tous les esclavages des coups du même anathème, mais en commençant par les plus odieux ! Dans une
question sociale de cette importance, la vérité ne peut s'arrêter à un dixième de la question ; que dis-je? Est-ce que
les colonies en feraient jamais le dixième [2] ?

Il ne reste donc plus au paysan qu'à se diriger vers nos
villes pour s'y réconcilier avec la vie! Le paysan s'y décide et va partir. Frère, arrêtez, lui crie de toute la force
de ses poumons l'ouvrier qui peuple nos villes ; « quel motif vous détermine à quitter le travail de la terre pour venir
parmi nous mourir de misère au coin d'une borne, ou, ex-
ténué, sur le grabat d'un hôpital ? Nous avons comparé les
différents labeurs, l'atelier et le champ, partout nous
avons trouvé même fatigue, mêmes résultats [3]... Quand on
nous appelle des hommes libres, la rougeur nous monte au
front : c'est une ironie ! »

Cependant, pour ne point calomnier cette société, où tant
de cœurs battent pour le pauvre, prions le lecteur de se
procurer le numéro de janvier 1845 des *Annales de la
Charité*. Madame la princesse de Craon lui apprendra que,
pour Paris seulement, il existe soixante-trois établissements
soutenus par des associations charitables... Cette nomenclature est celle des besoins et des douleurs... Mais Paris, où
tant d'effroyables misères, après tant de charité, restent

---

[1] De Bourgoing, p. 43. — [2] *Réfutation de M. Schœlcher*, par M. de
Bourgoing, p. 50. — [3] Lire cette description terrible, *Atelier*, p. 88, 89, 90,
numéro du 30 juin 1843.

encore à guérir, Paris n'est pas la France; il ne se trouve en aucune autre ville autant de personnes pieuses dont le zèle intelligent s'échauffe par le contact et par l'exemple; nulle part autant de bourses qui regorgent d'or, autant de courtiers infatigables de charité, autant de ministres et de serviteurs des pauvres!

Partout du moins la charité travaille et construit; que font, à côté d'elle, nos philanthropes? Ne le savez-vous pas? Leur zèle prend son élan [1], ils franchissent les mers, tombent du premier bond dans nos colonies, et, pour y organiser la liberté, il commencent par désorganiser le travail! Lorsque l'expérience sollicite de leur ligue toute puissante les moyens sûrs et rapides d'émanciper l'homme en lui inculquant la science du devoir, les moyens de le rendre maître de quelque aisance le jour où il devient maître de sa personne, ils s'indignent, en termes magnifiques, de ne point voir le gouvernement saisir l'instrument des manumissions, et, d'un coup de baguette, transformer en hommes libres toute une société d'esclaves. On leur objecte que ces affranchis, ennemis de toute continuité de travail, dissipateurs par habitude et par goût, sans avances, sans capital, pour la plupart, vont tout à coup se trouver les maîtres d'une société dans laquelle hier même on ne les comptait pas encore!... On leur répète que, par la presse, par la puissance législative et par l'énorme levier du budget, se trouvant les maîtres de ceux qui sont les maîtres des noirs, ils tiennent en main les moyens moraux et matériels de cette civilisation dont ils accusent les planteurs et le gouvernement de retar-

---

[1] Réminiscence et généralité sur le philanth. : « Pierre, faites-moi cuire deux œufs et vous en donnerez le bouillon aux pauvres. — Il ne sera pas trop gras, monsieur. — J'aime votre franchise; mettez en quatre, et gardez les deux derniers pour ma salade! » La vérité prend souvent des formes qui ne sont pas sérieuses. V⁰ le délicieux portrait du philanth. dans Jérôme Paturot.

der artistement l'œuvre et l'époque. On leur crie que des
paroisses considérables où le sort jettera des masses d'affranchis n'ont pas même un vicaire à leur offrir[1] pour les
soulager de cette indigence morale qui les conduit à la misère par la route de l'ignorance et du vice. A tout cela,
point de réponse, ou de froids sophismes, ou des plaisante-
ries plus froides encore! — Est-ce donc que la liberté sage
et mûrie de nos prolétaires noirs, est-ce que leur aisance et
leur goût pour le travail, est-ce que leur moralité ne con-
stitueraient pas à la fois la richesse et la force de notre commerce et de notre marine, la richesse et la force de la métropole et de ses colonies? Et ne délivrerons-nous une race
d'hommes des liens de leur esclavage que pour laisser s'a-
battre et s'appesantir sur le monde qu'ils vont former, tous les
fléaux du nôtre ajoutés à ceux dont ils ont pu souffrir jusqu'à ce jour?

Enfin, renoncerons-nous, pour de creuses sentences, à la
possibilité que je signalerai plus bas d'anéantir, sans qu'il
en coûte une goutte de sueur de plus à l'esclave, la servitude du prolétariat des deux races; car c'est au malheur ir-
réparable de cet abandon que nous entraîne la précipitation
des imprudents?...

. . . . Je crois m'être suffisamment appesanti sur les
caractères généraux de la misère du paysan français, et je
n'ai fait que glisser ; mais, puisque l'esclavage a ses variétés de physionomie, puisqu'il existe des degrés inégaux dans
la misère du paysan, dans la dépendance du nègre et dans
les liens du serf, arrêtons-nous quelques instants à ce dernier type, avant de franchir le détroit.

Les sociétés civilisées mêlent à la plus grande somme de
liberté qu'elles assurent aux hommes une certaine propor-

[1] *Offic.*, p. 489.

tion d'esclavage; je veux dire la servitude nécessaire et précise que les lois imposent à chaque individu dans un intérêt qui lui profite encore, puisqu'il profite au public dont il est membre... De même l'esclavage, lorsqu'il est réglé par des lois stables, offre sa portion de liberté, puisque les droits garantis par la législature forment de l'esclave une personne, un propriétaire : puisque celui qui les exerce a cessé d'être à l'état de chose : puisque, *dans cette mesure* plus ou moins large , son indépendance égale celle du maître... Voilà ce que, dans nos colonies, est devenu l'esclavage, dont la chaleur bienfaisante de la civilisation pourrait si facilement amollir et dissoudre l'enveloppe.

Il n'en est point ainsi de la servitude soumise aux volontés du despotisme. Là, point de lois, point de règle, et, dès-lors, plus de liberté ! Comment donner le nom de lois à des actes qui n'ont pour principe et pour base qu'une volonté aussi irrésistible qu'ambulatoire? Ces lois sont celles de la Russie; elles dominent sa foi religieuse, elles gouvernent sa politique, elles nivellent quelquefois le boyard et le serf, et ne sont dominées elles-mêmes que par cette aristocratie patiente et ombrageuse dont la puissance prétoriale élève et abaisse les czars !

' Nulle part, en Russie, cet empire du silence et de la peur, ne circulent, ainsi que dans les colonies européennes, ces écrits et ces pamphlets dont les pages brûlantes versent leur ardeur dans les esprits; et, dès-lors, il devient licite de poser en principe que les mouvements de la servitude sont spontanés, que ses actes émanent d'elle-même, qu'elle ne reconnaît pour inspirateur que le sentiment qui lui éclate dans l'âme. Mais combien ce sentiment ne doit-il pas varier au sein de cet amalgame de races qui composent l'empire? Combien aussi ne devient-il pas « difficile de se former une idée de cette classe d'hommes qui n'ont aucun droit reconnu, et qui cependant sont la nation même[1]? »

Le seul avantage que les paysans ont retiré des lois modernes, c'est qu'on ne peut plus les vendre sans la terre. Mais, dans cet empire de l'absolutisme, qui ne se fait un jeu de l'éphémère volonté des lois? qui ne les tourne? Le seigneur dont le caprice est de vendre deux cents hommes placés dans la dépendance d'une propriété se contente d'en aliéner quelques arpents, quelques glèbes auxquelles il les laisse attachés... L'autorité, bravée par cette insulte, ne sévira donc point? Si, vraiment; pourvu qu'elle vienne à le savoir; mais comment le saurait-elle?... « Entre le délit et la justice suprême (c'est le nom que nous pouvons bien donner à l'empereur), il y a tout un monde de gens intéressés à perpétuer et à dissimuler les abus [2]. »

Assujettis à une noblesse dépensière que ses besoins poussent à l'oubli du peuple, les paysans n'ont d'autre ambition que de passer sous la servitude de la couronne. C'est là souvent le but de leurs révoltes. Mais, attachés qu'ils sont à la terre comme l'enfant à sa nourrice, ils ne se figurent point qu'une volonté décisive puisse les en arracher sans retour. « Affranchissez *brusquement* de tels hommes, et vous mettez le feu au pays; du moment que, séparés de la terre, ils verraient qu'on la vend, qu'on la cultive sans eux, ils se lèveraient en masse, en criant qu'on les dépouille de leurs biens [3]. » La misère les réduirait à cet esclavage qui est devenu familier à notre prolétaire. L'esclavage au lieu de la servitude, qu'y gagneraient-ils?

Le paysan russe est la chose du seigneur : il représente à ce propriétaire une parcelle de la somme nécessaire à ses fantaisies annuelles. Or, dans un état fondé sur cet arbitraire, le luxe n'est pas innocent, il n'a pas d'excuse. Le

[1] De Custine, 1843, *La Russie en* 1839, vol. i, lettre 40e; et Mystères de la Russie. 1845, ouvrage curieux, quoique passionné.—[2] *Ibid.*—[3] *Ibid.*

travail, imposé quelquefois sans limites, est l'abus de la substance tout entière du travailleur, de sa vie, de son âme ! Le travail excessif l'exténue sans lui procurer une compensation, et son sort se rapproche, dans ce cas, de celui de nos plus misérables ouvriers.

Cependant, un monument fastueux du mépris des Russes pour la vie du serf annonce aux peuples à quel prodige peut s'élever ici la volonté d'un maître. Je veux nommer le palais d'hiver, et je ne sais s'il en existe de plus grand.

« Pour que ce travail fût terminé à l'époque marquée par l'empereur, il a fallu des efforts inouïs. On a continué les ouvrages intérieurs pendant les grandes gelées. Six mille ouvriers étaient continuellement à l'œuvre ; il en mourait chaque jour un nombre considérable ; mais les victimes étaient à l'instant remplacées par d'autres qui comblaient les vides pour périr à leur tour. Le seul but de tant de sacrifices était de justifier le caprice d'un homme. » Or, la main de cet homme philanthrope a signé des traités pour la suppression *lointaine* de la traite des esclaves !...

« Pendant des froids de 26 à 30 degrés, six mille martyrs obscurs, martyrs sans mérite, étaient renfermés dans des salles chauffées à 30 degrés, afin de sécher plus vite les murailles. Il y avait à subir, en entrant et en sortant de ce séjour de mort, une différence de température de 50 à 60 degrés !..... Et ces infortunés n'étaient point des malfaiteurs !...

« Ceux qui peignaient l'intérieur des salles les plus chauffées étaient obligés de mettre sur leurs têtes des espèces de bonnets de glace, afin de pouvoir conserver l'usage de leurs sens sous cette température brûlante. Malgré ce fait, le souverain était appelé père par tant d'hommes immolés sous ses yeux dans un but de vanité impériale.

« Les millions de Versailles ont nourri autant de familles

d'ouvriers français que ces douze mois du palais d'hiver ont tué de serfs slaves... Un prince peut être populaire en Russie sans attacher un grand prix à la vie des hommes [1].

« Tout souverain absolu a tort de dire qu'il est pressé; il doit redouter le zèle de ses créatures, qui peuvent se servir d'une parole du maître, innocente en apparence, comme d'un glaive pour opérer des miracles, mais aux dépens d'une armée d'esclaves. »

Eh bien!! Européens, ce qu'ose faire ce terrible empereur de Russie, nous le faisons tous! Le savons-nous? L'industrie, les métiers, les professions ont leurs esclaves : ce sont les ouvriers dénués de l'instrument du travail, les prolétaires; ils ont leurs souverains absolus : ce sont les acheteurs du travail, les marchands, les fournisseurs et les pratiques. Chacune de ces pratiques ne soupçonne guère ce qu'elle tue d'hommes et de femmes lorsqu'il lui prend fantaisie d'être servie sur l'heure, et c'est de la sorte qu'on aime à l'être. Lequel de nous a quitté son fournisseur sans lui dire, dans les saisons où l'ouvrage surabonde : Il me faut sans faute, et pour tel jour, ces meubles, ces vêtements, ces ornements?

Sur notre ordre, les ouvriers auront à travailler et à veiller jusqu'à l'épuisement, jusqu'à la fièvre, jusqu'à la mort! Que de victimes notre égoïste insouciance précipite dans les hôpitaux et dans la tombe! Les gens qui ne savent point encore ce que j'ignorais moi-même hier peuvent se figurer que j'exagère; eh bien! qu'ils ouvrent un rapport officiel et se donnent la peine de faire un calcul [2]. Ah! qui de nous, et à son insu, n'a sur la conscience son palais d'hiver? Du moins, « personne, aux colonies françaises, ne se presse et ne presse les autres, » dit M. Schœlcher [3];

---

[1] De Custine, Lettre VIII. — [2] *Children employ. commission.* V' mes *Col. fr.*, dernier chapitre. — [3] *Col. fr*, p. 22.

on y compte pour quelque chose la vie de l'homme !

Malgré la dureté et la rapacité des préposés de la couronne, le sort des paysans du czar est envié par les autres serfs. Je n'en citerai qu'un exemple :

Tout dernièrement, les paysans voisins d'une terre réunie au domaine, envoyèrent à l'empereur une députation, avec supplique de vouloir bien les acheter.

« Je ne puis, leur dit-il d'une lèvre bienveillante, acquérir la Russie tout entière ; mais un temps viendra, je l'espère, où chaque paysan de cet empire sera libre. *Si cela dépendait de moi*, les Russes jouiraient dès aujourd'hui de l'indépendance que je leur souhaite et que je travaille de toutes mes forces à leur procurer dans l'avenir [1]. »

Que sortira-t-il de ces paroles adressées à des suppliants prolétaires ?...

Les feuilles qu'éparpille sur le sol des colonies le souffle de l'indépendance y répandent des paroles brûlantes. Les planteurs alarmés supplient la main de l'autorité d'écarter de leurs demeures ces éléments incendiaires ! Parmi les adversaires du système colonial, les uns se rient des alarmes de nos colons, les autres s'indignent d'une clairvoyance qui dément leurs prévisions ; et, par une déplorable illusion d'optique, le mal semble, à d'autres encore, abréger la route qui conduit au bien !

« Toute révolte d'esclaves est, à nos yeux, non-seulement légitime, mais respectable, disent-ils. Le nègre qui rompt ses chaînes, *à quelque prix que ce soit*, redresse une injustice ; *il honore la morale universelle* [2] !... »

Eh bien ! contentons-nous de dire à ce sujet que le discours de l'empereur, les paroles que nous venons d'entendre, interprétées par des hommes *sauvages*, ont mis une pro-

[1] *Id.*, de C. — [2] Schœlcher, *Col.*, *fr.*, p. 125.

vince en feu. Puis, il a fallu punir le peuple des crimes qu'on lui avait fait commettre... Le père veut notre délivrance, s'écrient les députés revenus de leur mission; il nous l'a dit... Ce sont donc les seigneurs qui sont nos ennemis et qui s'opposent aux bons desseins du père... Vengeons-nous! vengeons l'empereur! Là-dessus, les paysans croient faire une œuvre pie, *honorer la morale universelle*, en se jetant sur leurs maîtres; et voilà tous les seigneurs d'un canton et tous les intendants massacrés à la fois, avec toute leur famille!... Ils font main basse sur tout ce qu'ils rencontrent, mettent des villes entières à feu et à sang; enfin, ils dévastent une province, non pas au nom de la liberté, ils ne savent ce que c'est, mais au nom de la délivrance et au cri de vive l'empereur!...

Pauvres paysans, l'empereur vivra pour vous châtier; mais sa justice, sa vengeance est terrible; car, à chaque scène de ce genre, on déporte en masse des villages, des cantons entiers!.... L'homme attaché à la glèbe n'a plus même pour dédommagement de cette condition servile la certitude de vivre et de mourir, si bon lui semble, auprès de la pierre du foyer paternel [1] !...

Ne cherchez point en cette contrée où la servitude plus ou moins déguisée étend son joug sur toutes les têtes, ne cherchez point et n'attendez de personne un langage franc et sincère. Ce peuple éprouve un trop grand intérêt d'amour-propre à se poser décemment en face de l'Europe, pour ne point farder ses défauts : tout est bien, tout est beau, grand, digne et noble dans la Russie. Questionnez-les par exemple sur la condition de l'homme des campagnes..... Ils prennent « un langage doucereux, ils vous disent que les serfs russes sont les paysans les plus heureux de la terre. Ne

[1] Lire de Custine, lettre xvii, etc.—*Id.*, Mystères de la Russie.

les écoutez pas, ils vous trompent. Beaucoup de familles de serfs, dans les cantons reculés, souffrent *même de la faim;* plusieurs périssent par la misère et les mauvais traitements. *Partout l'humanité pâtit en Russie.* Et, cependant, les serfs ont droit aux choses de première nécessité! Droit illusoire, pour qui n'a aucun moyen de le faire valoir. Le gouvernement, quand il voit des excès trop criants, met le mauvais seigneur en tutelle; mais Dieu sait combien de temps il lui faut pour les apercevoir et pour guérir le mal! Et puis cette mesure, toujours tardive, ne ressuscite pas les morts? Vous figurez-vous la masse de souffrances et d'iniquités inconnues qui doivent être produites par de telles mœurs. Il est difficile de respirer librement en Russie, lorsqu'on songe à tant de douleurs [1]. »

On ne peut respirer librement! Ecoutez, écoutez le noble russe Ivan Golovine [2] : En Russie, cet empire peuplé de paysans, on bat ou l'on est battu. On est marteau ou l'on est enclume, ou même l'on est l'un et l'autre à la fois! L'empereur gronde les affidés; ceux-ci prennent leur revanche sur leurs subordonnés qui, ne trouvant plus les paroles assez énergiques, lèvent la main sur ceux qui, à leur tour, trouvant la main trop légère, s'arment du bâton, remplacé plus loin par le fouet.

Le paysan est battu par tout le monde, par son maître, quand celui-ci daigne s'abaisser jusque-là; par le bailli et le starosta, par les autorités publiques, le stanovoi, l'ispravnik; puis par le premier venu, par le passant qui n'est pas paysan! De son côté, le malheureux n'a pour se dédommager que sa femme ou son cheval. Aussi, la plupart des femmes sont-elles battues en Russie, et c'est pitié de voir comme on y traite les chevaux! A Pétersbourg, c'est un bruit continuel de fouet...

---

[1] Lettre xxxix', v. 3. — [2] 1845.

...Le maître de police bat le commissaire du quartier, celui-ci l'officier de police, qui s'en donne sur le soldat de ville, lequel, à son tour passe sa mauvaise humeur sur le premier individu, auquel il peut reprocher la moindre chose... Le russe suce la manie de battre avec le lait de sa nourrice, et cette manie ne le quitte qu'à la tombe.

Or, le souverain de ce royaume est l'un des monarques ligués contre la traite, et je l'en félicite! Mais les souverains de l'Europe n'auraient-ils point le même droit de se liguer contre ce régime du bâton et du fouet à outrance, qui fait partie de l'hygiène de son peuple! Déjà Jean-Jacques Rousseau prétendait que les philanthropes aiment les Tartares, pour se dispenser d'aimer leur prochain!

...Dans cet autre royaume, où ce n'est point la parole magique et terrible du prince qui enfante et fait germer les merveilles, sur le sol britannique, en un mot, serait-il facile de respirer bien librement, si l'on songeait à toutes les plaies de la servitude qui infectent l'air de la liberté!

Après avoir examiné d'un coup d'œil la condition de l'enfance dans la Grande-Bretagne, voici que les adultes agricoles nous ramènent en présence de ce travail odieux dont le caractère est de dissoudre la famille; funeste effet d'une organisation qui dépoétise jusqu'aux campagnes pour les soumettre au régime de fer de l'industrie. Interrogeons nos yeux à deux reprises, car nous supposerons qu'ils nous trompent. Voyons ces ouvriers, j'allais dire ces paysans vêtus de la défroque piteuse des populations urbaines, mener la charrue en habits noirs[1]! Dans la patrie, plus de patrie pour eux, plus de commune, plus de clocher, plus de résidence! Leur vie est une émigration de tous les jours. Et pour obtenir le travail ils sont réduits à tendre

[1] V' E. Buret, vol. I, p. 367 et 368.

la main , comme ailleurs le mendiant vagabond pour recevoir l'aumône.

L'agriculture passée à l'état manufacturier produit, parmi
les conséquences de cette transformation « le servage et la
démoralisation des travailleurs. » Déchargé par suite de sa
misère et du régime économique de la charité publique du
soin d'entretenir et d'élever sa famille, l'ouvrier, cet *homme
roulant*[1] dont les affections cessent d'avoir un objet fixe, et
qui ne peut connaître son despote qu'au jour le jour, cet
homme « cesse ainsi d'être libre et son fils ne peut le devenir. » Ils appartiennent aux spéculateurs!

En effet, lorsqu'un propriétaire ou un fermier veut
moissonner son champ ou faucher sa prairie, il s'adresse
à un entrepreneur et traite à forfait. D'un coup de sifflet,
celui-ci réunit ses instruments d'exploitation de tout âge
et de tout sexe. Et sous la gouverne d'un contre-maître
ou *commandeur*, il les dirige vers le lieu de l'opération.
Mais quelquefois la distance à franchir est trop considérable pour des piétons. C'est alors qu'il remplit ses charrettes de travailleurs et les expédie à destination..... Des
granges se rencontrent le long du chemin; on y couche
pêle-mêle. Les jeunes filles restent livrées sans tutelle à
toutes les excitations du désordre... Car au milieu de cette
confusion d'êtres misérables, les discours sont moins repous-
sants encore que les exemples; l'organisation de ces ouvriers ne se maintient donc qu'aux dépens de la morale;
et de ce côté les spéculateurs se soucient peu de ce qu'il
en coûte!

Cependant, l'exploiteur réalisant à son profit tous les bénéfices leur distribue l'ouvrage; et le malheureux qui
s'est engagé ne doit pas seulement en retour de son salaire

----

[1] *Roundsman.*

une juste mesure de travail, il doit tout le travail que
l'abus de ses forces lui permet d'accomplir! Ce malheureux
porte-t-il ou non le joug au profit d'un autre[1]? Calcul
fait et refait, l'homme de l'exploiteur a vendu, moyennant le poids de son pain quotidien, l'emploi de toutes ses
forces. Et supposez qu'il parvînt à découvrir le secret de
décupler son travail, cette chance ne lui vaudrait pas une
obole de surcroît. Si féconde que soit la terre, elle ne peut,
en aucun cas, lui donner ce qu'elle ne refuse jamais au
nègre travaillant chaque jour pour son compte : c'est-à-
dire le salaire de chaque coup de pioche. Sa tâche est et ne
cesse d'être celle d'un forçat !

Eh quoi! dans ce pays biblique, il ne se rencontre pas
un écho de la Bible pour répéter ces paroles : « Vous ne
lierez pas la bouche du bœuf qui foule le grain[2]! »

...Au delà de la stricte ration de pain du travailleur,
le travail ne produit pour rémunération que l'épuisement !

Non, les laboureurs « ne sont pas protégés contre la
misère par une laborieuse pauvreté. » Payer leur chétif
morceau de pain de chaque jour au prix de souffrances
quotidiennes et sans espoir de soulagement, voilà leur
sort : « Heureusement que la population agricole ne forme
que le tiers environ *de la population totale ;* autrement
l'Angleterre serait une Irlande[3]. » Et je ne vois guère sous
le soleil un esclavage plus désespérant que celui de ces misérables, si ce n'est peut être, au sein des possessions britanniques orientales, l'esclavage du prolétaire indien !

Je puis en donner une idée, car je connais un être
tel que nous ne saurions nous l'imaginer, quoiqu'il se
nomme paria, quoiqu'il soit homme et *libre!* Un être,
je veux dire une multitude, objet d'horreur pour ceux

---

[1] *Sic vos non vobis.* — [2] Saint Paul à Tim., c. 35, ♱. 18. — [3] E. Buret, vol. 1er, p. 193.

qu'elle enveloppe! Or, ce qui révolte au suprême degré la délicatesse des autres Indiens, contre ces misérables, c'est l'excessive et avilissante saleté qui résulte de leur indigence; c'est cette faim canine et enragée qui leur fait savourer les aliments les plus odieux!...

Lorsque les fétides émanations d'une charogne les ont alléchés, il faut voir tous ces corbeaux de l'espèce humaine s'abattre par troupes sur ces débris pour les disputer aux chiens et aux chacals. Ils s'en partagent les lambeaux putrides et s'enfuient à l'ombre de leurs huttes, où sans aucun aliment qui en déguise le goût et l'odeur, ils les dévorent!... Les cadavres des animaux atteints de mort naturelle appartiennent au valet du bourreau qui, grâce à son privilége, tient boutique et vend cette chair aux parias...

Eh bien! *au-dessous* de ces 25 millions d'hommes libres, 10 millions d'hommes traînent un esclavage qui n'a rien de commun avec celui de nos Antilles!

Voilà ce que rapporte M. l'abbé Dubois qui, vingt années durant, étudia sur place l'état des Indes orientales, et dont la véracité nous est garantie par ce fait unique que son ouvrage fut imprimé aux frais même de la Compagnie des Indes[1]!

...Je crois avoir assez vivement décrit la misère de l'Irlande[2], pour me dispenser de reprendre cette esquisse : j'y ajouterai fort peu de traits!

Le journalier, sur ce sol qui ne profite qu'au conquérant, ne trouve l'emploi de ses journées qu'au taux de 8 à 10 sous, et seulement pendant trois mois de l'année. Voilà pourquoi l'Irlande fournit à l'agriculture anglaise ses tour-

[1] Alph. Ride, v. ii, p. 192, 197, 198 J'ai considérablement restreint ces pages. — [2] Dans mes *Colonies françaises, Émancipation,* 1844, et dans *le Monde avant le Christ.* que j'ai publié en 1845, chez P. Mellier, cinquième partie, *Influence de la Religion dans les États.*

bes de paysans faméliques et déguenillés! La misère les pourchasse de village en village. J'ai rencontré ces bandes! Un épisode de quelques lignes sur le retour de l'une d'elles nous permettra d'apprécier la manière dont on en use avec les fils de l'Irlande...

...Je quittais Liverpool pour Dublin... Lorsqu'un paquebot appareille, la foule le prend à l'abordage. C'est un pêle-mêle qui n'a pas de nom, mais en un clin d'œil tout se classe; le prix des places règle les catégories, et le péage se perçoit en mer...

Le lendemain du départ, comme nous voguions au large, une corde fut tendue de bâbord à tribord, et la foule de bas étage acculée vers la proue; elle était nombreuse, compacte et le cœur saignait rien qu'à la voir.

Un à un, chaque passager eut à franchir cette barrière, en acquittant le droit de passage. Il se présenta d'abord quelques-uns de ces pauvres hères qui payèrent sans trop de débats; mais les autres se tinrent immobiles; ce moment fut terrible... Le capitaine était un homme à formes athlétiques, à l'œil fauve et dur, vrai capitaine de roman maritime. Sa voix rauque comme l'écho d'un récif devint tonnante, mais sans produire aucun effet. Au lieu d'y répondre, on se regarde : nul ne bouge; ou plutôt, ces malheureux se serrent les uns contre les autres. C'est alors que l'équipage reçoit l'ordre d'agir et que les bras de fer des matelots saisissent les premiers venus de ce groupe épais... Ils n'ont rien! pas un schelling! chacun de l'affirmer! A ce refrain de toutes les bouches, répondent les rires et les jurements des matelots. Rien! ce n'est point tout de le dire, il s'agit de le prouver; en d'autres termes, il faut subir dans sa rigueur le droit de visite, ce droit que j'ai cru comprendre en assistant à cette séance! Un à un les patients sont tirés, fouillés, froissés, secoués, et, de temps en temps, un rire

satanique éclate et fait reculer d'épouvante les mouettes
curieuses qui, de leurs longues ailes, caressaient les hau-
bans du navire. Ces éclats de gaîté farouche sont l'effet de
schellings qui, tombant sur le tillac, se dérobent aux
étreintes secrètes de ces pauvres diables. Mais, le plus souvent, la main grossière et impudique du matelot n'arrache
que des gémissements; et il faudrait, comme au siége de
Jérusalem, arracher les entrailles de ces malheureux et les
laver pour s'assurer de leur bonne foi. Car, il est évident
que plusieurs cherchent à escamoter le prix de leur passage
et que quelques-uns pourraient en payer une partie. Mais
l'argent leur a coûté si cher!

En désespoir de cause, les haillons dont ces misérables
étaient pavoisés, plutôt que couverts, furent acceptés comme
à-compte. Chacun d'eux ne garda que l'indispensable, et
bientôt il y en eut litière au pied d'un mât. Les plus sales
guenilles se vendent, en Irlande, et se transmettent en héritage. N'oublions pas cela; j'ai vu, j'ai vu le prix qu'on y
attache!

Cependant, l'industrie des créanciers n'était pas à bout
de voies. Sept jeunes hommes, plus récalcitrants que les autres, n'avaient pu rien donner. Il se trouvait dans un endroit
du tillac comme une sorte de bouche de puits : c'était l'ouverture de la soute à charbon. Ils furent jetés et empilés,
plus morts que vifs, dans cette étroite et ténébreuse ou-
bliette, dont l'entrée se referma. Ce furent d'abord des cris
étouffés, le tapage de gens qui se débattent, et puis, bientôt,
rien, presque plus rien; mais, bientôt après, un râle.....
L'air avait manqué totalement à ces misérables... Mais aussi
pourquoi l'argent leur manquait-il?...

Quoi qu'il en soit, ce fut à ce moment que l'indignation
des hommes généreux qui se trouvaient à bord éclata. L'é-
quipage fut repoussé, et la soute ouverte rendit six vic-

times : il en fallait sept... On redescend : le jeune homme
était asphyxié!... Son corps fut hissé au grand air ; de part
et d'autre on se regarda avec stupeur. Il se fit une trêve sur
son cadavre. Un chirurgien que le Ciel avait mis à bord
ramena de sa lancette quelques gouttes d'un sang noir...
Bientôt il y eut une mare de sang à côté du tas de guenilles.
Des hommes miséricordieux, et l'Angleterre en abonde,
s'emparèrent du Lazare irlandais, et peut-être le ramenè-
rent-ils à l'existence ; je ne pus en obtenir la certitude. Le
soleil resplendissait, la mer soulevait avec mollesse ses plis
d'azur, la ligne lointaine et découpée des monts Wicklow
offrait un spectacle majestueux et ravissant.... Mais un
homme, presque sept hommes de cette bande agricole venaient d'être immolés sous nos yeux, insultés, violentés, dépouillés... Chacun se sentait un poids sur le cœur... L'Irlande se laissait douloureusement pressentir !...

Les malheureux cultivateurs de l'Irlande se voient forcés
de vendre une partie de leurs récoltes, afin de rembourser
ce qu'ils ont emprunté pour vivre jusqu'à la moisson. Mais
souvent il arrive que la récolte périt ou qu'elle trompe l'espoir du cultivateur. Dans ce cas, on abandonne le champ
avec ce qu'il contient, et la famille entière va tendre la main
sur les routes et dans les villes. Le calcul établit en outre
que, même si la récolte est abondante, la pomme de terre
coûte plus cher au pauvre, dont elle est l'unique nourriture,
que s'il l'achetait sur les marchés. Mais pourquoi donc la
cultiver ? C'est afin d'être sûr d'en avoir ; car chaque année
menace l'ouvrier de le réduire à la mendicité. Oh! menacer... ; ce terme perd sa valeur dans un pays où mendier,
quand on le peut, c'est vivre de la vie du peuple!.,.

Lorsque les terres sont d'une nature par trop ingrate ; on
tente le pauvre par l'offre de lui en céder la jouissance
moyennant quelques journées de travail ; ou bien, on lui

fait souscrire des billets dont l'échéance précède immédiatement l'ouverture des assises, afin de l'acculer à la prison
en cas de non payement.

Aussitôt que quelques passables récoltes ont donné au
petit fermier la chance d'amasser quelques livres sterling,
son bonheur se trahit par un acte qui marque quel désespoir
habituel couve au fond de son âme : il émigre, il s'empresse
d'émigrer dans le Nouveau-Monde, suivi de sa femme et de
ses enfants ; il laisse aux tourments de la détestable existence à laquelle il se dérobe les misérables auxquels il a
sous loué sa terre. Malheureusement, en Irlande, l'émigration recrute les plus industrieux et les moins dénués parmi
les victimes de cet inconcevable dénuement. On ne qualifie-
rait qu'imparfaitement cette misère, en rapportant que les
ecclésiastiques s'accordent à reconnaître qu'un tiers à peine
des habitants peuvent se rendre aux offices, faute d'habits
pour couvrir leur nudité, et ce qu'on appelle des vêtements
là-bas ce sont des haillons de chiffonnier !

Les propriétaires s'efforcent quelquefois d'évincer de
leurs terres, où ils se cramponnent, ces faméliques agriculteurs ; mais cette œuvre, qui a bien ses mérites, grâce aux
difficultés de l'exécution, ne s'accomplit guère que par le
fer ou le feu tournés contre les huttes qui leur servent de
repaires.

On voit alors des familles, au nombre de plusieurs ving-
taines, se réunir, s'agglomérer par essaims et se jeter à
l'improviste sur les bords déserts de quelque marais : asile
infidèle, dès qu'il est connu, car tout aussitôt un régiment
de cavalerie reçoit l'ordre de balayer ce terrain et de niveler au sol cette colonne d'affamés. Les groupes se séparent
sous le sabre, et, parmi ces familles, les unes mendient...,
les autres découvrent dans les villes le secret de végéter...;
le plus grand nombre se voit réduit, non pas à subsister au

milieu des tortures de la faim, mais à en mourir. Ce sont là les famines périodiques de l'Irlande. Le peuple s'y est accoutumé. On se tait, on meurt, et tout finit là. D'autres feront de même l'année d'après; cela est bien simple [1].

Oh! quelle main effeuilla donc la couronne du Christ sous les pas du travail et de la pauvreté qu'il a bénis? La misère ne présentera-t-elle, sur le chemin du prolétaire, que la pointe et le venin de ses épines?... Adoucissons cette misère, rendons impossible à contempler, désormais, le spectacle que nous offrent ces hommes qui partagent, avec tant de millions d'Européens, une condition dont le premier mal est de leur ôter « tout intérêt au maintien de la civilisation, » de leur donner « tout à gagner à sa ruine [2]. »

. . . . . . La plaie n'est pas incurable : gens de toutes conditions, ayons tous du cœur et marchons du côté du remède; en notre pays, il est sous la main; patience, et nous le verrons!

---

[1] Lire le journal l'Univers, 14 et 19 sept. 1844. E. Buret, vol. II, p. 94, 95. De Beaumont, vol. I, chap. 6, etc., etc. — [2] E. Buret, vol. II, p. 214.

LE PROLÉTAIRE INDUSTRIEL.

Blancs. — Misère de l'adulte.

J'extrais d'une piquante et populaire publication ces premières lignes : « Certes, disent *les Guépes*, l'esclavage, quelle que soit sa forme, est quelque chose d'odieux et d'inhumain. Je n'ai jamais même consenti à discuter le prétendu droit que des hommes s'arrogent sur la liberté d'autres hommes ; mais il me semble que les préoccupations qu'affichent tant de gens pour les esclaves des colonies, pourraient bien avoir en réalité le but que le sage que j'ai cité prête aux hôpitaux de fous. Il semblerait, en voyant les représentants du pays s'occuper avec tant d'ardeur d'affranchir les nègres, que tous les blancs sont libres et que la France ne renferme pas des milliers d'esclaves plus esclaves, et surtout plus malheureux que les nègres des colonies ! *Il est vrai que les nègres qu'on affranchit sont en général les nègres d'autrui ; et que les réformes qu'il faudrait apporter au sort des esclaves blancs, pourraient toucher directement aux intérêts de ceux qui voteraient ces réformes, et qui, en conséquence, préfèrent ne pas les voter !* Plus de *moitié* des ouvriers en France sont plus malheureux que les nègres. Et, si l'on ne peut pas faire davantage pour eux, il faudrait permettre à ceux qui méritent l'intérêt par leur bonne conduite, leur

pauvreté et leur amour du travail, *de passer nègres en
forme de récompense* et d'encouragement. C'est, sans doute,
dans cet espoir qu'un grand nombre d'ouvriers français
s'embarquent pour les colonies, ainsi que le mentionnent
les journaux[1]. »

« Il y a une pétition que j'ai trouvée fort touchante, c'est
celle qui, il y a un an, fut signée par 9000 ouvriers pour
demander l'abolition de l'esclavage. En effet, *je le dis sérieusement*, plus de la moitié des ouvriers sont plus malheureux que les nègres. Le nègre malade est nourri et soi-
gné par le maître, et le nègre vieux ou infirme reste sous
l'habitation et y trouve sa subsistance. Mais l'ouvrier malade, vieux ou infirme doit mourir de faim... J'ai été
ému en voyant ces pauvres gens s'occuper d'autres misères
que les leurs[2]. »

Pour ma part, j'ai partagé cette émotion ; j'ai admiré la
bonne et franche nature du cœur de nos compatriotes, mais
un sentiment de compassion s'est joint à l'admiration que
j'éprouvais : ces hommes loyaux étaient dupés. Leur mouvement préparé d'avance, et par qui, servait un intérêt opposé à
celui de la France !... Cet esclave pour lequel nous demanderons le droit commun, et dont ils plaignent le sort, ils
ne le connaissent que par des descriptions fantastiques et
mensongères. Aux douleurs de leur position sociale ils
ajoutent toutes celles que l'imagination du romancier a pu
concevoir, ils ajoutent les tortures inhérentes jadis à l'esclavage, et voilà l'esclavage tel qu'ils le connaissent. Enfin,
ces ouvriers européens, assez malheureux déjà, ne sont
point ceux que j'aperçois, abaissés au dernier degré du pro-

---

[1] Alph. Karr, *Guêpes*, juin 1845. — [2] *Ibid.* Voir comment s'y prit un
comité anglais, *siégeant à Paris*, pour faire signer, *spontanément*, cette
pétition à la masse déçue des ouvriers. Révélations fort curieuses! Huc père,
1845, Discus. de l'ad. du Cons. col., p. 12, etc.

létariat, abrutis et privés du sentiment de leur dignité
d'homme. Ceux-là pensent-ils? Ils souffrent trop peut-
être! Si j'exagère, qu'on me le dise, mais après m'avoir
écouté!

La misère fuit le jour, elle demande aux ombres et à la
retraite leurs mystères; vous interrogez souvent en vain
l'homme dont une charité constante n'échauffe point le
cœur, si vous voulez apprendre de lui quel est l'asile du
froid et de la faim, et en quels lieux se cantonnent les souffrances.—Dans toutes les grandes villes industrielles la misère a son quartier maudit... A quelques pas de là, peu
de gens savent qu'elle existe[1].

Rien au monde, pour ne citer qu'un exemple, rien, si ce
n'est certains quartiers de villes manufacturières, ne donnerait l'idée des horreurs qu'elle accumule dans les vastes
quartiers de la capitale de l'Angleterre où elle a choisi son
gîte! Pour nous représenter ce gîte, figurons-nous un dédale, un pêle-mêle de huttes, de cabanes, il faudrait dire
d'étables formées de planches pourries, de matériaux transformés par la corruption qui germe et fermente au dedans
et au dehors de ces misérables demeures. « La fièvre les ra-
vage périodiquement, mais elles ne restent pas vidés un
seul moment, et des locataires nouveaux prennent la place
encore chaude de ceux qui viennent d'être transférés à l'hôpital ou dans le cercueil[2]. » Si la plupart de ces huttes
écartent un peu la pluie qui tombe, elles ne protégent guère
leurs habitants que contre les bienfaits du grand air.

Mais pour trouver le grand air, il faudrait tout un voyage;
car autour de nous ce sont des levées d'une terre infecte,
imprégnée d'immondices.... Au-dessous, ces trous que
vous voyez servent de calice à une eau stagnante, et
quelle est cette eau? Plus loin voici des tertres, des mon-

[1] E. Buret, vol. i, p. 346, 347. — [2] Id., vol. ii, p. 44.

ticules, des monceaux de fumier de porc, d'ordures et de matières croupissantes sans nom! Le liquide qui en dégoutte et s'épanche en mare, est le produit de tous les suintements de la pourriture. Vous en respirez les parfums odieux et vos pores en absorbent les miasmes... Si le soleil luisait un peu moins nonchalamment dans ce pays, la peste y régnerait en permanence; on en est quitte pour des fièvres dont les pauvres ne se débarrassent la plupart du temps qu'avec la vie... Cette odeur m'a quelquefois poursuivi avec une tenacité détestable; l'Irlande m'a si bien appris à en saisir le caractère, que, dans mon langage intérieur, je me répétais malgré moi-même à l'approche des lieux d'où elle s'exhale : voilà qui sent l'Irlandais; cruelle parole, et qui dans mon cœur n'était pas une insulte...

Mais changeons de ville, si bon nous semble. On aura beau varier le tableau, l'impression restera la même. Qu'importe, en effet, si, comme à Bristol ou Woolverhampton, si, comme à Liverpool et à Dublin, si, comme encore je ne sais où, le misérable couche entre des planches et des cloisons disjointes, ou sur un sol humide, dans des allées tortueuses et sombres, dans des bouges dont l'entrée se trouve au fond de puits infects que l'on appelle des cours, parce que ces puits sont formés par les flancs de quatre hautes maisons. Qu'importe la forme de ces repaires, s'ils nous présentent à l'œil des caves basses et ténébreuses, un sol détrempé et pourri où des débris de paille servent de litière à plusieurs familles, sexe et âge étendus pêle-mêle, et viciant l'air en commun sous les lambeaux impurs dont ils se couvrent [1].

Tout y répugne aux organes, rien n'y est calculé pour la vie... Elle s'y éteint... Oh! cependant ne serais-je point assez heureux pour exagérer mes descriptions! Je l'ai plus d'une

---

[1] J'ai visité toutes ces villes, etc.

fois espéré, et j'ai plus d'une fois lutté contre mes souvenirs les plus présents, contre les notes de mon journal;
mais non, je suis loin de tout dire. Demandons le reste à
M. de Beaumont, à M. Faucher, à M. E. Buret, à cent
autres qui l'ont dit, qui le rediront et qui me permettent
de m'effacer derrière l'autorité de leur parole!

Ainsi je laisse M. Buret établir ce fait [1], que dans les villes
de Liverpool et de Manchester, par exemple, l'homme a trois
fois un quart moins de chances de vie que dans les régions
salubres de l'Angleterre. Et comme cette énorme différence
retombe toute entière sur l'existence des misérables, « quel
doit être dans ces classes le contingent de la mort? »

L'Ecosse elle-même, si longtemps renommée par la
beauté de sa population, l'Ecosse vous dira ce que deviennent les races sous les épreuves dévorantes de la misère!

La misère britannique se distingue « par son aspect fantastique, par le costume grotesque qu'elle se compose avec
les vêtements portés jadis par les classes aisées et recueillis
dans la boutique des chiffonniers... Des quartiers entiers,
nous dirions des villes, n'ont pas d'autres habitants que ces
étranges créatures toutes costumées de haillons [2]. »

Le dénuement et les souffrances des malheureux qui peuplent les réceptacles que nous avons décrits, ne peuvent se
peindre que par des touches spéciales, et il faudrait répéter
pour chacun d'eux : la faim, une faim qui tue;... la fièvre,
une fièvre qui dévore... Et puis, le froid... la nudité...
l'ivresse d'alcool, abrutissante ivresse; l'ivresse de l'homme,
de la femme, des enfants qui, afin de boire, ont été vendre
leurs haillons, ou porter aux boutiques de gin le produit
de labeurs accablants, empressés qu'ils sont de perdre un
instant le poids et le souvenir de leur vie!...

Cette histoire, nous tenons à le rappeler souvent, n'est

---

[1] Vol. i, p. 351. — [2] *Ibid.*, p. 367, 368.

pas celle de tous les ouvriers, mais elle est celle des prolétaires qui se nombrent par millions!... Car telles sont les
rigueurs de la misère, que des crises devenues périodiques
et de plus en plus rapprochées, condamnent souvent les
ouvriers les plus laborieux et les plus méritants à souffrir[1]!
Il n'est pas rare de voir, par exemple, un tisserand à la
main consumer au travail toute la nuit, ou peu s'en faut,
sans obtenir pour salaire la dose d'aliments indispensable
aux exigences de l'estomac le plus sobre[2].

« Il est presque impossible de donner une idée des scènes
dont je suis témoin aux personnes qui n'y ont point assisté.
Allez donc, et voyez vous-mêmes[3]! Voyez que, si des grandes
villes anglaises nous passons aux villes de l'Ecosse, Edim-
bourg, Glasgow, Paisley, c'est pour y rencontrer un nombre
plus effrayant encore « d'êtres humains amenés au dernier terme de la détresse physique, c'est pour assister à des
scènes plus hideuses, plus lugubres encore. Le spectacle
d'une pareille accumulation de misère, et dans un pays tel
que celui-ci, a de quoi faire saigner un cœur cuirassé d'airain[4]! » Cependant tous les fonds dont l'administration des
pauvres « surveille la perception et l'emploi égalent presque la somme que coûte en France l'administration de la
guerre[5]! »

« Si nous n'allons point chercher au fond de la société
française des faits analogues à ceux que nous avons recueillis en Angleterre, ce n'est pas qu'il nous serait impossible d'en rencontrer; malheureusement, il nous suffirait
d'entrer dans les quartiers pauvres de Lille, » et de tant
d'autres villes manufacturières, pour « voir des scènes à
peu près semblables. »

« Mais ces exemples d'extrême détresse sont plus rares chez

[1] E. Buret, vol. I, p. 378. — [2] *Ibid.* — [3] P. 379. — [4] P. 383. —
[5] P. 233.

nous et moins affreux. » Gardons-nous toutefois d'oublier
le cruel spectacle que déjà nous ont offert, sur le sol de nos
campagnes, plusieurs millions de prolétaires; celui que nous
offrent les principaux foyers de l'industrie, et, au cœur même
de notre capitale, des milliers d'enfants réduits au plus
abrutissant des esclavages! S'il existait entre la misère réelle
des deux pays une différence aussi considérable qu'entre
leur misère officielle, la France se trouverait dans une situation incontestablement préférable à celle de l'Angleterre.
Mais la misère latente n'est peut-être pas aussi loin que
nous nous le figurons de former chez nous une compensation
à celle que le régime de la charité publique expose au grand
jour en Angleterre![1] Et la raison de notre faible avantage,
c'est que, chez nous, les vices du *régime industriel* ne
pèsent pas encore d'un poids égal sur les classes pauvres et
inférieures, qu'ils ont une tendance universelle à corrompre
et à dégrader[2].

Or, le principal de tous ces vices, quel est-il? C'est la séparation toujours croissante de l'instrument du travail et des
bras de l'ouvrier; séparation que notre régime tend chaque jour à rendre plus complète et plus désastreuse. A
peine est-il un économiste qui n'accuse, dans cette cause,
la cause de l'esclavage du prolétaire!

Non, nous n'avons assez oublié ni M. de Bourgoing,
ni M. Faucher, ni M. Buret, ni tous nos rapports officiels,
pour nous laisser éblouir par les lignes suivantes, qui semblent ouvrir un *Eldorado* devant les désirs de l'ouvrier.

« Celui qui ne possède rien peut il, par ses propres forces,
subvenir à ses besoins et économiser encore pour ses derniers jours? Il le peut, s'il veut connaître et utiliser les ressources offertes par la Providence à l'ouvrier prudent et la-

---

[1] V' E. Buret, 234, 237; *Revue sociale*, 1845; de Tapiez, p. 63, etc. —
[2] E. Buret, vol. I, p. 237, 238.

borieux [1]. » — « Il y a donc toujours des travaux assez productifs pour donner à l'ouvrier l'espérance de la richesse ? Oui [2]. » — Bien plus, cet ouvrier doit encore, après avoir prélevé sur ses gains l'entretien de sa personne, « en conserver une partie pour ses enfants, et employer l'autre à rendre à ses parents ce qu'il leur a coûté quand il était petit [3]. »

Plus pratique et plus ami de l'expérience, M. le docteur Guépin nous offre la *résultante* de toutes les études relatives à la misère et aux souffrances du prolétariat; son procédé paraît aussi ingénieux que satisfaisant. Il se transporte à Nantes, parce que le taux des subsistances et des salaires range cette ville entre les places de troisième ordre et les cités de grand commerce, telles que Paris et Marseille, Lyon et Bordeaux. D'après ce taux, il établit une moyenne générale, dont la conclusion se résume en ces mots : Pour l'ouvrier pauvre, « vivre c'est uniquement ne pas mourir. » Mais nous donnons fréquemment accès à l'erreur, faute de savoir par quelles privations toute une famille rachète un jour de désordre, une de ces journées où l'ouvrier, fatigué d'une lutte infructueuse, accablante, va faire orgie dans les cabarets. C'est alors qu'il nous étonne par sa fausse aisance en jetant sur le comptoir, à la fin d'un repas, le prix de la nourriture de toute sa famille pendant toute une longue et cruelle semaine [4]. La misère a ses fausses pompes comme elle a ses profonds mystères.

Si nous voulions visiter le bouge infect, glacial et délabré où notre prolétaire établit *son domicile*, nous nous croirions, à peu de chose près, transportés de l'autre côté du détroit, dans les repaires dont j'ai tout à l'heure crayonné l'esquisse [5].

---

1 D'Esterno, *De la Misère, de ses causes*, p. 216; 1842. — 2 *Ibid*, p. 220. — 3 *Ibid, p.* 221. — 4 Lire Frégier, *Classes dangereuses,* p. 84 à 89, etc. — 5 V⁻ L. Blanc, *Organis.*, p. 19 ; E. Buret, vol. x, P. 340 à 349.

M. de Villeneuve-Bargemont, après avoir tracé le tableau comparatif de l'indigence dans plusieurs villes industrielles, nous apprend qu'à Lille, par exemple, sur une population de 23,384 indigents, 3,687 habitaient des caves.
Et Dieu sait quelles caves, ou plutôt quels antres! En effet,
le relevé de ces observations inspire ces paroles amères à un
homme que l'on n'accusera pas de pessimisme. «Voici donc
en France des populations arrivées au dernier degré de misère où puissent descendre les classes prolétaires. »

La sollicitude des amis de l'humanité ne s'est encore
préoccupée que médiocrement, dans notre France, des améliorations exigées par l'état déplorable de l'habitation des
classes ouvrières... C'est qu'en toutes choses la raison commande de soulager d'abord les besoins les plus urgents : cela
veut dire ici la faim! Cependant, on s'imagine trop peu
quelle est, sur la conduite, l'influence des conditions sous
lesquelles « s'écoulent, dans le foyer, les heures du repos,
les temps où l'on se sent vivre[1]. » L'homme, la femme, pour
qui son intérieur est un lieu de souffrances, le fuit, court
demander aux cabarets et aux repaires de la débauche ces
plaisirs qui étourdissent, qui exaltent les sens, et qui augmentent la faim par la misère! Frappés de cette remarque,
des hommes charitables viennent de fonder, de l'autre côté
du détroit, une société dont le but est de remplacer le galetas ou la tanière du pauvre par une habitation décente.
Cette société a su faire agréer à la cupidité du spéculateur
des calculs qui tourneront au profit de l'humanité souffrante! Bien excellente idée; car intéresser au soulagement
du pauvre les passions cupides, ce serait, par un chef-
d'œuvre de tactique, avancer merveilleusement l'œuvre de
la régénération du prolétariat. « On ne se tairait jamais si

[1] A. Dufau, direct. de l'Institut. des Jeunes Aveugles.

l'on prétendait redire tous les témoignages qui constatent les formes, l'étendue et l'activité de la misère dans les pays d'industrie[1]. » J'ai renoncé, pour ma part, à faire usage de la plupart des matériaux que j'ai réunis sur cette question, et qui ont été pour moi le fil d'Ariane au milieu d'un horrible dédale. Cependant, afin de placer le lecteur en face des documents les plus modérés, je crois utile d'exposer à ses yeux la condition des ouvriers dans une ville où d'importantes améliorations à leur sort en ont adouci les souffrances et les douleurs. Il s'agit de la ville de Reims.

Les documents du docteur Villermé sont de 1836, et les miens de 1845. J'en puis garantir l'exactitude, et la main par laquelle je les ai fait résumer dissimulerait le mal plutôt que de l'exagérer.

« La condition des ouvriers de la manufacture de Reims est, en général, satisfaisante, bien que.....

« Une exception malheureuse est à faire. La classe des tisseurs d'étoffes unies gagne à peine de *quoi ne pas mourir de faim;* ce genre de tissus se confectionnant principalement dans les campagnes et dans les départements limitrophes où les salaires sont à très-bas prix. »

Or, voici le salaire de l'ouvrier Rémois : « Pour un homme, il est de 1 fr. 50 c. à 2 fr.; pour une femme, de 90 c. à 1 fr. 15 c.; pour un enfant de douze à quinze ans, de 70 c. à 1 franc.

Ce salaire suffit à l'ouvrier *valide*, dans les temps et les *conditions de famille ordinaires*. Il n'est pas question des temps de *crise*, de *chômage* et de *détresse* commerciale. On entend seulement constater les faits qui se passent quand la fabrique suit son cours normal et régulier. »

« Les principales spécialités d'ouvriers en laine, et le sa-

---

[1] E. Buret, vol. i, p. 281, 282.

laire de chacune d'elles, peuvent se résumer ainsi : Apprê-
teurs, 1 fr. 50 à 2 fr. 50 c. »

Suit un tableau que nous supprimons pour n'envisager
que ce résultat du salaire : « La constitution des classes
ouvrières est sensiblement moins forte que celle des classes
aisées. Le troisième arrondissement de Reims, peuplé en
partie d'ouvriers, a peine à fournir le contingent militaire
au recrutement de l'armée. »

La charité publique se déploie *largement* dans les temps
difficiles. « Cependant, on conçoit à quels efforts de sagesse
et d'économie l'ouvrier se trouve astreint, par le taux de ces
salaires, en dehors même des jours de crise et de détresse,
et quoique sa famille soit peu nombreuse. Or, que dire
des centres industriels, où sa condition n'est pas, comme à
Reims, « en général satisfaisante? » Que dire, lorsqu'elle se
rapproche de celle des tisseurs d'étoffes unies, lorsqu'elle s'y
confond? lorsque les crises abaissent le salaire, ou multiplient les chômages! Reims, cependant, n'est qu'une ville
parmi tant d'autres; et la charité publique, devant laquelle
subsiste en permanence cette pauvreté, ne se déploie pas en
tous lieux d'une manière aussi large!

. . . . . Une autre misère dont il est juste de tenir
compte, c'est celle qui résulte, pour le prolétaire, des dangers et de l'insalubrité des professions. Quels termes les trésors du langage ne prodigueraient-ils point, s'il s'agissait
de qualifier des planteurs assez barbares pour imposer à
leurs esclaves ces travaux où l'ouvrier *joue sa vie pour la
gagner;* où, chaque jour, il en sacrifie une partie pour sauver l'autre.

La loi garantit les propriétaires contre les dangers et les
inconvénients qui pourraient naître du voisinage des établissements insalubres; cela est juste. Mais « quant aux
individus qui travaillent dans cette manufacture dont la

seule proximité est une cause d'appréhension... la société les abandonne. Qu'ils trempent dans le poison leur pain quotidien ; qu'ils meurent victimes des besoins de la vie commune ou du luxe , après avoir souffert mille maux ; elle ne s'en émeut guère , nous dit une feuille que des ouvriers rédigent !

« Il y a dans Paris une place où les raccoleurs viennent ramasser, à la face du soleil , les ouvriers sans travail, c'est-à-dire affamés , qu'ils enivrent pour leur ôter l'idée du danger , et qu'ils poussent devant eux dans les établissements où l'on travaille la céruse. Au bout de quelques jours, il faut recommencer ce raccolage, l'intoxication saturnine ayant diminué le premier contingent ! »

« On a dressé un état général des établissements insalubres ou dangereux. Or, à l'article blanc de céruse, nous trouvons ces mots : *Quelques inconvénients seulement pour la santé des ouvriers !* Quoi ! quelques inconvénients, et chaque jour une foule d'ouvriers perdent la vie pour avoir travaillé à la céruse!..... La barbarie du moyen âge n'a jamais rien écrit de plus naïvement cruel[1] ! »

N'est-ce donc point un devoir sacré pour l'Etat d'exiger que l'industrie soit un peu plus ménagère de la vie des hommes ! et que dire, lorsqu'il est avéré que la vigilance des maîtres suffit pour préserver la vie des ouvriers! Que dire, lorsque nous apprendrons que quarante-trois professions sont sous le coup d'une maladie implacable, connue sous le nom de colique de plomb ; lorsque nous rappellerons, enfin, qu'il ne s'agit ici que de Paris, que d'une seule des maladies causées par les métaux ; et que , toutes ensemble , ces maladies ne constituent qu'une famille parmi celles dont les professions nuisibles ont affligé notre fière Europe !

[1] *Gazette des hôpitaux,* du 4 janvier, dans *l'Atelier,* mars 1845. *Id.* novembre 1844. V° Egron, p. 174, 191, etc., etc.

Si, cependant, on veut se représenter ce qu'il y a de terrible dans le sort des ouvriers malades, il suffit de se rappeler le précepte du célèbre docteur Ramazzini : « Le *devoir* du médecin, auprès d'eux, c'est de les rétablir le plus rapidement possible, en leur administrant des remèdes forts, puisque ces malheureux prient souvent les médecins *de leur donner la mort ou une guérison prompte!* Il faut avoir soin d'accélérer la cure, sans quoi, l'ennui d'une maladie longue et l'inquiétude sur le sort de leur famille les jette dans la consomption [1]. » Ils n'ont point le temps d'être malades. Le travail suspendu, c'est la mort : le travail les tue. . . . . comme le repos! Européens que faisons-nous de nos frères?

Le travail les tue. . . . . Entendez-vous geindre, gémir! Il est nuit, nous promenons nos pas taciturnes dans les rues de la capitale de la civilisation. Écoutez. Est-ce que vous n'étiez jamais « passé devant ces soupiraux d'où s'exhale une vapeur brûlante? n'aviez-vous point entendu au milieu de la nuit ce râle effrayant du pauvre geindre? c'est le nom de l'ouvrier boulanger, auquel rien ne répond que l'horloge qui compte ses heures de peine. C'est une poitrine humaine qui se dessèche et se brise pour vous. On croirait assister à la dernière scène d'un meurtre; cette pâte frappée lourdement sur la table, on dirait d'un cadavre qui tombe sous les coups. Et cet effort retentissant des poumons de l'ouvrier, c'est comme les derniers soupirs de l'agonie. Eh quoi! un spectacle si pénible, et le travail de l'enfourneur, plus affreux encore, occupent dix-huit heures sans interruption le malheureux ouvrier [2]. »

Malheureux, ai-je dit. . . . . trop heureux lorsqu'il obtient la faveur de remplir cette tâche, et trouve au bout

---

[1] Égron, p. 182. — [2] George Sand.

de cet esclavage sa part du pain qu'il a pétri. . . . . Ce
n'est plus la plume poétique et suspecte de G. Sand qui va
nous rendre présents à ces douleurs. . . . . c'est un des
ouvriers qui les endurent et dont je reproduis textuellement
le langage :

« Dans ce moment, nous sommes au moins deux mille
sans ouvrage. Moi, qui vous parle, depuis le 25 juillet
1843, j'ai travaillé trois semaines et deux jours; autrefois
nous donnions 10 francs *au placeur;* mais, à présent, celui
qui ne lui donne que 10 francs est sûr de rester cinq à six
mois sur le pavé, et quelquefois plus. Il faut donner de
30 à 40 francs et une dinde, pour régaler le placeur. . .
Aussi, ceux-là travaillent toujours. Aussitôt que les placeurs ont reçu l'argent, ils font tout ce qu'ils peuvent pour
faire sortir l'ouvrier qui ne leur a donné que 10 francs,
à seule fin d'en faire rentrer un autre pour recevoir davantage! Malheureusement les trois quarts des maîtres boulangers sont des épiciers, des pharmaciens, perruquiers,
cordonniers, chaudronniers, marchands de vin et autres
corps d'état, qui font valoir à présent la boulangerie et
n'y connaissent rien. Les placeurs leur font entendre ce
qu'ils veulent, c'est pour cela qu'il font sortir les ouvriers
à volonté. Nous inviterions M. le préfet de police à venir
contempler les trois quarts des travaux de cave, ou plutôt
des sombres cachots où l'eau transpire de tous côtés à travers les murailles, qui sont entourées de fosses d'aisances
où l'air et le jour ne pénètrent jamais; on peut les nommer
des abattoirs humains! . . . . Ça leur est égal qu'on
attrape des fraîcheurs, des fluxions de poitrine, des douleurs; que l'on respire la vapeur des braises, la puanteur
du bois lorsqu'il sort du four, la fiente des lieux qui transpire à travers les murs. Le pauvre ouvrier a l'hospice
pour lui. Au bout de trois ou quatre jours on dit : un tel

est mort. — Les hôpitaux sont remplis de boulangers! Dans vingt-quatre heures, nous avons cinq ou six heures de repos sur un grabat qui est par terre dans un coin de la cave et que l'on appelle matelas. »

« Cependant il y a des inspecteurs; mais..... Autrefois les fours contenaient de 60 à 70 pains de quatre livres, aujourd'hui tous ceux que l'on construit sont de 100 à 130 pains. Nous avons plus de mal et nous sommes moins payés; où il faudrait quatre ouvriers, il n'y en a que trois. Les travaux sont si pénibles, qu'un ouvrier qui y passe *deux mois* n'est plus reconnaissable, ce n'est plus qu'un spectre vivant. Nous travaillons seize ou dix-huit heures pour 4 francs par jour. Défalquez-en les frais de placeurs, les chômages involontaires, ceux que nécessitent la fatigue, et les maladies! Je vous supplie au nom de l'humanité et de tous mes semblables de vouloir bien faire mettre cela dans les journaux, à seule fin que quelques personnes de bien prennent nos intérêts[1]...

Telle était, à cette date, l'exploitation des esclaves de la boulangerie par la classe étrange et parasite des placeurs!

. . . Mais il est un fait économique dont l'importance s'est depuis longtemps révélée, parce qu'il est le symbole de la misère : c'est la diminution progressive de la dépense de l'ouvrier pour sa nourriture. « Comparez la consommation de l'an VII avec la moyenne de 1830 à 1840; de la première à la dernière époque, la population s'est accrue de 66 p. cent, eh bien! les ouvriers boivent moins de vin, mangent moins de viande que leurs pères, dans une proportion que l'on peut évaluer au tiers sans exagération!

L'homme du peuple perd le goût des aliments propres à entretenir la vitalité d'une race. De l'aveu du ministre du

---

[1] Publié le mardi 1ᵉʳ octobre 1844. — V⁰ aussi *Commerce frauduleux de la boulangerie parisienne,* dans *l'Atelier,* numéro de novembre 1845, p. 204.

Commerce, la diminution de la viande de boucherie con-
sommée par la France entière a été de 1830 à 1840 de 8 $\frac{6}{40}$
p. cent, » *malgré l'augmentation de la population!*
C'est là un symptôme indubitable de pénurie dans la classe
ouvrière[1]. »

En cette ville, des enfants, dont les maîtres ne sont point
représentés comme des anthropophages, peuvent donc mourir de faim et de coups[2]... et puis, après, les adultes peuvent encore y mourir d'épuisement et de misère; y mourir
non pas nourris, mais empoisonnés par le travail[3]!...

Est-ce que pour un fait d'oppression et de despotisme çà
et là dépisté dans nos colonies, et puis artistement relevé,
grossi, gonflé, exploité par des hommes qui en ont juré la
ruine, ou qui se sont mépris sur les intérêts de la liberté[4];
est-ce que pour un trait, un seul de ce genre, quiconque
voudra dessiller ses yeux, ne trouvera pas dans le jour
même, dans la capitale même, et sans se fatiguer, dix autres
traits, dont les circonstances et la monstruosité inspirent le
plus pénible des étonnements!

Cette liberté *fondée sur l'ordre*, et dont nous voulons
faciliter le triomphe au profit des non-libres de la race noire,
notre devoir n'est-il pas de la procurer à la fois et aussi
pleinement à l'esclave de la misère, à l'esclave de la race
blanche? Oh! si le prolétaire ne lie point indissolublement
sa cause à celle du nègre; s'il laisse se calmer et s'éteindre,
sans en tirer parti, cette fièvre d'émancipation qui bouillonne
au cœur de l'Européen; si, lorsque la liberté se précipite
tête baissée dans les actes de la politique, il ne sait point légalement, paisiblement, demander et obtenir sa mesquine
part de justice... je le redoute, l'heure favorable sera passée...

[1] A. Cochut, *Budget de Paris*, 1ᵉʳ avril 1845. Benoiston de Châteauneuf.
E. Buret, vol. ii, p. 191. — [2] Chap. *Enfants.* — [3] *Professions dangereuses.*
— [4] Et cela, malgré la sollicitude de l'administration!

trop tard, il en aura le sentiment, et ce serait tant pis pour nous! car, lorsque les réformes deviennent impossibles le monde est près de trembler; c'est le moment où le vertige général succède à celui des hommes dont la science funeste aveuglait les gouvernements! Ces météores, ces tourmentes, ces trombes, qui éclatent alors, ce sont les révolutions!...

Si j'ai redit les criantes misères du serf de la Russie et de l'homme libre de l'Angleterre et de la France, ai-je épuisé la source des eaux amères de la servitude?... Oh! que cela serait à désirer! Il n'en est rien; mais je n'ajoute qu'un mot :

« La Prusse commence à peine à se classer parmi les puissances industrielles; et déjà la détresse des ouvriers y est un sujet de tristesse et d'effroi[1]. »

Déjà, si nous promenons nos regards sur la province de Silésie, déjà la misère des ouvriers semble y avoir implanté la misère de l'Irlande! M. Sehneer, qui la parcourut, assisté des autorités locales, a été saisi d'horreur et d'effroi à l'aspect des populations débiles, épuisées et abruties. Dans le cercle de Landshut, Schonau, Laubau, Bolkenheim, Hirslchberg, Lowemberg, Waldburg et Mittlewald, les fileurs et les tisserands n'habitent plus que des huttes délabrées et la plupart du temps sans toiture. Leurs enfants sont littéralement nus, et eux-mêmes ne couvrent leur corps que de haillons. Blottis dans ces décombres, « ils craignent l'air et le jour; » et, semblables au meurt-de-faim de l'Irlande, ils s'écartent du temple, incapables de s'y présenter dans une mise qui ne heurte pas la pudeur. La pauvreté les excommunie!

Le pays produit deux sortes de pommes de terre; celle dont se nourrissent les bestiaux est devenue l'aliment des

---

[1] A. Cochut, *Cours d'écon. politique de M. Chevalier*; 1844.

ouvriers; heureux encore lorsqu'ils ne se voient pas réduits à vivre de pelures et de débris de légumes. A peine les familles de tisserands et de fileurs peuvent-elles se permettre quelque peu de viande trois fois par an : aux grandes fêtes de Pâques, de la Pentecôte et de Noël! Le goût en est comme perdu pour elles. S'il arrive même que la charité publique leur jette quelque aliment nutritif et salubre, leur premier soin est de l'échanger contre la substance dont le volume encombre et trompe le mieux leur estomac, l'éternelle pomme de terre! Le salaire du tisserand se balance, dans la situation actuelle des choses, entre 1 fr. 20 cent. et 2 fr. 40 cent. par semaine; celui du fileur de lin, entre 1 fr. 30 cent. et 1 fr. 40 cent., celui du fileur d'étoupes, entre 25 et 60 c. Il n'est possible de se figurer la détresse et la misère de cette dernière classe qu'en se représentant une famille de quatre ou cinq têtes, réduite à subvenir à tous les besoins de l'humanité avec un revenu de 6 à 10 cent. par jour.

Parmi les faits dont l'ensemble compose cette hideuse enquête, M. Schneer nous a donné cet échantillon de vie d'ouvrier : « Lochman fait des paniers; sa femme et sa fille tournent le rouet. Les bénéfices de la journée montent à 15 cent. pour le vannier, et, pour les femmes, seulement à 6 cent. par tête. Leur logis est une masure demi-croulante et découverte, dont le grenier renferme, pour tous meubles, un lit garni de quelques haillons, que battent les pluies et la neige. Au centre du sol, constamment humide, de la pièce unique du rez-de-chaussée, les eaux pluviales qui découlent le long des murs de la cabane se réunissent et forment une citerne. Le locataire de ce cloaque paie au propriétaire une rente de 11 fr. 60 cent; il paie pour taxe communale 3 fr. 12 cent.; et puis, enfin, 2 fr. 90 cent. de contributions locatives!... Heureux donc le sanglier dans sa bauge!...

« Quant à Berner, le ciel se montra pour lui plus chari-

table que les hommes. L'hiver était rigoureux. Deux chevaux moururent dans son voisinage. Il sut faire petite vie
qui dure, et conserver, je ne sais par quel art, assez de charogne pour atteindre la saison nouvelle! »

Voilà de quelle viande les rapports officiels nous apprennent que se repaît le prolétaire de certaines villes industrielles, en Angleterre[1]. En Silésie, les tisserands
trouvent, en outre, une ressource qu'ils doivent à leur art :
c'est la colle putride destinée à l'apprêt de la toile!

Savez-vous bien pourquoi la famille Fritsch préfère le
tricotage au rouet? C'est que l'acquisition d'un rouet est
chose trop dispendieuse. Il est plus facile aussi de procurer
un jeu d'aiguilles qu'un rouet aux enfants parvenus à l'âge
de six ou sept ans. La profession, l'avenir d'un enfant, dé-
pendront donc de quelques sous!

Toutes les familles visitées par M. Schneer sont dépri-
mées moralement et physiquement; car *la dignité du pauvre* n'est quelque chose de réel qu'autant que sa misère ne
dégénère point en esclavage de la qualité la plus affreuse!
et si, dans cet état, le langage leur conserve les attributs de
l'homme libre, la langue humaine, dans son intarissable
fécondité, n'a pas de persifflage plus amer et plus cruel.

Les enfants de ces familles sont scrofuleux, rachitiques,
estropiés. Depuis huit ans, aucun vêtement n'est entré dans
leurs demeures en ruines, et les consolations religieuses
elles-mêmes n'y pénètrent que rarement. Chez nous, au
moins, l'odeur fétide de la pauvreté allèche le prêtre, la
sœur, la dame de charité et le chrétien ; eussent-ils, hélas !
les mains vides, le cœur aussi a ses trésors !

Les autorités ont dit presque partout à M. Schneer :
« Vous venez au mois de mai, vous ne voyez pas la misère
dans toute son intensité. Revenez donc plus tard ! »

---

[1] V⸱ mes *Col. fr.*, dernier chap. *Children empl. com.*

Du moins, en Angleterre, et rendons-lui cette justice , le pauvre que la faim torture, possède une dernière ressource : la charité publique , officielle , lui a créé des maisons, je dirais presque des hôtels. Il prononce un mot, les portes s'ouvrent, il est reçu, le voilà chez lui.

Un ordre admirable règne en ce séjour, et l'œil s'y sent captivé, quoique le luxe en soit banni ; c'est que l'asile de la charité est à la fois la retraite du travail !... J'ose à peine dire de quel travail ! mais je le pourrai, aussitôt après avoir prévenu que la charité dont il s'agit n'est point celle du Christianisme ; qu'elle est celle de la peur, de la nécessité et de la loi ; celle que les fautes des générations précédentes ont imposée aux hommes du jour.

Ne demandez donc point d'entrailles à cette charité, mais émerveillez-vous de ses calculs ! Pour le pauvre que l'âge ou les infirmités réduisent à tendre la main, vous la voyez bienveillante , mais sans tendresse ; elle ne se montre tout à fait elle-même , je veux dire implacable , que pour la misère qui fut jusqu'à .ce jour la plaie de l'Angleterre , et « qui résulte des vices de l'industriel et de l'industrie : je veux dire la suspension du travail et l'insuffisance du salaire. Elle refuse de croire à cette misère-là ; elle ne lui reconnaît aucun droit à être secourue [1]. »

Dans cette maison , la charité attend froidement l'indigence qui vient l'aborder ; elle s'efforce par le cruel assaisonnement de ses dons de l'en dégoûter à tout jamais. Le pauvre qui accepte ses secours « l'achètera beaucoup plus cher qu'il n'a jamais payé le droit d'exister ; il les obtiendra au prix d'un travail forcé, purement mécanique et qui est un véritable supplice, le supplice du moulin à bras. J'ai vu des machines de ce genre presque toutes au repos ; elles avaient

[1] E. Buret, vol. i, p. 163.

mis en fuite les malheureux condamnés à les mouvoir, et
j'ai la conviction que les plus affreuses extrémités, les dernières souffrances, sont préférables à une pareille charité[1]. »
Une charité plus dure que les dernières souffrances... oh! oh!
voisins philanthropes, qui put donc inventer cela? Notre
imagination n'est pas si féconde : nous ne sommes encore
que des chrétiens!

Une des premières conditions de l'admission des familles,
c'est la séparation des sexes et des âges... ce fléau que la
vente des noirs réalisait dans les colonies, à l'époque où les
mœurs n'en avaient point encore purgé l'atmosphère[2].
L'homme qui ose franchir le seuil de ces maisons sait qu'il
doit y supporter, pendant son séjour, les rigueurs d'une
détention absolue. Lorsqu'il se présente, on lui dit : « Voici
votre quartier ; votre femme ira là-bas, et vos enfants ailleurs. Séparez-vous, ou reculez. » Pourquoi donc l'homme
sépare-t-il ce que Dieu unit?... Par charité! charité non
pas chrétienne, mais légale ; car les criminalistes s'accordent à reconnaître que la séparation des sexes est une des
plus extrêmes rigueurs de la détention !

Mais que faire, lorsqu'il s'agit d'opter entre cette atroce
charité et la mort? . . . . A côté de ce bienfait légal,
toute souffrance, humainement supportable, serait acceptée comme un bonheur, et de cruels hivers en ont multiplié la preuve. Ainsi, par exemple, la terre, durcie par
des gelées rigoureuses, sembla quelquefois présenter des
obstacles invincibles au courage des terrassiers. On les vit
jeter leurs outils de désespoir et se rebuter. . . . . Mais
aussitôt, la faim les mit en présence de la charité légale. . .
ils reculèrent devant cette charité, et dès-lors, l'ouvrage,
l'ouvrage qui venait de leur paraître inexécutable, « alla

---

[1] *Tread mill.* — [2] *Rapp. de Brogl.*

presque aussi bien qu'avant la gelée. » Voilà les miracles opérés par la *maison de travail :* le but de la loi fut de replacer petit à petit le travail dans la condition économique qui lui est naturelle. La politique peut expliquer ces rigueurs; elle reste impuissante à les justifier [1]; mais on obtient par elles la mesure de la servitude qui accable un peuple, réduit à effacer de ses institutions charitables la justice et la charité!

C'est dans le but de combattre un fléau qui entraîne à sa suite de pareilles horreurs, que les économistes de toutes les régions se sont épuisés en projets et en lois contre la misère. La plupart se sont figuré la prévenir en la réprimant! Ils ont pu voir que trancher une tige ce n'est pas détruire une racine.

Voyageons et jugeons d'un coup-d'œil quelques-uns de ces remèdes. Dans le Danemarck, tout individu qui ne justifie point de ses moyens d'existence, est forcé de se mettre au service d'autrui, sous peine d'être puni comme vagabond. En Norwège, la loi place les indigents en qualité de garnisaires chez les gens aisés. Aussi funeste au pauvre qu'au riche, ce mode de charité ne sert qu'à tourmenter et affliger les hommes les uns par les autres. Le gouvernement de Berne professe la doctrine, que le nombre des pauvres s'accroît en proportion des secours qui leur sont offerts. La loi de la Suisse « poursuit les malheureux sans domicile, comme ennemis publics! Leur vie n'est qu'une série de vexations, et leur condition est pire, assurément, que celle des esclaves. » On nomme des localités de cette fière république, où les enfants trouvés et les adultes pauvres sont mis à l'enchère, et adjugés au rabais à la personne qui se charge de les nourrir au meilleur marché.

[1] V' E. Buret, vol. ı, p. 159 à 200. Work houses, etc.

Enfin, la liberté même du mariage est interdite aux indigents, et les efforts de la charité publique suivent une
direction toute contraire à celle que la morale a prise dans
nos colonies, où les planteurs s'évertuent à multiplier le
nombre des alliances légitimes !

« Aucun pauvre secouru, dit notamment la loi de Berne,
ne pourra se marier sans le consentement de la commune,
avant d'avoir remboursé les sommes'qu'il a reçues. » Point
d'argent, point de mari, point de femme !

Il en est de même de la Bavière, où les gens qui ne possèdent point de capital ne peuvent se marier sans la permission de l'administration des pauvres. Les administra-
teurs qui omettent de se conformer à cette loi, voient
retomber à leur charge les ménages indigents dont ils ont
formé le lien [1].

Les commissaires envoyés par le Parlement dans diverses
parties du monde, pour y étudier la question fatale du
paupérisme, ont vivement approuvé ces lois restrictives.
L'esprit de Malthus les inspirait. Et comme le système de
ce rude économiste est encore celui des hommes les plus
pratiques de l'Angleterre, je dirais presque de la France,
nous l'examinerons dans ses effets. La plupart des grands
hommes meurent incompris ! Malthus n'aura point éprouvé
ce malheur dans sa patrie ; et pour lui le proverbe ne fut
que mensonge ; il y fut prophète. . . . .

---

[1] E. Buret, vol. I, p. 283, etc. V' *id. La misère en Hollande,* par P. de
Thury, dans les *Ann. de la ch.,* août 1845.

Peu de mariages et moins d'enfants. — Il y a mieux à faire.

« Un homme qui naît dans un monde déjà occupé, si
sa famille ne peut le nourrir, ou si la société ne peut
utiliser son travail, n'a pas le moindre droit à réclamer
une portion quelconque de nourriture. Il est réellement
de trop sur la terre. Au grand banquet de la nature il n'y
a point de couvert mis pour lui. La nature lui commande
de s'en aller, et elle ne tardera pas à mettre elle-même
cet ordre à exécution. »

(MALTHUS, *Doctrine*, 2e édit. de 1803, passage retran-
ché par la suite.)

Le vieux commissionnaire Trotty savoure un friand morceau, sur lequel s'arrête l'œil de chapon du statisticien Filer
qui accompagne l'alderman Cute.....

— Qu'est-ceci? dit Filer, saisissant dans les mains de
Trotty le mets savoureux : des tripes! des tripes!... Mais
qui mange des tripes? la tripe est le mets le moins économique et le moins profitable que les marchés de ce pays
puissent offrir au consommateur.....

— Qui mange des tripes?... (Trotty fit un humble salut).
Vous en mangez! ajouta M. Filer ; alors, je vous appren-
drai que ces tripes, vous les arrachez de la bouche de la
veuve et de l'orphelin..... Alderman, divisez la quantité de
tripes d'une année par le nombre des veuves et des orphelins, et vous obtiendrez, pour chaque bouche, un peu plus
d'un gramme de tripes. Il n'en reste pas un gramme pour
cet homme; par conséquent, c'est un voleur...

Ces calculs attristèrent tellement Trotty qu'il vit sans peine l'alderman avaler ce morceau qu'il couvait des yeux. Il se sentit comme soulagé d'un grand poids...

Trotty saisit la main de Meg et la plaça sous son bras : — C'est votre fille. — Hein! dit l'alderman, en lui frappant familièrement sous le menton... — Il est toujours affable avec les gens du peuple, M. l'alderman Cûte... —Vous lui faites donc la cour, dit-il en se tournant vers le jeune forgeron. — Oui, répondit Richard, et nous devons nous marier. — Qu'allez-vous faire! s'écria Filer d'un ton aigre... Empêchez-les de se marier, alderman, et vous ferez une bonne action. Grand Dieu! quelle ignorance des premiers principes de l'économie politique! quelle imprévoyance! leur misère n'est-elle pas assez grande? regardez ce couple! regardez-le.....

Et les deux jeunes gens méritaient d'être regardés. A les voir, on reconnaissait qu'un bon mariage était l'acte le plus raisonnable qu'ils pussent faire.

— Un homme aura beau vivre aussi longtemps que Mathusalem, s'écria Filer, consacrer toute sa vie à l'amélioration du sort des classes ouvrières, entasser des faits sur des chiffres, il mourra sans même avoir l'espérance de persuader à ces sortes de gens que le mariage n'est pas leur affaire, qu'ils n'y ont aucun droit et qu'ils auraient dû même ne pas naître! ces vérités, qu'ils ignorent, nous les connaissons, nous, et nous les avons prouvées depuis longtemps par des calculs[1].

L'alderman Cute appela Meg à lui : — Venez ici, ma fille... c'est mon devoir de vous donner des conseils... Vous allez vous marier, c'est une pensée indélicate, qui ne sied

[1] Ces économistes veulent à toute force le mariage du nègre, et ils ont raison. Mais ici, pourquoi pas celui du prolétaire? Parce que ce dernier est un misérable. Le nègre ne l'est donc point?.....

pas à une personne de votre sexe. Lorsque vous serez mariée, vous serez réduite à la misère. Ecoutez mon aver‑tissement charitable! J'ai pris la résolution de débarrasser la société de toutes les femmes mariées qui sont réduites à la misère. Vous aurez des enfants; quand ils grandiront, ces petits mauvais sujets courront dans les rues, sans bas et sans souliers. Je les enverrai tous en prison; car je suis décidé à débarrasser la société de tous les enfants qui n'ont ni bas, ni souliers. Peut‑être votre mari mourra jeune, et cela est très-vraisemblable; il vous laissera veuve avec un enfant en bas âge; alors, vous serez chassée par votre pro‑priétaire de votre domicile, et vous errerez çà et là dans les rues. Or, je suis décidé à débarrasser la société de toutes les mères vagabondes. Ne pensez pas vous excuser par la maladie de vos enfants; car je veux débarrasser la société de tous les malades et de tous les enfants en bas âge: et si, dans un moment de désespoir et d'ingratitude, vous êtes assez impie pour tenter frauduleusement de vous noyer ou de vous pendre, je vous en avertis, je n'aurai au‑cune pitié de vous, car j'ai pris le parti de mettre un terme à la manie du suicide...

« Quant à vous, lourde bête, dit l'alderman en se retour‑nant vers R. Toby, quel besoin avez-vous de vous marier? imbècile! si j'étais beau, grand, bien fait comme vous, je rougirais de m'accrocher aux cordons du tablier d'une femme. Cette jeune fille sera vieille avant que vous ayez atteint l'âge mûr, et vous ferez alors une jolie figure, avec une femme âgée, couverte de haillons, et une bande d'en‑fants criards qui vous suivront partout où vous irez.

Allons, continuez votre chemin, et repentez-vous!... un jeune et joli garçon comme vous, verra bientôt toutes les filles à ses trousses... allez [1].... »

[1] *Imit. de C. Dickens; Illustration.*

Voilà la doctrine malthusienne mise en action et relevée par le sel de l'ironie ; voilà son essence ! La charité légale est le fruit de la science de ces économistes qui ont pour les plaies du peuple des paroles d'une rude douceur, accompagnées de remèdes héroïques, auprès desquels le patient regarde son mal comme un bienfait.

Le fondateur de l'école s'était exagéré le fléau dont il redoutait ici l'accroissement, et là-bas l'invasion. Ses calculs, car il était statisticien, non moins que Filer, ses calculs le conduisirent à poser en principe, que les subsistances s'accroissent dans une progression arithmétique, ou comme 1, 2, 3, 4... ; tandis que le chiffre de la population, dont l'augmentation des subsistances a pour effet de provoquer l'accroissement, s'élève dans une progression géométrique, c'est-à-dire en suivant cet ordre, 1, 2, 4, 8, 16, 32, 64. L'homme de Malthus pullule donc géométriquement ; la terre, moins généreuse, s'en tient aux procédés de l'arithmétique.

D'après ce principe, un pauvre, assisté par la charité, disparaît de la liste des indigents ; il cesse un instant d'être pauvre, mais la nourriture qui lui vient au corps et s'y assimile, ne tarde guère à s'en échapper sous la forme de progéniture. Il produit géométriquement deux êtres dont la misère, en se développant, ressuscite la sienne. Comment, en effet, entretenir à l'état de vie trois individus avec le salaire ou les subsistances dont un seul pourrait se contenter ! Comment ? C'est, dira-t-on, que de nouvelles découvertes amènent chaque jour de nouvelles ressources ! Bien ; et nous comprenons que l'industrie, que la compassion redoublent d'efforts ; elles suppléent à une nouvelle insuffisance ; mais il y a terme à tout. Et que résultera-t-il de tout ceci ? Le voici net : une si rapide multiplication de la race des pauvres, que l'œil ne peut la contempler sans épouvante !

Oh! donc, la cruelle compassion que celle qui ne sait relever une famille que pour la laisser retomber d'une chûte plus lourde et dans un abîme plus profond, avec les misérables dont elle a décuplé le nombre! La douce satisfaction d'offrir un soulagement momentané, conserve-t-elle le nom de bienfaisance en présence de ces fruits amers! Nous ne saurions concevoir la charité sans la sagesse, sans la pensée mûrie, maîtresse et reine du sentiment. C'est de la sorte qu'elle est la vertu du chrétien et de l'homme intellectuel par excellence! Est-ce là Malthus? « Ce serait ici le lieu, dit M. d'Esterno [1], d'examiner ses belles théories dont l'apparition a causé parmi les *âmes sensibles* une espèce d'insurrection intellectuelle. La lecture de son ouvrage aurait un peu calmé les esprits, si les clameurs de la multitude. . . si trois volumes à digérer. . . . . — Aujourd'hui les préventions sont considérablement calmées, » et Malthus revit glorieux dans ses disciples. Que dirons-nous après les avoir écoutés? — Le voici : — Un Dieu sage n'a point établi de règles morales contraires aux règles de la saine économie politique; cette proposition porte avec elle son évidence. Si la doctrine de Malthus sur le mariage se conforme à celle du Christ, elle est la nôtre! Sinon, nous accuserons l'école entière des erreurs que des hommes de cœur et de sens lui ont reprochées.

Sans nous livrer en cet écrit aux longueurs formidables de l'examen, nous avouons qu'il entre dans le système de Malthus bien des considérations auxquelles il est difficile de ne point rendre la plus forte partie de soi-même, sauf le cas où l'on admet, avec ses antagonistes, la fréquente exagération de ses calculs et la trop grande généralité de ses principes. Mais, hélas! trop de circonstances se pré-

[1] P. 37.

sentent où l'esprit ne saurait nier la justesse locale de ses formules. Il ne faut courir ni loin, ni fort, pour se heurter à des populations faméliques dont l'incroyable développement réveille les plus vives alarmes[1] !

Lorsqu'un savant et ingénieux économiste[2] répond à Malthus que le chiffre de la population ne peut s'élever au niveau du chiffre des subsistances ou le déborder, sa réponse me paraît défectueuse, parce qu'elle ne s'applique pas au sens évident de la proposition. Qu'importe, en effet, s'il est facile ou possible de produire là-bas ce qui ne peut arriver jusqu'à nos corps et se mettre à portée de nos bouches?

Lorsqu'une région se surcharge d'une énorme quantité d'habitants, n'est-il pas étrange de lui attribuer, comme un bien acquis, le total des subsistances que les efforts du travail et de l'industrie pourraient enfanter en d'autres régions d'où il est impossible de les transporter? N'est-ce point ici l'exagération qui poursuit l'exagération, dans le roman de la science économique?

Qu'importerait, d'ailleurs, une quantité de subsistances effectivement recueillies, mais inégalement distribuées entre les diverses parties du monde? Ici ce pourrait-être superflu, avilissement de prix, gaspillage et découragement rapide de la production; là-bas, au contraire, vers les amas de populations sevrées de vivres, ce serait hausse excessive des prix, pénurie, disette et famine. Pourquoi cela? C'est que les voies de transport, les moyens de commerce et de communication sont loin d'avoir atteint les limites où l'industrie persévérante de l'homme serait capable de les étendre, au sein d'une paix et d'une prospérité

---

[1] V' la *Statistique comparée du chevalier de Tapiez.* — [2] Michel Chevalier, art. *Popul., Dictionn. de la conversat.*. etc., livrais. 88, p. 468 à 479. *Id.* à peu près, Rossi, etc.

aussi profondes qu'universelles. C'est encore que ces moyens, poussés au plus haut degré de perfection accessible aux efforts extrêmes de l'homme, ne sauraient toujours, ni dans tous les lieux, ni dans tous les temps, répondre aux éternels besoins de la race humaine.

Les facilités offertes au nivellement général des denrées par les myriades de canaux que nous imaginerons les plus favorables à leur mouvement, résoudront-elles les difficultés sans cesse opposées à leur écoulement, par la constitution physique et morale du globe, par le prodigieux dispersement des nations et des individus., par l'inégalité des intelligences, des civilisations et des intérêts ; par la barbarie des peuples et les hostilités des empires ; enfin, par les accidents, les obstacles et les dangers à chaque instant et à chaque pas interrompant ou contrariant le parcours ? Déserts, montagnes, marais, forêts et climats meurtriers, la plume d'un économiste peut se jouer habilement de tous ces riens, mais la terre n'est pas encore devenue aussi patiente que le papier.

Allons plus loin, et donnons-nous la permission de supposer un prodigieux emcombrement de subsistances agglomérées sur un point unique, dans le royaume le plus compacte et le plus uni qu'il plaise à notre imagination de façonner ; en Angleterre si bon nous semble. Eh bien ! si cette énorme masse n'est point commune ; si elle n'est pas toute à tous,—je ne parle que d'un à peu près,—elle accable le riche sous le luxe du superflu, elle donne à l'homme médiocre l'aisance ou le nécessaire ; mais elle laisse dépérir l'indigent dans sa détresse. L'abondance lui passe par dessus la tête, ou bien elle effleure ironiquement ses lèvres ; et, porte à porte, les deux extrêmes se contemplent, étonnés de leur grandeur !

Disons-le donc, les subsistances réelles de la population

travaillante et pauvre d'un état, les seules dont un esprit
positif tienne compte dans le calcul, ce sont celles que le
travail leur met en main par le salaire. C'est trop souvent
trop peu, si rapide est la crue de ces populations. Voilà
pourquoi, sans doute, le ciel nous a donné Malthus ! . . . .

S'il est habile et juste de guérir le mal par le mal, sachons combattre la disette des subsistances par la disette
factice des hommes. Voilà son mot! et d'un souffle de sa
bouche l'équilibre est rétabli dans le monde !

Un de ses plus honorables disciples a jeté au milieu de
notre public la clef de son système. « Les classes laborieuses
tiennent leur sort dans leurs propres mains. Leur aisance
dépend de leurs salaires. Leurs salaires sont réglés par le
rapport de la quantité des capitaux avec le nombre des ouvriers. Or, s'il n'est pas au pouvoir des classes laborieuses
d'accroître les capitaux selon leurs besoins, elles peuvent,
par la prudence dans le mariage, limiter la population[1]. »

En d'autres termes, le total de la somme sociale dispo-
nible entre les mains qui peuvent occuper des ouvriers,
forme le capital effectif destiné à la rémunération du travail; le montant des subsistances égale donc pour les travailleurs et ne peut dépasser, à moins de révolution, le
chiffre très-peu élastique de ce capital.

En conséquence, si les populations, déjà nombreuses,
multiplient par leur fécondité le chiffre des co-partageants,
elles diminuent dans une égale proportion tous leurs moyens
d'existence. Le nombre des concurrents qu'elles mettent
au jour abaisse directement pour chaque individu le montant du salaire ou de la part individuelle.

Prêtons à l'évidence toutes ses clartés. Il existe un capital de salaires que les nécessités humaines transforment

---

[1] *Considérat. d'économie polit. sur la bienfaisance.* Duchâtel, ministre;
p. 112. Lisez un fort intéressant article de M. A. Cochut, sur Malthus, 1846.

en vêtements, en vivres, en objet de consommation. Et puis, en face de cette même et presque invariable quantité de subsistances, vous voyez un nombre de bouches indéfiniment accrues et croissant sans cesse et sans mesure. L'équilibre n'est-il pas rompu?

« Oui, sans doute, et toute société où la quantité des subsistances croît moins vite que le nombre des hommes, est une société penchée sur l'abîme. Or, M. L. Blanc affirme que cette situation est celle de la France, et que M. Rubichon, dans son livre intitulé *Mécanisme social*, a prouvé jusqu'à l'évidence cette effrayante vérité [1]. »

Cette évidence est-elle plus spécieuse que réelle? Entre le pour et le contre, le lecteur devra prononcer.

Cependant, s'il m'arrive de fatiguer l'oreille par la redite des rapports que certains savants ont cru saisir entre la marche ascendante de la population et l'accroissement beaucoup moins rapide des subsistances, cette répétition, inspirée par la prudence, est loin d'enchaîner l'esprit aux stériles préceptes de Malthus, préceptes adoptés par des économistes, qui, pour avoir trop raisonné notre nature, ne l'ont point assez sentie.

Non, ce n'est point aux cieux et en émules du Créateur, c'est dans les entrailles de l'homme que ces Prométhées dérobent le feu de la vie; et cela pour l'éteindre! Écoutez: « La société, dit M. S. de Sismondi, ne doit pas laisser mourir de misère ceux qui se sont mis sous sa protection; mais *elle ne doit pas laisser naître* ceux qui ne peuvent que mourir de misère. C'est un devoir de ne point se marier, quand on ne peut assurer à ses enfants les moyens de vivre. . . . . Il n'y a pas d'abus d'autorité à ce que le magistrat empêche le mariage de ceux qui sont les plus exposés à oublier ces devoirs. Le mariage des mendiants ne devrait jamais être

[1] *Organ.*, p. 36.

permis. . . . . On aurait droit de demander des garanties pour les enfants à naître [1]. » « Que la prudence *pénètre au sein de chaque ménage* et procède à l'établissement de chaque famille, et l'humanité est sauvée, a dit M. Rossi [2]. » Une plume virile lui répond : « Oh! comme il est probable que vous serez obéi, que l'instinct générateur perdra de son énergie sous l'influence de vos conseils [3]!

Effectivement, en vous y prenant de la sorte, vous aurez à vous y reprendre à deux fois pour sauver l'humanité, MM. les Malthusiens; car vous moralisez de sourdes oreilles, des ventres faméliques. . . . . Oh! si, du moins, votre sagesse législative faisait monter l'or, au lieu de l'y tarir, dans le roseau qui porte le sucre; si elle jetait un large pont au-dessus des abîmes de l'Atlantique, et y engageait en colonnes libératrices ces myriades de prolétaires affamés! le pain généreux du travail fermerait bientôt ces bouches capables, peut-être, de vous maudire; et ces bras, qui vous épouvantent, pourraient nager dans l'abondance. . . . . Je vous supplie de mieux aviser, dans l'intérêt de vos propres majestés, ô dieux de la terre! Briarée se livrerait-il pacifiquement aux convulsions de la faim sans ébranler votre Olympe, les cieux qui nous éclairent et dont la chute nous serait si fatale!

. . . . . Le mal présent une fois guéri, peut-être appartiendrait-il à une prudence autre que votre prudence matrimoniale d'en prévenir à jamais le retour, et je l'espère; car d'autres économistes, d'une imagination moins bondissante que celle du savant M. Chevalier, aboutissent fort près des conclusions qu'il a posées. Leur science nous remet du baume au cœur par la démonstration de cette règle gé-

---

[1] Cette doctrine est celle de la *Républ. de Platon*; au lieu d'avancer *en reculant*, nous préférons tenir pour la doctrine du Christ.— [2] *Id.* à peu près dans Arrivabene, *Lab. belge*, p. 14; 1845; etc., etc. — [3] *L'Atelier.*

nérale : que la population agite son flot mobile plus souvent au-dessous qu'au-dessus du niveau des subsistances[1].

Les exceptions qui semblent les contredire se groupent en preuves de la justesse de leur règle, et l'expérience emprunte leur bouche pour rappeler que, si l'espèce humaine se reproduit à la façon des brutes, et pullule avec une effrayante vivacité, de tels phénomènes ne se produisent que dans les circonstances où les vices du régime économique l'ont abrutie... Car, tout pétulant et farouche qu'il paraît être, le besoin de la reproduction s'apprivoise et se soumet à des conditions d'un ordre physique et moral qui ne se rencontre nulle part au delà du seuil de la civilisation. Ces conditions naissent et se produisent sous l'influence des doctrines religieuses et morales qui la constituent. Il y a donc infiniment moins à craindre, soit de la disette des subsistances, soit de la fécondité des familles, lorsque la loi de l'Etat et de l'industrie s'inspire de l'esprit des lois sociales. . . . . .

Mais, au lieu de cela, condensez la misère sur une classe d'individus, laissez-leur perdre, dans leur dégradation croissante, l'idée d'un Dieu juste, l'idée du devoir et le sentiment profond du respect qu'ils doivent à leur nature et de ce moment, l'exception commence; vous les ravalez à la condition de la brute, vous accroissez dans une proportion menaçante le chiffre d'une effrayante population, et vous vous brassez une Irlande,... mais une Irlande sans foi!

Il est d'expérience que les classes moyennes et simplement aisées « ne pullulent pas avec cette bestiale fécondité[2] » et que « la population s'accroît en raison de la misère; les malheureux qui ont perdu l'espoir d'améliorer leur sort cherchent dans les liens du mariage une distraction à leurs

---

[1] V' E. Buret, vol. ıı, p. 234, et tout le chap. 8, etc. —[2] *Ibid.*, vol. ıı, p. 235.

maux [1]. » Le secret de ces débordements de population est devenu vulgaire, et M. de Tocqueville ne l'a pas su [2]! Rendons les familles plus fortunées — nous le pouvons, — et nous les verrons borner d'elles-mêmes cette fougue brutale de reproduction [3]. Une modération dont l'avarice, quelquefois, mais plus souvent encore la morale, dicte et inspire la loi, règle alors et limite leur nombre, sans que la main grossière d'un Malthusien cloisonne et outrage les sexes.

Mais si la misère est invincible, il ne reste plus à tous les sens des malheureux, partout et toujours rebutés, qu'une seule issue par laquelle ils semblent à la fois se satisfaire et, en s'étourdissant, se créer des vengeurs! Car il est dans les souffrances de l'être abruti, ainsi que dans le vin, une force enivrante qui s'empare des âmes pour les entraîner au vertige. Ne nous étonnons donc plus si nous voyons jetés couche sur couche, et presque au rebut de l'humanité, des masses d'hommes dont la fécondité sort du sein même de la corruption qu'ils subissent et qu'ils propagent!

En présence de ces maux dévorants, et auxquels la science de l'économie politique, féconde en expédients, applique chaque jour de nouveaux et d'inefficaces topiques, que faire? Que faire donc? Sera-ce assez de raviver la plus antique des institutions, celle qui règle les rapports d'homme à homme et de tous à Dieu, et de l'aider infatigablement à pénétrer de toutes parts dans les masses! Certes, je le sais bien, la Religion répond à tous les vœux de l'homme; il peut la consulter dans tous les temps et dans toutes les crises, sans jamais la trouver muette. Elle lui dira, dès l'âge où le sang coule innocemment dans les veines avant d'y bouillonner, que si l'homme se distingue des animaux, c'est par

[1] *L'Univers*, 14 septembre 1844. — [2] Discussion de la loi de 1845 sur les colonies. — [3] E. Buret, vol. ii. p. 236.

sa résistance aux appétits désordonnés de ses sens, c'est en domptant par la volonté les emportements de la chair. Sage et modérée lorsqu'elle exerce l'homme à s'étudier, à s'observer, à se combattre, à se gouverner, à faire de l'esprit le maître et du corps le serviteur, elle se garde bien d'imposer à des tempéraments pétris de feux qu'ils n'ont point témérairement allumés la loi de résister jusqu'aux ardeurs qui dévorent [1]. Toute immuable qu'elle est, elle se prête à toutes les natures, elle en sanctifie et en légitime les penchants lorsqu'ils se soumettent à sa règle. En un mot, au lieu de nier ou d'arrêter le mouvement, elle le dirige dans ses voies, qui sont celles du bonheur et de l'humanité. Avant Malthus, avant ces économistes qui, lorsqu'un affamé leur tend la main, lui offrent une privation de plus, elle imposait à la nature intellectuelle de l'homme le devoir de la prévoyance, et, le plaçant entre de légitimes jouissances et des conséquences qu'il ne peut combattre sans crime, elle l'abandonnait, dans cette position, à l'arbitrage de sa liberté. Des économistes la lui envient! A ces eunuques, qui, par le génie, ne sont point des Narsès, il ne faut autour d'eux que des eunuques [2]. Ah! qu'ils s'abstiennent; Dieu sait se faire sentir à l'homme qui se défie trop de sa Providence. Ou bien, au contraire, si l'homme tente cette Providence sans hésiter, et parce qu'il lui en coûterait le moindre effort de pencher du côté de la modération contre les instincts, observez-le bien, cette mollesse sensuelle, ce défaut d'empire, rencontrent souvent dès ce monde, et selon leur mesure, des afflictions qui les expient. Mais, bien téméraire est celui qui, ne lisant point au fond des cœurs et du sanctuaire des ménages, se permettrait de restreindre, par l'expression du plus faible

---

[1] *Melius est nubere quàm uri*; saint Paul. I. Cor., ch. vii, v. 9. — [2] Ceci ne s'applique qu'aux Malthusiens implacables!

reproche, des excès d'usage qui préviennent des excès d'abus, et que l'œil humain ne sait juger que sur des apparences décevantes!

La Religion, autant que j'ai pu la comprendre, en soumettant le mariage lui-même aux règles de la modération [1], n'y menace éternellement qu'un seul excès : je veux dire ces calculs honteux qui satisfont à la fois aux règles de la prudence et aux vœux de la débauche. La prudence qu'elle sanctionne est sainte et noble, car elle ne contribue jamais au bonheur de l'homme sans agrandir et relever sa nature ; il lui appartient donc, en fortifiant la liberté, d'exclure le libertinage d'une alliance qu'un sacrement cimente et sanctifie.

Mais, si j'aime à proclamer l'excellence de la Religion, si je répète avec elle que l'homme ne vit pas seulement de pain, il est également certain que la chair vivante ne peut parvenir à s'en passer. Rassasions donc notre prochain avant de l'instruire, sinon comment parviendra-t-il à nous écouter? Il souffre! Notre voix charmera-t-elle la faim? Essayons-le sur nous-mêmes ; jeûnons, jeûnons jusqu'à la maigreur, jusqu'à la douleur, et profitons de cet état pour nous faire enseigner une science!...

Au pain de la parole, unissons donc, dès le principe, le pain du corps : la vie complète n'est que dans cette union, et, quoi que nous coûtent les sacrifices, s'ils sont justes, n'hésitons pas...

La profondeur de la misère serait-elle une raison valable de se refuser à en fermer l'abîme?.,.

Je demande humblement le pain de la vie matérielle, et tout à l'heure je le montrerai du doigt! Quel homme dur ou insensé, semblable au mauvais père de l'Evangile, oserait me donner ou me jeter une pierre?

[1] V' un chap. de saint François de Sales, que tout le monde sait; *Introd. à la vie dévote.*

Non, je ne demande, je n'espère, je n'attends rien que
de juste, et, partant, rien d'impossible. Loin de susciter une
révolution, je prétends en fermer la route. Une réforme, un
effort temporaire, voilà mon moyen et ma voie. Mais, du
pain, du pain pour ceux que nous verrons affamés, voilà le
premier mot de cette réforme ! Où donc le prendre, ce pain ?
Oh ! c'est ici que la nature féconde de mon sujet me ramène
à montrer du doigt nos colonies[1], chaque jour dépeuplées de
travailleurs par les progrès de l'affranchissement, et offrant
au soc de la charrue, offrant au flot de la population, dont
le débordement épouvante les malthusiens, les deux tiers de
leur surface inculte (et je ne parle point de la Guiane) !...
L'immigration, la colonisation, ne sont-elles point des ressources également salutaires à la métropole et à ses possessions lointaines ? Nous ne nous contentons point, toutefois,
de ces simulacres[2] à l'aide desquels on satisfait les esprits,
qui savent se payer de fantômes ! Mais nous demandons
quelque chose de sérieux et de grand, de complet et de sage ;
car, là-bas, il ne se présente pas encore de bras libres pour
le travail, et cependant, une nature généreuse, un sol iné-
puisable, y provoquent le travailleur ! Dans notre Europe,
c'est le contraire : trop de bras, hélas ! trop de travail et trop
peu de pain ! Voilà ce que toutes les bouches nous crient.
Rien ne manque donc, au total, que l'équilibre.

Et « qu'on ne vienne pas nous répéter des banalités sur
les difficultés et les misères de la colonisation... » Si l'on
savait, si l'on avait su accorder aux colons sécurité et protection sérieuse, on aurait eu « plus d'émigrants qu'on n'aurait voulu. Et, pour ne point laisser enlever trop de bras à
l'agriculture, qui en manque, on aurait pu n'accorder des

---

[1] Ce moyen n'est nullement proposé comme exclusif, ce qui pourrait le
rendre ridicule, mais comme capital. — [2] Loi de 1845. 400,000 fr. votés
pour l'introduction de travailleurs libres.

secours de route et *autres* qu'aux travailleurs *qui encom*
brent les centres industriels... Ne peut-on, sur un budget
annuel d'un milliard et demi, distraire une vingtaine de
millions pendant quelques années?... » Vous l'entendez [1] !

Mais il y a plus à dire : sachons-le bien, dans le cas où
le budget, si prodigieusement prodigue de millions, tien-
drait à les épancher sur le sol même où joue sa pompe aspi-
rante, les colonies, pour se sauver elles-mêmes, contiennent
assez d'or dans leur terroir. Pour que cet or sorte de terre,
brille et circule, la législature n'a qu'une formule à prononcer ! Une loi sucrière est leur salut ; elles ne demandent qu'à
produire. Dites ce mot, et vous les verrez d'elles-mêmes réclamer assez efficacement des malthusiens le superflu des
populations dont ces économistes usent leur philanthropie à
maudire l'existence ! Dites ce mot, et, sans le secours d'immigrations nombreuses, les colonies, augmentant sur leur
sol et sur le nôtre la production et la consommation, feront
affluer et remonter jusqu'aux régions du pouvoir les eaux
vives de la régénération du prolétariat !... Mais cette idée se
présente avant son tour... Alors, enfin, comme l'expérience
a prouvé, depuis Malthus, que ce n'est point l'abondance de
la population qui produit la misère, mais que c'est la misère qui engendre les excès de population [2], les plus timides
cesseront de redouter une fécondité dont la morale doit être
la source et la règle, et qu'elle tient à une distance égale
des calculs sordides de l'avarice et des appétits désordonnés
de la brute !

La morale ! Est-ce que nos économistes n'ont pas aussi
formulé le vœu de la voir aborder en quelque sorte et prendre pied dans les régions coloniales? Oui ! quelques-uns...

---

[1] *L'Atelier*, p. 105, avril 1845. — [2] Voir, pour preuve, *L'Irlande*, *et les*
populations des contrées manuf., etc.

De l'émission de ce vœu, n'y a-t-il pas à conclure qu'elle y est inconnue ? Question vraiment émouvante, pleine d'à-propos et d'utilité, qui sollicite de la franchise ses confessions les plus entières ! En la traitant, nous serons vrais et humbles, mais nous laisserons ces contrées, à leur tour, questionner l'Europe au sujet de ses prolétaires.

Oh ! ne touchons aux plaies que dans l'intention de les guérir ! Qui que nous soyons, en apprenant à nous connaître, nous apprendrons à juger et à épargner autrui ! Que la paix et l'ordre sortent enfin des profondeurs de la vérité.

Religion. — Mœurs. — Éducation du noir.

C'est un curieux et intéressant chapitre que celui où nous laisserons se peindre et se présenter sous leurs sombres couleurs les mœurs de l'ignorant prolétaire ; mais avant d'envisager ces mœurs, nous devons embrasser d'un coup d'œil les notions plus ou moins religieuses et l'éducation qui les produisent.

Germe inerte dans son principe, l'homme ne franchit les portes de la vie physique ou de la vie morale que sous l'influence d'une excitation extérieure, et c'est l'éducation, véritable paternité des esprits, qui le tirant du néant de l'ignorance, le fait éclore à la vie morale ! Or, de quoi se compose l'éducation, sinon d'un ensemble de vérités fondamentales, principes bons ou mauvais, vrais ou faux, mélangés ou purs, principes qui, dans une société régulière, doivent être la science des devoirs et, par là même, la science des droits... principes qui déterminent nos actes et forment notre personne sociale, puisque nous agissons sous l'empire de nos croyances ; puisque ces actes répétés constituent nos habitudes ou nos mœurs, tout notre être moral en un mot ! La morale ou la règle de nos mœurs n'est donc rien de plus, en dernière analyse, qu'une déduction nécessaire des vérités fondamentales que la bonne éducation nous a transmises...

Que saurais-je rappeler de plus positif à des hommes sérieux, pour établir dans leur esprit l'indispensable nécessité de l'éducation, sans laquelle l'homme flotte au hasard, sans règle et sans loi, au milieu d'une société qui n'a de vigueur et *de liberté* que sous l'empire de la règle et de la loi! *Sub lege libertas.*

Demanderai-je si le nécessaire doit passer avant l'agréable? les institutions qui forment l'esprit et le cœur avant les établissements de luxe, les fêtes, les jeux, les spectacles, et que sais-je encore! La question, vraiment, pourrait se faire, mais ne la posons point; et avant de nous arrêter au sol métropolitain pour examiner comment ces choses y sont conduites, jetons notre premier coup d'œil sur la France transatlantique, et voyons ce que la mère-patrie en a su faire; quelle influence, ses efforts ou son incurie ont exercée sur ses prolétaires à peau d'éhène!

A côté d'elle, l'Angleterre n'a cessé, depuis 1807, de multiplier dans ses possessions les missions, les instructions, les chapelles et les écoles[1]. Le nègre anglais a donc communément plus de religion, plus d'idées de la loi et de la puissance publique que le nègre de nos îles[2]. Et, cependant, l'expérience n'a que trop prouvé combien rudimentaire et insuffisante était cette moralisation du nègre anglais. Le code noir prononce en faveur du nègre « des prescriptions religieuses dont l'exécution serait encore aujourd'hui un progrès véritable[3]; mais, *sous tous les rapports religieux, les colonies ont été presque entièrement abandonnées depuis 1793[4].* » Le clergé y est trop

---

[1] *Rapp. Rémusat. Moniteur*, juin 1838. — [2] *Id.*, p. 1746. — [3] *Ibid.*, p. 1747. — [4] *Ibid.*

peu nombreux, trop livré à lui-même, et quelquefois choisi
avec trop peu de soin[1].

Lorsque l'incurie, l'insouciance des gouvernements
trouve des organes qui la proclament d'une manière si solennellement officielle, est-ce aux colons qu'il faut demander compte du désordre invétéré dont ils sont les victimes!

...Et quoi donc! faux amis du nègre, « le curé d'une
paroisse étendue n'a pas de vicaire. C'est là ce qui existe
dans la plupart des paroisses de la colonie[2]; et lorsque le
sol ne reçoit ni amendement, ni sueur, ni semence, vous
lui demandez des moissons!... Accordez à ce pasteur tout

---

[1] V' Mgr Castelli, *De l'Esclavage*, 1844, ouvrage où règnent les plus grandes
contradictions! Lisez par exemple : « Le Gouvernement a déployé dans la
voie de l'instruction religieuse un zèle et une générosité remarquables. »
P. 148. Et « le personnel (du Clergé) peut à peine suffire pour faire le *service
ordinaire* du saint ministère *dans l'intérieur des villes et des bourgs!* —
La propagation de l'instruction morale et religieuse est *actuellement surtout* d'une nécessité urgente....., Le cœur s'attriste à la vue de ces milliers
de chrétiens *délaissés*, épars comme des brebis sans pasteur! » P. 152.
Comparez la générosité *remarquable* du Gouvernement avec ses devoirs, avec
les ressources même que lui offrent les îles, avec leurs besoins moraux et
les résultats ci-dessus énumérés. Arrangez ces contradictions et cet état
désastreux avec les éloges perpétuels, irritants et *singuliers,* décernés à la
métropole et aux hommes dont les colons ont eu le moins à se louer. »
P. 149, 195, 196, etc.

Mgr Castelli, ancien préfet apostolique de la Martinique, fut protégé de
M. Sébastiani, si je ne me trompe, et cette protection eût pu servir les intérêts de la Religion. J'ai la plus profonde considération pour Mgr Castelli,
mais j'en éprouve moins pour son livre. Le zèle de l'apôtre me touche, mais
la direction m'en paraît vicieuse! Un grand mal est à guérir ; son écrit me
semble plus propre à inspirer aux colons la crainte du remède qu'à leur en
inspirer le désir et le goût! Il m'en coûte d'exprimer cette opinion; puisse-
t-elle être fausse! L'ordonnance du 18 mai, insérée au *Moniteur* le 18 juin
1846, apportera-t-elle quelque modification à l'état des paroisses et des
écoles *que nous allons connaître?...* Un peu d'espoir, cependant, nous
arrive du côté de la maison du Saint-Esprit (Paris), qui se régénère et devient
digne de son nom! C'est de là que sortent les prêtres des colonies. —
[2] *Public. offic.*, p. 439.

le dévouement d'un apôtre, et placez sous sa direction
éclairée un vicaire tout ardent de zèle, est-ce que les efforts de ces deux pauvres hommes ne viendront pas encore
se briser contre l'influence du climat? — Car trop longues
sont les distances qui séparent du bourg les habitations pour
que, sous un soleil sans pitié pour les Européens, les pasteurs puissent impunément parcourir le pays avec la fréquence que réclament les besoins de leurs ouailles.

Heureusement, il est des graines vigoureuses qui, répandues une fois sur le sol s'y reproduisent d'elles-mêmes...
Dans les plantations favorisées par la présence du planteur,
de la maîtresse et de leurs enfants, la charité improvisa
des missionnaires! Et c'est un assez beau spectacle que celui
de ce cannibale [1] et de ses filles indolentes, instruisant de
leur bouche l'enfant du nègre, et opposant aux déboires de
la mission qu'ils s'imposent, les mérites d'une charité obs-
cure et d'une patience à toute épreuve [2]. De là, l'intelligence de cette remarque officielle que les localités où la
Religion porte les fruits les plus abondants, sont celles où
se trouve le nombre le plus considérable d'anciennes familles créoles [3].

Instruit, tantôt par un de ses maîtres et plus souvent de

[1] V° Les colons comparés aux anthropophages par l'honorable M. Beughot!
— Faut-il répéter que je ne prends pas plus en main la défense des colons
inhumains, que des pères dénaturés, des assassins ou des empoisonneurs de
notre Europe? S'il était un homme que j'eusse à considérer comme un ennemi
public, comme l'ennemi spécial du planteur et le plus digne des rigueurs de
la justice, comme un traître, et peut-être bien comme un traître soldé, le colon
féroce envers sa famille noire serait cet homme. — Oui, j'ai lu, je viens de
lire le procès des deux frères ***; sont-ils coupables, ne le sont-ils pas? —
La justice a prononcé, mais supposons leur crime avéré! Je leur préférerais
des cannibales! — Ce sont tous les détails du procès Granger, de Paris!
Quoi de plus monstrueux!.. Mais aussi quoi de commun entre cette conduite
et celle des colons? Le malheur de telles affaires est incalculable et décuple
la force des préjugés européens! — [2] *Document officiel*, et Schœlcher, *Col.
fr.*, p. 324. — [3] *Id.*, *Offic.*, p. 548.

la bouche de quelque vieille négresse, pauvre docteur, je le sais bien, l'enfant du nègre reçoit quelques idées de l'âme et de Dieu, de devoir et de morale. Tout ce qui est règle intérieure ne lui est pas néant. Son éducation est celle de son jeune maître, compagnon de son enfance jusqu'au moment où les collèges de la métropole s'ouvrent pour recevoir celui-ci et le former, comme le fut son père, selon nos idées et nos mœurs. Quelque rudiment de savoir-vivre descend ainsi dans toutes les classes vers ces premières années de la vie. Mais l'enfant du nègre en reste là. Si l'esprit de secte n'écarte pas de son oreille docile la bouche qui enseigne, cette bouche familière est peu savante; voilà pourquoi la science religieuse végète entre beaucoup d'ignorance et de passions dans le terrain trop négligé du nègre! Parlez-lui de ces rapports étroits qui forment le lien de la hiérarchie mobile de nos sociétés, et dont la force se fait sentir d'égal à égal, de supérieur à inférieur; je l'avouerai, il n'est guère plus savant sur ce chapitre que nous ne le sommes pour la plupart! —Dites-lui seulement, quels devoirs unissent ou séparent l'homme et la femme, attachent le père à l'enfant; dites encore quelle loi veut qu'entre ses facultés diverses l'être qui pense établisse l'équilibre et l'harmonie; quelle loi veut qu'entre ses passions et sa conscience il obéisse à cette dure et inflexible conseillère, et déjà vous lui parlez une langue inconnue; sa conscience n'est qu'ébauchée. Effleurant tout au plus son gros bon sens, le langage des traditions religieuses n'a pas encore pénétré son âme; mais cette âme, au moins, comme celle de l'infime prolétaire européen n'est encore ni faussée ni flétrie; elle n'est point repoussée par les excès de la misère et du travail hors des régions de la lumière; les lueurs de l'aube matinale lui ont donné le goût ou le pressentiment du jour. Sa faiblesse morale est extrême, mais à qui la faute? Hommes des gouvernements

successifs, à qui? Qui devait, qui doit enseigner? Vous
prétendez transformer une société, l'œuvre presse; et vous
vous laissez déborder par les doctrines de l'anarchie, dont
les docteurs s'exercent tranquilles, et nombreux, sur le
terrain qui attend les vôtres! Le nègre va penser. Sera-
t-il esprit fort? Il va devenir membre actif de notre
société; sera-t-il ennemi né de toute supériorité, de toute
puissance, de toute obligation, ou bien, disciple paisible
et charitable des vérités universelles du Catholicisme?

' Vous le voulez chrétien; à qui donc fut adressée cette
parole prononcée pour renouveler, par le triomphe de l'esprit sur la chair, la face de la terre : Allez, enseignez toutes
les nations? Fut-ce ou non aux successeurs des apôtres et
des disciples, ces *hommes du peuple*, envoyés par le *Dieu
de paix*, *à toutes les classes de tous les peuples?* A qui
donc, enfin, la loi française laisse-t-elle la délimitation du
nombre des ministres préposés à l'enseignement des vérités
religieuses? à qui le choix? Et cependant les efforts insuf-
fisants de l'Angleterre ont été le décuple des vôtres! Que
si l'ignorance religieuse, encore épaisse et générale dans
la population noire des colonies Françaises, y répand une
influence plus fatale à leur prospérité que les hommes les
plus intéressés à la vaincre ne sauraient se l'imaginer, la
facilité du remède égale la grandeur du mal. Amis du peuple
souffrant, veuillez donc enfin le voir !

Non-seulement le sujet dont il s'agit d'ouvrir l'âme à la
morale, que le bon sens extrait des vérités religieuses, est naturellement religieux; mais son maître est, la plupart du
temps, un homme bienfaisant et éclairé : l'éducation religieuse
a laissé chez les colons des traces profondes, grâce aux mains
maternelles qui en ont pieusement conservé les traditions
saintes. Cette vie de voluptés et de débauche dont la plume
effrénée des conteurs européens accuse les colonies par

habitude [1], est beaucoup moins leur vie que la nôtre, habitants désœuvrés des grandes villes! Et la raison en est péremptoire, c'est que le colon résident est par nécessité un
homme de vie dure et laborieuse [2]. On me citera tel genre de
séduction qui semble ne pouvoir exister qu'aux colonies;
puis tel exemple, et tel autre encore; et moi je pourrais répondre avec avantage par ces exceptions analogues qui, dans
notre morale Europe, au sein des manufactures et des *populations dépendantes*, abondent et fourmillent sous ma
main!... Tenez, vous dirai-je, je connais les uns et les
autres, présentez-vous à nombre égal; que les immaculés
sortent des rangs, à chaque main pure je veux offrir une
pierre... Dans quel parti compterons-nous le plus grand
nombre de lapidés?... Si cela est problème, cela nous crie
silence! — Hommes et hommes, pourquoi le mépris, pourquoi l'insulte? Non, ce ne sont point les mœurs du colon
qui ont étouffé chez les plus indifférents le désir de propager l'instruction religieuse. Ce sont les faux docteurs.

Il est certain que, s'il se trouva des prêtres assez pusillanimes pour ne point remuer avec un zèle prudent la conscience endormie ou criminelle de quelques maîtres, on vit
aussi quelquefois des ministres de tempêtes épouvanter leur
auditoire du haut de la chaire d'un Dieu de paix et d'ordre, de
justice et d'amour! L'Europe eût verrouillé dans ses cachots
ces tribuns dont le zèle ignorant égarait la langue, et dont
la violence soulevait les peuples. La bonne politique unit
les hommes; voudrions-nous, ailleurs que chez nous, que
l'effet de la bonne Religion fût de les irriter et les diviser!

Les conseils coloniaux nous ont-ils demandé des prêtres
fainéants ou flatteurs, « choisis avec trop peu de soin. »
Non, de ces prêtres, *si rares dans notre clergé*, ils sa-

---

[1] C'était justice jadis à la Jamaïque, colonie anglaise, etc. V' le *Rapp.
de Brogl.*, p. 145. — [2] Ride, p. 71, 72, vol. II, etc.

vent respecter la robe et plaindre la personne, lorsqu'un choix fatal les leur impose. Mais la majorité des habitants incline naturellement à les redouter et à suspecter ceux dont elle n'a pas éprouvé les lumières.

Ces scandales deviendront de plus en plus rares. Il faut s'en féliciter dans l'intérêt de la concorde essentielle au succès de l'émancipation. Que si, d'ailleurs, lorsque le prêtre abordera le noir pour convertir en effets sensibles les dispositions favorables du maître, on me demande quels résultats couronneront ses efforts ; je laisserai l'histoire répondre [1] ; mais ce qui est constant, tout d'abord, c'est que le temps, l'élément de tous les succès, abonde aux mains du nègre ; le temps qui manque à nos prolétaires non-seulement pour s'instruire, mais pour dormir, mais pour manger, mais pour accorder aux plus inexorables maladies la somme des heures que la guérison réclame [2].

C'est encore que l'esprit de secte, si redoutable par ses exagérations démagogiques, mais absent de la France tropicale, ne peut y entraver, par l'aigreur et le scandale de ses contradictions, les plans de régénération que le gouvernement se déciderait d'une volonté ferme à y réaliser. Il y a plus à dire : l'organisation favorable des colonies adoucit et neutralise à beaucoup d'égards l'action des sectes, jusque dans les îles soumises aux variations et aux tiraillements du protestantisme. En effet, chaque habitation peut former un monde à peu près isolé qui, sous le rapport religieux, se ferme aux critiques et aux censures du monde voisin. Voilà, peut-être, comment l'Angleterre put effectuer partiellement dans quelques-unes de ses Antilles, ce que M. L. Faucher déclare être impossible au cœur de son empire. Puisse notre prolétaire européen rencontrer en tous lieux des

1 Je renvoie les sceptiques à l'*Histoire de toutes les missions : Lettres édifiantes, Annales de la Propag. de la foi*, etc. — 2 V˙ les *Rapports offic.*

conditions aussi favorables à son développement moral!

Les publications officielles annoncent de la part du gouvernement quelques tentatives religieuses, des efforts, quelques succès, je veux le dire[1]; mais à côté de ce qui devrait
être, combien ces faibles efforts nous font pitié! Espérons,
cependant; car le gouvernement lui-même, et de sa bouche,
nous apprend qu'il est de son devoir « de bâtir des chapelles et des écoles, et d'appeler dans les colonies, soit des
instituteurs, soit des ministres du culte, *autant* que ses
ressources financières le lui permettront[2]. » Et nous savons
qu'elles le lui permettent *autant* que les besoins de ses colonies l'exigent!

Voilà ce que nous crie de ses lèvres béantes un abîme, où
nous voyons s'engouffrer des monceaux d'or au profit des intérêts les plus matériels, au profit des passions et des plaisirs[3]...

Du prêtre, nous arrivons naturellement aux écoles, et
là se rencontre une difficulté première qu'il est plus d'un
moyen de résoudre, « c'est de combiner les heures où
l'instruction doit être donnée à l'esclave, de façon à ne
pas diminuer le temps du travail qu'il doit au maître[4]. »
Car émanciper, c'est pacifier les intérêts, et non pas créer
entre eux l'antagonisme... Infidèles à cette idée de justice,
disait à la Chambre M. de Castellane, vous vous engagez
dans les voies d'une révolution. Parole profonde! car les
conséquences de cette révolution nous attendent un jour à
domicile! et nous payerons bien cher une économie qui
consisterait à spolier des victimes au lieu de les indemniser.
Après cela, « le vice capital de ces écoles, c'est de ne pas

---

1 Les ordonnances de 1846 o t admis ce principe, mais elles dévient des
conséquences logiques de l'ordre!... — 2 *Rapp. à la Chambre des Pairs,*
p. M. Mérilhou, 1844, p. 22, 23. — 3 En France, 1,380,000 fr. pour les
théâtres, 1,000,000 francs pour l'Agriculture, 1846! — 4 *Rapp. Mérilhou,*
p. 23..

répondre aux besoins du pays. Ce ne sont pas des écrivains qu'il s'agit de créer, ce sont des ouvriers; et de toutes les industries celle qu'il conviendrait surtout de favoriser, c'est l'agriculture. Or, les enfants élevés dans ces établissements, perdent l'habitude et le goût du travail manuel. Rentrés chez leurs parents auxquels ils se croient d'abord supérieurs, ils reviennent bientôt à cette vie oisive dont ceux-ci leur donnent en général l'exemple. Séduits par la facilité de l'existence que leur procure la chasse et surtout la pêche, ils ne tardent pas à perdre toute trace des notions qu'ils ont reçues, et à augmenter la masse de cette population flottante qui vit au jour le jour, tantôt des éventualités de ces industries fainéantes, tantôt de vol ou de recel[1]. »

. . . . . . Que dire, hélas ! d'un pareil système lorsqu'il s'agit de moraliser des colonies où la fainéantise abonde, où déjà les bras deviennent rares, où ils se refusent au travail à mesure que la liberté les gagne !... Cependant, tandis que « partout les travailleurs manquent, tandis que le prix de la main d'œuvre augmente et que la valeur des denrées coloniales s'abaisse[2], » contraindrons-nous les habitants, déjà si malheureux, à se priver d'une partie de leurs ressources pour éclairer l'esprit de leurs serviteurs? les obligerons-nous à accroître leurs dépenses en raison du décroissement de leurs produits[3]? Je le répète, si l'on veut moraliser les noirs et accorder l'émancipation aux colonies *sans les perdre;* si c'est là ce que l'on veut, la législation sucrière offre l'indispensable moyen « de ménager les intérêts du maître, qui se refuse à sacrifier l'heure de son travail, à cause du mauvais état de sa position matérielle, et les intérêts de l'esclave qui donnera toujours avec répugnance et dégoût l'heure de son repos[4]. »

<hr />

[1] *Officiel*, p. 561. — [2] *Id. Offic.*, p. 487. — [3] *Offic.*, p. 562. — [4] *Offic.*, p. 486, 487.

La justice même permettrait-elle au planteur d'acquies-
cer à notre demande ? « Criblés de dettes et presque insolvables, » s'*ils* ne sont plus à peu près, et pour la plupart,
« que les gèreurs de leurs habitations,[1] » les colons ne sauraient être généreux sans injustice[2].

Le bien qu'ils donneraient, ils le prendraient, car ce
n'est plus le leur, s'il est vrai qu'ils le doivent ! Nous serions, après tout, bien difficiles de ne point trouver assez
remarquable la bonne volonté des maîtres, lorsqu'il nous
est affirmé qu'ils ne témoignent pas, en général, *moins*

[1] Schœlcher, *Col. fr.*, 297. — [2] Il existe dans la métropole quelques colons fort riches de leurs propriétés métropolitaines. C'est par la fortune de
ceux-ci que les Parisiens, qui ont une si décisive influence sur le Gouvernement, ont coutume de juger et d'envier la position de tous les colons.
Une des injustices les plus banales contre les colons, c'est de les accuser
de forfaire à l'honneur du côté de leurs dettes ! Jusqu'au sein des familles,
a-t-on dit, on se fait un jeu des engagements. Les contrats et les paroles
ne valent que ce que les fait valoir un tribunal..... Vraiment l'Europe s'habitue trop à reprocher à ses colonies les maux qu'elle y produit. Gardons-
nous d'accuser les colons de la misère qui provient du régime que nous leur
imposons ! Exigerions-nous que, *dans l'intérêt de leurs créanciers*, ils
entretinssent l'habitation, qui est leur gagne-pain, et que les dettes nouvelles contractées pour la soutenir et se donner le bénéfice du temps, leur
servissent de prime-abord à se libérer des dettes antérieures ? — Non. Soyons
plus justes ; bornons-nous à dire que l'homme qui reste à la fois solvable et
débiteur, est digne de nos mépris ; que, s'il traite amis ou maîtresse, que
s'il dore ses laquais, que s'il rend l'un de ses enfants, l'un de ses gendres,
complices de sa friponnerie, en donnant aux derniers la dot dont la promesse a pris au piége la loyauté d'un premier gendre ou d'une première
bru ; que s'il achète des fonds ou des terres avec l'argent qu'il doit,
c'est-à-dire avec l'argent des siens ou d'autrui, qu'il vole en le détenant,
cet homme est un misérable ! accordons à son nom la célébrité des arrêts
de la justice, répandons son ignominie dans les feuilles publiques dont le
monde est inondé ; condamnons-le à n'avoir pour amis que les bas flatteurs
qui vivent de l'épaisseur de son esprit et de son orgueil ; ajoutons une pierre
à son sépulcre, si bon nous semble, et gravons-y le mot qui ôte la paix aux
morts et rend leur tombe odieuse, mais n'allons pas au delà de ces rigueurs !
et par pitié pour notre honneur, gardons-nous de nous y déterminer, sans
bien savoir si l'impuissance financière de ce débiteur n'est pas notre œuvre.

d'ardeur que les curés, à solliciter tous les moyens de procurer à leurs noirs l'instruction, et surtout l'instruction religieuse[1]!

Mais un obstacle aussi singulier qu'inattendu est celui que suscitent les hommes de couleur, ces apôtres inconséquents de l'égalité. En effet, si les enfants du blanc s'asseyent sans hésiter à côté des enfants du noir, il n'en est pas ainsi des leurs[2]. La même enceinte ne peut renfermer ces deux races; ils réclament pour eux l'école entière, ou bien, vous les voyez se hâter d'en sortir; devant une peau plus foncée que la leur, ils reculent!

Il est encore important d'observer qu'aux colonies, de même que parmi nous, la misère engendre l'immoralité. L'État nous transmet par ses organes cette vérité, qui nous donne une force irrésistible. « Alors même qu'on parviendrait à répandre dans les grands ateliers la semence de l'instruction religieuse, nous dit-il, il faudrait, pour qu'elle fructifiât, qu'on pût empêcher les esclaves des petits propriétaires d'y pénétrer. » C'est que les esclaves de ces propriétaires, qui possèdent en moyenne moins de trois noirs, sont autant de misérables, « vivant de vols et de recels, complices nés de tous les crimes et de tous les délits. Tour à tour ils visitent les camps des habitations où il y a quelque honteuse passion à exploiter, quelque coupable pensée à mettre à exécution[3]. La misère les obsède et les poursuit, et tels vous les voyez, tel est à peu près le maître! Mais pourquoi donc encore? C'est que « les petits habitants, ainsi désignés, sont dans la misère presque tous, et le plus heureux dans cette occurrence, c'est évidemment l'esclave[4]. »

Il n'y a donc sur les petites habitations, *parce qu'elles sont misérables*, ni instruction, ni prière, ni aucune pratique

[1] *Offic.*, p. 477, 478. — [2] *Offic.*, p. 505, *Id. Voyages aux Antilles*, Basse-Terre. — *Offic., Bourbon*, p. 546. — [4] *Offic.*, p. 103.

du culte qui puisse faire germer dans le cœur de l'esclave un sentiment religieux ; aussi est-ce un fait remarquable qu'on n'y voit pas une seule union légitime [1]. Et la conséquence infaillible de ce dépérissement des idées religieuses, c'est que la vie du noir « s'écoule en quelque sorte matériellement, sans que sa pensée ait été attirée sur ses intérêts moraux. Tout entier à ses instincts, il en suit aveuglément la brutalité fougueuse [2]. »

Pour avoir la clef des désordres les plus généraux et les plus irrémédiables, il faut donc, presque partout et presque toujours, descendre jusqu'à la misère ! Or, cette misère, *source maudite de corruption*, quelles lois l'ont fait jaillir du sol, et quels législateurs devraient réformer ces lois?

Y aurait-il injustice à dire aux contempteurs des assemblées coloniales : vous avez greffé l'arbre qui ne vous devait point la vie, mais qui la donnait! et depuis que vos mains y ont touché, voilà ses fruits de mort!...

Une autre question et des plus importantes, c'est de savoir si les nègres se portent avec ardeur aux sources de l'instruction religieuse ! — Oh! bien rarement!

De grand cœur, danseront-ils toute la nuit au son du bamboula sur la savanne, « à cette heure où le prolétaire européen gémit, où cuve l'ivresse de sa fatigue dans un sommeil fiévreux ; » mais, rechercher d'eux-mêmes la lumière et la règle de la conscience, cela n'est point commun!

Le barbare est-il assez bon juge des effets désastreux de sa barbarie pour s'efforcer d'en sortir? Et nous, pères de famille, plaçons nos enfants, ces enfants exempts de passions fougueuses, plaçons-les, libres de tout frein, à côté des oracles de la science, et conjurons-les de s'initier à ses mystères, de se livrer *modérément* à des études dont le succès sera le bonheur de leur vie et de la nôtre; épui-

[1] V' *Offic.*, p. 520. — [2] *Ibid.*

sons à cette leçon toutes les ressources du cœur paternel.
Des larmes d'attendrissement mouilleront leurs yeux, puis
les nôtres. Nous n'aurons rien omis. . . . . tournons le
dos et ne manquons pas de revenir au bout de l'année, au
bout du mois, de la semaine. . . . . Grand Dieu ! que
sont devenus nos fils ! Les instruments de la science que
nous leur avons confiés sont restés aussi neufs que l'était
notre esprit, le jour où nous avons attendu de leur liberté
plénière les fatigues et les peines d'un travail dont les fruits
ne peuvent avoir pour eux que des saveurs inconnues!. . . .
Tels sont les nègres : libres de tout frein, ils se dispersent ;
le noir ignare s'isole ; il fuit une doctrine qui l'atteint
dans ses passions. Et si vous tenez à poursuivre tous ces
fuyards, chaque individu doit avoir à ses talons un instituteur infatigable. Ce sont là des faits où l'expérience
appuie et confirme le raisonnement[1]. Le grand mérite de la
discipline d'une habitation, c'est donc de réunir les personnes, comme un collége réunit les élèves, et de présenter forcément une collection d'individus à la même bouche. C'est de
mêler les leçons *familières* et *individuelles* aux instructions
générales, ce que ne peuvent faire les paroisses. Est-ce à dire
que toutes les difficultés finissent à celles de ces réunions
intimes? Nullement; mais c'est à ce point seulement qu'elles
prennent un caractère de solubilité. Du reste, cette tâche,
de quelque façon qu'on l'aborde, a paru toute facile et cou-
lante aux optimistes européens, étrangers à la constitution
morale du nègre de nos colonies. Les aspérités dont elle
se hérisse dans l'état actuel et désastreux des colonies, ont
cependant rebuté plus d'un planteur, quoique *la grande*
majorité des maîtres regardent l'instruction religieuse comme
favorable à la prospérité de leurs habitations[2].

[1] V' Le contre-amiral Lap'ace, *Obser.*, p. 54-55, 1844. — [2] V' *Offic.*,
p. 496.

Quelques colons, il est vrai, forment une triste exception à ces dispositions générales et heureuses. Mais il est à remarquer que ceux-ci n'appartiennent que de nom, pour la plupart, à une classe d'où les repoussent l'éducation et les bonnes traditions de famille, conséquences primitives de la fortune! J'oppose ces réfractaires à la masse des planteurs dont le zèle mérite d'être signalé à l'imitation des chefs d'usine européens[1]!

Ce qui peut faire apprécier le zèle et la sincérité des habitants, c'est l'amélioration qui se remarque dans l'instruction religieuse des enfants. Car presque tous savent prier Dieu et ont acquis quelques notions des vérités du catéchisme. Cette éducation, toute incomplète qu'elle est, produira ses fruits, « parce qu'elle progresse. Elle permettrait de fonder sur les générations qui s'élèvent l'espoir de la prospérité des colonies, si, par une malencontreuse fatalité, le plan de l'instruction donné dans les écoles, n'était le plus contraire aux besoins indispensables de la culture[2].

« Pour ce qui est de la génération présente, elle vivra comme elle a vécu[3]; « la vie de ceux qui la composent, est celle de dissipateurs de bas étage aussi incapables de gouverner leur personne que leurs biens[4]; et c'est là ce qui faisait dire à M. de Gasparin : faut-il émanciper au hasard cette société sans Dieu, sans famille, sans habitudes d'économie et de travail[5]? Cependant, nous ne prétendons point inférer de cette décourageante peinture que cette classe d'hommes, si heureuse lorsque nous la comparons aux misérables de l'Europe, croupisse sans exception dans une immoralité universelle; et les documents officiels que nous préférons à *tout autre témoignage*, confirment l'étendue de cette restriction.

[1] *Offic.*, p. 491, 513, 559. — [2] *Id.*, p. 561, 562. — [3] *Ibid.*, p. 548. — [4] *Ibid.*, p. 547. — [5] *Pétition, écrits remarquables de M. Jollivet*, p. 7.

Que si notre intention est d'étudier de près la minorité si faible encore des noirs moralisés, recherchons-les près des sources de la fortune et de la parole enseignante, dans les villes, dans les bourgs, au sein de ces belles habitations que la misère n'a point encore réduites à l'état commun[1], car il est difficile de trop varier les formes de cette vérité : la misère est un des plus grands obstacles auxquels la Religion et la morale puissent se heurter sur leur route. Non-seulement elle corrompt et démoralise le noir qu'elle sèvre de toutes les sources de la vie, mais elle endurcit le maître, étranger désormais à tout autre sentiment qu'à celui de ses propres souffrances.

Tandis que de nos yeux nous contemplons la misère du prolétaire industriel au cœur de l'atelier, d'où surgit à flots l'opulence des manufacturiers européens, ne comprenons-nous point que là-bas une excuse se présente en faveur des *maîtres besogneux ;* qu'une nécessité de fer les domine et que, « trop pressés par la misère, ils se montrent avares du temps consacré au travail ; » car ce temps, c'est leur pain, c'est leur honneur ! Ils n'ont rien, et l'argent qu'ils n'ont point encore, ils le doivent !.....

Parmi les hommes d'ordre et de paix, il n'y a plus qu'une voix pour dire que lorsque le problème est de métamorphoser une société, on ne saurait trop se hâter de multiplier les moyens de moralisation en faveur de ceux qu'un lendemain imprévu, quoique menaçant, va transformer en citoyens. Or, que s'agit-il d'accomplir et d'accomplir au plus tôt pour parer aux redoutables surprises de l'avenir?

Il s'agit de changer le système des écoles et de former, sous l'aile de sages instituteurs, plutôt une race agricole et mâle qu'un ramas d'individus pétris de fainéantise et d'orgueil; il s'agit de porter au grand complet le nombre des

[1] *Offic.*, p. 167, 173.

prêtres de paroisse ; il s'agit d'ajouter à ce nombre un puissant renfort de religieux soumis à l'ordinaire et rèunis trois par trois au moins, dans une maison commune, où, chaque soir, chacun viendra se soumettre à la règle qui l'astreint à rendre compte de ses travaux du jour et de ses projets du lendemain ; où, sous l'autorité d'un supérieur, chaque religieux réchauffera son zèle au contact d'un apôtre pareil à lui-même et contrôlera, par sa surveillance, les actions de son semblable. D'après la physionomie des localités, et la topographie des habitations qu'ils se partagent , il s'agit de disposer graduellement la demeure de ces hommes de Dieu, de telle sorte qu'ils puissent, avec le soleil levant, rayonner sans effort dans l'étendue de leur orbite, et le soir, se replier vers leur centre afin de puiser dans leur retraite les forces que rendent à l'esprit et au corps la méditation et le repos ; il s'agit d'exiger de ces religieux une année au moins d'observation et de parcours dans les colonies avant de leur permettre de distribuer, selon les besoins de leurs ouailles, le lait ou le pain de la parole. Comment, sans cette mesure de prudence, espéreraient-ils se proportionner aux besoins des populations dont ils n'auraient pu connaître par eux-mêmes ni le régime ni les mœurs?

Il s'agit encore d'établir, sous la direction de ces religieux, un nombre suffisant de frères, de sœurs, d'instituteurs et d'auxiliaires bénévoles, choisis ou *approuvés* par eux, pour préparer les cœurs par la première et rudimentaire culture de l'esprit ; pour aider, surveiller, soutenir les néophytes ; pour hèserber et arroser la semence évangélique ; pour diriger les jets désordonnés et leur offrir, contre le souffle des passions grondantes, d'indispensables tuteurs [1] !

Mais dans toutes les circonstances épineuses, il faudra se

---

[1] Je soumets cette ébauche à la critique des vrais juges, et non pas du premier jugeur venu.

pénétrer du sens profond de ces paroles de M. Schœlcher qui sont celles de tous les abolitionistes *désintéressés* : « Un des plus grands malheurs qui pût arriver à l'abolition serait qu'elle eût les colons pour adversaires déelarés... La ré-forme ne se fera avec *toutes les chances* d'une réussite fa-cile qu'étayée de leur concours [1]. »

Je crois faciliter la marche et les progrès de la moralisa-tion en répétant ce conseil. Mais je rencontrerai plus de contradicteurs en ajoutant : on s'arrêtera, ou bien l'on ne procédera qu'avec une réserve et une déférence excessives devant l'opposition du maître; car à quoi bon cette fai-blesse? Le voici : c'est qu'il importe à l'établissement et à la douceur des rapports qui doivent exister entre l'instituteur, le prêtre et le maître que ce dernier ne soit jamais sous le coup de la violence et de la contrainte; c'est qu'il importe à la discipline des ateliers et aux intérêts du travail libre, dont la réalisation annoncerait la transformation de la nature du nègre, que celui-ci sache et croie devoir à son maître le bienfait des lumières religieuses que le maître lui doit, et auxquelles le noir devra les qualités viriles et la parfaite li-berté du citoyen! Or, le dernier mot de la vraie, de la grande, de la bonne politique comme de la vraie religion et de la morale, ce dernier mot, c'est unir! Quelle folie serait-ce donc d'attenter à l'autorité légale, à la propriété légale, à l'ascendant moral des maîtres, ce palladium des colonies; quelle folie, lorsque d'ailleurs ces régions peuvent renvoyer aussitôt contre nous, armés de pied en cap, et fortifiés par le prestige de la victoire, les principes avec lesquels nous les aurions bouleversées!

Etablir, *contre le gré du colon*, le prêtre ou l'institu-teur à son domicile, ou le tenir ouvert à toute heure, ce se-

[1] Sch., *Col., fr.,* p. 366, 367.

rait donner un maître au maître et le bafouer à la face
de ses serviteurs... Est-ce par cette voie douloureuse que
nous nous assurerons le cœur de cet homme sans le concours duquel l'abolition devient un malheur [1], sans l'énergie duquel l'émancipation fonde et perpétue un deuxième
prolétariat, au lieu de contribuer à la libération de nos
prolétaires? A cela que de bouches s'empresseront de ré-
pliquer : voilà qui est excellent pour le maître, mais désespérant pour le serviteur ! car il va suffire au colon d'abuser
de son véto pour engourdir à tout jamais le zèle du prêtre et
paralyser ses efforts. — Non, point du tout, et tenir ce langage, c'est supposer à des hommes une puissance qu'ils n'ont
point, une volonté qu'ils ne peuvent avoir. Voici sur quelle
raison péremptoire je m'appuie :

. . . . . . Les idées ne se transforment en faits que
lorsqu'elles sont devenues le terme auquel aboutissent les
volontés générales, c'est-à-dire lorsque le public *s'y détermine.* Mais aussi, comme elles n'ont pu parvenir à ce point
sans emprunter à la volonté du public l'énergie de sa puissance, toute résistance leur devient inutile ou plutôt fatale.
Lutter ici contre cette volonté générale et formelle qui, de
toutes parts, transpire, pénètre, se fait jour, et, semblable
au mobile élément des mers, presse également dans tous les
sens, c'est se raidir contre la raison unie à la force ; et c'est
là toute la faculté que le droit de résistance concéderait au
planteur. — Eh ! bien donc, à quoi bon lui laisser cette oi-
seuse faculté? — A quoi bon? c'est à servir les intérêts de la
France. En effet, si l'erreur accidentelle, l'ignorance, la volonté de l'instituteur, je veux dire la forme et le mode d'action qu'elle emprunte, se trouvent contraires à la détermi-
nation du public dont les colons savent qu'ils ne peuvent

[1] Schœlcher, p. 466.

combattre la loi sans se briser, ou l'éluder sans se perdre ; dans ce cas, les colons deviennent, en résistant, les ministres de la volonté du public.

Je sais bien qu'il y a risque, pour les agents de l'éducation, de rencontrer en travers de leur route quelqu'un de ces esprits chagrins et exceptionnels, pour lesquels l'opposition quand même est un besoin de nature et une nécessité de régime. Ces tristes naturels trouveront place à notre soleil ; et leur mauvaise volonté n'en ternira pas la lumière. Loin de là, leur exemple devient un enseignement fécond, et tandis que la prospérité qui résulte des bienfaits de la moralisation règne à leur porte et les enveloppe, l'ignorance morale de leurs ateliers se manifeste par un désordre matériel qui est leur ruine ! Et cette ombre donne à la lumière de la morale et de la vérité toute la splendeur qu'elle peut devoir au contraste. Que ceux de nos lecteurs qui auraient le malheur de n'avoir point assez étudié le Catholicisme pour croire à l'efficacité des vérités universelles qu'il inculque ne me reprochent point d'exiger de leur esprit une foi qu'ils ne peuvent avoir. Je ne leur demande humblement qu'un peu de froide raison, qu'un peu de mémoire, et je me charge d'aider à leurs souvenirs. Peut-être suffira-t-il de leur rappeler, sur la fécondité des effets de la religion, les idées nettement formulées des hommes que nos colons se sont élus pour organes. « On se souvenait, disent MM. Huc et de Chazelles, on se souvenait dans les colonies que les habitations qui avaient appartenu aux ordres religieux avaient toujours présenté des ateliers modèles, sous le rapport de l'ordre, de la discipline et *même du travail.*

Au sein des habitations possédées par d'anciens ordres religieux, le nombre des *familles* était plus grand, la discipline des ateliers plus parfaite, et *cela s'est maintenu!* Le bon effet produit par ces ordres monastiques se fait encore sentir malgré la longueur des temps écoulés et *l'influence contraire* des temps qui ont suivi cette époque [1]. » Ce sont là des bienfaits que la plupart des colons ont dû regretter et que quelques-uns sont excusables d'avoir oubliés durant cette affligeante disette de prêtres où les gouvernements les ont laissés... Ces exemples, d'une efficacité *persistante*, jetés dans l'histoire comme autant de jalons, pour nous tracer une route solide, ont abondé sous nos yeux partout où abondait la cause qui devait les produire. Mais, au moment de rompre sur ce sujet, je veux répéter un fait qui me fut rapporté par l'un des plus vénérables habitants des Antilles :

« Il y a tantôt douze ans [2], j'abattis quelques *carrés* de futaie. Les arbres étant à terre, je les offris au géreur d'une habitation qui cherchait des bois de charpente, et, à quelques jours de là, une partie de son atelier vint s'installer sur mon domaine. Ayant soustrait mes nègres à la discipline du fouet, je les tenais avec un soin extrême, et redoutant le contact des nouveaux venus, je m'efforçais de les en isoler. Mais un soir, comme je me promenais, je ne sais quels accords vagues et suaves s'élevèrent dans le lointain ! Je doublai le pas, et, bientôt, la cadence de chants sacrés frappa mon oreille plus attentive ! J'approchai : ce ne fut plus alors que le son d'une seule et même voix ! Quelques instants après, j'écoutais les dernières paroles d'un orateur juché sur un tronc d'arbre, et qui, au milieu de ses confrères religieusement attentifs, terminait par la prière du soir un véritable sermon. Le prédicateur était un des vieux nègres de la bande, et j'appris de sa bouche que cet atelier modèle avait eu, jusqu'en 1789, des religieux pour maîtres ! A partir de ce moment, je mis autant de soin à éta-

---

[1] MM. de Cools èt de Jabrun, *Rapp. de Tocqueville.* Voir, dans mes *Colonies franç.,* le chap. *Moyens religieux.* — [2] 1845. Je choisis ce fait parmi ceux qui me sont personnellement connus.

blir des relations journalières entre ces noirs et les miens que j'en avais mis à les prévenir, et pendant les quelques semaines de la durée de ce contact, la sévérité la plus extraordinaire n'eût pu trouver une réprimande à formuler ! »

Entre une multitude de faits analogues, je puis en citer un plus général : La France confine au Brésil par sa Guiane, et l'on croirait volontiers que le sens manque à la population de cette contrée limitrophe, aux mœurs de laquelle un mot va suffire à nous initier. « Ce qu'on y observe, c'est moins une méchanceté profonde et enracinée que l'ignorance du bien et du mal. Le libertipage y paraît trop naturel pour ne pas trouver à peu près dans toute bouche un officieux patron. On n'y punit point les assassinats, et la justice publique, refusant sa vindicte aux opprimés, chacun se fait, au besoin, juge et bourreau dans sa cause. S'il arrive que dans une rue fréquentée, un homme reçoive d'un meurtrier le coup mortel, les témoins du forfait regardent et passent..... à chacun ses affaires. Nul ne se trouve d'humeur à porter témoignage contre l'homicide assez maladroit pour que son crime ait forcé les magistrats à l'enfermer sous les verroux ; et puis, d'ailleurs, cet emprisonnement n'est qu'une retenue de quelques jours, au bout desquels l'inculpé reprend ses droits d'homme libre. « Nulle part, on n'est plus frappé qu'à Fernambuc de cet étrange état moral. » Tel est, à peu de chose près, la description que nous donne M. de Chavagnes [1] de cette société où le pouvoir public n'a pu tomber en décadence sans entraîner la liberté dans sa chute. On y végète sous la loi du plus fort ou du plus rusé.

Cependant, M. de Chavagnes reçoit l'hospitalité d'un colonel, qui lui explique le phénomène d'une rénovation

[1] 1844.

subite opérée par un simple missionnaire. Autour de l'homme
évangélique sévissaient tous les fléaux que l'anarchie dé-
chaîne ; mais tel avait été l'effet de ses instructions, dit le
colonel, qu'au milieu d'une fermentation générale, la tranquillité n'avait cessé de régner dans cette partie de la province. Plus satisfaisants, plus merveilleux encore, étaient
les résultats de sa mission relatifs à la morale privée ! l'espace me manque pour les redire [1] ; mais ils se multipliaient
sous la parole de ce pauvre prêtre, sans autre secours que
celui de l'esprit qui renouvelle la face de la terre. Sachons-
le donc une fois pour toutes : sous tous les rapports religieux,
l'histoire des colonies est et sera celle du monde : si nous
tenons à la savoir, ouvrons les yeux et arrêtons-les aux
temps et aux lieux où la Religion a fleuri. »

La religion, le prêtre... Jetons dans un bassin de la balance l'échafaud, son ignominie, ses haches sanglantes [2]...

. . . . . . Et puis veuillons y jeter en sus nos gens du
roi, nos gens de toutes armes, nos magistrats et administra-
teurs , tous ensemble, sans oublier ni la brutalité des uns,
ni la morgue des autres, ni leurs qualités et leurs vertus que
je révère. Combien tout ce poids énorme devient léger, si de
l'autre côté de la balance nous plaçons un pauvre missionnaire, un pauvre prêtre humblement chrétien !

Ce dernier prévient et guérit le mal ; mais qui l'accueille,
qui l'écoute, qui l'honore ?... Peu de gens ! Il prévient le
mal. — Tous les autres le répriment, et le répriment à
peine en faisant de leur mieux pourtant ! L'un obvie à la
corruption, les autres la retranchent avec le fer, par la douleur, par le sacrifice sanglant du membre... Que d'honneurs
au magistrat, à l'homme de la toge et du sabre, et nous
croyons qu'il les mérite ; mais que d'insolence et de mépris,

[1] Lire M. de Ch., sept. 1844. — [2] Sur plus d'une terre européenne, j'ai étudié
la justice ; trop souvent le nom que je lui entendais donner était : *croix ou pile.*

que de préventions et de calomnies contre le prêtre ! Cependant, combien il est évident que les paroles peu coûteuses du prêtre épargneraient à la société des charges accablantes ! Le fer du bourreau, le fer du sabre et des baïonnettes, le fer des verroux et des chaînes. Oh ! quel amour pour le fer chez les ennemis de la doctrine chrétienne, cette doctrine qui ouvre à la fois le cœur du riche et l'intelligence du pauvre.

Mais qui souffre le plus de tout cela? Les esclaves ; et parmi ceux-ci les plus infortunés, les plus misérables, les plus dégradés des esclaves, ceux qui fourmillent dans le vaste continent de l'ancien monde.

Les réformes que le prolétariat noir sollicite du côté de la morale doivent effectuer en s'accomplissant une énergique et bienfaisante réaction sur le sort de nos prolétaires. Cette pensée s'éclaircira plus tard. En attendant je termine ce chapitre par une question bien naïve, en apparence ; mais la réponse qu'il fallut y faire donne aux hommes à système une grande leçon de prudence et de bon sens. — De quelle langue conseillera-t-on l'usage pour catéchiser le noir? De la sienne, va-t-on me répondre ! Et dans certains bureaux, dans certains journaux, partout où le raisonnement supplante l'expérience, cela paraît d'autant plus naturel que les nègres ne comprennent point avec une extrême facilité le prêtre qui ne s'exprime point dans leur idiôme.

Cependant on pourra bien changer d'avis en apprenant que les nègres se formalisent contre ceux qui prennent la liberté de s'en servir ! C'est ainsi qu'ils ont chansonné et menacé le curé du Carbet, l'abbé Goux, qui avait fait imprimer, à ses frais, un catéchisme nègre, et qui voulait faire l'instruction dans leur patois. Ils ont vu là de la raillerie et du mépris [1].

Ce fait est à l'adresse des hommes, plus ou moins

[1] *Offic.*, p. 493. Ce fait était à ma connaissance.

spirituels, qui ont contracté l'habitude de ne douter de
rien, et qui, du fond d'un cabinet, tranchent et gaspillent
avec suffisance les questions les plus ardues. Mais que dis-je?
ces hommes auraient-ils à eux seuls le monopole des passions ou de l'erreur? Nullement, et voici les paroles de
M. Schœlcher, qui, de ses yeux, a vu et revu le pays :
« M. l'abbé Goux était parvenu à faire une traduction du
catéchisme, mais on ne voudra pas croire ce qui est arrivé,
et pourtant cela est vrai ; il lui a été interdit par l'autorité
supérieure de la publier [1]. » Le croirons-nous, l'autorité
supérieure n'a pas voulu permettre qu'en cherchant à moraliser les nègres on se donnât, à leur égard, les dehors de
la raillerie et du mépris [1]?

Mais le tour de l'Europe est venu de se découvrir le sein,
et de nous laisser voir de quel baume la Religion et l'éducation arrosent les plaies de son prolétariat. Regardons et
voyons quels sont les efforts de l'Europe pour répandre, au
milieu des classes asservies et dégradées par la misère, les
bienfaits *émancipateurs* de la civilisation.

---

[1] *Col. fr.;* p. 321.

Les écoles et l'Université devant M. E. Buret, économiste lauréat.

Si l'éducation du noir, considérée sous les rapports de la propagation, du développement et de la qualité, laisse encore une si vaste carrière aux désirs, nos désirs se succéderont-ils moins pressés et moins vifs à l'endroit du misérable Européen?.. Pour répondre à cette question, ma providence est là, debout, à ma droite et prête à parler. Je veux nommer nos économistes ; ils ont à nous offrir sur ce chapitre de désolants oracles!..

« L'éducation du pauvre telle que nous l'avons vue, surtout en Angleterre, est-elle autre chose que celle des sauvages, moins, trop souvent hélas! les caresses de la maternité. Il n'y a dans ce dernier pays, *je l'affirme*, que les pourceaux, dont l'éducation physique soit comparable à celle des enfants du bas peuple[1]. » On s'y occupe avec la plus louable attention de l'amélioration des races d'animaux et l'on abandonne la race humaine, *dans le peuple*, à toutes les causes qui peuvent la dégrader et la corrompre[2]. Les philanthropes pur sang, vont faire des battues

---

[1] E. Buret, vol. II, p. 3. — [2] *Ibid.*

dans le monde pour y découvrir des opprimés et les prendre à la solde de la charité politique! cependant, « tant qu'un état possède des malheureux dans son sein, » ne doit-il pas s'occuper de leur misère physique et morale, « avant de courir aux Antipodes? Ce principe a été, comme tous les autres, entièrement négligé par tous les philanthropes de l'ancienne école[1]... Ceux de l'école moderne ont-ils mieux fait?

En France même, malgré les progrès croissants de l'instruction primaire, nous n'en avons pas moins nos petits sauvages comme en Angleterre[2]. » « Les enfants des ouvriers et des pauvres familles de la classe agricole « n'en sont pas moins privés d'éducation morale et même intellectuelle[3]. Et malgré les lois sur le travail des enfants, *lois absolument impuissantes pour empêcher le mal ou faire le bien*, les enfants accaparés par l'industrie, ne promettent à la société que des misérables et des barbares[4]. Récompensé par l'Académie des sciences morales et politiques, l'ouvrage que je cite a-t-il calomnié l'Europe? Oh! que cela serait donc à souhaiter! Mais comment l'arbre ne porterait-il point les fruits de la greffe? Sachons-le donc, parmi les enfants voués aux travaux industriels, ceux qui n'ont point atteint leur douzième année doivent fréquenter une école; au delà de cet âge, la loi les astreint à prouver qu'ils ont reçu l'instruction primaire, et, à défaut de preuves, ils *doivent suivre les leçons d'une école, mais cette école, la loi ne la désigne point[5]! Où est-elle, et puis quelle est-elle?*

Voilà, comme on va le voir, à Paris même, aussi bien que dans la cité de Lancastre, des enfants qui, à l'âge de treize ans, n'ont pas la première notion de Dieu; qui n'ont jamais entendu dire un mot de leurs devoirs moraux, et pour qui

[1] D'Esterno, p. 8. — [2] E. Buret, vol. II, p. 3. — [3] *Ibid.*, p. 4. — [4] *Ibid.* — [5] L. Faucher, *Travail des enfants de Paris*.

la première école de morale a été la prison¹! Pour un grand
nombre d'entre eux, l'école ne peut offrir ses leçons que
le soir; l'enseignement arrivant pour couronner les rudes
labeurs de la journée n'est plus qu'un surcroît de peines;
les facultés de l'esprit s'y refusent, et les organes du corps
ne peuvent s'y prêter sans douleur! Réformateurs européens, notre morale serait-elle de la nature de ces vins durs
et résistants, dont la qualité ne se développe qu'en traversant les mers?

Ne puis-je encore demander à mes frères les Européens,
si, dans le sanctuaire des écoles du peuple, la foi religieuse
et la morale qui en dérive, mélangent assez leur enseignement rudimentaire aux rudiments de l'éducation publique!
car, avant de rendre compte à Dieu de l'état des âmes, les
hommes politiques qui s'en disputent la charge ne doivent
pas trouver étrange d'avoir à compter avec notre société!

L'idée de Dieu, dont la loi est la base de toutes les lois
légitimes, la règle de toute morale et le frein de toute passion, n'est pas même ébauchée dans le cerveau des myriades
d'individus qui appartiennent aux classes populaires. Est-ce
donc que les gouvernements se rient, dans leur sagesse, des
caprices du flot irritable de la multitude? Grande serait leur
témérité, lorsqu'au centre même de l'Etat, à toute heure
elle peut, dans un de ses débordements, toucher les parvis de
nos palais législatifs, les ébranler, et disparaître en emportant leurs débris. Mais, pour parler sans figure, qu'attendre,
qu'exiger, que ne point redouter de ces hommes qui ne semblent guère soupçonner d'autre loi dans une société que celle
de la force brutale dont ils sont eux-mêmes les éléments! Eh
quoi! nous admettons que les vertus chrétiennes préparent
la rançon et fondent la liberté du travailleur! Nous répétons à

¹ L. F.

l'envi que les idées religieuses, apprivoisant les passions et maîtrisant les instincts les plus forcenés de la nature, délivrent l'homme de la servitude morale, et c'est lorsque la source de ces idées ne demande qu'à nous inonder, que nous nous en montrons tellement avares?...

Soumises à des maîtres quelquefois excellents et d'autres fois passables, quelques manufactures sont accompagnées ou voisines d'écoles ouvertes à l'enfance. Nous le savons, mais sans avoir oublié que généralement, le petit nombre des enfants qui parviennent à déchiffrer quelques lignes, articulent des paroles dont le sens se dérobe à leur esprit. L'un d'eux connaît assez la puissance et la bonté de Dieu pour le prier. On lui demande sa prière; écoutez-la : *Notre Père...* il s'arrête là! Est-ce notre Père qui nous châtiez, qui nous livrez aux tortures du travail, qui nous initiez à la débauche; ou notre Père qui êtes aux cieux, en la terre et jusqu'au fond des mines, juge redoutable entre le chef d'industrie et le prolétaire! Ne lui demandez rien de plus; il vous a dit tout ce qu'il sait, et, en deux mots, deux choses de plus qu'il ne comprend[1].

Celui-là croit s'appeler Benton, mais il est sûr d'une chose, c'est que Jésus-Christ, c'est Adam. Pour les enfants dont l'examen vient à la suite, Ponce-Pilate est un apôtre, et le Christ a souffert pour sauver notre Sauveur[2]! Le rapport officiel et infernal que j'ai traduit, nous avertit, du ton le plus positif, que les traits dont ses pages fourmillent, ne s'y rencontrent qu'à titre d'échantillon des généralités les plus déplorables! Voilà tout ce que ces pauvres enfants sont parvenus à savoir des Ecritures, dans les écoles du dimanche, lorsque la piété parvient à les y cadenasser[3]. Et les Ecritures sont la science unique qu'on leur enseigne!

[1] Lire et relire *Children employ. com.* — [2] *Ibid.* — [3] *Ibid., Occasional incarceration!*

Quelle moisson vont donc recueillir à l'étranger et les Guerney et les Pritchard? Où se dissipe, où s'égare le zèle ardent et pur de ces saints hommes de Dieu et du commerce?

Oh donc! les conséquences de la foi protestantisée rendent impossible à l'Angleterre tout système national d'éducation! Le gouvernement a dû faiblir devant la concorde belliqueuse des dissidents, marchant à sa rencontre, armés de deux millions de signatures! « Je sais, nous dit M. Faucher, qu'il faudra un courage rare pour entreprendre dans un pays si profondément remué par l'esprit de secte, de séculariser l'instruction et de l'enlever aux représentants du clergé; mais le succès est à ce prix [1]. Résumons. Il s'agit d'enseigner aux enfants leur origine et leur destination. Qui le fera? A cette question, les sectes se regardent : ce ne sera ni vous, ni elle; ni celle-ci, ni celle-là, s'entredisent-elles! personne donc? sinon, ce serait une secte, une église rivale des autres.

En l'absence du principe d'unité et d'autorité religieuse, que la logique du protestantisme rend insoutenablement absurde, comment va donc opérer ce précepte fondamental, non point de l'instruction, mais de l'éducation : enseignez; que tous apprennent de vous, qu'ils sachent! L'homme ne naît à la vie sociale que par l'initiation ou la révélation transmise, et voici que parmi ceux qui se présentent pour enseigner, chacun se préfère à tous, et tous s'accordent, d'un formidable accord, à repousser chacun! deux millions de voix, au premier cri jeté, font reculer devant leur huée tout essai de réforme, toute idée, toute parole qui, révélant l'homme à lui-même, lui apprendrait et ses devoirs et ses droits !

Voilà donc, avec la fin du monde religieux, la fin du monde

[1] L. F., *Leeds*, 1844. *Id*. E. Buret, pour la France, vol. ii, p. 306 à 313 et 466.

moral ; c'est, à bien dire, la fin du monde social. Des lèvres impérieuses ne dicteront plus qu'une morale arbitraire, c'est-à-dire imposée au nom d'une créature et tout aussi dépourvue de droit que de sanction. Chacun de s'en rire et les plus sages de donner l'exemple.

Ecarter les représentants du clergé, puisque le succès est à ce prix, que serait-ce faire? Il est à supposer [1] que les laïques qui *s'appelleraient* à les remplacer et qui s'imposeraient leur vocation, appartiendraient à une secte, à une église quelconque, à moins que la bouche destinée à enseigner la religion et la morale ne doive être celle qui en nie l'auteur. Eh! bien, dans ce cas, ces laïques ne causeront-ils pas à l'universalité des dissidents le même ombrage que les ministres de la secte jalousée? Oh! quant à nous, applaudissons-nous de notre bonheur; car dans la féconde unité de sa religion la France puise l'inappréciable avantage d'acheminer ses prolétaires, par les voies de la vie morale, vers la plénitude des droits de la vie physique et matérielle que réclame l'homme des sens, et auxquels ses appétits légitimes lui créent un titre incontestable. Hors du sein de cette unité, il ne reste, pour ressource, aux hommes à beaux sentiments que de ressusciter la religion naturelle, et quelques philosophes, *amis de l'antique*, l'ont proposé [2]. Mais une religion naturelle, dans le sens que l'*usage moderne* attache à ce mot, offense toutes les religions, car, elle les nie toutes. Elle n'est que négation; et l'on voit que la négation de la raison religieuse conduit, en théorie comme en pratique, à l'ignorance, source des vices qui engendrent la misère et la dégradation.

Cependant il nous plaît de souffler sur ces difficultés formidables; livrées au vent de notre souffle, elles ont disparu...

[1] E. Buret, *En France*, vol. II, p. 306, 307, 310, 313, 466. — [2] Voir ma *Réponse à M. Cousin*, dans le *Monde cathol.*, mars 1845.

D'un coup de trompe, nous avons réuni des quatre points
de l'horizon des hommes aussi habiles à assouplir les esprits
que les Vulcains de l'industrie le sont à se jouer de la raideur du fer. A quel usage appliquer leur talent et leur zèle?
Eh! mon Dieu, je ne saurais le dire, et la question fait à
peine un pas, — car le principal élément du succès est précisément ce qu'ils nous demandent à mains jointes et ce que
nous oublions de leur donner... Le temps, le temps de
leurs disciples; sans cela que faire? Et le temps est cet
unique avoir du prolétaire industriel que la cupidité lui
dispute avec la plus implacable âpreté.

Déjà dans un grand nombre d'usines, l'industrie prétend
que ses gens sachent manger comme ils respirent, c'est-à-
dire sans quitter leur tâche du doigt et de l'œil. Elle leur
refuse la mesure d'un repos réparateur et ne leur laisse
que les courtes heures d'un sommeil insuffisant et fébrile.
Dans quel intervalle de cette vie d'agitation, de presse et
d'angoisse saisir un moment où les sens donnent quelque liberté à la raison? Où, comment, à quel point atteindre l'esprit? Serait-ce aux heures du travail? Mais il faut compter
pour obstacles l'attention que l'ouvrage exige, le mouvement, les déplacements, le bruit des instruments et des machines, l'écartement et la dispersion des travailleurs.

Le dimanche arrive enfin; voici le jour du Seigneur qui
doit être le jour du peuple. Le pasteur va s'emparer de quelques brebis. Erreur grossière! L'homme *abruti*, « dès qu'il
obtient du loisir, le consacre aux plaisirs des sens, avant de
songer aux plaisirs de l'esprit [1], » et moins encore aux besoins de l'âme. Ce jour-là, s'il ne se sent pas trop accablé
par la fatigue, les maladies et la misère, le prolétaire industriel le consacre à l'impérieux besoin de s'étourdir; ses sens

1 L. F.

exigent des voluptés frénètiques, des enivrements, des extases qui le transportent hors de son état réel, et dont le souvenir et l'espérance le soutiennent depuis la fin du jour férié jusqu'à la soirée du sixième jour. Le septième jour forme tout son avenir. Hors de là, c'est le néant, et le néant c'est pour lui l'éternité, lorsque son intelligence est capable de donner un sens à ce mot [1].

. . . . . . ´. Quelle différence physique et morale cependant entre l'enfant de l'homme qui, sous le nom d'esclave, goûte presque toutes les douceurs compatibles avec les nécessités du travail quotidien, et la postérité du misérable que nous appelons libre et qui sature toutes les heures de son existence des dégoûts et des plus formidables labeurs de l'esclavage! Quelle différence à l'endroit de l'éducation donnée, mais surtout de l'éducation possible, entre l'ouvrier svelte et bien découplé des colonies [2], qui s'achemine à son pas vers la liberté, et ce plus infime, ce plus difforme des travailleurs classés sur l'échelle du prolétariat. Ces différences égalent en grandeur les préventions et l'ignorance du public européen sur cet article.

Quoi qu'il arrive, si la religion catholique, grâce à son unité, offre pour la civilisation complète et prompte de nos prolétaires de toutes couleurs des avantages dont l'histoire des sociétés religieuses et celle des lieux où règne le protestantisme doivent nous faire sentir tout le prix; si le principe d'autorité, véritablement philosophique, parce qu'il est véritablement fondé sur la raison et *dirigé par la raison*, oppose de toutes parts aux résistances de l'individu et aux déchirements de l'esprit de secte la force invincible de son

---

[1] *It is a pagan world, Childr.* — [2] On ne voit pas aux Antilles des nègres, quel que soit leur âge, avoir l'épine dorsale brisée comme l'ont nos vieux paysans, etc., Schœlcher, *Col. fr.*, p. 25, etc., ou *Les Prolétaires industr.*, v° *Childr. empl.*

unité ; si sa fécondité naît de sa force, nous ne pouvons trop amèrement déplorer l'égarement d'hommes d'une supério- rité aussi éminente que celle de M. E. Buret, lorsque nous leur voyons contester cette vérité, dont leur erreur même est une preuve. Car ils nient, parce qu'ils ignorent ; et cette ignorance qui est le produit d'une éducation dont ils ont flétri le système est le vice qui réduit à néant, dans leurs ou- vrages, les plus sages idées de réforme [1].

Ne tenons-nous point de leur bouche que l'éducation du peuple en France donne complètement raison aux plus fou- gueux et aux plus aveugles défenseurs de l'autel et du trône ; que l'éducation du bas peuple, lorsqu'elle trouve à descendre jusqu'à lui, est absolument inutile et même plus dangereuse que l'ignorance [2] ? Si cela est, il serait donc aussi politique que juste de changer de système et de dépenser un peu pour l'instruire, afin de n'avoir pas à dépenser beaucoup pour le surveiller et le secourir [3]. En effet, pour que l'ouvrier « veuille seulement se livrer au travail et n'en gaspille pas les produits, il faut qu'une éducation raisonnée lui ait appris de bonne heure à estimer une vie sobre, économe et labo- rieuse [4]. » C'est alors que le travail le conduit à la liberté, parce qu'il se plie à la règle, c'est-à-dire aux *vérités prin- cipes*, que la religion et la morale nous transmettent par le canal de l'éducation, pour nous diriger !

Mais élevons-nous un instant au-dessus du misérable, afin de voir si la religion et la morale pénètrent au moins dans la couche qui lui est supérieure ; ce sera le moyen d'apprécier à quelle distance elles se tiennent de lui, et quelles espérances peuvent naître en nous de les voir des- cendre jusqu'à sa personne !

Les riches et nombreuses communes qui ceignent les

[1] V° E. Buret, p. 306, 307, 310 à 313, etc. — [2] *Ibid.*, vol. II, p. 454. — [3] D'Esterno, p. 252. — [4] *Ibid*, p. 254.

murs de la capitale sont pourvues d'instituteurs et d'écoles en pleine activité. « Je ne crois pas être pessimiste en affirmant que la population de ces localités s'abaisse constamment *en moralité et en intelligence.* La misère intellectuelle et morale y est parvenue à son dernier terme... Sans le travail, unique et dernière vertu de ces populations, et vertu forcée... je ne sais si on ne devrait pas les placer au dernier degré de la moralité. *Si la société actuelle ne craignait pas de se connaître*, la plus facile enquête lui révélerait les faits moraux de la nature la plus inquiétante... Qu'y a-t-il dans le système de l'instruction primaire pour arrêter les progrès de cette brutalité et fortifier l'homme contre la corruption par le bon sens [1] ? » Il n'y a rien, parce qu'il y a disette trop grande d'une seule chose : la science des devoirs ou la religion. « On va me dire que je répète ici les déclamations des prédicateurs d'il y a quinze ans... Je dis la vérité, et ceux qui n'en sont pas les ennemis, *par intérêt ou par métier*, ne m'en voudront pas pour cela [2]. » M. Buret a dit encore : « Les véritables partisans de l'instruction populaire veulent que l'école soit un établissement séculier, sous l'autorité et la surveillance directe de l'état, et non point de la sacristie [3]· Quant à nous, nous ne voulons pas que ce qu'ils appellent la sacristie l'emporte sur l'état ; rien ne nous paraît bien dans le monde social que par le juste accord de l'un, et de l'autre ; et nous n'avons cité ce passage qu'afin de montrer le peu d'estime de M. Buret pour la Religion [4] ; car l'expression de ce sentiment ajoute un poids énorme à son jugement sur l'éducation publique. Or, il nous reste à voir quel est en France l'état, la qualité de cet enseignement dont certains hommes se sont montrés si fiers. La loyauté de M. Buret, récompensé par l'Académie des

[1] E. Buret, vol. ii, p. 452 — [2] *Ibid.*, p. 451. — [3] *Ibid.*, p. 307. —
[4] *Ibid.*, p. 310, 313, 466, etc.

Sciences morales, pourrait bien peut-être les déconcerter :
que feront-ils de sa couronne ?

Il manque chez nous, au système d'institution primaire,
si *défectueux par son organisation*, des *instituteurs et des
écoles*. Quatorze millions d'adultes ne savent ni lire ni
écrire [1]. » — « Le total des élèves des écoles primaires élé-
mentaires est de 2,881,679 ; mais ce nombre éprouve de
grandes variations, selon les saisons, etc... Outre cela,
dans tel département « on compte un élève sur six habitants, dans cet autre un sur dix-huit, dans cet autre un sur
vingt-neuf, et dans cet autre enfin un sur trente-quatre. »
Ajoutons que « sur soixante-seize écoles *normales* primaires, quatre seulement sont dirigées par des religieux et
deux par des frères des écoles chrétiennes. » Cependant « sur
cent élèves, il en est vingt qui appartiennent aux instituteurs religieux. » Donc, au jugement des parents, l'instituteur religieux l'emporte à ce point sur le laïque, que
soixante-dix laïques n'auront que quatre-vingts élèves,
quand six religieux en auront vingt. Or, quelle peut être
la tenue de ces instituteurs ? « Il y en a soixante-dix sur
cent qui ne reçoivent pas moyennement, soit en traitement
fixe, soit en rétribution mensuelle, au-delà de 485 fr. »
Voilà pour un homme et sa famille [2] !

Après cela, posséder une école, cela est bon ; mais seulement si l'école est bonne, si l'instituteur est véritablement
capable et digne de remplir sa mission d'enseignement et de
surveillance. Ecoutez :

A moins de 25 lieues de Paris, je connais une commune où,
il y a deux ou trois ans, tous les petits garçons vivaient et se
comportaient aussi maritalement que possible avec les petites

[1] E. Buret, vol. II, p. 454.—[2] *Statistique*, de M. de Tapiez, 1845. On voit à
quel point ces documents corroborent le travail de M. E. Buret, que nous allons
reprendre. V' M. Dufau, p. 616, *Annales de la charité*, octobre 1845.

filles ! Et ces désordres se commettaient paisiblement au sein de l'école du village. On est si simple au village ! Les enfants profitaient de l'absence momentanée du maître pour se livrer tous ensemble à leurs caprices. Cet énorme scandale fut découvert et réformé... je veux dire combattu *sans bruit* dans *cette commune*... Oh ! sans les quelques lignes qui ont précédé, les uns croiraient, les autres feindraient de croire que j'extravague ! Je me réfugie donc dans le bloc des économistes patentés.

La qualité des instituteurs est en question, et je me récuse, pour laisser à M. Buret la responsabilité des paroles qu'il profère sous l'ombrage de sa couronne académique. Si nous nous condamnons à le croire, ces instituteurs « ne sont pas même dignes des écoles ni de l'enseignement inutile qu'ils sont chargés de donner[1] ! Le maître d'école est un type que la loi nouvelle n'a point modifié. Malgré la surveillance des inspecteurs et des comités, c'est toujours ce personnage ignorant, bavard et suffisant ; ce chantre buveur, qui est le parasite, et bien souvent la risée de nos communes villageoises[2]. » Que demander de mieux ¢ dans un pays où l'on ne dépense que 1 franc 25 centimes par tête d'ignorant, où les communes et l'état encouragent, par de fastueuses subventions, les arts de luxe, les chanteurs de l'Opéra et les danseuses ? Il ne faut pas s'étonner si l'instruction primaire n'a pas la force de s'opposer, en France, à l'*abrutissement* d'une partie de la population qui, *sachant lire ou non*, se précipite à grands pas vers la barbarie[3]. » Eh ! mon Dieu, comment M. Buret, doué de cette science judicieuse dont ses pages abondent, n'a-t-il pas vu que, partout et toujours, lorsque la religion s'en va, la barbarie revient !

[1] E. Buret, vol. ii, p. 454. — [2] *Ibid.*, p. 455. Ces lignes sont de 1840 : M. B... reconnaîtrait sans doute des améliorations postérieures à cette date. — [3] P. 456.

Quelque policé que puisse être un état, la civilisation en disparaît lorsque le principe religieux lui meurt
au sein; et le paysan religieux et moral de la province la
plus reculée est mille fois plus homme et citoyen que les
voluptueux les plus recherchés de tous les régimes et de tous
les boudoirs. C'est que le rustre religieux connaît ses devoirs, et met son bonheur à les pratiquer. Il les pratique à
la face des beaux esprits de tout étage, inutiles ou nuisibles à
l'Etat, et qui ne récompensent la vertu de cet homme que par
leurs sarcasmes, trop souvent même par leurs persécutions!

Ici je m'arrêterais, si je n'étais entraîné par une des pages
les plus remarquables de M. Buret, celle de ses plus déter-
minées hardiesses!

Ce n'est plus d'une religion qui lui est inconnue que sa
plume apprécie légèrement les ressources et l'empire; non,
cela devient bien autrement sérieux; car il s'agit, dans ses
attaques, de cette instruction supérieure dont son esprit a
éprouvé et subi le système. . . . . Ses coups portent bien
en plein corps sur le colosse de l'Université; sa main ferme
et sûre le frappe sans trembler. Que craindrait-il? Oh! si la
mitre épiscopale eût remplacé, sur le front d'un tel audacieux, les lauriers de l'économiste vainqueur!... « L'instruction de collège, ose-t-il dire, n'est pas moins insuffisante,
elle est *beaucoup plus funeste à la véritable intelligence
et à la moralité* du pays! Le système universitaire[1] fait

---

[1] Pour ma part, je souhaite la concurrence entre l'Université, *dont je ne
méconnais pas les bons côtés*, et les corporations religieuses ou les institutions particulières. Les pères de famille seront juges du camp; mais que d'intéressés s'y opposent! Je vais copier textuellement quelques lignes du discours du savant député Cordier, à la séance de la Chambre, du 10 mai 1846.
« Le ministère de l'instruction ne délaisse pas seulement l'enseignement de
la jeunesse des campagnes, il ose même l'empêcher. Il défend aux vénérables ecclésiastiques de tenir des pensionnaires, et même d'instruire des enfants pauvres dans les villages; il les fait surveiller par des gendarmes, trans-

consister le savoir suprême à traduire avec correction et élégance du français en grec; à connaître et admirer l'histoire et les mœurs des sociétés mortes *par excès d'immoralité;* qui *méprisaient* le travail, *divinisaient* le vice, adoraient de *fausses* vertus, et regardaient le bel esprit, *l'art de tromper à l'aide de la parole, comme la chose la plus estimable du monde*[1]. » « Le maintien du système universitaire, dans un temps aussi éclairé que le nôtre, qui sait reconnaître la vérité, et qui possède le droit de la dire, est pour nous un fait inexplicable, qui donnerait à *supposer que chez nous le sophisme et l'erreur sont invincibles.* »

Que chacun s'aide, et le sophisme sera vaincu! Cependant, résumons-nous en faisant observer que deux choses manquent à l'éducation européenne, mais assez spécialement à la nôtre : en premier lieu, la qualité; en second lieu, les moyens et le temps de la recevoir; ceci s'applique au prolétaire.

formés en inquisiteurs contre la liberté de l'enseignement; abus outrageant, inouï! L'histoire contemporaine nous apprend cependant que nos plus grands génies sont nés dans les campagnes, et ont été révélés au pays et à eux-mêmes par l'instruction affectueuse et intelligente d'ecclésiastiques vénérables. Nous citerons, entre autres, Monge, Laplace, Fourrier, Bichat, et nos plus illustres généraux, initiés, par des *curés de village,* dans la carrière des sciences, qu'ils ont agrandie et illustrée. » Voyez cet *admirable* et savant discours. Pour ce qui est de l'instruction scientifique et de l'éducation morale universitaire, M. E. Buret n'a rien dit de si fort et n'a rien expliqué si logiquement.

[1] E. Buret, vol. II, p. 457, 458. M. Blanqui, *Mémoire à l'Acad. des sciences mor. et polit.* 1846.

Mœurs et libertinage des noirs.

Chez notre prolétaire ignare, affamé, transi, la corruption n'est qu'une orgie des sens qui succède aux orgies du
travail ; il ne s'y livre que pour s'étourdir ; elle l'abrutit,
c'est ce qu'il cherche. L'incomplète et superficielle éducation du noir éclate d'une manière moins repoussante dans
son désœuvrement et dans ses œuvres.

Les planteurs se sont efforcés de créer la famille sur leurs
habitations et d'y organiser le mariage. Mais, en dépit de
leur zèle, le goût de la pluralité des femmes possède le
cœur de la pluralité des noirs. Seulement, parmi ces maîtresses, il en est une qui jouit du rang de favorite. Dans la
case et dans le jardin, c'est-à-dire sur les propriétés du
nègre, celle-là règne à l'exclusion de ses rivales. Mais
lorsqu'un sang impétueux bouillonne aux veines du noir,
ce n'est point assez, pour ses appétits, des odalisques de l'habitation..... ou plutôt son amour sauvage aime les grandes
distances. L'éloignement grandit les objets dans le monde
moral ; c'est le contraire dans la perspective. Ses grandes
passions le jettent donc au dehors. Et puis, il existe dans les
courses nocturnes, un charme vraiment indicible pour le

noir; rien ne l'arrête dans ces entreprises, ni les dangers de la pérégrination, ni l'obscurité de la nuit dont la couleur se fond avec la sienne et, le rendant invisible, lui vaut l'anneau de Gygès.

S'il part, sa vélocité est celle de l'oiseau, il a des ailes, et les talons de Mercure sont moins rapides. Les sentiers les moins battus, les falaises escarpées, abruptes, voilà sa route, parce que cette traverse abrège l'espace. L'habitude de ces trajets a dilaté sa prunelle; et lorsque vous le voyez, ferme et leste, s'avancer sans hésitation dans des sentiers que l'œil, en plein soleil, devine plutôt qu'il ne les discerne, vous pensez que, par le sens de la vue, il appartient à la race féline. Il n'y a point de ténèbres qui n'aient pour lui de lueurs! Cependant, cet insoucieux n'a pas bravé le danger sans le prévoir; il porte au flanc son coutelas; il serre du poing le bâton de voyageur, qui est aussi le bâton de combat, car il redoute la rencontre fortuite d'un rival; et vous voyez sur son épaule une gaulette dont la souplesse habilement conduite brave les colères du serpent.

Mais si sa confiance vous étonne encore, c'est que vous ne possédez pas le secret de sa force : secret vivant et qui veille pour lui sur sa personne! Il le nomme son Gumibois ou garde-corps; charme infaillible, amulette, fétiche ou dieu qui conjure les périls de toute nature!

Ah! gardons-nous d'en plaisanter, incrédules que nous sommes! car il lui suffit de se placer au vent pour que les émanations du gumibois lui assurent une victoire facile sur ce rival qu'elles ont la propriété d'étourdir! La même influence met en fuite le serpent à son approche..... et s'il marche sur des escarpements, c'est encore la vertu du gumibois qui soutient en l'air, assez longtemps pour le porter, les quartiers de roche de la falaise! A peine son pied rapide s'en est-il détaché qu'ils s'écroulent; mais il est hors de péril. Le gumibois! le gumibois! ce petit meuble lui vient des fées… je le retiens pour le sujet de mon premier conte !…

Les maîtresses éloignées sont celles qui donnent au noir le plus de cœur et le plus de jambes; mais ce sont aussi celles qu'il abandonne le plus lestement. Le libertinage des né-gresses, favorisé par l'éloignement, est le motif habituel de ces ruptures. La même instabilité d'humeur, le même goût de changement caractérisent le nègre et sa maîtresse, qui possède rarement l'art coquet de laisser attendre et désirer ses faveurs. Ces ménages sans contrats, se nomment ama-cornage; je n'en dirai ni les disputes, ni les brouilles, ni les batailles; mais on les a vus quelquefois survivre à de longues et rudes épreuves.

Si le nègre entretient plusieurs maîtresses, la négresse lui rend bien la pareille, et se laisse généralement attendrir par plusieurs amants, encore qu'elle ne reconnaisse qu'un titulaire. Elle habite sa propre case; mais ce sont, outre ses bras, les bras de *ses serviteurs* qui fécondent et parent son jardin; ce sont les fruits de ce travail qui l'enrichissent et la décorent. Le doux nom dont elle récompense son nègre favori, est celui de *père de ses enfants*, quoique souvent elle n'en ait point : *papa yiches*. Elle se modère et s'observe pendant les premières lunes de l'amacornage; mais lorsque le miel de ces lunes vient à fondre, elle se livre, sans trop lutter, aux brusques et fréquents écarts de ses caprices. Une différence existe toutefois entre elle et le noir : c'est qu'elle dérobe ses infidélités sous le voile du mystère, ou ne les affiche que dans la pensée de provoquer une rupture. Au lieu de cela, c'est à la face de l'atelier que son sultan mul-tiplie le nombre de ses maîtresses.

Il n'est point rare, cependant, de voir une sorte de mo-ralité régner dans ces alliances. Elles rappellent par leur physionomie le concubinage où vivent aujourd'hui dans toutes nos grandes villes un nombre considérable de prolétaires et d'ouvriers; si considérable, vraiment, que le mariage semble avoir perdu ses liens sérieux pour une classe tout entière de nos sociétés modernes.

Je voudrais bien que l'on me dise si ce phénomène moral, presque aussi commun chez les libres de couleur que chez les esclaves, accuse ou non une des influences de l'esclavage? Il l'accuserait donc également en Europe! Et là bas, cependant, la promesse même de l'affranchissement ne peut quelquefois vaincre cette répugnance du noir à former un lien éternel; celui de la servitude leur paraît plus doux[1].

C'est aux vices de l'organisation sociale des colonies, au régime prohibitif de toute industrie, si rigoureusement attaqué par M. J. Lechevalier, que M. Schœlcher attribue la dépravation morale de l'affranchi, et, soit dit en passant, de l'homme de couleur ou du mulâtre qu'il ne ménage point! « De là, dit-il, l'oisiveté qui dévore et avilit cette race[2], » de là « son inutilité, ses mœurs répréhensibles, son manque de dignité et le peu d'estime que méritent ceux qui la composent[3]. »

« Les femmes de couleur vivent toutes en concubinage et dans la dissolution; ces femmes, parmi lesquelles les blancs viennent chercher leurs maîtresses comme dans un bazar, contribuent certainement par leur libertinage à entretenir l'abaissement de la race qu'elles déshonorent[4]. » Enfin, c'est en plaignant cette race que M. Schœlcher la flétrit d'un trait de plume, lorsqu'il formule cette proposition terrible : « un mulâtre hait son père et méprise sa mère[5]. Un mulâtre, en effet, « se ferait autant de scrupule d'épouser une négresse qu'un blanc d'épouser une mulâtresse[6]. » Quels

---

[1] *Offic.*, p. 588. — [2] *Col. fr.*, p. 190. — [3] *Ibid.* — [4] *Ibid.*, p. 192. — [5] *Ibid.*, p. 204. — [6] *Ibid.*

préjugés les hommes de M. Schœlcher peuvent-ils donc reprocher aux blancs, sans se frapper des coups de leur logique?...

Habitué que nous sommes à demander le redressement de
toutes les positions fausses, nous nous garderons bien de
nous attaquer à une race d'hommes où se rencontrent de nombreuses et d'honorables exceptions qu'une sage politique
multipliera... Hâtons-nous de rentrer dans notre sujet...

Lorsque certains couples de noirs non-libres ont formé
de véritables familles naturelles, il n'est point rare que la
bénédiction nuptiale, longtemps repoussée par eux, vienne
les unir à tout jamais! — Mais à quel moment quelquefois?
au moment où la mort de l'un des deux époux va trancher
le lien qui se forme. — La liberté du sauvage ne se rend
qu'un pied dans la tombe!

Ce qu'il y a de singulier et d'assez fréquent dans le ménage
du nègre polygame, c'est le fraternel accord qui s'établit et
règne dans le cœur et les habitudes de deux rivales. La
maîtresse en titre semble, en ce cas, oublier sa dignité; elle
donne et reçoit le nom de combosse, et se soumet à l'égard
de sa subalterne aux lois de la plus parfaite égalité. Il est
curieux de les voir scrupuleusement vêtues de la même
sorte, travailler ensemble au même ouvrage, se prêter la
main dans les disputes, former une ligue étroite contre la
nouvelle maîtresse de leur mari, et, si toutes les deux se
trouvent mères à la fois, tendre indifféremment le sein à
l'un ou à l'autre nourrisson.

Pour un grand nombre de nègres, il faut le dire, les
habitudes de l'amacornage seraient monotones et trop ré-
gulières... deux mois, trois mois de liaison fatiguent et re-
butent quelquefois leur constance. Ils se donnent et se re-
prennent avec une facilité dont, après tout, quelques-uns
de mes concitoyens ne s'émerveilleront guère!

Le nègre-cravatte est celui qui pousse la fainéantise et la paresse jusqu'à l'oubli complet de sa personne. C'est le crétin des colonies, et, comme le crétin, il subit l'empire de violents appétits sensuels... Sa dégradation le rapproche aussi bien de la brute dans ses amours que dans les autres habitudes de sa vie. Sa débauche est de ce genre odieux qui fuit le jour, et dont les fastes impurs de la pornologie nous tracent l'histoire et les progrès dans nos grandes villes! La raison première de ce désordre est sa paresse. Le paresseux ne gagne pas une obole; au lieu d'entretenir galamment sa maîtresse, il lui serait une charge accablante, un ridicule, une ignominie; et chez les négresses l'amour ne connaît guère qu'une loi : celle de l'or.

Le cœur de la négresse a son tarif, il bat pour le plus donnant; et, hors le cas assez rare de passions réelles, cette règle repousse toute exception... Les blancs eux-mêmes en subissent l'empire, et le maître plus strictement encore que ceux qui doivent avoir une main moins dorée; oh! combien sont peu de leur pays les hommes qui se figurent que le cœur, ou les faveurs d'une femme se capteraient à coups de fouet! Les magistrats ne dorment point, comment se fait-il qu'ils n'aient rien de pareil à nous apprendre! Comment se fait-il qu'entre le blanc et la femme noire ils nous signalent si rarement ces exemples de rapt et de violence, qui sont l'éternel scandale des feuilles européennes, la désolation *secrète* de tant de familles du Continent[1]!

Est-ce donc que la vertu des Européennes réduit les passions érotiques au désespoir et au crime? Je le croirais volontiers, hors de l'enceinte de cette capitale où, lorsque trois inconnus se rencontrent, il en est deux qui se trouvent en face d'un bâtard[2]!

---

[1] Parent-Duchâtelet, vol. I, p. 243. — [2] Cochut, *mouv. de la pop.*, 1845. *Id.* M. Ch. Dupin. *Id.* de Bonald, *Enfants trouvés*, 1829, p. 69.

. . . . .' Une fois pour toutes, sachons-le bien, « il n'y a pas une négresse qui ne déclare, comme je l'ai souvent entendu, que son maître a tout droit sur elle, *mais pas pour cela*[1]*!*

Le nègre ne songera donc jamais à excuser son humeur libertine, en tenant le langage que les Européens lui ont prêté : moi, me marier ! — Mais mon maître prendrait ma femme *dès le lendemain de mon mariage*. — Non d'abord ; et puis ensuite, non, de rechef ; car, à moins d'un goût passionné pour les restes de son esclave, il la prendrait plutôt la veille. On rougit d'avoir à réfuter de telles pauvretés !

La négresse recherche plus son maître qu'elle ne le redoute, et son bonheur serait de le dominer. S'il arrive à celui-ci d'oublier sa dignité morale, il ne s'offre là-bas, comme au milieu de nous, que deux voies de triomphe, les charmes de la personne ou ceux de la bourse. Seulement, le prince des séducteurs, là-bas, c'est le roi des métaux ! La négresse est loin d'en rougir ; car il y a de la *lorette* dans sa personne ; elle s'apprécie, puis se livre !

Je transcris la naïve et populaire chansonnette où elle peint ce double faible de sa nature ; voyez avec quelle aisance elle congédie le blanc qui s'avise d'être amoureux sans numéraire ; le blanc qui ne sait pas lester avec un peu d'or les ailes du plus volage des dieux.

Air du *Carillon de Dunkerque.*

LE BLANC :   C'est trop longtemps souffrir, — Doréli,
C'est trop longtemps souffrir, — Doréli,
C'est trop, etc.
Pour mon premier désir.

[1] Ride, vol. II, p. 34.

LA NÉGRESSE : Si dési vous si gand [1], — Mouché-là [2],
Si dési vous si gand, — Mouché-là.
Si dési vous si gand,
Poté, poté l'agent [3].

LE BLANC : Ma récolte est perdue, — Doréli,
Ma récolte est perdue, — Doréli,
Ma récolte est perdue,
Mes cannes sont brûlées [4].

LA NÉGRESSE : Si cannes à vous boulées [5], Mouché-là,
Si cannes à vous boulées, Mouché-là,
Si cannes à vous boulées,
Faut l'amoue, vous, flambé [6].

La nature du nègre n'est pas aussi fougueuse que les Européens se le figurent; mais il est paresseux par essence; et, dans les pays chauds surtout, la paresse est voluptueuse!.... Dignes de lutter avec la poésie d'égouts, dont une certaine classe de colporteurs inondent nos ateliers et nos faubourgs sous les yeux de nos autorités [7], leurs chansons métaphoriques redisent des combats amoureux et animent la cadence par des paroles où se répètent leurs inspirations lubriques. Voilà leurs chants; leurs danses sont la parole reproduite par les actes... C'est une pantomime qui, malgré leur apathie, s'anime et s'exalte jusqu'au délire; car, lorsque le nègre se livre à la danse, il lui est difficile de ne point s'y livrer avec fureur, et la danse est son passe-temps favori... La lourde et abrutissante ivresse d'alcool est le plaisir favori, l'irrésistible besoin de nos prolétaires. Leur misère nous dira pourquoi!

L'éducation lubrique du nègre commence dès sa plus tendre enfance. L'exemple fréquent des parents, leurs con-

---

[1] Désir si grand. — [2] Monsieur. — [3] Apportez, apportez l'argent. — [4] Cannes à sucre. — [5] Brûlées. — [6] Il vous faut brûler votre amour. — [7] V· le journal *l'Atelier*, août 1843, et ses nobles réprimandes : Nos belles du temps passé... — Quel plaisir quand on est fille gentille, etc., etc.

versations et le triste vocabulaire des querelles, sont pour
l'enfant autant d'initiations fâcheuses. On voit des mères
mêler, pour ainsi dire, à leur lait de funestes secrets de
débauche. Le cœur de cette race se flétrirait en se formant,
si, partout abandonnée à elle-même, elle tombait dans
l'isolement moral où gémissent les populations manufacturières de notre Europe.

Mais, heureusement, le maître, que le noir se montre
fier d'imiter, obtient de lui quelque décence, et le prêtre,
lorsqu'il lui est donné d'agir, sait faire porter des fruits à
cette âpre et sauvage nature [1].

Loin que le maître provoque le nègre aux irrégularités
d'une vie libertine en s'opposant à son mariage, il emploie
ses talents de persuasion à fixer par des liens religieux et
légaux sa volage humeur [2]! Il n'y épargne ni ses peines, ni
sa bourse, et il est bon de savoir que « l'esclave fait de
grands frais lorsqu'il se marie. Telle noce, m'a dit M. de
la Guigneraie, a coûté jusqu'à mille écus [3]. » Mais, la plupart du temps, les exhortations meurent inefficaces dans
l'oreille du noir, parce qu'il « est voluptueux, mou, paresseux, et supporte difficilement dans sa vie privée l'assujettissement [4]. » Il restera donc ce qu'il est, tant que la religion déplorera l'insuffisance de ces hommes sacrés qui
savent allier la douceur et la prudence aux saintes ardeurs
du zèle. En effet, « le *libertinage*, auquel l'instruction religieuse peut *seule* apporter un frein, surtout dans les classes
inférieures de la société, est *le seul obstacle que rencontrent les unions légitimes* [5]. »

Les libres, comme pour démontrer que la liberté n'est
point la véritable raison du mariage, les libres ne se montrent guère plus empressés que les esclaves à se soumettre

[1] Sid. Huc, *Manusc. pat.*, etc., etc., *Patronage.* — [2] *Offic.*, p. 471. —
[3] *Offic.*, *Procureur général*, p. 571. — [4] *Ibid.* — [5] *Offic.*, p. 569, 588.

au joug matrimonial [1]. Mais si les répugnances du noir pour le mariage cèdent aux efforts de la religion [2], il faut bien se garder de précipiter ces alliances funestes, où l'union des époux n'est qu'une spéculation de paresse ou d'intérêt [3]. Lorsque le vice se trouve en face du vice, la fatigue et le dégoût ne tardent pas à rompre d'odieuses unions ; et c'est alors que l'un des époux, saisissant « l'anneau nuptial, le coupe en deux, et, jetant à l'autre sa moitié, lui dit : voici ta part, voilà la mienne ; va de ton côté, je vais du mien [4]. »

Heureusement, rencontrons-nous quelques localités où déjà la Religion permet d'apprécier la force et la durée de son empire ; où « les esclaves mariés sont fidèles, courageux, pieux, dévoués, aiment l'ordre, soignent leurs femmes et leurs enfants [5].

Tant de vertus, et l'esclavage, est-ce possible ? Oh non ! Mais cela est ! « On voyait autrefois, *il y a quarante ou cinquante ans*, plus de mariages chez les esclaves, et plus de régularité dans les ménages. On doit en conclure que l'instruction religieuse était plus répandue qu'aujourd'hui, » et se rappeler cette phrase du travail de M. de Rémusat, que, sous ce rapport, « les colonies ont été presque entièrement abandonnées depuis 1793 [6]. » Mais aussi les esclaves ont prouvé, partout où il a été possible de trouver des hommes pour attaquer leurs vices, que les habitudes dépravées n'étaient pas inhérentes à leur position sociale, cette position que la Religion condamne, et transforme *en les transformant* [7] !

En regard de ces hommes, dont notre plume n'a voulu ni taire ni farder la corruption, osons placer le tableau de la

---

[1] *Offic.*, 575, 588. — [2] *Offic.*, p. 569, 586, 588, etc. — [3] *Offic.*, p. 570, 571. — [4] *Ibid.*, p. 581. — [5] *Ibid.*, p. 585. — [6] *Moniteur*, juin 1838. — [7] V. *Offic.*, p. 486.

moralité de nos misérables. Nous aurons à reculer, du premier pas, jusque vers une extrême misère, inconnue dans nos colonies, et dont l'existence est l'indice et la source de l'immoralité la plus excessive ! . . . . . . Notre Religion, nos lois économiques ne peuvent-elles donc s'associer pour guérir cette double plaie de notre prolétariat ? Je veux résumer à ce propos ce que la suite de cet écrit développe et jette au jour de l'évidence.

Rien ne se fait sans or, parce que l'or représente le pain, sans lequel le pouls se ralentit et la vie s'éteint. Eh bien ! le travail du noir, qui n'est que douceur à côté du travail de nos prolétaires, fera germer cet or sur le sol des Tropiques, dès que nos lois n'y étoufferont plus les efforts du travail et de l'industrie. Une partie de cet or soutiendra l'existence du prêtre et de l'instituteur, qui achèveront, par leurs idées civilisatrices, la libération des bras auxquels ils devront le pain. Une partie de cet or soldera, dans la métropole, le prêtre et l'instituteur, dont le zèle fera descendre jusqu'aux esclaves de la misère les idées civilisatrices qui s'en retirent. Cet or, enfin, qui ne nous aura coûté que des paroles de justice, formera, pour nos malheureux, le premier fonds de secours destiné à leur donner l'instrument du travail ; et, s'ils le veulent, à faciliter leur trajet vers ces régions où leurs labeurs accroîtront indéfiniment les ressources dont la création première les aura faits libres !

Cette utopie sera de l'histoire !

EFFETS DU DÉFAUT D'ÉDUCATION.

Mœurs sauvages.

Avant de retracer ces funestes effets du défaut d'éducation pour la race blanche, et de descendre des premières
couches aux profondeurs de la corruption, il est une nuance
à traverser, et nous voudrions contribuer à l'effacer, car
elle jette sur l'artisan un singulier reflet de barbarie.

Les plus nobles catégories de la classe ouvrière forment,
par leur intelligence et leur aisance, un monde à part, et le
nom de prolétaire ne leur convient que par accident. A ce
mélange de science et de routine, qui place l'artisan entre
l'artiste et le manouvrier, l'artisan doit presque toujours une
existence facile ou tolérable. La société le recherche et l'honore, parce qu'il la sert utilement et directement; et, sous
la sueur de son front, vous voyez briller ce noble orgueil de
l'homme qui porte en lui-même un être complet!.... Je
m'explique. Les lois outrées de la division du travail, qui
perfectionnent la matière et l'ouvrage aux dépens de l'intelligence et de l'ouvrier, n'ont point réduit cet homme au
dixième, au vingtième de la valeur naturelle d'un être.
Tout son rôle, en ce monde, son utilité sociale tout entière
ne se borne pas à savoir faire ou la tête, ou la pointe, ou le

pas, les bâtons ont été mis en jeu d'abord; puis, on en est venu aux haches et aux pistolets. La troupe n'étant pas assez forte, il a fallu envoyer quérir en toute hâte un escadron de chasseurs, qui arrivent à l'instant..... etc. »

Les batailles, il est vrai, ne sont pas toujours générales, quoique nous en connaissions de bien plus meurtrières; le plus souvent, il ne s'agit que de rencontres singulières et fortuites. Ce sont les passes d'armes de la chevalerie errante du compagnonnage... Deux compagnons se rencontrent, et ils topent; oh! qu'est-ce que toper? le voici. Lorsque les deux champions de hasard se trouvent à une vingtaine de pas l'un de l'autre, ils s'arrêtent, prennent une pose, et s'écrient : Tope! tope! — Quelle vocation? dit l'un. — Charpentier. — Et vous, le pays? — Tailleur de pierres. — Compagnon? — Oui. — Et vous? — Aussi. — De quel devoir? — Ce mot décide la question de paix ou de guerre. Car, si l'on se trouve être du même devoir, voilà deux frères. — Autrement, ces hommes qui ne se sont jamais vus ont de vieilles, d'implacables rancunes à venger, des rancunes qui seraient presque d'hier, si elles n'étaient contemporaines que du vieil Hérode, mais *elles datent de Salomon;* ils ont passé leur vie à se haïr, sans connaître seulement l'existence l'un de l'autre. Oh! la folie! Ce sont tout-à-coup deux furieux qui se ruent, et sur qui? sur un compatriote..... sur un parent, sur un frère peut-être, que leur œil égaré n'aura point reconnu [1]! On se déchire, on se transperce, on se tue, mais l'honneur est satisfait. On a topé; admirons le topage [2]! Ces combats passent inaperçus, parce qu'ils ne remuent pas des cités entières, parce qu'ils n'offrent point le spectacle que nous offrait encore au mois de mai la ville de Nantes [3].

[1] *Le Livre,* etc., vol. i, p. 86, 87. — [2] *Ibid.,* vol. i, p. 59; vol. ii, p. 89·
[3] Mai 1845.

Que diront les fillettes
Là haut dans leurs chambrettes, ·
Qui pleurent leurs amants,
Qui s'en vont battre aux champs[1].

Et qu'en dira la société tout entière, plus intéressée encore que ces fillettes à la conservation de ses membres valides, au maintien de l'ordre moral et de la paix fraternelle?

Pour le moment, arrêtons nos regards à un seul corps d'état, curieux que nous sommes de nous représenter ce qu'il y a, de nos jours encore, de sauvage dans les mœurs et de dégradant dans les mauvaises habitudes du compagnonnage. Mais ne censurons rien au delà des vices de cette institution, que nous nous gardons bien d'attaquer en elle-même : l'esprit d'association qui l'anime a son trop bon côté pour ne pas mériter faveur; et nous ne voulons extirper l'abus, en le signalant, que dans l'intérêt de la chose.

Les compagnons Dévorants, ou Drilles, hurlent dans leurs cérémonies et leurs reconnaissances; ils topent sur les routes, se battent souvent, se soutiennent fort bien, et ils ont su maintenir avec fermeté le prix de leurs journées. Mais, à propos de ces compagnons, je ne puis me dispenser d'attirer de rechef l'attention sur un fait étrange : c'est qu'en Europe l'esclavage se rencontre à chaque pas, et sous toutes les formes! Les hommes qui le maudissent le plus du bout de la langue, et qui le croient fort éloigné de leur personne, semblent le regarder dans leur conduite comme une nécessité de régime. N'examinons que les hiérarchies de ce corps d'état!

La première est celle des singes. Le plus fin, le plus adroit des animaux, c'est le singe, disent-ils. Le singe est donc le *maître;* à ce titre, il prime le chien. Le chien, c'est

[1] *Le Livre*, etc., p. 79.

le compagnon et presque l'égal du maître; aussi, du singe au chien, n'y a-t-il que la main. De là le dédain de ce dernier pour le renard, auquel il donne des chasses merveilleuses. C'est que le renard n'est encore qu'un pauvre aspirant. Or, celui-ci ne se console pas de ses déboires en s'évertuant à en faire disparaître la cause, mais en poursuivant à outrance le lapin. Le lapin, le plus faible et le dernier de tous, c'est l'apprenti. — On a vu des chiens, véritables Attilas de leur race, se nommer le fléau, la terreur des renards, et abuser, à tort et à travers, de leur supériorité, de leur noblesse canine! Car le chien, le compagnon, c'est presque un maître, et le renard n'est qu'un serviteur, si ce n'est à côté du lapin, plus serviteur encore.

. . . . . Cire mes bottes, brosse mon habit, dit le chien au renard, et celui-ci d'obéir! Son tour de commander viendra, et l'espoir de passer tyran lui rend tolérables et douces les humiliations de l'esclavage. En province, un renard travaille rarement dans les villes; on le chasse, comme on dit, dans les broussailles[1]! Respecter la dignité de l'homme dans un renard, dans un lapin! Bah! est-ce que le renard et le lapin sont des hommes?

. . . . . Dirai-je encore ces cérémonies bizarres et païennes qui signalent la descente d'un confrère au tombeau. Autour de la tombe, ce sont des cris lamentables et mystiques. Un compagnon se place sur le cercueil et dans la fosse même, jusqu'à ce qu'un drap, étendu au-dessus du vivant et du mort, les dérobent à la fois aux regards. Des lamentations lugubres montent alors du fond de la fosse, et les compagnons qui la cernent répondent par des lamentations semblables... Il se passe, en ce moment suprême, « *quelque chose dont je ne dois point parler,* » dit le

---

[1] *Le Livre*, etc., vol. i, p. 44, 42, etc.

compagnon Perdriguier, lorsque la cérémonie a lieu pour
un charpentier appartenant à l'association de Soubise[1].
Maître Jacques et le père Soubise, contemporains et ouvriers du roi Salomon, travaillèrent à l'édification du temple de Jérusalem. Les vieilles querelles datent de cette
époque : le compagnonnage est rancunier!

Décidément, voilà qui devrait avoir fait son temps. Ces
abus sauvages appellent une puissante réforme; honneur à
l'homme qui l'a tentée[2]. L'ivrognerie, la fainéantise, l'oppression et le meurtre, qui semblent s'appuyer sur le mauvais côté du compagnonnage, jurent avec les préceptes de
sagesse, de prudence et d'amour, sur lesquels le Catholicisme a jeté les bases inébranlables de la civilisation.

Il suffirait d'un mot pour attirer l'attention sur les mœurs
brutales des hommes les plus faciles à ramener par les sentiments même dont ils abusent. Il n'entre point dans mon
projet de rappeler ou de peindre les qualités, les vertus, la
bonté du cœur de la classe ouvrière et pauvre. L'ouvrier
est naturellement bon, serviable, charitable, et sa bourse
n'a pas moins de dévouement que sa personne. Je sais que
sous ce rapport, surtout l'ouvrier de Paris peut être cité
comme un modèle. Je sais cela, mais je n'en dirai rien; car
ce n'est point de ce côté que nos vœux peuvent appeler une
réforme.

---

[1] *Le Livre,* etc., vol. i, p. 66. — [2] C'est Agricol Perdriguier, dit *Avi-
gnonais-la-Vertu.*

Dissolution des mœurs.

Une réforme de mœurs, ai–je dit, il n'y a qu'un instant! Oh! mais par où la commencer? Lorsque je songe
que, sous les lois du régime industriel d'une partie notable
de l'Europe, « le travail dissout la famille[1], » et que la famille est le résultat, la preuve et la sauvegarde des mœurs;
lorsque je songe que « le lien des familles, s'il se forme
jamais, est bientôt rompu » dans les dernières classes ouvrières, « par la dissolution, par l'indiscipline des enfants,
et par la négligence des parents[2], » mon cœur et mes
lèvres se serrent, mes forces succombent! Je ne me ranime que pour voir éclater des feux qui ne dévorent
point des édifices de pierre et de bois, mais qui s'attaquent à la chair même de l'espèce humaine : feux ignobles qui dévorent et maculent!.... Ici, là-bas, ailleurs,
partout une odeur de corruption flagrante, m'obsède et me
poursuit..... Où la fuir? ou plutôt, comment la vaincre? —
Oh! de quel côté l'attaquer seulement? — Mais, soit qu'il
nous plaise d'avancer ou de reculer, ne perdons point de vue

[1] L. F. — [2] E. Buret, vol. II, p. 13. De Bourgoing, *Campagnes*, p. 12.
L. Blanc, *Organ.*, p. 34.

les misères, le luxe de privations et de douleurs des classes pauvres de notre société. L'équité rend indispensable cette précaution, afin d'atténuer « le sentiment de dégoût et de mépris qu'inspirent leur dégradation et leurs vices . [1] »

En effet, « la misère physique » amène bientôt après elle la misère morale, et celle-ci opère si énergiquement sur la première pour l'augmenter et la faire descendre au dernier terme, qu'elle en paraît la cause unique [2]. » Nos yeux ne se sont pas assez repus du spectacle navrant et immonde de la misère du pauvre européen, pour que nous pressentions dans quel abîme de dégradation morale cette perte de tous les droits de la nature humaine a dû entraîner tous les devoirs. Cependant, hâtons-nous bien de l'exprimer : notre pensée, lorsque nous exposons ces plaies sociales, n'est point celle d'un esprit dénigrant ; elle n'est point hostile à la société, car nous ne voudrions point la refondre ; tout au contraire, et nous ne cherchons à la réformer qu'afin de rendre au jour et à l'air les principes couverts de cendres et de décombres sur lesquels repose son édifice à demi-ébranlé. Le grand coupable dans ma pensée, ce fut le réparateur sur lequel je compte : ce fut tout le monde : l'individu, les classes diverses et la société prise dans son ensemble.

Rapproché par la morale et par l'aisance du niveau commun de notre espèce, et de la plénitude de l'être, le prolétaire revivifié cessera d'être, au milieu de nos cités et de nos champs, une race à part. Il se fondra dans la race commune ; il sera membre véritable de ce corps, qui doit avoir, comme tous les corps, une tête, des parties nobles et des membres inférieurs ; mais dont tous les membres, dans l'intérêt de sa propre vigueur, doivent être valides, homogènes et sains...

---

[1] E. Buret, vol. i, p. 389. — [2] Ibid., p. 391.

. . . . . Grâce aux efforts du sacerdoce et des planteurs, nous avons vu la tendance au mariage se fortifier,
toute faible qu'elle est, dans nos possessions transatlanti-
ques; quelques unions légitimes s'y sont formées, bien peu
nombreuses, hélas!.... mais quelquefois encourageantes
par leurs résultats. Il y a progrès; on en connaît, on en peut
fortifier la cause, et, quelque misérable que soit ce progrès,
il frappe d'étonnement, si peu qu'on le compare à la marche
inverse des populations européennes. De celles-ci, la décadence morale devient aussi effrayante que rapide, et, sous
la plume de l'un de nos économistes les plus modérés, elle
se résume en cette formule : « Le concubinage est presque
devenu l'état habituel des classes ouvrières [1]. » Le mariage
n'y est plus en quelque sorte « qu'un préjugé qu'on viole
sans scrupule; et l'on se passe aussi facilement de l'intervention de la loi civile qui crée la famille « légale, » que de
la loi religieuse [2], » dont les paroles sacramentelles sont le
sacre de la royauté conjugale et paternelle! Or, l'homme
qui méprise la Religion a beau jeu des lois, qui, n'en déri-
vant plus, ne peuvent avoir d'autre source que l'inefficace
et mobile volonté de *ses égaux.*

Malheureusement encore « pour la morale publique, les
classes aisées, les gens comme il faut » de notre Europe,
ceux dont le bras a tant de vigueur pour lancer la pierre
jusque sur les rivages opposés de l'Atlantique, ces mora-
listes de Sybaris, « donnent trop souvent l'exemple de l'u-
nion illégitime et momentanée des sexes, pour que cet acte
antisocial soit frappé du châtiment salutaire infligé par le
scandale [3].

Avouons-le d'ailleurs : lorsque les classes inférieures
sont d'autant moins portées aux idées sérieuses qu'elles res-

[1] E. Buret, vol. 1, p. 447. — [2] *Ibid.* — [3] *Ibid.*

tent plus étrangères à la notion du devoir, cet état de concubinage ou d'amacornage leur offre des séductions puissantes. Dès qu'on se plaît, on se prend; cela est si simple!
Le temps est cher, on l'épargne. On se dispense et des
formalités légales, et bien plus encore de l'étude des caractères et des goûts. Point de lenteurs, et peu de risques; car,
sitôt qu'on se déplaît, on se quitte. Point de prêtre pour
vous arrêter et vous dire : vous ne pouvez! Et point de juge
après coup, lorsque le dégoût vous prend, pour peser un
cas de séparation, un cas de divorce, dans les états où ce
fléau légal ôte au mariage le caractère qui le distingue des
étapes plus ou moins longues de la débauche. La femme de
passade est-elle d'une humeur naturellement acariâtre, que-
relleuse, dominante? (le sexe aimable a laissé voir quelquefois ce phénomène) ou bien cette femme est-elle paresseuse,
insouciante ou malpropre? l'intérêt la raisonne et la corrige, ou la modère! Car un seul homme la soutient, et si
cet unique appui se retire, elle tombe dans les profondeurs
de la misère! Celui-ci n'a qu'une parole à proférer pour la
bannir! Bien plus, en la foudroyant de cette apostrophe :
cherche ta vie hors de chez moi, il frappe toute la lignée
sortie de cette femme, autre motif pour retenir par les sentiments de la nature celle qui est restée trop étrangère aux
prescriptions de la morale. Pour l'homme brute et dépourvu
de notions religieuses, pour le gagne-pain du ménage, ce
rôle n'est-il pas plus attrayant que celui de mari souffre-
douleur?

Si la science, qui apprend et sanctionne le devoir, n'apprend pas à ces pauvres gens le mal et les conséquences de
ces habitudes, nos paroles auraient-elles assez de persuasion
pour les vaincre? nos exemples pourraient-ils les déraciner?
Non! et surtout lorsque nos lois elles-mêmes les provoquent
et les fortifient. Or, c'est là le défaut de nos lois; et l'on

« ignore généralement les difficultés que les pauvres gens éprouvent à se mettre en mesure de contracter mariage.

Les actes nécessaires à cet effet sont souvent fort nombreux et coûtent fort cher. Ils ne sont délivrés gratis qu'à Paris et aux seuls indigents inscrits [1]. »

Je renonce à peindre ces difficultés, si souvent décourageantes pour les malheureux. Je sais que ce qui leur est impossible, ne l'est point à d'autres. La charité n'a-t-elle point, dans les classes aisées de la société, de nombreux, d'infatigables apôtres? Oui, sans doute; et parmi ceux-ci, honneur aux associés de saint François-Régis, dont l'œuvre toute sociale transforme le concubinage en alliance légitime et sainte [2].

Cependant, quoi qu'il en soit des sages et magnanimes efforts de cette association contre l'immoralité des classes pauvres et les maux dont elle les afflige, la digue est impuissante contre le torrent, et si le torrent ne la renverse point, il la déborde. Le concubinage ajoute à la débauche au jour le jour ses fruits abondants et amers, d'où sortent les germes qui, plus tard, le perpétuent. Lorsque, sous ses fâcheux auspices, la famille naît et s'accroît, la misère commence ou redouble; alors les plaintes, les récriminations, les souffrances répétées et quelquefois intolérables « aigrissent le père et la mère l'un contre l'autre, » et, comme nous l'avons dit tout à l'heure, au premier beau jour le père, ou plutôt le générateur de cette famille, trouve sa charge trop pesante et disparaît [3].

Voilà des orphelins avec lesquels la mère n'a rien à partager que l'ignominie. Est-il surprenant que, dans ces circonstances, elle les épuise de travail ou qu'elle les aban-

---

[1] Frégier, vol. ii, p. 155 à 166. — [2] Voir les merveilleux résultats de cette œuvre, *Annales de la charité*, mars 1846. (*Note de l'institut.*) — [3] Frégier, vol. ii, p. 157, 158.

donne? et quel peut être l'avenir de la société lorsque tel est l'état de la famille !

Tels sont les contre-coups de la misère, ce cruel effet devenu cause ; et pour se former une idée du degré d'avilissement physique et moral où elle plonge l'homme, sept ou huit lignes d'un seul document pris au hasard, pourraient suffire. Je les rencontre dans l'enquête relative aux tisserands à la main.....

« Laborieux, avides d'instruction, doués de ce sentiment de respect pour eux-mêmes qui constitue le caractère, les tisserands étaient les gens comme il faut de la classe ouvrière[1]. » « Si leurs salaires étaient restés ce qu'ils étaient, ils auraient conservé le caractère *intellectuel* et *moral* qui les a distingués si longtemps, dit M. Simons ; mais, hélas ! ces mœurs pleines de réserve et *de dignité* se sont effacées ; les générations actuelles s'abaissent chaque jour au niveau de misère et *de dégradation* des classes souffrantes » ; « ignorante, dépravée, cette classe s'abandonne aux habitudes grossières, et *la condition des tisserands à la main, en France, est à peu près la même qu'en Angleterre ;* cependant, elle est généralement moins extrême[2]. »

Mais tandis que nous mesurerons de l'œil cette merveilleuse corruption des misérables, ne cessons de nous rappeler une des plus fortes causes de la misère : l'éducation *vicieuse* des classes riches ou aisées, et le *défaut* d'éducation du pauvre ! De part et d'autre, on ignore ses devoirs, on exagère ses droits ! on les *invente,* on les forge au lieu

---

[1] E. Buret, vol. ii, p. 30. — [2] *Ibid.,* p. 30 à 33. — Nous ne nous arrêterons point à relever à ce sujet une inconséquence du docteur Villermé. Ce savant docteur semble établir que la condition des classes ouvrières se perfectionne et s'améliore, mais lorsqu'il arrive à les examiner une à une, ses conclusions individuelles se trouvent souvent contraires à ses prémisses !

de les découvrir et de les conserver! Dans les familles et dans l'Etat, les maux les plus évidents dérivent de cette ignorance. Ils procèdent, et de notre mollesse à la combattre, et de l'orgueil qui en nie la réalité et les effets! Il y aurait tout un monde de réformes, et puis après cela, de bonheur, dans la méditation de ces quelques lignes!

.. A cette cause première de dégradation viennent se joindre et s'agglomérer les causes secondaires qui résultent de la constitution économique de l'industrie, cette reine de nos cités modernes, qu'il faudrait ranger parmi les ennemis capitaux de la morale, s'il était juste d'accuser le travail, qui relève et sanctifie l'homme, des erreurs de ceux qui le jettent hors de ses voies naturelles, et qui en désordonnent les lois!

Philosophes, économistes et hommes d'état, ou tout simplement hommes de loisir, qui que nous soyons, descendant des hauteurs nuageuses du préjugé, osons, osons dire une bonne fois s'il est juste et indispensable de coordonner dans un état, avec les institutions politiques et économiques de toute nature, ces institutions religieuses et morales dont la règle inflexible et droite les dirige ou les redresse! Demandons-nous sincèrement si cette religion que les beaux esprits font profession de dédaigner, parce qu'elle ne peut se prêter aux rêves de notre orgueil, si cette religion n'est pas aussi utile au savant qu'à l'ignorant, aussi féconde pour le riche que pour le pauvre, elle dont les mains maternelles égalisent les conditions..,.. elle dont la munificence rend au centuple, au riche d'or ou de science, ce qu'elle lui commande sous peine de mort éternelle de donner à l'indigent... Hors de son domaine, quel effroyable entraînement de l'immoralité vers la misère, et de la misère vers l'immoralité! Mais nous connaîtrons mieux que par le raisonnement les obstacles qu'elle oppose à la cor-

ruption, si nous rentrons dans le domaine du positif, et
que nous parcourions au hasard quelques-unes des localités
de notre continent où son influence s'est éteinte; c'est là le
parti que nous allons prendre. Jetons-nous donc brusquement
au centre de l'Angleterre, avant de porter les yeux sur nous-
mêmes; les saccades de nos allures seront une économie de
temps et de peine.

Birmingham est une des places-fortes de l'industrie; c'est
une des premières qui s'offrent à nous. Qui ne connaît cette
ville libre dont les fonderies coulent les dieux homicides que
la philanthrope et pieuse Angleterre vend aux adorations
des Hindous, et où la forge façonne les fers dont le négrier
charge ses victimes!.. La salubrité de l'air y est *remarquable*, et cependant, la moitié des enfants qui naissent dans
cette ville *succombent* avant d'atteindre leur sixième année .. Comment donc accorder ces deux ordres de faits dont
l'un semble repousser l'autre? Le voici : c'est que l'épidé-
mie qui les moissonne est surtout de l'ordre moral[1]. Le
régime industriel y a déformé le cœur des mères. Dieu veut
la famille et le travail; il veut donc un travail bien différent de celui qui tue l'âme, le corps et la famille[2]; c'est-à-
dire bien différent de celui qui est imposé par l'industrie.
Et cependant ici, par exception, « si les femmes employées
à l'atelier négligent leurs devoirs domestiques, cette négligence résulte de l'habitude plus encore que de la nécessité. « Quel mot se rencontrera donc pour qualifier cette
habitude et quelle en est la cause? On la saisira dans ce qui
reste à dire... Je poursuis, courant de ville en ville.

. . . . . A côté de femmes pâles et décharnées, formant cercle avec leurs tristes enfants autour d'un misérable
ragoût de légumes, nous apercevons le père de famille; il

---

[1] L. F. — [2] *Wears out the soul with the body, Children employ. com.*

se nourrit de mets succulents et délicats ; cela veut dire qu'en ce moment, il n'y a point de chômage. Tout va bien pour lui : mais, pour lui-même, cela durera peu ; car en ce lieu, le travail est plus productif que régulier, et l'ouvrier, moins régulier que travailleur. Ici donc encore nous rencontrons la misère sans la chercher, et seulement parce qu'elle est inséparable de la corruption du cœur dont elle est un des générateurs les plus actifs. Or, la corruption de l'esprit et du cœur, du corps et des sens, la corruption sous la prodigieuse diversité de ses formes, ne cesse d'être l'objet de ce rapide examen dont le souvenir nous poursuivra, je l'espère.....

Éloignons-nous de ces cœurs froids et durs ; traversons, sans nous y arrêter, ces ateliers du Straffordshire, où travaille l'ouvrier riche et dissipateur des poteries. Un peu de cette morale que l'Angleterre exporte avec un si triste discernement, détournerait ces hommes de la misère vers laquelle·le désordre finit par les précipiter ! Mais passons outre, en nous acheminant du côté de Wolverhampton. Sous l'influence combinée du mauvais air, de logements insalubres, hideux, et de privations extrêmes, les mœurs se sont altérées dans cette ville à mesure que le sang s'appauvrissait. Une décadence entraînait l'autre [1].

Voyez ; ceux qui semblent robustes n'ont que des chairs sans vigueur ; leur intelligence émoussée ne se développe pas plus que leurs membres ! Au sortir des travaux, les moins âgés s'acheminent au logis, et soupent s'ils le peuvent ! Quant aux jeunes gens des deux sexes, ils se traînent vers les tavernes... funeste école ! Cependant, quoique vers le déclin du jour, la prostitution inonde les rues, cette lie de l'espèce humaine qui se répand sur le pavé, provient

[1] *Children employ.*, et, pour la France, Frégier, vol. II, p. 126 à 135.
Id. « *The public health, Quarterly Review : No savage, nation*, etc. »

plutôt du dehors que des ateliers. Epuisées par les fatigues
incessantes du travail et la pernicieuse qualité de leur nourriture, les jeunes filles de la localité ne sentent couler dans
leurs veines qu'un sang pauvre et sans élan ; toute la sève de
la vie s'en est retirée ! Mais, observez-le bien, dans la crainte
que l'on n'attribue à la chasteté du cœur l'impuissance de
ces fantômes palpables, le commissaire de l'enquête nous
apprend que le langage de ces jeunes filles est obscène et
sans pudeur. Le corps n'a pas la force de suivre l'esprit ; la
débauche ne peut passer de l'intelligence aux sens ; elles
s'en dédommagent par la parole ! Le libertinage même du
nègre déréglé est un signe de supériorité sur cette race que
sa dépravation pousse à l'étalage des plus cyniques désirs,
et qui ne semble maudire, dans sa misère, que l'impuissance de prêter son corps au vice [1].

   D'où sort, pour se répandre dans les rues, cette population
répugnante, ces gens aux yeux hagards, au regard insultant ou abruti, cette foule dont la physionomie, la tenue,
les allures annoncent l'absence de tout sentiment, de toute
idée morale [2] ? Tout cela débouche de repaires où hommes,
femmes, enfants et animaux domestiques se ramassent et
couchent pêle-mêle [3]. Cette vie est celle des animaux immondes ; elle entraîne vers les habitudes de la bestialité
une nature qui chaque jour dément de plus en plus la noblesse de son origine ; elle conduit à des monstruosités sans
nom, qui cherchent moins l'ombre que la sécurité dans ces
égoûts impurs. Oh ! qui saurait nommer une région policée,
où l'excès du dénuement ne se fasse point sentir du corps au
cœur et à l'esprit ; un lieu où cet excès se manifeste sans
engendrer une dépravation générale et excessive !...

   [1] *Actual vices are checked by poverty of blood*, etc. — [2] *They have no
moral.* — [3] *A sort of rabbits warren..... Man, wife, children, donkey all
sleep together*, etc. Id., Rap. off.

La Grande-Bretagne est le pays des grandes fortunes et de la grande misère, ou des extrêmes les plus outrés. Cette remarque, qui s'adapte ailleurs à toutes les capitales et aux grandes villes industrielles, explique l'énigme de la prostitution dont l'étendue se calcule d'après celle de l'opulence et de la misère; l'opulence provoque les désirs, irrite les besoins et les caprices; la misère cède et se rend, tantôt à l'or qui éblouit, tantôt au pain qui lui manque, et qu'une main impure promène devant ses lèvres affamées. Le vagabondage qui est « la pépinière du vol, » ne s'explique aussi la plupart du temps, que par cette misère; et c'est par cette misère encore, que nous comprenons ces hardiesses de crime, dont elle ne cesse de répéter le conseil à des oreilles exaspérées[1]. Dans cet abîme de dénuement et de souffrances qui, du sein de la plupart des royaumes européens, exhale ses émanations par ses dix mille issues, ne cherchons donc ni sentiment ni morale; rien de tout cela n'y existe[2].

Prétendre y découvrir une autre louable habitude que celle du travail, ce serait se créer d'inutiles tourments. Un travail qui va jusqu'à l'épuisement, jusqu'au délire, jusqu'à la fureur, c'est là tout ce que nous y découvrons; et par contre-coup, des divertissements qui remplacent un excès par un autre non moins meurtrier.

Si le dessein de nous convaincre d'une vérité si triste nous donne le courage de pénétrer dans certains lieux ouverts à toutes les débauches, ce sera pour voir, à côté des habitués adultes de l'ivresse, jusqu'à des bambins se presser à la file, se cotiser pour boire et s'exciter par des stimulants. Et c'est ici le lieu de le dire : la France elle-même, à mesure que se développent ses progrès industriels, commence

---

[1] Frégier. E. Buret, vol. ii, p. 4, etc, etc. — [2] *In this sink, moral feelings do not exist!.. Children empl. comm.*

à se voir infectée de ces odieux usages qui ont pris naissance en Angleterre [1] !

Mais il s'est établi chez nos voisins des maisons d'orgies,
tout spécialement consacrées à l'enfance et à la jeunesse;
les enfants y fomentent par la boisson ces passions que la licence du langage et de l'exemple ont développées dans leur
esprit. Un grand nombre, il est vrai, sont soldés par les
misérables qui les exploitent et qui spéculent sur l'utilité des
secours qu'ils en retirent; car l'âge de tels auxiliaires devrait inspirer si peu de défiance! De quelque façon que se
forme cette population nouvelle de tous les mauvais lieux,
cette race enfantine de scélérats et de roués, elle se propage
surtout sous l'influence des leçons que leur prodiguent deux
sortes de maîtres : les prostituées et les voleurs.

Disons d'un mot, qu'il existe dans toutes les grandes
villes de l'Angleterre, comme dans les nôtres, mais à un
degré plus élevé, une population flottante dont les filous
et les prostituées forment le noyau. Dans cette classe, l'un
des deux sexes, après avoir une fois payé son pain au prix
de la honte, se livre à l'autre corps et âme, en retour des
brutales jouissances de la bouche qu'il en exige. L'autre
sexe, le plus fort des deux, joue avec insouciance sa liberté
et sa tête, afin de conquérir le salaire par lequel il doit
payer aux femmes leur abandon; et puis alors, argent et
plaisirs, biens et corps, on réunit, on mêle tout cela; on met
en commun les avantages de la nature et ceux de la conquête, ceux de la ruse et de la violence! Prise dans les en-
lacements du vice, entraînée aux derniers degrés de l'ignominie, la femme s'y perd toute entière sans réserve et sans
retour; elle devient un être monstrueux, et cet être se
forme en elle quelquefois dès l'enfance, parce qu'il est né-

[1] L. Blanc, *Organ.*, p. 34.

cessaire au crime qui sait faire de l'enfance, dans les deux sexes, l'un de ses plus profitables agents; c'est là ce que j'exprimais tout à l'heure!

L'art des prostituées, pour la recruter et la séduire, consiste à caresser en elle et à réveiller toutes les passions dormantes. Un enfant traîne-t-il misérable et désœuvré dans les rues, il se rencontre à point et pour l'amorcer une femme, un homme, un autre enfant qui lui fait goûter, puis savourer des jouissances fatales! Dès qu'il prend goût à ces voluptés, ses bienfaiteurs lui font sentir qu'il tient sa fortune entre ses mains; d'habiles leçons donnent bientôt à ces doigts flexibles toute la dextérité dont la nature et l'art rendent capable la main de l'homme : cet instrument auquel, selon les paroles d'Helvétius, l'homme doit sa supériorité sur le reste des animaux, et j'ose le dire,... le voleur sur le reste des hommes!

Pour ces novices remplis de bonne volonté, l'aplomb arrive avec le temps, ou plutôt beaucoup avant le temps; car c'est miracle que le sang-froid et l'imperturbable assurance de ces roués précoces. Je dis roués, parce que la débauche dans son cynisme est un des appâts irrésistibles qui les fixent dans le crime!

- Il ne faut pas se figurer que ce soient seulement les femmes d'un âge mûr qui les initient aux secrets les plus homicides de la débauche; non, l'enfance se fournit encore à elle-même ses propres séducteurs; et ces sirènes odieuses, ce sont d'autres enfants de leur âge! des maîtresses de huit à dix ans, façonnées et dressées tout exprès pour compléter le couple le plus monstrueux dont l'espèce humaine puisse affliger la vue ou la pensée! L'enfance dressée de la main du peuple de malfaiteurs qui pullule au sein de la nation la plus industrielle de l'Europe, cette enfance a son rôle à jouer, son odieuse mission à remplir! Rien au monde de ce qui peut glacer, durcir et dépraver le cœur n'est omis pour la former : rien de ce qui peut donner à l'instrument du crime la plus ferme trempe qu'il soit capable d'acquérir ! et l'on peut dire, sans jouer sur les mots, que les scélérats les plus industrieux, sont ceux que l'industrie la plus développée, celle de la Grande-Bretagne, a dégoûtés du régime épuisant de ses travaux ! On ne saurait décrire les scènes de débauche qui, sous leur direction, s'accomplissent dans les repaires où leurs jeunes élèves sont toujours sûrs de trouver un asile[1]. Si quelque plume traçait l'historique de ces infamies, le public aurait assez d'honneur pour ne pas y croire !

Du sein des villes où s'accumulent les tribus ouvrières de l'industrie, nous ne pourrions passer au grand air des champs sans rappeler que l'agriculture, par sa constitution industrielle, place la population nomade des campagnes dans le même état de dégradation morale que les populations urbaines. Séparées de leurs familles et ballottées au hasard, plus de moitié des pauvres jeunes filles qui se vouent aux travaux des champs mêlent la prostitution au travail, ou se présentent le front levé dans la carrière du vice. Cependant cette corruption n'est point le fruit spontané du terroir; elle n'a pu se développer d'elle-même dans ces climats brumeux et froids, où la nature semble avoir combiné ses calculs dans le but de comprimer et de glacer les passions ! Cette vaste organisation du désordre donne donc la mesure de la désorganisation sociale que l'*ambition* nationale, les vices du régime industriel et l'ignorance ont accomplie ! Un esclavage qui asservit l'humanité au joug ignominieux de chaque vice a suivi pas à pas l'esclavage de de la misère extrême, comme la conséquence suit son principe.....

[1] *Sink of filth, cruelty and crime.*

. . . . . . A Paris, le vagabondage des enfants pauvres est accompagné d'un cynisme et d'une précocité d'intelligence qui épouvantent[1] ; et malgré cela nous n'oserions les comparer aux enfants de Londres! Mais ce qui ne paraît que trop certain, c'est que la plupart des grandes villes reproduisent approximativement et dans la Grande-Bretagne et dans le reste de l'Europe, l'image de la débauche et de la dépravation dont notre capitale offre et prodigue les types et les exemples[2] ; c'est que la société française « nous présente des faits exactement correspondants » à ceux de l'Angleterre; c'est que la corruption s'y développe avec une intensité proportionnelle, et que « la criminalité suit les progrès de la population et de l'industrie[3]. »

Si loin que je descende dans les profondeurs de cet abîme du vice, si avant que j'y tombe, je ne puis m'écarter de mon sujet; j'y reste encore. Toutefois, je me hâte de remonter vers des régions moins ténébreuses, je m'empresse de revenir auprès de la classe *des travailleurs.* Là, du moins, je trouve à côté du vice ce mot : je travaille! ce mot magique qui revêt la couleur d'une excuse et s'élève presque à la hauteur d'une justification! Je travaille! Tout ce que le travail peut me donner, il me le donne. Combien il devient difficile et dur de condamner celui qui, ne pouvant obtenir du travail assidu le nécessaire de sa famille, le cherche ailleurs, poussé hors de lui-même par les aiguillons du besoin!

Eh bien! jetons un voile sur les habitudes de l'homme qui appartient à l'industrie domestique et parcellaire; négligeons ce petit nombre d'ouvriers aisés et trop évidemment coupables, dont les « mœurs sont le renversement des conditions fondamentales de la famille[4]. » Ailleurs, parmi

---

[1] E. Buret, vol. II, p. 6. — [2] V' Parent-Duchâtelet, et Frégier, etc., etc. — [3] E. Buret, vol. I, p. 405. Et des impôts! Cordier.— [4] Frégier, vol. I, p. 87

ceux d'une autre classe, dans la grande industrie, par exemple, assez d'ouvriers, rassemblés par troupeaux sous l'œil de l'autorité et du maître, se livrent au libertinage et au vol [1]. Haute leçon, pour nous ! c'est là qu'il est si fréquent de voir « le rapprochement prématuré des sexes revêtir un caractère de bestialité et de barbarie [2], » dont le public s'étonnerait, si les yeux dont il est couvert étaient plus mobiles, et moins fixés sur le roman que sur les réalités de la situation sociale. Car l'atmosphère morale de l'industrie n'est pas moins empestée que son atmosphère physique. Ceux qui la respirent s'y jouent de ce qu'il y a de saint, de ce qu'il y a de pur ! « Le vice seul a la parole dans les ateliers, et la décence en est proscrite dans le langage et dans les actes, comme un ridicule..... L'enfance y affecte fièrement des vices qu'elle ne devrait même pas comprendre, et l'innocence est perdue longtemps avant que les sens aient parlé. Familiarisée dès son enfance avec l'image et la pratique de la débauche, la jeune fille envisage la prostitution sans dégoût et sans effroi, comme une ressource contre la misère. A ce contact de longues heures « passées chaque jour auprès d'hommes pour la plupart corrompus, les petits garçons se gangrènent ; ils imitent le cynisme de leurs maîtres ; ils renchérissent sur eux en jurements, en paroles ignobles, en brutalité. C'est un grand mal sans doute, et l'on craint que ce mal ne puisse être réparé. Mais les petites filles, elles, se perdent sans retour ! Pour ces pauvres enfants, il n'y a pas d'enfance, pas d'ignorance, la corruption du corps précède celle de l'âme ; mais l'autre la suit infailliblement. C'est une joie pour ces maîtres grossiers d'enseigner à ces pauvres petites malheureuses tous les mystères du vice et toutes ses phases impures ; aussi, quels résultats [3] ! »

[1] Villermé, Egron, p. 91.—[2] E. Buret, vol. ii, p. 12.—[3] Mme Em. Michel.

Les voici : « La flétrissure à dix ans, la maternité à quinze, et l'infamie acceptée sans honte comme sans remords[1]!

Les maîtres! oh! les maîtres; je ne veux plus parler des maîtres travailleurs, mais des acheteurs du travail! Voyons-les donc. Ceux-là sont-ils bien purs et bien irréprochables à l'endroit de cette épouvantable corruption? J'aime à le croire, et je gagerais ma tête que le plus grand nombre ont trop de conscience et d'honneur pour forfaire à leurs hauts devoirs de patronage. Cependant, un trait, que je n'avais pas le droit de décocher, vient frapper en pleine poitrine quelques-uns d'entre eux. Mais cessons de nous exprimer en figures et répétons les paroles qui se sont échappées de la plume de M. Toussenel, écrivain incisif et candide, qui nous apprend avoir été rétribué par le ministère[2]. Je laisse à juger, en la transcrivant, la page accusatrice de cet écrivain :

« J'ai bien entendu dire, à l'Opéra-Comique, que les seigneurs d'autrefois s'arrogeaient d'étranges droits sur la personne de leurs vassaux, le jour même de leurs noces..... Je ne sais si ces droits-là se sont jamais exercés en vertu d'un contrat accepté ailleurs que sur la scène de l'Opéra-Comique; mais, ce que je sais positivement, ce que tout le monde sait comme moi, c'est que ces droits du seigneur s'exercent odieusement aujourd'hui. C'est que les chefs d'industrie, les hauts barons de la féodalité nouvelle, n'attendent pas même le jour des noces, le jour de la nubilité, pour prélever sur leurs vassales un infamant tribut. Je sais que l'emploi accordé dans l'atelier au père, à la mère, ou au frère, n'est, la moitié du temps, que le prix des complaisances de la fille ou de la sœur. Les mineurs de l'Angleterre se plaignent que leurs chefs d'ateliers les volent sur

_____

[1] Mme Em. Michel, *Ann. de la ch.*, juin 1845, p. 385. [2] M. Toussenel explique pourquoi il a reçu, pourquoi il a repoussé ces rétributions.

leurs salaires et sur leur nourriture, et, qu'en outre, leurs
femmes et leurs filles sont forcées de se prostituer à ces
maîtres exigeants, pour qu'ils continuent leur bienveillance
aux pères et aux maris. Les ferrandiniers de Lyon et les
filiers de Lille font entendre les mêmes plaintes. Quelquefois, ces malheureuses subissent l'ignominie en silence, et le
père se contente de maudire la beauté de sa fille..... Quelquefois la mère, dégradée par les secousses d'une misère
trop longue, s'habitue à placer une espérance honteuse sur
les quinze ans et sur les attraits de ses enfants. Un des plus
honorables négociants du chef-lieu du Nord, un chef d'industrie, M. H. B., écrivait naguère dans un journal de la
localité, que, si quelque plume courageuse osait entreprendre la publication des mystères de Lille, elle aurait à révéler
d'abominables scènes d'inceste et de promiscuité, *les pères
et les frères se hâtant de prendre les devants sur les
chefs d'ateliers* [1]. »

« Quoi de plus douloureux et de plus grave en vérité !
N'est-ce point là le cas de penser que « certaines industries
semblent organisées tout exprès pour faire de la prostitution
une nécessité, et que, lorsque la manufacture refuse le travail qui donne le pain, on s'adresse à la prostitution pour
l'obtenir [2] ? »

Ce n'est point que de grands et de nobles ateliers n'aient
prouvé, dans l'Amérique du Nord et dans notre Europe,
qu'il est possible à l'industrie de tirer parti de l'aptitude
des deux sexes, et de conserver, sous la loi du travail, la
pureté du corps et du caractère [3]. Si, pour atteindre ce but,
il en coûte quelque argent et quelque peine, nos frères
valent quelque argent et quelque peine, je pense, et je ne

1 *Les Juifs, rois de l'époque*, 1845, p. 160, chap. *Les droits du seigneur.*
— 2 E. Buret, vol. II, p. 12. Schœlch, *Col. fr.*, p. 193. — 3 Egron, p. 125.
Michel Chevalier, *Lettres sur l'Amérique*, 1839. Powel.

crois point que l'industriel et la société puissent faire, en fin de compte, une émancipation plus profitable, un placement plus avantageux ! Oui, quelques précautions bienfaisantes, quelques fonds offerts au fécond principe de l'association, quelques instituteurs religieux, nous rapporteraient autant de morale et de prospérité que notre fausse économie et nos erreurs nous rapportent de corruptions, de crimes et d'angoisses ! Et si l'humanité perd chaque jour un de ses caractères sacrés, c'est que la nécessité de gagner le pain du corps ôte le temps de gagner le pain de la parole ; c'est que l'esprit s'épuise à soutenir les membres dans leur effroyable lutte ; c'est que la misère et le dénuement de l'être physique deviennent la misère et le dénuement de l'âme.

De quelque côté que nous envisagions la situation morale des prolétaires, elle nous épouvante ! Jusque sous le rapport des amusements et des plaisirs, au sein des grandes villes, nous les trouvons moins bien partagés que les barbares ; et les jouissances que leur offre la voie publique sont un venin plus corrupteur encore que la boisson qui leur frelate le sang ! Les chansons des chanteurs publics et « les spectacles en plein vent, qui attirent la populace, débitent des obscénités révoltantes qu'écoute avec une imperturbable tolérance l'oreille de la police, » si chatouilleuse à l'endroit de la politique ! « Les danses aux barrières sont des écoles d'infamie où, sous les yeux et aux applaudissements de centaines de spectateurs, l'on mime effrontément tous les actes du libertinage le plus raffiné. »

Que dire, après cela, lorsque l'État appelle la vindicte des lois sur la tête de misérables qui se livrent à des désordres auxquels ils se sont vus excités si publiquement ? et que dire, cependant, s'il leur assurait l'impunité ? Oh ! du moins, lorsque du haut de ses tréteaux le vice jette ses chaînes sur la multitude, qu'il nous soit permis de demander en quel coin de l'univers se promènent nos émancipateurs!

Mais, sans nous arrêter à ce que nous venons d'appeler les plaisirs du malheureux et pour ne parler que de ses besoins, là, comme ailleurs, un vice appelle du néant un autre vice et ne disparaît lui-même qu'avec sa cause. De là, l'inutilité presque absolue des sociétés de tempérance! « Mon bonhomme, dit au prolétaire Toby le philanthrope J. Bowley, ne vivez pas pour boire et pour manger, comprenez la dignité du travail, allez la tête haute respirer l'air pur du matin; soyez sobre, soumis, toujours prêt à vous sacrifier pour les autres; apprenez à votre famille à se contenter de peu, et vous trouverez toujours en moi un ami, un père. Oui, je suis l'ami, le père du pauvre; au commencement de chaque année, je porterai un toast à sa santé.....; et quand il aura le bonheur de descendre dans la tombe, je serai, aux mêmes conditions, l'ami et le père de ses enfants[1]. » Non, digne J. Bowley, vous ne pouvez rester à ces conditions l'ami et le père du prolétaire, parce que « l'intempérance accompagne partout l'extrême misère et qu'elle en suit régulièrement la progression[2]. » L'âme et le corps ont, chez toutes les races de misérables leur frénésie simultanée; tout cède à la fois, dans l'homme de douleur, au besoin d'oublier, de noyer ses souffrances, et puis au besoin de réparer ses forces; car, lorsqu'il les sent diminuer, il lui semble que sa vie va défaillir; à quoi serait-il bon dans la faiblesse!... Le besoin, exalté jusqu'à la rage par le concours de toutes les privations, l'entraîne à la fois aux faux calculs et aux désordres de l'ivresse. L'ivresse devient le plus inexorable besoin du misérable; aussi, la religieuse Angleterre offre-t-elle l'ironique magnificence de

[1] *Illustration R. de Ch. Dickens*, p. 358, février 1845. — [2] E. Buret, vol. I, p. 423.

ses palais de boisson à l'indigent, qui seul en entretient, de sa substance, le luxe et la splendeur.

Spectacle étrange et navrant que l'intérieur des palais du genièvre [1]. Autour de ces brillants repaires serpentent des ruelles impures, infectes, d'où vous voyez déboucher des flots d'êtres en guenilles, qui, mornes et taciturnes, s'y engouffrent. Il est une salle spacieuse, énorme, où d'un côté, derrière une barre garnie de robinets, s'alignent des tonneaux ornés de peintures ; de l'autre côté règne une banquette. Autant de femmes que d'hommes viennent s'y asseoir. Les consommateurs s'approchent d'un pas grave et donnent le prix de la brûlante liqueur. Le sérieux et le silence avec lesquels elle est absorbée font frémir ! On dirait que ce peuple accomplit un service divin. Le sacrifice consommé, chacun va s'asseoir, reste immobile et muet, puis recommence [2]. Le consommateur de gin est affamé, la faim le tuera ; puis, après, ses enfants ; mais... il aura bu. Que lui importe, pourvu qu'il boive, pourvu qu'il s'enivre ! La dégradation des populations en est venue au point de braver en face le judaïsme des sectes britanniques. Jetez les yeux sur toute la surface de l'Angleterre, et vous voyez le jour impitoyable du sabbat fermer tous les lieux d'amusements publics. Les jardins botaniques, les musées même restent portes closes. L'heure de l'office paralyse jusqu'à la vapeur sur le fer brûlant de ses rails... Mais en ce moment solennel et sacré il est une chose, une seule, qui demeure permise, c'est l'ivresse ! Le gin est le dieu du prolétaire qui trouve des palais, je veux dire des temples ouverts où il peut, à toute heure, l'adorer et le recevoir [3].

En France aussi, l'ivrognerie est la ressource et le fléau

---

[1] *Gin palaces.* (Le gin ou genièvre est une eau-de-vie). — [2] E. Buret, vol. 1, p. 425. — [3] *Id. en Hollande,* Paul de Thury, août 1845, etc.

des ouvriers de l'industrie ; mais la seule ville de Lille peut entrer en parallèle, sous ce rapport, avec les villes de l'Angleterre. Beaucoup d'observateurs superficiels ont pensé que les ouvriers ne donnaient à l'ivrognerie que leur superflu, et que ce vice, une fois détruit, la condition économique des pauvres serait ce qu'elle doit être... C'est là une grave erreur... Ce vice n'est qu'un effet ; voilà pourquoi la consommation des liqueurs fortes est « un moyen de connaître approximativement la moralité d'une population. » Car il est à observer que l'ivresse de la misère dépravée, celle dont le résultat est d'abrutir, ne s'obtient pas avec le vin, mais avec l'eau-de-vie. Or, nous ne pouvons remarquer sans trembler, qu'à Paris, la consommation de l'eau-de-vie augmente dans une proportion beaucoup plus grande que celle du vin [1].

En résumé, lorsque nos yeux cherchent à découvrir la vérité, ils doivent se résigner à voir, dans le prolétariat européen, une misère physique dont les dimensions donnent celles de la misère morale. Regardez donc presque au hasard ! Voyez le père du pauvre allant, à soixante ans, mourir à l'hôpital ; sa fille se prostituant à seize ans pour vivre ; son fils, le dos voûté comme un vieillard, pâle, chétif, rabougri, respirant à sept ans l'air empesté des manufactures où la santé du corps se perd par l'excès du travail, et la santé de l'être moral par le contact précoce et provocateur des sexes. Voyez une armée de malheureuses que la pauvreté condamne au plaisir comme à une corvée infâme, chair banale et vénale livrée d'avance à l'assouvissement de tous les appétits matériels [2]. Voyez des filles dépravées dont la constitution, minée par le travail et par le jeûne, refuse le corps au libertinage, et ne laisse plus pour écoulement à la dé-

[1] V' E. Buret, vol. I, p. 430. Le travail s'allie non-seulement avec l'abrutissement, mais avec la folie ! V' le D' Trélat, *Ann. de la ch.*, mars 1846. — [2] Lisez L. Blanc, *Dix ans de règne*, vol. 3, p. 91 à 93, 360.

bauche que la langue..... ou bien arrêtez les yeux sur de pauvres filles chez lesquelles une vertu, la piété filiale, combat la pudeur et la traîne dans les égoûts du vice, pour y ramasser le morceau de pain pollué qu'elles portent à la mère infirme, au père languissant, au vieil aïeul [1]. Au-dessous de tout cela, voyez enfin se remuer des masses abruties et pourries chez lesquelles la misère ne laisse plus à la raison que le temps et la lucidité indispensables au travail, c'est-à-dire bien juste ce qu'il lui faut pour obtenir le salaire qui se transforme tout aussitôt en liqueur destinée à éteindre la vie morale. A ce dernier degré, le vice se mêle au vice, et dans ces odieux mélanges, il perd jusqu'à la forme et jusqu'au nom sous lequel des oreilles décentes sauraient le reconnaître. Oh! vraiment, sous le coup de cette double misère, de ce double esclavage, sous le coup de cet étrange dénuement moral, notre continent a le droit de ne pas se montrer trop fier! Mais je ne me suis permis de toucher la plaie que pour signaler le remède [2]!

[1] V' les *Rapports officiels,* et Frégier, vol. ı, p. 89 à 402, etc.

[2] Il est inutile de répéter la raison de mes fréquentes citations de M. Eugène Buret. Les autorités abondent autour de moi; mais cet économiste est excellent, et l'Académie des sciences morales et politiques l'a couronné! Aux yeux du public, un tel homme est plus qu'un autre, et cela est juste : Saül en a vaincu mille, criait la foule, et David en a vaincu dix mille.

ENFANTS-TROUVÉS.

Au chapitre que nous venons de parcourir se rattache une émouvante question : celle des enfants que le libertinage et la misère jettent à la pitié publique dès le berceau ! Ce n'est point à titre d'accessoire que nous aborderons ce nouveau sujet; nous nous y sentons attiré par les clartés qu'il répand sur une des voies de cette régénération que notre société réclame douloureusement par la bouche de toutes ses plaies. — Ouvrons les yeux !

« Depuis le commencement du dernier siècle, le nombre des enfants-trouvés n'a cessé de s'accroître. Mêmes faits en France et dans le reste de l'Europe[1]. Au mois de janvier 1784, le nombre de ces enfants était de quarante mille. — La France venait de traverser deux époques fatales aux mœurs : la régence et le règne impur de Louis XV. A la suite de cet effroyable abaissement dans la tonique morale, une révolution profonde s'accomplit dans l'ordre politique et dans les idées religieuses. L'*éducation nationale* reçut

---

[1] Duchâtel, ministre en 1845, *De la Charité dans ses rapports avec l'état moral*, etc , p. 240. Lire d'Esterno, p. 142. Esquiros, 1846. Le docteur Marchand, 1845. De Bonald, 1829. *Annales de la charité. Atelier*, années 1845-46, etc.

le premier contre-coup de cet ébranlement, et, *comme conséquence* de cette situation plus ou moins médicamentée par les régimes qui se succédèrent, la France de 1831 compta cent vingt-deux mille enfants-trouvés. Aujourd'hui, leur nombre doit avoir dépassé le chiffre de cent trente mille. Quarante années auront suffi pour tripler le *rapport* de ces malheureux au total de la population [1].

« Dirons-nous, avec les esprits chagrins qui se plaisent à calomnier leur siècle, que » ce chiffre « fournit la mesure de la corruption des mœurs? Oui, en grande partie. *La religion, éteinte chez le peuple*, a dû favoriser, par son absence, l'action des passions qu'elle combat [2]. »

Les progrès rapides et inégaux de l'industrie et du commerce, leurs bonds, leurs saccades heureuses ont augmenté la prospérité matérielle d'une forte partie de la nation. Jamais certes nous ne ferons la guerre ni au bonheur ni au progrès; mais il est à remarquer que les époques de prospérité sont celles où le cœur s'ouvre aux idées de joie, et que, chez les peuples insoucieux de religion, c'est le moment où il donne accès aux idées de désordre et de débauche : la bourse a de quoi solder le plaisir [3]. Cependant, le bonheur brutal de ces hommes multiplie les fléaux de la société, à demi-coupable de leur égarement parce qu'elle l'est de leur ignorance. — Bientôt après, les temps de crise succèdent aux jours sereins et fortunés, et dès lors les produits du libertinage n'ont plus d'asile que ces hospices d'enfants-trouvés « dont les dépenses menacent de devenir la taxe des pauvres de la France [4]. »

Par les millions qu'elle dévore, et par les tristes sujets dont elle se compose, cette population exubérante est un des fléaux de notre société. Cependant, versée dans nos colonies,

---

[1] V' L. Blanc, *Organ.*, 1841, p. 26. — [2] Duchâtel, *id.*, p. 222. — [3] Lire Parent-Duchâtelet. — [4] Duchâtel, p. 244, 399.

elle y serait plutôt une cause de richesse que de pauvreté, si
peu que certaines imperfections vinssent à disparaître du
régime auquel nous les avons assujetties. Mais n'inférons
point de ces paroles qu'une multiplication de bâtards puisse
être un bienfait pour ces contrées! Je me borne à dire que,
momentanément, les colonies gagneraient à soulager l'Europe d'un fardeau que de bonnes lois pourraient transformer
pour elles en aisance. Un peu plus tard, je ne refuserai pas
à cette idée les développements qu'elle exige... Quant à la
différence actuelle entre le sort de l'enfant produit par la
débauche, sur le continent ou dans les colonies de la France,
elle tient à ce que tout enfant qui voit le jour sur une habitation trouve un patron intéressé à son bien-être dans le
seigneur du manoir!

Tout-à-l'heure, il est vrai, si de sages lois coloniales ne
portent point les bras libres à s'attacher au travail, cette
peste, qui désole la France, deviendra la peste des colonies,
parce que tout enfant renié par la misère ou le vice n'y aura
plus d'autre père et d'autre maître que le public! —Les colonies doivent-elles donc, au fur et à mesure qu'elles éman-
cipent leurs noirs, *fonder des hospices* d'enfants-trouvés,
et suivre l'exemple de leur métropole? Sinon, que faire, en
vérité? Mais voici que cette terrible question des hospices
nous entraîne à des développements qui se lient de la manière la plus intime au sujet du prolétariat et des mœurs.

. . . . . La débauche, qui meuble si libéralement les
hospices d'enfants-trouvés, n'est point la cause unique de
l'excès de population qui s'y engouffre!... La misère lui
vient en aide. Elle dégrade promptement notre nature; elle
y corrompt ce sentiment de dignité maternelle, qui est la
noblesse des mères : elle l'y abâtardit et l'y éteint. Quelle
force d'âme résisterait à ses étreintes? Aussi, comment
compter aujourd'hui, dans les hospices, le nombre des en-

fants légitimes qui les encombrent! On aurait mauvaise grâce, après cela, à nous donner la misère comme le fruit de l'imprévoyance et de l'immoralité, que, tout au contraire, elle a peut-être elle-même engendrées et développées! Qui le sait, et qui peut le dire, pour ce qui est des générations présentes?

L'économiste se préoccupe nécessairement de deux questions intimement liées l'une à l'autre : la condition du prolétariat et l'avenir de notre société. De quel œil doit-il donc envisager ces hospices ouverts aux produits de l'immoralité, aux rebuts vivants et à peine formés de la misère? Leur effet est-il de féconder le vice, en le débarrassant des fruits amers sous lesquels la misère le courbe et l'écrase? — Ou bien, cet effet se borne-t-il, en recueillant l'innocence, à prévenir les crimes sanglants provoqués par la honte, l'indigence et le désespoir? A peine osons-nous aborder ce terrain brûlant, où la charité, trop souvent myope, et où la science économique, avec son cœur de glace, se livrent des batailles acharnées. Bornons-nous à jeter sous les yeux les principaux éléments de cette question, facile peut-être à terminer par un accord mutuel entre le sentiment et la raison. Toute notre nature est dans ces deux choses; pourquoi si fréquemment les séparer?

Une suite constante d'observations établit que la multiplication du nombre des hospices d'enfants-trouvés a multiplié le nombre des enfants que l'on abandonne. *Et vice versâ*[1]. Ces institutions, excellentes peut-être pendant une

---

[1] Cette opinion est celle de M. de Bonald : Les tours, en facilitant l'abandon, n'ont même pas diminué le nombre des infanticides! (p. 67, 68, etc., *Enfants-trouvés*, loi sur l'organisation des corps administr., 1829). Il y a conflit sur ce point entre M. de Bonald, la statistique couronnée de M. Remacle, et celle de M. Rapet (V' *l'Atelier*, février 1846, p. 259). L'hospice des enfants trouvés de Bordeaux, quai Palùdate, est connu de temps immémorial sous le nom populaire de *Manufacture*. Ces hôpitaux sont, par la

époque, et dans une certaine mesure, étaient un remède évident pour des maux qu'elles n'avaient point causés; mais elles ne tardèrent point à créer, par leur développement excessif[1], ceux qu'elles étaient destinées à soulager. Elles ont augmenté la fréquence des actions coupables. « Tel est le caractère de toutes les institutions de bienfaisance, qui favorisent les fautes des hommes[2]. »

La morale de l'Etat doit-elle être d'encourager les parents à fouler aux pieds les plus saintes obligations de la nature?..... Loin de là! Un juste système d'éducation religieuse et morale, de récompenses et de peines, forme la base de tout édifice social. Eh bien! au lieu de cela, les établissements d'enfants-trouvés, considérés dans un de leurs plus importants aspects, offrent une prime au vice, au libertinage, à la dureté de cœur!

Aplanir la route du vice devant la jeune fille incertaine, hésitante, tentée par les séductions de la vanité, stimulée par les aiguillons des sens, et poussée par les mauvais conseils de la perversité d'autrui ou de sa propre indigence, est-ce lui rendre un si grand service? Et puis encore, méritons-nous une vive reconnaissance de la part de cette mère que nous provoquons à se décharger du fardeau de l'entretien de ses enfants!..... Des femmes corrompues et avilies, des parents dénaturés, voilà nos œuvres[3]!

Jadis, aux temps du roi Charles VII, la loi fermait devant l'enfant-trouvé les portes de l'hôpital, ouvertes aux orphelins. Il était seulement permis de quêter pour eux en certains lieux, dans lesquels une voix criait aux pas-

---

facilité des admissions, de vraies manufactures de pauvres et des encouragements à la débauche (V' le docteur Marchand, *Paupérisme*, 1845, p. 366. *Id. Rapport au conseil général des hospices, Ann. de la ch.*, janvier 1846, p. 48, etc.) — [1] De Bonald, p. 67 à 71. — [2] Duchâtel, p. 240. — [3] *Id.*, p. 239, 240 et 246.

sants : « Faites bien à ces pauvres enfants-trouvés; » et les deniers recueillis servaient à gouverner et à nourrir ces enfants! — Si les portes de l'hôpital étaient moins impitoyables, disait la bouche royale, « moult gens feraient moins difficulté de eux abandonner à pécher, quand ils verraient que tels enfants bastards seraient nourris, et qu'ils n'en auraient charge première ni sollicitude[1]. »

Le sort de ces enfants, c'est et ce fut la misère, et la terre qui les vit naître leur fut toujours marâtre! — « Mon cher messire, dit le sieur Lamouche, au seizième siècle, ce qui me surprend beaucoup, c'est que vous n'ayez pas encore d'hôpitaux de ces enfants-trouvés, qu'on nomme enfants de la Crèche; c'est que partout la porte des hôpitaux leur soit, aux termes des statuts, perpétuellement fermée. A la vérité, les ordonnances, les arrêts des parlements, *forcent les seigneurs* à s'en charger jusqu'à l'adolescence; mais qu'arrive-t-il? Les seigneurs tâchent de s'en débarrasser au meilleur marché, et facilement on reconnaît à leur maigreur, à leur petite figure pâle, ces enfants allaités, nourris, vêtus au rabais[2]. »

Les seigneurs pratiquaient donc un peu, d'instinct, les préceptes de l'économie politique; ces préceptes, d'ailleurs trop absolus, mais auxquels il faut croire que la charité aurait de moins vives oppositions, si ses alarmes n'étaient excitées par la crainte du plus irrémédiable de tous les maux : le meurtre. Elle tremble de laisser l'enfant en butte à tous les dangers auxquels l'exposent, entre les mains maternelles, les terreurs de l'infamie et de la misère! Eh bien! voyons-nous le nombre des hôpitaux diminuer le nombre des infanticides dont retentissent nos cours d'assises? Et croit-on que, sans l'excessive sévérité de la loi, la fréquence des châ-

[1] Duchâtel, p. 397. — [2] P. 75, vol vi, XVIᵉ siècle. Alexis Monteil, *Hist. des Français des divers états.* (Magnifique ouvrage!)

timents légaux n'égalerait pas, à peu près, la fréquence des accusations [1] ?

Les fastes de la justice criminelle nous apprennent que le nombre des infanticides est dans un rapport naturel avec le nombre total des assassinats. La raison en paraît bien simple : ce n'est pas la crainte du besoin qui entraîne les mères au meurtre de leurs enfants : c'est la peur de la honte qui les décide [2] !

Dans les grandes villes, les infanticides sont moins fréquents que dans les campagnes, parce que la crainte de la honte y agit avec moins d'énergie. Il est plus facile, en effet, de dérober sa faute ou sa honte dans le mouvement d'une population nombreuse. Quelquefois même, hélas ! l'immoralité qui règne dans ces centres tumultueux ne laisse plus aux femmes ouvrières, celles que la misère doit surtout atteindre et dénaturer, d'autre pudeur que celle de paraître étrangères au langage et aux pratiques du vice [3].

Parmi les êtres dépravés par l'inconduite ou l'extrême misère, l'abandon pur et simple des enfants coûte moins que le crime, et ne risque point de les compromettre avec la justice. En s'élevant vers ceux qui forment une catégorie moins dégradée, les efforts tentés par un grand nombre de mères pour se rapprocher, en qualité de nourrices rétribuées, des enfants qu'elles ont abandonnés, trahissent les mystères du cœur maternel ; ces efforts et ceux de l'administration, pour écarter des parents les renseignements relatifs à leurs enfants, multiplient les preuves que le sentiment de la nature n'est pas assez éteint chez la mère pour que le défaut d'hospices conduise et arrête sa pensée à l'infanticide ! Le grand coupable du crime d'infanticide, ce serait

[1] V' Duchâtel. *Id.*, de Bonald, p. 68. V' *l'Atelier*, février 1846, *Calculs contraires.* — [2] Duchâtel, p. 254, 400. — [3] Frégier, vol. I, p. 89 à 103. E. Buret, vol. II, p. 12, etc.

donc, en définitive, le système qui, grâce à la facilité d'exposer les enfants, accroîtrait le nombre des expositions ! La
statistique le prétend, je parle son langage ; a-t-elle raison ? L'esprit et le cœur des statisticiens se résume si souvent en une étroite et interminable kyrielle de chiffres dou-
teux, que je n'ose guère les mentionner sans recommander
la défiance ! Mais une oreille défiante peut être sage : écoutons le résumé de leurs documents : « Un homme, dit
M. d'Esterno, dont le nom nous est resté comme un modèle
du zèle désintéressé et du dévouement charitable, imagina
de recueillir les nouveau-nés abandonnés par leurs parents
et de les nourrir des dons de la charité publique. Rien de
plus pieux, rien de plus utile en apparence que cette institution ; elle se perpétua, elle s'agrandit ; que produisit-elle
en dernière analyse ? Une augmentation effroyable dans le
nombre des nouveau-nés [1]. »

La mortalité des enfants-trouvés dépasse d'une manière
effrayante la mortalité commune, et des recherches laborieuses ont amené M. Benoiston de Châteauneuf à cette
triste conclusion, que l'abandon des enfants-trouvés est à
lui seul une cause de mort plus destructive que les deux
plus cruels fléaux qui puissent décimer le genre humain : la
guerre et la peste [2].

Or, l'abandon de ces enfants est provoqué par la facilité
que l'individu éprouve à en charger le public [3].

En termes clairs, la mortalité des enfants-trouvés est hors
de proportion avec celle des autres enfants. La débauche, la
misère et, qui le croirait ? jusqu'à la cupidité [4], rencontrent

---

[1] D'Esterno, *De la misère, de ses causes*, etc., et *Notes et preuves*, p. 10
et 183. — Loin d'inculper la clairvoyance du *pieux et profond penseur* qui créa
ces maisons, cherchons plutôt dans la différence des époques et dans l'extension des causes la différence des effets. — [2] Duchâtel, p. 395. — [3] *Rapport
du conseil général*. De Bonald, *ut suprà*. — [4] Les *expositeurs* et les

sur leur chemin, dans le nombre et·la constitution des hospices, une provocation qui les anime ; et quoi que la charité
puisse opérer, la vie s'éteint dans ces asiles; la mort y pénètre avec une facilité qu'aucune prévoyance n'a pu combattre avec succès. Elle s'y joue de l'amour et de la science ;
que lui opposer de plus fort ?

Quoique le plan de ces maisons soit à peu près uniforme
et que d'excellentes mesures aient été successivement adop-
tées pour en perfectionner le régime, « le seul fait de leur
existence et du mystère qui les entoure, dit M. Esquiros [1],
en a fait des fourmilières de mauvaises œuvres, que la surveillance la plus habile ne saurait réprimer. — Les aveux
de l'administration supérieure ne nous laissent aucun doute
à cet égard. »

Une foule énorme de ces pauvres enfants ne seraient donc
pas exposés ou ne naîtraient point sans l'existence des hospices dont le régime les tue.

Mais que dire encore de ceux qui, sans périr, ont traversé les épreuves de ces maisons redoutables à la vie, malgré les prodiges qu'y opèrent en commun la science et la
charité ! Que dire en songeant que « cette race est d'un sang
pauvre, vicieux, » souvent affaibli ou corrompu par le venin héréditaire de la débauche ? Que dire, en considérant

---

sages-femmes usent de toutes les ressources de l'astuce et de la violence,
pour arracher aux mères leurs enfants, et les débarasser des preuves vivantes
de leur honte, ou du sujet de leurs privations et de leurs misères. M Esquiros, qui révèle au public les manœuvres de ces agents, nous apprend la
raison des funestes services qu'ils rendent aux mères et à l'État. Sous prétexte des difficultés à vaincre, pour opérer secrètement le dépôt des malheureuses victimes, ils se font compter de 20 à 30 et de 30 à 100 fr. par enfant. Une quinzaine de sages-femmes se font, à Paris, un revenu de 9,000
francs par cette effroyable industrie, dont quelques-unes retirent jusqu'à
14 et 15 mille fr. ! Sur une moyenne de 5,000 expositions annuelles, faites
à Paris, *plus de moitié* des enfants passent par les mains de ces femmes !
— [1] Qui s'est livré à une étude spéciale de cette question, 1846.

que, par son mélange avec la population valide, elle corrompt la pureté et la vigueur du sang national ; qu'elle est
enfin, au milieu du peuple, une cause incessante et active de
dégénérescence? Une politique chrétienne ne peut-elle se
placer à ce point de vue et voir les choses d'un peu plus
haut que le commun des bonnes âmes! Après avoir répandu, dans des batailles de géants, le sang des générations
les plus vigoureuses, livrerons-nous au venin de la débauche ce qui nous reste de vigueur et de santé [1]?

. . . . . . Mais revenons modestement à nos hospices
et cherchons à discerner si, pour courir la chance de prévenir le meurtre d'un enfant, on n'accroît pas démesurément,
par la facilité des admissions, le nombre des exposés et les
vices qui leur donnent le jour? Demandons-nous si, pour
risquer de sauver un de ces malheureux, on ne fait point
sortir du sein de la corruption dix nouvelles victimes, dont
la mort est indubitable [2]? Or, la bienfaisance consiste à bien
faire et la charité consiste dans la bienfaisance. Telle fut
celle de saint Vincent de Paul, dont le génie, *beaucoup
moins connu* que la charité, n'eut jamais permis à la chose
de passer si rapidement à l'abus.

La mortalité étant plus considérable dans l'intérieur des
hospices qu'à l'air salubre des champs, on laisse ces enfants
en nourrice, sous le chaume de quelque pauvre paysan, jusqu'à ce qu'ils aient atteint leur douzième année. Mais que

---

[1] D'après les *Statistiques officielles*, 129, 629 enfants délaissés, produisent à leur tour trente-six mille expositions annuelles !... — Sur quatre
prostituées, une au moins ; sur quatre condamnés de Cour d'assises, au
moins un, sortent de la classe des enfants-trouvés. *Hist. de la société
domest.*, par M. l'abbé Gaume, 1844, vol. ii, p. 607. — [2] Cette mortalité,
dont les effroyables ravages se sont ralentis, grâce aux efforts infatigables
de la charité et de la science, dépasse encore des deux tiers *au moins*, en
dedans et *au dehors* des hospices, le nombre des têtes qu'elle moissonne
dans les classes d'enfants *les plus pauvres!* 1846.

peuvent faire en leur faveur, dans ces étroits ménages, les femmes réduites à vendre à si bas prix le lait de leur sein ?...

L'administration leur accorde une somme de neuf francs pour les premiers mois. Cette somme *décroît* pendant sept ans, à mesure que le nourrisson *grandit*. A partir de ce terme, elle se transforme en rétribution annuelle de 48 fr., jusqu'à l'accomplissement de la douzième année, qui est celle où l'enfant cesse d'être à la charge de l'hospice. Quelques-unes de ces nourrices s'attachent aux enfants et les adoptent. Ceux-là trouvent une famille véritable, et c'est malheureusement le petit nombre, le nombre de ceux pour lesquels il peut exister quelque espérance de bien-être moral et physique. La main qui les enlève de la maison où cette chance leur est ouverte pour les transporter dans cet autre département, puis dans cet autre encore, les arrache donc au sein maternel ! Nulle affection reçue ou rendue n'existera pour ces enfants. Chez eux, de par la loi, point de cœur. Nul sentiment n'en sollicitera le réveil et la société les recevra faits de la sorte !

D'autres nourrices, bien que payées pour prêter le sein à *quelques-unes* de ces pauvres créatures, parviennent à obtenir un autre nourrisson dont l'allaitement est plus libéralement rétribué. Telle est la chance du métier de mère qu'elles exercent à deniers comptants. Si l'un d'eux vient à mourir, dit M. Marbeau dans son mémoire sur les moyens de combattre la misère, elles le font enterrer sous le nom de celui dont les parents payent le moins ou le moins bien... Alors une mère presse dans ses bras l'enfant d'une étrangère qui viendra partager avec des enfants dont il n'est pas le frère ! — La nourrice ne voit dans cette odieuse supercherie qu'un moyen d'augmenter ses profits ! Et dans ces cas, moins rares qu'on ne le suppose, sa cupidité assure une famille et un sort à celui que le sein maternel avait jeté au rebut en lui donnant le jour.

Mais la condition la plus générale de ces pauvres êtres est de traîner leurs premières années dans une ignorance et une malpropreté également désespérantes. Qui s'occuperait de leur esprit et de leur corps? Les enfants de la malheureuse paysanne, qui reçoit un salaire pour lui donner asile, ces enfants ne sont pas ses frères, mais le plus souvent ses maî‑ tres. Il est leur serviteur, le serviteur et le souffre-douleur de tous. Cet être humain n'est plus qu'un intermédiaire entre les indigents qui l'ont accueilli pour l'exploiter et les animaux dont souvent le fumier réchauffe ses membres et lui sert de litière. Comment, je le demande, de tels êtres ne formeraient-ils pas une race *reconnaissable* [1] ? et com‑ ment, rebutés dès le berceau, parviendraient-ils à n'être pas rebutants?

Heureuse la pauvre créature, si elle est admise dans la maison d'un artisan ; car, à force de zèle et de conduite, elle échappera peut-être un jour à la misère et à cet éter‑ nel reflet d'ignominie qui se répand sur tout son être! Je ne dis rien ni des infirmes ni des estropiés : ceux-là for‑ ment le noyau du groupe dont les premières années s'écou‑ lent sous le toit de l'hospice, où des ateliers offrent à cha‑ cun d'eux un travail proportionné aux forces de son âge...

Mais nos souvenirs nous rendent assez présent à l'esprit le sort de l'enfance condamnée aux travaux de l'industrie et de l'agriculture, pour que nous sachions quelles souffrances attendent l'être adjugé par contrat d'apprentissage à un maître qui l'attache à la glèbe ou au métier. C'est là pour‑ tant le sort commun des enfants d'hospice, lorsqu'ils n'ont point trouvé quelque part une famille qui les adopte ou qui

[1] Esquiros.

les emploie. L'heure de l'apprentissage sonne pour eux
avec leur douzième année, et les appelle je ne sais où. En ce
moment critique, ils n'éprouvent point, je le sais, la douleur de s'arracher au toit paternel; mais aussi n'ont-
ils pas, dans leurs chagrins, la ressource de tourner les
yeux vers le foyer d'un père! Un contrat dispose de leur
personne qui est, au monde, tout ce qu'ils *posséderont*
peut-être un jour. — Le contrat d'apprentissage qui ne
stipule d'abord aucune somme en faveur du maître ne stipule que le néant, en fin de compte, en faveur de l'apprenti,
réduit par un lien d'esclavage légal à des services gratuits.
Ce terme de servitude, il est vrai, ne peut pas excéder la
vingt-cinquième année de son âge; mais vivra-t-il jusqu'à
vingt-cinq ans? L'apprenti qui travaille tend la main et reçoit, en retour de ses labeurs, la nourriture, l'entretien, le
logement, tels qu'on les donne au misérable. Combien, s'il
connaissait le sort du noir, aurait-il à lui envier ce facile
pécule dont il étale les preuves dans le luxe de ses habits de
fête! Oh! s'il voyait bondir les cabris et les agneaux du
nègre, ou s'il entendait tinter les doublons auxquels l'humeur dépensière du noir accorde une hospitalité si fugi-
tive!

Il est vrai que l'enfant des hospices devient libre; mais il
devient à la fois libre et nu; sa liberté est celle de la misère
ou du néant; nous savons trop ce que cela veut dire, et deux
mots l'expriment : la plupart du temps, il n'a rien et ne sait
rien. Cependant, cette liberté, qui le laisse dépendre de tout
et de tous, n'est point une règle sans exception; car il arrive
quelquefois à la commission administrative des hospices de
confier le sort de ce malheureux aux aventures, de l'incorporer dans nos armées de terre ou de l'engager sur les vaisseaux de l'état ou du commerce. L'approbation du préfet
est même inutile pour ces contrats. L'état s'est donné, par

ses lois, la chair tout entière de l'enfant-trouvé, et s'il ne la prend point, il peut la prendre. Cependant, si la tendresse des parents se réveille, s'alarme, s'ils veulent rappeler à eux leurs pauvres enfants, la loi le leur permet; libre à la mère de se présenter aux bureaux de l'hospice et d'y compter la rançon de son fils, je veux dire le coût des dépenses faites jusqu'à ce jour pour l'entretien de ce petit misérable. Il est même un cas où la rigueur des règlements se relâche : c'est lorsqu'une pauvreté bien constatée démontre qu'il est impossible aux parents d'acquitter le prix de la chair qu'a formée le pain de cette charité légale [1].

En résumé, le système hospitalier, au compte fait et refait de l'*économie politique*, favorise la paresse et le libertinage, le crime et la mort. Ce compte est-il bien fait? S'il ne l'est point, quelqu'un veut-il s'avancer pour en signaler les erreurs; c'est à cela que se réduit la question. N'est-il point vrai que les hospices accroissent, dans une effrayante progression, et la débauche qui gangrène le public, et les impôts qui sont une source de mécontentement et de gêne pour toutes les classes, puis une source d'ignorance et de misère, d'immoralité et de crimes pour les misérables [2]? Voilà ce qu'il importe de savoir! Les hospices arrêtent quelquefois peut-être, et dans des cas qui paraissent fort rares, les mains dénaturées de la mère dont la fureur se tourne contre le fruit de ses entrailles... Mais pour un enfant qu'ils empêchent de tuer, comptez le nombre de ceux dont ils provoquent à la fois la naissance et la mort [3]. En dernière analyse, les hospices arrivent, de fléaux en fléaux, jusqu'à enfanter l'esclavage sous le nom d'apprentissage : esclavage nécessaire, si vous le voulez, dans l'état actuel des esprits et des choses, mais dur, inflexible, barbare.

[1] Voir Duchâtel, p. 386 à 389. V' *id.* Esquiros.—[2] Prouvé plus haut.—
[3] V' *id.* d'Esterno, p. 142, 181 ; Duchâtel ; de Bonald, p. 68 , etc.

. . . . . . On n'y songe guère pourtant, et pourquoi?
— C'est que pour des millions d'Européens l'esclavage sans
issue est un sort vulgaire! C'est encore que l'esclavage, en
Europe, ne porte pas son nom; il y séjourne sous un faux
passeport. Je me garderais bien de le dire, si taire le mal
pouvait en calmer, en guérir la douleur; mais je ne veux
point le taire, parce que, dans le mal lui-même, j'ai cru
découvrir un remède. La Providence ne force-t-elle pas nos
plaies à verser en elles-mêmes l'humeur plastique qui les
cicatrise. Oui, la Providence, qui nous punit de nos fautes,
nous donne aussi, jusque dans la matière du châtiment, un
moyen de régénération et de vie. Suivons donc ses voies!
A-t-elle voulu sans dessein que d'onéreux amoncellements
de population fussent réduits, de ce côté de la patrie, à croupir dans des pourrissoirs ou à végéter dans les soupirs et la
douleur, tandis que de l'autre côté de la patrie, la désolation de la terre et des hommes, la misère et la ruine, n'accuseront bientôt plus qu'une cause unique, la rareté des
travailleurs. La loi de l'équilibre est une des lois les plus
constantes de la nature; on ne la viole pas impunément.
Elle se confond ici avec les lois de la politique et de l'humanité, pour nous entraîner aux réformes; ses enseignements sont assez clairs. Des sommes énormes, monstrueuses,
consacrées par nos mains à la fondation et à l'entretien des
hospices, engendrent et fécondent le mal qu'elles prétendent guérir. Eh! bien, détournons aujourd'hui ces sommes,
la moitié de ces sommes du côté de la mer; frétons des navires... donnons le grand air de l'Océan à ces pâles enfants
que consument les miasmes de l'hospice; donnons le chaud
climat de nos tropiques à ces enfants, dont le sang vicié par
une maladie *qui veut de la chaleur* pour jeter son venin au
dehors, vicie chaque jour le sang de notre nation; donnons
le sol fécond de nos îles et les soins bienfaisants du planteur

à ces misérables, condamnés, en Europe, à de durs et d'im-
profitables métiers, aux fatigues ingrates et stériles de la
culture et de l'industrie. Cela fait, ne changeons rien au
sort que leur imposait l'Europe; non, je me trompe; élevons-les, *pendant la durée de l'apprentissage* que nos lois
les contraignent de subir, élevons-les à la condition du
nègre ; qu'ils aient sa case et son jardin, qu'ils aient une
part à eux, *une part libre* dans le temps de leur vie, et le
pouvoir de se former un pécule. Que nous en coûtera-t-il ?
Le compte est simple.

Les frais du transport sont temporaires, ceux de l'hospice
le sont beaucoup moins. L'hospice, en se fermant, en se
rétrécissant petit à petit, ferme graduellement au vice les
ouvertures par lesquelles il s'introduit dans la société et y
introduit notre ruine commune. Au lieu de nous acheminer
vers cette ruine, nous marchons vers la richesse en répandant sur des régions dépeuplées une semence d'hommes, un
surcroît de population, que repoussent les mœurs de notre
société; population exempte encore d'habitudes vicieuses et
n'ayant aucun antécédent d'éducation professionnelle à refondre. Toute verte encore et facile à fléchir au joug d'une
éducation morale, cette population féconde dès lors un sol
qui ne demande que des bras pour prodiguer l'or, pour
raviver le grand commerce et rendre à la marine son corps
et son âme, en lui rendant ces objets de transport, ces matériaux encombrants qui sont la substance dont elle se forme.
Enfin les fruits du travail de ces nouveaux ouvriers accroissent à partir de ce moment les revenus du public dont ils
étaient un ver rongeur !

Acclimatés d'enfance, et successivement affranchis par
l'âge, ces émancipés de la race blanche, habitués à une vie
active et réduits au travail par leur nombre croissant, offrent
aux planteurs, devenus leurs pères adoptifs ou leurs patrons,

les bras que refusent à la terre ou ne prêtent qu'à des conditions ruineuses les hommes de couleur, dont l'affranchissement progressif tarit enfin les sources de l'esclavage. Ou
plutôt, la diligence et le zèle des nouveaux-venus une fois
constatés par l'expérience, permettent d'accélérer le mouvement émancipateur et de prononcer la libération définitive
de la race noire. Ainsi, fortifiée jour à jour par ses propres
recrues, la race blanche se relève, se soutient d'elle-même,
et rencontrant sous sa main un instrument de travail libre,
elle nous épargne la plus lourde partie *de cette immense
et incommensurable indemnité que nous ne pouvons
refuser au planteur sans injustice et sans ignominie,
sans révolution et sans ruine.* SONGEONS-Y BIEN!

Que pourraient objecter contre ce plan les amis vraiment
charitables des enfants abandonnés? Au principe du régime
que nous leur avons fait, rien ne change que pour le mieux!
Les douceurs d'une condition supportable et d'un avenir
plus souriant, remplacent pour eux les souffrances physiques et morales d'un esclavage qui n'a guère d'autre
terme que la misère ou le vagabondage, et les asiles où il
aboutit[1].

Nous n'ôtons point à ces malheureux un lieu natal, un
domicile ou des foyers; ils n'en ont point! Tout cela, pour
eux, c'était l'hôpital; c'était encore je ne sais quel ergastule où
l'apprentissage les avait liés[2]! Nous ne les arrachons point
à la sollicitude secrète de leurs parents; car si les mains
maternelles s'élèvent vers nous, à ce moment suprême, pour
les réclamer, nous nous empresserons de les leur rendre;
et, dans ce cas, l'amour régénéré de la mère, en nous délivrant d'un fardeau, adoucit encore le sort de l'enfance
désormais fixé. Mais si nous parvenons à changer de zône
ces petits misérables, quelle différence énorme se manifeste

[1] Lire M. de Bonald, *ut suprà*, p. 76. — [2] Lire Esquiros, 1846, etc.

dès le principe entre ces contrats stériles, entre l'apprentissage douloureux et infructueux qu'ils subissaient, et les
produits de ces mêmes contrats formés et ratifiés dans nos
colonies, sur un sol qui ne demande point des bras pour les
briser, mais pour les enrichir. Ici, chez nous, attaché aux
mammelles flétries et glacées de notre charité légale, l'enfant
languit et souffre sans soulagements et sans espoir ; là-bas,
au contraire, il prospère ; et pourquoi? — D'accord avec
M. Alph. Karr [1], j'oserai le dire : parce que ses nouvelles
prérogatives l'élèvent tout d'abord au niveau du nègre
des meilleures habitations; parce que le temps et la terre
édifient et grossissent, au jour le jour, son pécule; parce
que, grâce à ce pécule, l'heure de la liberté le trouve assis
dans l'aisance à côté d'un maître de sa couleur et de sa
race, intéressé à lui faire de sa terre une patrie, et de sa
personne un patron !

Si, dans nos plans de colonisation, je préfère le sol de nos
îles aux rives inhospitalières de l'Afrique, ce n'est point que
je méprise cette possession sur laquelle une saine politique
peut asseoir les plus belles espérances. — Voici les motifs
de mon choix : c'est que l'Afrique, située côte à côte de nos
plages, et, connue de tous les soldats de nos armées, devient
par le séjour de ces fils d'agriculteurs, un sol familier à
toutes les familles de la mère-patrie. C'est que l'Afrique, en
se prodiguant aux regards, offre aux esprits aventuriers des
séductions assez puissantes pour se recruter d'elle-même
sans art et sans efforts.

J'accorde la préférence à nos colonies anciennes, parce
qu'il me semble plus important et plus urgent de conserver
que d'acquérir; et qu'avant de fonder des intérêts dont
l'existence et la durée sont incertaines, il est *plus sage* et
plus juste de laisser la vie à ceux qui jouissent déjà du

[1] Guêpes, *ut suprà.*

droit de vivre. C'est aussi parce que déjà nos colonies sont
pour nos finances un bénéfice dont nous maîtrisons le chiffre,
tandis que l'Afrique, jusqu'à ce jour, n'est encore qu'un
énorme fardeau.

Je les préfère, parce qu'il doit paraître impossible de parvenir à une fin, si légitime qu'elle puisse être, sans employer les moyens qui lui conviennent et s'y proportion-
nent. Or, il s'agit d'émanciper les nègres ; et bon gré mal
gré, quoi qu'il en coûte à la raison et à l'humanité même,
cette émancipation est une question que l'on prétend vider
sur l'heure. Que l'affaire se décide donc aujourd'hui, ou
qu'on attende à demain pour la brusquer, les esprits les plus
réfractaires auront à s'humilier devant une vérité toujours
irréfutable. C'est que l'émancipation ravit des bras nombreux à une terre qui, à demi-dépeuplée déjà, accuse la
rareté croissante de ses travailleurs. — Eh bien ! ce moyen
moral de colonisation par les enfants-trouvés, conduit à la
fin la plus morale, puisque, grâce à l'action de quelques
lois faciles à rendre, il peut contribuer à sauver et à régé-
nérer des régions indispensables à la prospérité nationale, en
arrachant une race innocente à la misère et à l'opprobre [1]!

[1] Ce chap. est ma réponse au n° du 31 mars 1845, des *Ann. de la charité*, p. 517 : « M. G. des Mousseaux nous fait connaître, etc., » réclama-
tion relative à une proposition de l'hon. et savant M. de Carné... — L'expérience a des objections que la théorie, toujours incomplète, ne soupçonne
guère. J'énonce donc mon idée sans entêtement, et parce que je vois que le
temps presse ! Le plan des colonies agricoles de M. A. Baudon, auditeur
au Conseil d'Etat, n'est pas incompatible avec le mien. Les enfants de douze
ans formeraient déjà une pépinière d'immigrants utiles, et dont le sort deviendrait bien préférable à ce qu'il peut être parmi nous. La liberté du choix
leur serait laissée, entre le sol natal et celui des possessions lointaines !
V' *Annales de la charité*, mars 1846. Les îles, ainsi recrutées, diminue-
raient les dépenses de transport et d'entretien de troupes métropolitaines,
ainsi que le tribut prélevé par le climat sur les nouveaux venus en activité
de service militaire.

Respect pour la dignité de l'homme. — L'Europe révélée à elle-même.

Aux esprits préoccupés d'un plan de régénération générale et *sans privilège*, notre prochain le plus malheureux
paraît avoir le droit de préséance. Cette proposition devient
plus évidente, s'il arrive que ce plus malheureux soit à la
fois le plus proche, le plus intime, c'est-à-dire plus encore
notre prochain qu'aucun autre. Or, d'après l'opinion des
philanthropes, le malheur le plus poignant qui puisse affliger un être humain, est celui qui l'attaque et le soufflette
dans sa dignité d'homme, dans son essence morale, parce
que cette insulte le ravale au-dessous de sa nature. Cette
opinion m'a séduit ; et, si je les trouvais moins absolus et
excessifs, je passerais d'un bond au camp de ceux qui maudissent le calme, la vivacité, les joies et jusqu'à l'embonpoint du non libre des colonies ! Prêtons l'oreille à ces violents sentimentalistes.

De cette voix qui se prête si naturellement aux plus singuliers abus de l'hyperbole, M Schœlcher nous dit : « Est-il
rien de plus épouvantablement criminel qu'un mode d'être
dans lequel les hommes se dégradent à ce point, par leur
long et abject assujettissement, qu'ils arrivent à l'insensibi-

lité ! Moins le nègre souffre de son assujettissement, plus il
doit exciter notre pitié ; moins il désire la délivrance, plus
c'est un impérieux devoir de le délivrer [1]. »

A ce compte, l'homme le plus écrasé, le plus torturé des
prolétaires, celui qui savoure le plus douloureusement le
fiel et l'absinthe de sa misère, celui-là doit être le plus patient, et c'est par lui qu'il convient de clore l'émancipation de la servitude. C'est par le noir qu'il faut commencer ;
car, « en somme, ceux qu'on appelle esclaves, aux colonies, sont plus forts et plus heureux que ceux qu'on appelle
maîtres....[2] » Eh ! mon Dieu, les actes du philanthropisme
nous avaient déjà donné la clef de ce système ; mais le sens
commun le repousse, et les plus grand maux, qui ne sont
jamais d'une nature simple et unique, appellent au fond de
toutes les âmes les plus prompts remèdes.

Cela posé, je promène mes yeux sur les physionomies
diverses de la servitude, je parcours les différents points de
l'horizon, je compare, je pèse, je me dis enfin : l'Europe a
moins de pitié que le Nouveau Monde de ses esclaves ! Elle
leur refuse ou leur accorde, avec une parcimonie plus dure,
le pain du corps et le pain de l'âme ; leur main devient
presque celle du mendiant ! La charité les réduit à des humiliations forcées et les dégrade, *selon nos idées modernes.*
Oui, car elle les soutient de ses distributions, contrainte
qu'elle est d'ajouter, au jour le jour, à la bouchée de pain
que le maître, le véritable maître auquel la misère les
inféode, ne leur accorde qu'à demi, sous le nom de salaire,
et ne pourrait compléter la plupart du temps sans courir lui-
même à sa ruine !.... Enfin, cette charité légale ou publique,
tantôt soutenue, tantôt passagère, mais contingente et incertaine, variable et capricieuse, n'est point la charité d'un

---

[1] *Col. fr.*, p. 66. — [2] *Rapp. de Brogl.*, p. 134.

public de frères, la grande et noble libéralité qu'une famille nombreuse et unie fait à quelques-uns de ses cadets nécessiteux. Rien de pareil à cela, rien qui la relève et qui l'avoisine de l'acquit d'une dette sacrée. Elle émane d'une compassion qui trop souvent étend la rougeur sur le front du pauvre honnête; si bien que, parfois, aux tendresses de cette charité, il préfère la faim et la douleur, les cruelles lenteurs de l'agonie, et jusqu'à la mort! Ainsi donc, le maître ne délivre le prolétaire nécessiteux qu'il accueille, ni de la misère, ni de l'ignominie. Souvent, la dignité de l'homme est en souffrance sous sa main, et rarement peut-elle s'y conserver, y reprendre son éclat flétri. — Laissons maintenant les faits positifs se succéder et nous apprendre de quel côté de l'Atlantique le maître du travailleur observe le moins de respect pour la dignité de notre nature, réduite aux nécessités de la servitude! Le mal ne se découvrira que pour appeler le remède.

C'est au chapitre des châtiments que je vois les adversaires quand même de nos colonies, se promettre leur premier triomphe, et je les y attendais; espérant bien ne point faire une campagne inutile pour les malheureux prolétaires dont j'étalerai les flétrissures : commençons et comparons.

« Le fouet est l'âme d'une habitation », a dit M. Schœlcher[1]. Le fouet est bien autrement l'âme de son livre, pour quiconque a su le lire! En effet, le fouet qui résonne et claque dans toutes les pages de ses écrits, et, chose horrible, le fouet qui *taille* jusqu'aux heures, les heures du travail et de la retraite, c'est-à-dire qui les annonce en guise de cloche, eh bien, le fouet s'en va[2]. « Plusieurs habitants ont

---

1 *Col. fr.*, p. 83. — 2 Trois ordonnances sont insérées au *Moniteur* du 18 juin 1846. L'une d'elles supprime la plupart des moyens disciplinaires, sauf le fouet pour les adultes mâles assujettis au *maximum* du travail. Elle réduit ce châtiment à quinze coups au plus, et jamais plus d'une fois par

déjà supprimé le fouet au jardin[1]. D'autrés l'ont aboli entièrement et dans tous les cas[2]. La discipline s'exerce généralement avec beaucoup de modération : souvent, elle est paternelle et indulgente. Là *où elle est sévère*, elle atteint rarement, et ne dépasse *jamais* les bornes qui ont été posées à la justice du maître[3]. » « La peine du fouet, appliquée dans toute sa rigueur, est extrêmement rare, et ne s'applique jamais qu'à de graves délits[4] » « Souvent, de concert avec le maître, le commandeur frappe à côté du nègre, ce que le maître est censé ignorer. Plus souvent encore, le commandeur, d'intelligence avec le nègre, qu'il est toujours dans son intérêt de ménager, se contente de frapper en l'air[5]. Le commandeur n'est-il pas un des nègres de l'habitation, et n'y a-t-il pas tous les siens? »

Il est un nombre considérable de noirs qui, de leur vie, n'ont reçu le plus léger coup de fouet. Sur l'habitation modèle que dirige M. Martineau fils, cette punition ne fut infligée qu'une seule fois, dans le cours de sept ans, à un nègre faussaire[6]. M. le procureur du roi a visité une multitude d'habitations où le fouet était la seule punition, et

semaine; elle défend de se servir du fouet comme signal de travail, etc... Je n'ai pas le temps d'examiner ces ordonnances, qui paraissent au moment où mon écrit est livré à l'impression. Il me semble que le gros bon sens, qui est celui du nègre, lui fera voir qu'il lui devient plus avantageux de commettre de grandes fautes que des fautes légères; car il échappe de la sorte à la justice de l'habitation; il *punit*, par sa retraite, le planteur, obligé de le *livrer* à une justice devant laquelle le maître devient à chaque instant partie, partie soumise *aux soucis de la chicane*, et dont il doit redouter, sinon les écarts, du moins les lenteurs. L'esprit qui perdit les colonies anglaises a pris chair dans ces ordonnances. — Il y a mieux à faire; nous supplions le gouvernement de se raviser. Au nom de la morale, de l'humanité même, et de notre politique des hommes d'élite, des *émancipateurs patriotes* l'y aideront par des inspirations vraiment françaises ! — Lire *les Juifs, rois de l'époque*, etc , etc.

[1] Schœlcher, *Col. fr.*, p. 83. — [2] *Offic.*, p. 381. — [3] *Ibid.* — [4] *Ibid.* — [5] *Manuscrit paternel.* — [6] *Officiel*, p. 383.

où, depuis plus de six mois, pas un seul coup n'avait été
appliqué[1]. Enfin, sur une population de 4,729 esclaves qui
habitent la ville de Saint-Pierre, 61 seulement furent atteints
par le fouet dans l'espace d'une année[2]. Décidément, si le
fouet est l'âme des habitations, cette âme ne tourmente
guère le corps... elle le déserte... « Et j'ai la certitude, dit
M. E. Buret, que les travaux de la plantation sous le fouet
du gardien, sont *un amusement*, comparés à ceux de beaucoup d'ateliers. » Il s'agit d'ateliers européens où les châtiments, sans être plus nobles, sont autrement terribles[3].
Mais ce que nous ne saurons jamais assez, c'est la vertu
expiatoire du fouet dont quelques coups rachètent là-bas
jusqu'à des crimes! En Europe, les hommes qui sont le
fléau de la société, pourriraient au fond des geôles. La
moindre insubordination y ferait tomber sur leur tête des
châtiments redoutables; et sans nous élever jusqu'à la solitaire hauteur du Mont-Saint-Michel, assez de détenus honorables pourraient grouper leur témoignage pour nous dire
ce que les verroux de nos prisons couvrent de traitements
ignominieux et de terreurs[4]. Mais dans les colonies, l'homme
vicieux a son prix; le blesser, c'est se faire tort d'un travailleur, c'est tomber sous la vindicte de la loi! — A défaut de bienveillance, l'intérêt dit au planteur qu'il se punit
en le punissant! — Voilà pour la question de douceur et
d'indulgence, ou tout au moins de justice; mais rien n'est
dit encore sur la question de dignité, et nous demandons si
ces hommes ne sont que des brutes pour les gouverner avec
un tel sceptre? En se plaçant au point de vue des Etats européens, on ne craindrait pas de trop oser en soutenant que

---

[1] *Offic.*, p. 382. — [2] *Ibid.*, p. 400. — [3] E. Buret, vol. II, p. 174. —
[4] Traitements *quelquefois* indispensables, mais *toujours* arbitraires. Voir les
incidents de la session de mai 1846, du Jury de Seine-et-Marne, Melun,
maison de réclusion, tenue avec beaucoup d'ordre!

la dignité de l'homme est moins outragée par l'espèce et la nature du châtiment, que par l'absence de mesure et de régularité dans l'application de la peine. En effet, les lois et les usages de ces Etats assujettissent aux châtiments serviles, *que les mœurs commencent à répudier dans nos colonies*, jusqu'aux hommes dont la profession est celle de l'honneur et de la gloire. Quant au régime de l'industrie, il n'est que trop fréquent d'y voir ces corrections passer en usage aux mains des régulateurs plus ou moins légitimes du travail! C'est là ce que l'on feint trop d'ignorer !

L'Autriche bâtonne ses pauvres soldats, la Russie donne aux siens le knout jusqu'à la mort. L'Angleterre fouette ses soldats et ses matelots, jusqu'au moment où le pouls menace de s'éteindre. Un chirurgien suit de l'œil leur agonie, et s'il voit le coupable prêt à manquer au supplice, il arrête les coups et le ranime tendrement, afin que cette journée ait son lendemain, et que la justice, en se complétant, frappe un corps et non pas un cadavre [1] !

. . . . . Et nos marins ! dites-moi, qu'étaient les vingt-neuf coups, le maximum [2] du châtiment de nos colonies, à côté des cent coups terribles appliqués devant un de nos voyageurs, à ce pauvre mousse de *la Perle* [3] ! De quel côté la dignité de l'homme et de la justice reçoit-elle de plus violents outrages?

Je justifie le mal par un plus grand mal, me dira-t-on? Non; je ne justifie pas, je compare, et je poursuis ma route par cette question : avez-vous vu, dans nos bagnes, étendre et sangler sur un chevalet des malheureux condamnés à la peine du fouet... regardez bien! écoutez bien [4]. Voilà ce qui s'appelle frapper, c'est peut-être qu'un forçat n'est

---

[1] Le Parlement, en diminuant ces peines horribles, vient de leur donner une nouvelle sanction, 1846. — [2] Dédoublé par ordonnance. — [3] Voy. *aux Antilles*. — [4] Les enfants en ont la gravure, *Musée des familles,* vol. II, p. 206.

plus un homme!... Je le veux bien, pour ne pas me faire plus tendre qu'un autre!... Mais, alors, nos soldats ne sont pas des galériens! cependant, pour ne citer qu'un exemple, confirmé du haut des deux tribunes de nos Chambres, des châtiments aussi odieux que dégradants, leur sont infligés dans nos possessions africaines; châtiments d'une nature tellement atroce, que plusieurs de ceux qui en furent atteints ont dû subir l'amputation, et que d'autres ont succombé à la douleur!

Je ne discute point la nécessité de peines rigoureuses au point de vue de la discipline, et je fais d'avance la part de l'exagération. Ne conservons de ces faits que ce qu'il y a d'outrageant dans leur nature, pour la dignité de l'homme et du militaire. Le narrateur nous dit :

Le *silo*, premier degré, est une fosse où les condamnés peuvent rarement s'asseoir. En été, le patient y étouffe sous les rayons d'un soleil brûlant; en hiver, la boue y reflue jusqu'aux genoux. Quelquefois les condamnés sont descendus dans cette fosse nus ou *à poil* : c'est l'expression consacrée. Qu'un jeune soldat descende au *silo* avec un sentiment *de dignité humaine*, avec un reste de moralité, il est à jamais perdu [1].

La *barre*, bien différente de celle des colonies, que les médecins même font souvent appliquer *à leurs malades*, la barre ou le deuxième degré, est une traverse en fer ou en bois, plantée horizontalement sur des piquets, à 30 centimètres du sol. L'un des pieds, ou les deux pieds sont pris dans la barre, au moyen d'anneaux rivés, dans une position plus élevée que la tête. Elle tient l'homme couché sur le dos ou sur le ventre. Ceux qui ne subissent pas docilement ce supplice sont l'objet d'un raffinement particulier; tantôt on leur croise les pieds sur la barre, tantôt on leur

transcris presque le mot à mot, mais j'abrège.

ploie la jambe sur la cuisse pour attacher le pied avec les mains; et le condamné, qui veut lutter avec les souffrances d'une telle position, ne peut bouger sans se déchirer les chairs!

A la barre, succède la *crapaudine :* supplice dans lequel le bras gauche et la jambe droite sont liés derrière le dos et s'entrecroisent avec le bras droit et la jambe gauche. Ainsi paré, le supplicié est couché, tantôt sur le dos, tantôt sur le ventre; s'il se débat, on l'attache au clou.

Le supplice du *clou* consiste à suspendre l'homme à un clou ou à une barre, par la corde qui réunit derrière le dos les pieds et les mains. Le condamné suspendu respire à peine; le sang empourpre aussitôt ses yeux, c'est le clou *au rouge.* Si cette première opération n'a pas suffi pour dompter le soldat, on le suspend une deuxième fois, et la congestion ne tarde pas à bleuir son visage. Le clou *au bleu* est le nom de cette dernière et horrible épreuve[1]!

Admettons avec nos braves et loyaux officiers, admettons avec M. le maréchal Soult[2] que la discipline exige en Afrique des rigueurs toutes spéciales, toujours est-il que des tortures beaucoup plus douces suffiraient pour démoraliser le soldat, pour lui ôter le double sentiment de sa dignité d'homme et de militaire!

[1] *L'Atelier* d'août 1846 reproduit la lettre d'un chirurgien militaire, adressée, en juillet 1846, à la *Gazette médicale de Paris.* Quatre colonnes y sont remplies d'affreux détails, d'inimaginables horreurs, dont les plus émouvantes se rapportent à la *barre,* au *silo,* à la *crapaudine.* Non, je ne puis croire aux raffinements, à l'énormité, à la fréquence de ces supplices, dignes de l'invention des tyrans anciens! Je ne puis croire aux amputations fréquentes qu'ils nécessitent, aux décès qu'ils occasionnent... Mais que le grand jour se fasse donc sur ces mystères de l'Afrique! Ce sont, ou d'effroyables calomnies, ou d'effroyables tortures, dont le Gouvernement doit atteindre les auteurs. Ma plume se refuse même à copier. Sans profiter de tels documents, je me contente de glisser cette note. — [2] Chambre des Pairs, 16 juillet 1845.

On a loyalement reconnu que ces châtiments indiquent à l'esprit de l'émancipateur une direction peut-être trop méconnue et qui se rapporte fort spécialement au chapitre de la *Dignité de l'homme;* ce mot si retentissant sous notre latitude où il ne sonne si fréquemment que le vide!

Je ne dis point que, dans nos colonies, des cicatrices n'aient quelquefois, de leurs lèvres sanglantes, maudit et accusé le fouet, et je l'en accuse avec elles. Mais, le plus souvent, ce sont là des sévices qui ne signalent qu'à de longs intervalles les passions égarées d'un maître, poussé aux extravagances du désespoir par les crimes de ses esclaves, par les vengeances et le poison qui répondent à sa justice. Et nous observerons à ce sujet, qu'un fait étrange frappa la loyauté de M. Schœlcher, c'est que les affaires les plus déplorables ont presque toujours offert pour accusés des hommes renommés de longue main pour leur bienveillance et leurs vertus[1]! Mais le désespoir, la démence, les passions et le crime sont, comme les tribunaux qui les répriment, de tous les pays[2] et de tous les temps. L'histoire en accuse toutes les conditions, toutes les races, elle en accuse surtout les nouveau-nés de la liberté, les affranchis! Il en fut ainsi de tout temps!

Dès que ceux-ci sont devenus *maîtres*, ce titre les confond avec les blancs, auxquels les Européens, trompés par cette dénomination commune, s'empressent aveuglément d'attribuer tous les excès familiers aux classes de parvenus. C'est surtout parmi les affranchis, nous dit une bouche officielle, que « les corrections sont, chez les hommes, le résultat d'un caprice brutal, d'une colère folle, d'emportements sauvages; et chez les femmes l'effet d'une jalousie

---

[1] *Colonies françaises,* p. 37. — [2] Lire les horreurs de nos gazettes de tribunaux.

aveugle, effrénée[1] ! » Aussi la loi n'épargne-t-elle pas ces coupables !

Mais, quel que soit l'accusateur du maître créole ou du maître affranchi, il ne faut point que le jugement se précipite et se hâte de le condamner ; car le mauvais nègre, afin de se donner l'occasion d'accuser ou d'intimider son maître, se fait quelquefois fustiger par un confrère ; ou bien il imite le mendiant européen qui, par l'application d'herbes malfaisantes, simule des plaies dont la pitié s'émeut[1] !

Dans l'intérêt des conséquences pratiques que les esprits droits sauront tirer de notre parallèle entre le respect des planteurs et celui des Européens pour la dignité des hommes qui leur sont *servilement assujettis*, nous allons emprunter à M. Schœlcher le récit d'une exécution ; elle est terrible, et le nom qu'elle porte est à lui seul une bonne fortune pour les amis de l'art mélodramatique !...

Quelles oreilles ne se sont dressées au nom des quatre piquets, ce supplice horrible !... Les quatre piquets, c'étaient quatre pieux, fichés en terre, et auxquels le commandeur attachait les membres du nègre condamné à la fustigation... Eh bien ! comment le dire, ou plutôt comment le taire, sans commettre la lâcheté de laisser injustement accuser nos compatriotes d'outre-mer ? cet appareil, réservé aux grandes et terribles solennités de la justice, cachait sous sa barbare apparence une pensée d'humanité !..... Cela se comprend quand on l'a vu ; car, dans ces exécutions, réservées aux plus grandes fautes, la protection que le juge *doit* au public contre les malfaiteurs rendait *le fouet sévère ;* et le nègre, en se retournant, eût risqué de recevoir dans une partie trop sensible les coups destinés à l'atteindre dans la partie du corps la moins vulnérable. — Les liens des quatre piquets étaient

---

[1] *Officiel,* p. 383. — [2] *Official,* p. 488.

donc une garantie pour le patient. N'est-ce pas ainsi qu'à bord d'un bâtiment des cordes garrottent à l'affût d'un canon le matelot destiné aux caresses de la garcette? Mais, depuis longtemps, pour rendre ces apprêts moins romantiques, une échelle étendue à terre avait remplacé les quatre piquets.

Le coupable, châtié par les ordres de M. de Périnelle, sous les yeux de M. Schœlcher, fut donc attaché à son échelle. « L'instrument du supplice était un fouet à manche très-petit et à lanières très-longues, dont chaque coup faisait grand bruit! Ces coups furent-ils plus modérés que d'ordinaire? Le commandeur en voulut-il ménager la force devant un étranger? Nous pouvons le croire, » dit M. Schœlcher; mais, pour ma part, je suis moins porté à cet acte de foi, car si les lanières eussent gravé leurs traces, M. de Périnelle devenait passible des tribunaux, exposé aux dénonciations de ses nègres et aux rapports du magistrat ambulant. — Ce qu'il y a de certain, c'est que « le patient ne faisait qu'un léger mouvement, et il ne sortit pas le moindre cri de sa bouche, sauf cette *ignoble exclamation* : Pardon, maître[1]! » « Je me retirai avec M. de Périnelle, et nous étions non loin du lieu de l'exécution, lorsque, deux minutes après, le nègre se présente droit, ferme, la démarche tranquille, le visage calme, et dit d'une voix non altérée : Maître, on a donné des rechanges aux autres pendant que j'étais au cachot; voulez-vous me faire donner la mienne? Ce malheureux, évidemment, au physique ne souffrait pas, et, au moral, n'avait aucune idée de la dégradation qu'il venait de subir. Voilà ce que l'esclavage fait des hommes[2]! »

Mais en Angleterre ou en France, pour une faute bien plus légère, un matelot n'eût-il point subi, par le même

[1] Les avoués, les notaires, etc., se donnent tout au long ce titre de maître parmi nous! Nous signalons cette énormité à la susceptibilité des philanthropes! — [2] Schœlcher, p. 86, 87.

instrument, une tout autre et véritable torture? Se fût-il
cru dégradé? L'eût-il été, dans notre opinion, autant qu'un
soldat à qui l'on arrache ses épaulettes! — N'attribuons
donc au mal de l'esclavage d'autres torts que ceux qui lui reviennent en propre; cela suffit, et, pour être juste, n'accusons souvent que l'indulgence de la justice que subit l'esclave!

Ainsi, par exemple, l'homme qui vient de passer aux
quatre piquets était « entré de nuit dans la case d'une femme
appartenant à un petit habitant voisin. Il avait *brisé* la porte
et s'était *jeté sur elle!* Les cris de la négresse, en attirant
du monde, l'avaient seuls préservée de la violence du furieux [1]. » Laisser de telles fautes sans vengeance, c'est laisser la société sans protection; c'est manquer de pitié pour
l'opprimé. Nos tribunaux eussent fait descendre cet homme
au bagne! Et le bagne, en Europe, c'est la *douleur et l'infamie dans l'esclavage!* c'est, en outre, l'école du vice et
de la dépravation du cœur [2]!

---

[1] Schœlcher, *Colon. fr.*, p. 86.

[2] Il devient presque indispensable à notre sujet de dire un mot des livres
de M. Schœlcher, qui remuent toutes les questions d'esclavage et de philanthropie, de moralité et de dignité humaine. Je crois en avoir démêlé tout le
secret, et le voici :

L'auteur commence par poser un principe général, souvent vicieux, ou
plutôt une sentence, qu'il étaie de quelques faits particuliers. De là, s'élevant tout à coup, pour agrandir son horizon, il fait pivoter son télescope ; il
ramasse, dans les lointains du passé, des crimes qui ont effrayé l'humanité,
des abus qui, grâce au ciel, appartiennent à d'autres époques, et surtout à
d'autres colonies que les nôtres. Il ranime ces froids débris, les galvanise,
les ramène à lui, les rend présents à son public, les retourne, les fatigue,
les torture, et ne permet à l'œil de les considérer que sous la lentille gros-
sissante de ses verres! On en a le vertige. C'est alors que, s'emparant hardiment du champ de l'avenir et des conjectures, il pronostique des situations étranges, des faits singuliers, horribles ; il les groupe, les aligne, les
discipline, les pousse en avant, et crie victoire : il a vaincu, — mais des fantômes! Car, ce qu'il attaque surtout, c'est un fantôme, le fantôme de l'es-

Quoi qu'il en soit, cet examen comparatif des insultes
faites à la dignité de l'homme, nous ramène à dire qu'aujourd'hui le châtiment du fouet cède la place au système de

clavage tel qu'il existait aux temps homériens des colonies. Tout cela se fait
sans art, et comme par une sorte d'inspiration ; car ce philosophe est un
poëte. Chez lui, le sentiment et l'imagination débordent, et puis accablent
le jugement. Voilà l'effet d'une vocation manquée !.... Cependant, sa victoire fantasmagorique obtient des résultats réels, car la passion qui l'anime
s'adresse à d'autres passions généreuses, encore qu'aveugles ; et lorsqu'il
raisonne, ou plutôt lorsqu'il argumente, les temps présents restent accablés
par le poids des souvenirs et des terreurs que sa logique boiteuse rassemble
avec tapage des quatre quartiers des vents du ciel.

Ses idées ultrà-abolitionistes préconçues, irrévocablement arrêtées, antérieures et postérieures à tout examen, sont passées chez lui à l'état de passion
et de manie ; elles se fortifient de tout ce qu'elles rencontrent, transforment
l'obstacle en moyen, règnent sincèrement dans son cœur, et répandent sur
tous ses jugements l'invariable monotonie de leur fausse couleur.

J'ai beaucoup connu M. Schœlcher autrefois ; il portait alors le nom de
Smelfungus........ Le docte Smelfungus voyagea de Paris à Boulogne, et de
Boulogne à Rome ; puis, au delà encore ! Mais il était parti avec le spleen
et la jaunisse. Il ne put voir un objet qui ne perdît sa couleur ou sa forme
sous ses regards (*discoloured or distorted*). Il en traça le récit ; mais ce ne
fut que le récit de lamentables sensations.

Je rencontrai Smelfungus sous le sublime portique du Panthéon ; il en
sortait.... Qu'est cela ? me dit-il, un grand cirque, bon pour des combats de
coqs. — J'eusse souhaité pour vous que vous n'eussiez pas traité plus indignement la Vénus de Médicis ! — car j'avais su, en traversant Florence,
qu'il l'avait traitée, sans la moindre raison, comme on ne traite pas la dernière des coquines.

Je me rencontrai derechef et inopinément avec Smelfungus à Turin. —
Oh ! de quel enchaînement d'aventures lamentables ne m'accabla-t-il pas !
C'étaient, sur terre et sur eau, les accidents les plus apitoyants... des cannibales qui s'entredévoraient, des anthropophages... Il avait été écorché tout
vif, ensorcelé, et plus inhumainement traité que saint Barthélemy, à chaque
poste, à chaque pas.....

Je veux crier cela au monde entier, dit Smelfungus ! Bah ! répond de ma
part à cet esprit étrange le piquant et spirituel Sterne, mieux vaudrait pour
vous en faire la confidence à votre médecin. (Je viens de traduire le Smelfungus du *Voyage sentimental* de Sterne, p. 29. 1800. Édit. angl.)

Eh ! ne voilà que trop souvent M. Schœlcher au milieu des cannibales et

la réclusion. Cette révolution disciplinaire est généralement pour le nègre un chagrin réel ; car elle met un frein à son humeur vagabonde, et ne le délivre, en retour, que de

des anthropophages des colonies ! Je ne conseillerais pas à la Vénus de Médicis d'y mettre les pieds quand il s'y trouve, à moins de se faire barbouiller de noir de la tête aux talons... L'esclavage lui a tourné la bile, et lui a donné la jaunisse de Smelfungus. Certes si tous ses lecteurs avaient le coup-d'œil judicieux de Sterne, il ne resterait de ses tirades que les vérités utiles, qui nous compteraient pour auxiliaire. Mais il ne peut en être ainsi de tout le public auquel il répète ses répétitions, et redit ses redites, tantôt contre l'esclavage, que nous sommes loin de défendre, et tantôt contre les colons, qu'il travestit en tyrans, et laisse agir sous nos yeux en vrais bons hommes !

Mais il serait injuste d'attribuer à M. Schœlcher la mauvaise nature de Smelfungus. Je me trompe fort, s'il n'y a pas, sous la jaunisse de M. Schœlcher, un cœur noble et plein de chaleur. Sa maladie est puisée aux sources de ce philosophisme bâtard et violent, qui réforme les sociétés par le bris et la destruction des institutions sociales les plus sacrées ; et la France, qu'il attaque dans ses colonies, ne peut garder rancune contre des coups partis de la main qui sape à la fois le catholicisme, le mariage, la propriété, que sais-je encore ! (Voy. Schœlcher, *Colonies françaises*, p. 74 à 82, 136, 155, 184, etc.)

Dans les circonstances où il arrive à M. Schœlcher de s'écarter des voies de la raison, il ne lui manque quelquefois que le point d'appui du bon sens pour s'élever jusqu'au génie ; car il est rare de le voir déraisonner sans une remarquable élévation de cœur ; et si l'absence des principes fondamentaux du catholicisme n'expliquait point toutes les inconséquences, cette élévation naturelle serait bien étrange chez l'apologiste des massacres et du poison. (Voy. Schœlcher, p. 424 à 435, *Colonies françaises*.) Ses injustices à l'égard des colons proviennent de sa haine forcenée contre une institution que tout chrétien déteste, que les colons eux-mêmes sont loin d'aimer ; elle leur coûte, elle leur a coûté trop cher !

M. Schœlcher ne nourrit point contre ses compatriotes des Antilles cette basse haine qui prend sa source dans l'envie, et qui, *les supposant* riches et puissants, brûle de les voir humiliés et misérables..... Vous ne le trouverez point uni de pensée avec ces froids philanthropes, dont *le divertissement moral* est de pourchasser et d'assassiner le colon, comme on chasse et comme on tue la bête fauve..... Il ne compte point au nombre de ces philosophes du brigandage, dont les combinaisons tendent à forcer le genou du colon à fléchir, et sa bouche à solliciter, comme une faveur urgente, l'accomplissement des mesures émancipatrices, dont l'inopportunité compromet à la

châtiments dépouillés de leur antique prestige de terreur !
En effet, les instruments de rigueur ne sont plus guère
employés qu'à titre d'épouvantail[1], et la hardiesse avec
laquelle les nègres font respecter leurs droits, prouve
l'impossibilité où seraient les colons, non-seulement d'a-
buser de leur autorité, mais de l'exercer dans toute son
étendue[2].

fois la fortune de la France, celle des colonies et de leur civilisation! (Voir
l'introduction des *Colonies françaises*, de M. Schœlcher.)

Cela dit, je prie le lecteur de ne point accepter, mais de juger ce jugement,
sujet d'une digression indispensable, puisque M. Schœlcher a produit sur les
questions philanthropico-coloniales trois volumes, où il les décide, les tranche
et les pourfend avec les armes de sa logique révolutionnaire et anti-catholique !

Il existe à opposer à M. Schœlcher un antagoniste aussi excessif dans
ses opinions que ce premier l'est dans les siennes. Cet antagoniste a séjourné
pendant huit années consécutives dans les régions soumises au régime de
l'esclavage. On pourrait appeler M. Alphonse Ride, c'est le nom de cet observateur, le Schœlcher de la servitude. Entièrement désintéressé dans la
question, il se passionne pour cette forme défectueuse de l'organisation du
travail, de la même façon que M. Schœlcher s'est passionné contre le régime
où la servitude tient encore par ses dernières racines. De part et d'autre, on
trône sur des monceaux de faits ; de part et d'autre, on a dépensé force travail et sophismes pour soutenir deux thèses également injustes et dangereuses, parce qu'elles sont également outrées. Mais il se rencontre, dans le
livre de M. Ride (2 volumes, *Esclavage et liberté*. Paris, 1843, Delloye),
dont nous repoussons les principes, une merveilleuse réfutation des bévues
doctrinales de nos plus célèbres économistes, à l'endroit des théories de l'esclavage. Il les écrase sous des avalanches de faits et de preuves, d'où leur
réputation ne retirera, par aucun effort ni dans aucun temps, ses lambeaux
défigurés et flétris! Lorsqu'il nous arrivera de citer cette autorité, souvent
fort grave, comme nous citons M. Schœlcher, on ne nous accusera point, à
son égard, d'une partialité contre laquelle ces lignes se sont inscrites!

1 *Rapp. de Broglie*, p 131. — 2 *Ibid.*, p. 204. Il y a dans M. Schœlcher des narrations qui épouvanteraient, si l'on n'en connaissait l'origine!
Une des bases de ses plus formidables accusations, c'est le témoignage du
méthodiste wesleyen Whiteley, sur l'état de l'une des colonies de l'Angleterre, avant l'émancipation. — Les méthodistes! ce nom me rappelle des
hommes dont le zèle hybride n'a pas encore trouvé son Molière, mais dont une

Ce témoignage , aussi étonnant que positif, de M. le duc de Broglie, est une réponse aux plus virulentes attaques que puisse provoquer l'esclavage, je veux dire le droit légal

foule d'écrits modernes nous ont tracé les projets et les exploits ! (Lire Leche-valier, *Guyane*, p. 111, 112, etc , et parmi les accusations plus modérées, les numéros de *la Boussole*, 10 et 17 nov. 1844)..... Tels sont encore, au milieu de la cohue des sectes, ces bons frères Moraves, ces saints hommes ennemis de l'esclavage, mais *possesseurs d'esclaves*, auxquels il font audacieusement subir, loin des yeux qui les admirent, toutes les ri-gueurs et les indignités de la condition servile. Schœlcher, *Colon. danoises*, p. 23, 24.

Décrire les passions et l'action de ces sectes, ce n'est point toujours accuser l'Angleterre, que son ardeur à convertir les infidèles des cinq parties du monde à ses cotons, soumet, en plus d'une région, au joug de ces instruments de salut, devenus trop forts pour son bras..... Mais, pour en finir à leur sujet, et à propos des insultes commises contre la dignité de l'homme, en dehors du giron de l'esclavage, je veux citer une lettre du chevalier Dillon à son compatriote anglais le wesleyen Thomas : « Les tortures et les punitions que vous infligez à ceux qui ne partagent pas vos croyances, sont d'avoir la tête rasée, d'être brûlés avec un fer chaud, *d'être faits esclaves*. Vous les faites frapper à coups de cordes goudronnées, de telle sorte qu'un charretier qui, en Angleterre, se-rait connu pour traiter ses bœufs avec autant de brutalité, serait mis en prison ! » (Extrait du *Voyage* de Dupetit-Thouars sur *la Vénus*, *à Tonga-Tabou*, 1837.)

Je m'arrête beaucoup plus tôt que les accusations, et, je le répète, le récit de M. Whiteley le wesleyen, quelque invraisemblable qu'il me paraisse, est possible ; je le regrette pour l'honneur de ses compatriotes ! Mais M. Schœl-cher, étayé sur les méthodistes, perd considérablement, comme historien, dans mon esprit ; et je me demande s'il veut rendre suspecte jusqu'à l'évi-dence, en supposant qu'il la possède ! Je conçois l'irritation que lui causent *tant de documents officiels*, et les rapports des antagonistes les moins in-téressés dans la question. Mais M. Flinter et Mme Mercedès Merlin, nos offi-ciers de marine, tels que le capitaine Layrle, etc., peuvent se consoler du peu de cas que leur témoigne l'écrivain qui accorde son estime à M. Turn-bull et à ses confrères. Cet écrivain compose actuellement un traité général de la servitude, et il la comprend à ce point que, dans son ouvrage sur l'Egypte, 1846, il élève Mahomet, l'homme du sabre, de l'esclavage et des sens, infiniment au-dessus du Christ, libérateur de l'homme physique et moral. L'espace manque pour rapporter ces merveilleuses divagations.

qu'il donne d'insulter la nature humaine par la vente de l'homme. Les formes dont ce droit est revêtu sont odieuses, brutales... Telles sont trop souvent, hélas! les formes de cette grande et douloureuse institution, que nous appelons justice humaine! Mais l'important est de savoir quels rapports existent entre ces formes, ces noms, ces fantômes, et la réalité. Dans ces questions de discernement, les écueils où se brise le vulgaire sont ceux où l'homme de sens évite de se heurter.....

Il s'agit donc de la vente; prêtons l'oreille. « On fait savoir que, le 26 courant, sur la place du marché..... il sera procédé à la vente de l'esclave Suzanne, négresse, âgée d'environ quarante ans, avec ses six enfants... [1] » La loi, moins encore que les mœurs, il est vrai, défend de séparer de sa mère l'enfant qui n'a pas encore atteint sa quatorzième année; au-delà de ce terme, elle se tait, mais gare à son silence; car c'est alors que, si le maître songe à violer les droits de la nature, l'esclave lui démontre, d'une manière terrible, selon la phrase officielle de M. de Broglie, l'impossibilité non-seulement d'user de son autorité légale, mais encore de l'exercer dans toute son étendue [2]. Telle est la raison pour laquelle cet autre nègre, qui doit être vendu, vous aborde billet en main. Le papier qu'il vous présente gaîment est une autorisation que son maître lui accorde d'aller s'offrir à qui bon lui semble. Telle est encore la raison pour laquelle un planteur n'achète point un nègre, sans lui demander s'il consent à l'accepter pour maître. Non, acheter un esclave sans obtenir au préalable son consentement, voilà ce que le maître, s'il n'est plus téméraire encore que barbare, n'oserait faire [3]! Il est certain que la dignité du noir est loin de souf-

---

[1] Schœlcher, Col. fr., p. 57. — [2] Rapp. de Broglie, p. 52, 201. — [3] Ibid., p. 52.

frir autant dans les cas de vente que celle de notre prolétaire dans des circonstances fort analogues. Un peu de patience, et l'on verra.

Braver cet homme et s'en croire le maître absolu, parce que son nom légal est celui d'esclave; oh! tout le monde sait que la nature aux colonies est riche en poisons terribles, et que les nègres aiment à savourer la vengeance! Moins apprivoisés, moins abattus, plus sauvages dans la liberté réelle de leur servitude que les esclaves de l'Europe dans leur liberté légale, ces nègres se plaisent à ralentir ou à précipiter les effets du poison. Tantôt répandant la mort parmi les bestiaux et parmi leurs semblables; tantôt atteignant le maître jusque dans la chair de ses enfants, ils lui font sentir une vengeance secrète, invisible, acharnée, une vengeance scrupuleuse à l'épargner dans sa personne; car trop promptement et à trop bas prix la mort le déroberait à leur fureur! C'est ainsi qu'en cas de tyrannie et dans l'hypothèse de l'inaction des magistrats, si cette inaction était possible, le crime punit le crime, et que l'homicide répond à l'homicide, les tortures à d'autres tortures! Et sans pousser si loin la barbarie, le nègre sait encore se venger par sa fuite; sa colère secrète abonde en ressources!

Je ne dis rien ici des îles anglaises qui touchent aux nôtres, ni des compagnies d'embaucheurs de désertion que signalent les rapports officiels; il y a de ce côté-là des excitations qui détruisent dans les actes du noir tout caractère de spontanéité. Mais, à part cela, l'œil rencontre aux colonies des forêts que n'a jamais frappées le fer; on les dit vierges; elles gravissent les mornes et revêtent du luxe de leur végétation d'immenses espaces, où le pas de l'homme ne se fait entendre que lorsqu'il fuit le commerce de ses semblables. Eh bien! ces solitudes, le nègre les voit tous les jours. — Elles commencent à quelques heures , à quelques minutes de la cabane où chaque soirée le ramène et lui laisse toute la liberté de l'air qui caresse nonchalamment la savane ! Lorsque le nègre trouvait son sort insupportable , ces déserts abondants en racines , riches en fruits spontanés et en gibier , lui offraient un asile sûr et paisible ; il en faisait sa retraite et son fort. Pourquoi donc s'y enfonçait-il si rarement ? Comment encore , après avoir goûté les douceurs d'une vie si facile , cet ennemi naturel du travail régulier , se plaçant sous le patronage d'un maître voisin , revenait-il sans crainte dire à son maître : Voici votre homme ! Car si la fuite des nègres était fréquente à certaines époques d'agitation et de crises , le retour des évadés était commun ! Ce phénomène resterait inexplicable, si le sort du nègre ne cachait aux yeux de ceux qui n'ont voulu le connaître que sous le titre abstrait d'esclave, des douceurs qu'il faut cesser de nier, lorsque les faits en renouvellent si fréquemment la preuve ; des consolations qu'il faut cesser de calomnier en présence des plaies et des doléances de l'homme de douleurs européen. Je me suis prononcé avec trop de loyauté contre le principe anti-catholique de l'esclavage pour être soupçonné de le chérir !

Après avoir manié et pesé ce fouet, qui s'était changé en crecelle dans la main du commandeur , et qui désertera plutôt nos colonies que la garcette et le bâton ne déserteront la marine et les glorieuses armées de l'Europe : après avoir jeté nos yeux au loin , nous allons ouvrir l'oreille aux récits des châtiments et des outrages auxquels la noblesse et la douceur des mœurs européennes permettent d'assujettir le prolétaire. — Si nous nous piquons sérieusement de mettre en pratique les leçons de la justice et de la charité, *la grande affaire* sera de relever immédiatement au niveau de l'autre, le plus malheureux , le plus humilié, le plus avili des deux prolétaires. Ce point obtenu, nous ferons marcher *de front* la cause des ouvriers de ces deux races. — Voyons si, comme chez le Germain de Tacite, de bonnes mœurs font plus chez nous que de bonnes lois ailleurs!

J'ai la certitude, ai-je dit après M. E. Buret, que les travaux de la plantation, sous le fouet du gardien, sont un amusement, comparés à ceux de beaucoup d'ateliers[1]. Et, sur le sol européen, quels sont les échos de cette phrase : « Il vaut mieux être serf qu'affranchi? » « Le travail dissout la famille[2]! » Il n'existe pour des multitudes de misérables que cette alternative : servir ou mourir[3]! Il est plus facile de s'affranchir de la servitude d'un maître que de la dépendance d'un propriétaire[4]! Et tout prolétaire a le sien; car il est forcé de travailler au jour le jour. Sa misère, les nécessités de sa famille, les bornes de l'industrie d'où sa vie dépend, la spécialité restreinte de son savoir-faire, sont autant de liens qui le garrottent en cette région, en cette ville, à l'usine de cet homme et à cette machine même dont il est le serf et le valet! Sous la loi de l'extrême division du travail, l'industrie ne demande à ce serf que son corps, que le mouvement d'un membre. Perfectionnée aux dépens de l'esprit qu'elle abandonne et du corps qu'elle dégrade, l'industrie ne compte l'homme que comme un principe moteur, que comme un agent de production!... elle a ses exorcismes sacriléges, qui consistent à chasser l'esprit de l'homme dans les machines!... L'homme, pour elle, est une chose! Ce que nous nous figurons que le nègre doit être, ce prolétaire ne l'est que trop véritablement! Comment le comparer au noir, qui non-seulement a des droits légaux, mais qui sait les maintenir avec har-

---

[1] E. Buret, vol. II, p. 174. — [2] Faucher, *Angl.* E. Buret, vol. II, p. 13. L. Blanc, *Organ.*, p. 24 à 28. — [3] E. Buret, vol. II, p. 204. — [4] E. Buret, vol. I, p. 239.

diesse[1]! Ces paroles n'ont point mission d'inspirer au prolétaire une témérité qui compromettrait son avenir ; loin de
l'encourager à la révolte, notre pensée la plus constante est
de le détourner *de ce crime.*

Pour l'industrie, l'homme est une chose ; pensée terrible !
Plus le travail est simplifié, plus elle se perfectionne, et
plus aussi devient précaire, misérable et humiliante, la
condition de l'ouvrier[2]. Figurez-vous ce que peuvent être
et devenir « l'intelligence et le sentiment d'êtres humains qui,
pendant des séances de quatorze et seize heures par jour,
frottent des petits morceaux de verre contre une meule. »
Demandez-vous quel est l'avenir intellectuel et industriel
de pauvres enfants que les fabriques emploient jusqu'à
douze et quinze ans à rattacher des fils, ou à quelque emploi de ce genre, qui n'est pas la millième partie d'un métier[3] ! Voilà l'homme privé de connaissances morales et
dont l'éducation n'a été peut-être que *celle d'un pour-
ceau*[4]; » l'homme « destiné à ne représenter toute sa vie
qu'un levier, une cheville, une manivelle[5]. Quelle part de
considération la raison sans la foi peut-elle accorder à ces
choses vivantes, à ces machines animées, dont la perfection
consiste à se plier de la manière la plus servile et la plus
brute aux mouvements d'une machine sans vie ? Européens, la dignité de notre nature n'est-elle point flagellée
dans ces hommes que chaque jour déprime et ramène « à
la condition de l'Irlandais, qui n'est plus qu'une machine à
laquelle on donne, en guise d'huile, un peu de pommes de
terre pour l'entretenir[6] ».

Eh quoi ? pour le prolétaire, l'industrie, malgré ses bons
efforts, au lieu d'organiser le travail, n'a organisé que la

---

[1] *Rapp. de Brogl.*, p. 204. — [2] V[r] E. Buret, vol. ii, p. 152, 153. —
[3] *Ibid.*, p. 153. — [4] *Ibid.*, p. 3. — [5] *Ibid.*, p. 155. — [6] E. Buret,
vol. i, p. 45, 68.

misère et que le vice... Eh quoi! les rapprochements prématurés, là promiscuité des sexes, le pêle-mêle de tous les âges de la vie, jetés dans les bouges infects auxquels le prolétaire demande un asile..... toutes les causes qui peuvent flétrir l'innocence et dégrader les cœurs et les corps, mêleront, pour l'attaquer, leur action corruptrice à l'influence directe et terrible des grands ateliers[1]! Eh quoi! des lieux peuvent se rencontrer où le travail et la dégradation ne sont qu'une seule et même chose! où le remède est devenu le mal luimême! où, lorsque la misère n'a point corrompu la jeune fille dès l'enfance dans l'école du travail, elle la contraint de vouer son corps à la prostitution pour conserver sa vie[2]! Eh quoi! pour obtenir la faveur d'un travail qui ne lui donne que la moitié de son pain, la femme peut se voir contrainte de subir les souillures du tyran subalterne qui l'enrôle et la recrute! En quelle langue décrire cette misère qui, descendant du vieillard à sa postérité, flétrit et dégrade jusqu'à la piété filiale égarée dans son désespoir et son ignorance, au point de pousser la sublimité du dévouement jusqu'à l'infamie[3]!

Cependant, si l'aristocratie manufacturière est une des plus dures qui aient paru sur la terre[4], ses rigueurs ne sont pas toujours de son choix; elle doit souvent les infliger ou succomber! Il s'en faut bien, après cela, que les industriels les plus minces puissent égaler en humanité les hauts barons de leur classe! Nulle fortune acquise ne leur permet de mitiger, en faveur de leurs subordonnés, le despotisme des vicissitudes commerciales dont ils sont les victimes. — Lais-

---

[1] V. E. Buret, vol. ii, p. 12. Faucher, *Études*. De Bourgoing, p. 18. Frégier, vol. ii, p. 128, etc. — [2] E. Buret, vol. ii, p. 192, 256, etc., et Frégier, vol. i, p. 96. *Annales de la charité*, juin 1845, Em. Michel. — [3] Documents manuscrits. *Id.* Frégier, vol. i, p. 95, 96 à 102, et 345. *Id.* Toussenel, *Les Juifs, rois de l'époque*, etc., etc. — [4] De Tocqueville, *Démocratie*.

sons parler quelques exemples; mieux que des paroles ils
nous diront à quels excès d'insoucieux dédains peut se
trouver en butte la personne de l'ouvrier !

. . . . . Un médecin, visitant une école de cent-six
enfants, remarqua que, sur ce nombre, quarante-sept
avaient été blessés dans les filatures [1] ! Des inspecteurs faisaient observer ailleurs, aux chefs ou maîtres d'un grand
nombre d'ateliers, que, dans quelques usines, une quantité
considérable d'enfants fonctionnaient avec des membres mu-
tilés par le jeu de la machine !... Pure négligence de leur
part, répondaient les maîtres... qu'ils y prennent garde...
D'ailleurs, il est rare qu'ils y laissent la main tout entière [2] !...

Nous n'exigerons point un régime salubre pour ces districts où la population ouvrière, moins privilégiée que les
animaux domestiques, a su se déshabituer du dégoût et des
nausées que provoquent la viande pourrie, les animaux
morts-nés, et les charognes dont elle se repaît [3]. Nous ne
dirons rien de l'effrayante maigreur des enfants empoisonnés par cet odieux régime ! Le cordial de Godefroy, mêlé
au lait de leur mère, n'a-t-il pas habitué leur enfance au
venin ? Étayé sur des documents incontestables, nous ne
voulons signaler l'affaiblissement de la constitution, les
maladies incurables et les effets naturels d'un travail excessif, que comme autant d'obstacles ajoutés à l'impossibilité
partielle ou complète de profiter des ressources quelquefois
offertes à l'éducation; il est si difficile d'arrêter les yeux
quelque part, sans apercevoir à la fois aussi peu de respect
ou de sécurité pour la dignité de l'âme que pour celle du
corps !

Nous dira-t-on, par exemple, que la dignité de l'homme
obtient quelque apparence de respect dans les contrats d'ap-

---

[1] E. Buret, vol. II, p. 245. — [2] Children employ. comm. — [3] Id. A sort
of carrion, etc.

prentissage : « véritable traite des enfants pauvres, que l'on vend ainsi pour un terme de douze et quelquefois de quatorze années[1]! »

Et que penser aussi de ces autres contrats forcés où, parce qu'un homme se trouve serré d'assez près par la misère pour tendre une main suppliante, le gardien de la paroisse peut lui enlever ses enfants dès l'âge de neuf ans, sans consulter ni leur inclination, ni la sienne? La traite et la vente entraînent-elles de plus cruelles insultes[2]?

Enfin, nous n'avons point oublié que, dans notre France, le libertinage jette chaque année, au dehors de sa ruche impure, un essaim d'enfants. — Si ces enfants doivent à la douceur de nos mœurs une condition un peu moins lamentable que par le passé, leur sort est-il autre chose encore, en dépit des efforts de l'administration, qu'un esclavage humiliant sans salaire et sans pécule[3]? Mais, en dehors de cet esclavage directement légal, est-ce que les lois de l'Europe n'offrent point les verroux et les cachots des prisons de l'ordre public comme sanction d'un esclavage non moins réel?

Écoutez : la moralité du maître lui suggère quelquefois de stimuler les passions de son travailleur... Les passions sont dépensières[4], et le maître a de l'argent... Son cœur est grand; sa main s'ouvre; il donne, mais en grand seigneur de capitaux, c'est-à-dire à condition qu'on lui rendra! — Ses dons cupides, il les multiplie; mais en stipulant que l'emprunteur ne s'acquittera de sa dette qu'obole par obole et semaine par semaine[5]; et son calcul n'est pas sans profondeur; car l'ouvrier s'est engagé à ne point travailler pour un autre maître que celui qui lui a prêté de l'argent, jusqu'à l'acquit total de sa dette. Sa dette le rive donc aux piliers

[1] L. F. — [2] *Angleterre*. — [3] V' le chap. *Enfants trouvés*, ci-dessus. — [4] *It is usually spent in a round of debauchery). —* [5] *Weekly instalments.*

de l'usine[1]; et, s'il refuse ses bras à ce créancier, la justice ouvre sur lui ses prisons[2]! Il expiera dans les cachots le viol d'un libre contrat d'esclavage.

La France, je le sais bien, ne verrait pas sans horreur ces conceptions de la cupidité et de l'astuce. Voilà pourquoi son indignation rencontre des organes empressés de signaler ce nouvel empiétement de l'esclavage, qui s'installe sur son sol, et cherche à se creuser un asile jusque sous nos lois[3]. Cette insulte à la dignité de notre nature est moins effrontée, mais je la crois plus dangereuse que celle dont la misère vient d'étaler le cynisme à l'ombre du sceptre de l'Autriche. Le fait est tout récent.

Les feuilles publiques nous apprennent que les malheureux paysans de la Haute-Hongrie, réduits à la dernière extrémité par les inondations, affluent à Pesth, où ils ont établi un véritable bazar d'êtres humains. Ils vendent leurs filles de huit à dix ans au prix de 5 florins, et les garçons moyennant la somme de 10 à 20 kreutzers. Ce qu'il y a de pire dans ces marchés, c'est que les *vendeurs ne s'informent même pas du nom* de leurs acheteurs[4].

Là-bas et ailleurs, en Europe, les contrats et la vente séparent donc le fils et la fille de la mère et du père. Ce criant abus doit surtout le jour à l'apprentissage, qui n'est qu'une vente à terme et bien souvent sans terme! Mais la charité légale, dans ses froids calculs, se permet toutes ces licences; elle en compose un des moyens de ses systèmes, et plusieurs cas se présentent où elle n'ouvre sa main terrible qu'à la condition d'attenter aux droits et aux devoirs les plus sacrés de la nature.

Sans perdre le temps à redire les efforts impolitiques de

---

1 *Like a chain.* — 2 *Two hundred and fourty sent to jail within four years!* — 3 *Atelier,* mars 1845, p. 84. — 4 Ces faits n'ont pas été démentis, que je sache (1845), on peut donc les reproduire!

l'administration française pour écarter de l'enfant-trouvé le cœur qui pourrait lui donner une mère[1], je me hâte de faire passer le lecteur devant les murailles du Work-house[2]. Le pauvre, pour obtenir secours dans cet asile, « doit consentir à être séparé de sa femme et de ses enfants ; car l'administration du paupérisme fait de la séparation des sexes et des âges une prescription absolue ! Et, dit M. Buret[3], elle a raison !... » S'il y a, s'il n'y a point nécessité dans ces outrages aux sentiments et à la dignité de l'homme et de la famille, le lecteur, en se mettant à la place des misérables que leur sort y expose, en jugera ! Mais s'il apprenait que des nègres sont traités aussi indignement que ces malheureux, la nécessité serait-elle une excuse dont il se payerait !.....

Maintenant, pour en revenir à la traite, plus ou moins déguisée dans ses formes, elle n'est point chose nouvelle ; elle est moins encore chose rare dans les contrées les plus civilisées de l'Europe ! Et, pour ne parler dans cet alinéa que de la vente à terme limité, contentons-nous d'un mot sur le marché des enfants.

Ce marché se tient deux fois la semaine aux portes de Londres, et ne présente rien, dans ses caractères, de la grève où les ouvriers viennent honorablement offrir leur travail. « Le père et la mère mènent leur enfant au marché, ils le crient comme une marchandise, le laissent *palper* comme une bête de somme ; ils le livrent, enfin, pour être exploité *dans l'âge où les forces naissent à peine, au premier venu, pourvu qu'il soit le plus offrant,* au maître dissolu, comme au maître rangé... On y regarderait certainement *de plus près* avant de donner à loyer un âne ou un cheval... L'accord une fois conclu, l'acquéreur fait de l'enfant *ce*

---

[1] V' M. Duchâtel, p. 388 ; Esquiros ; de Bonald, etc. — [2] Maisons de travail. — [3] Vol. I, p. 478.

qu'il veut; l'enfant lui appartient exclusivement douze ou quinze heures par jour ; car les parents n'ont pas exigé, pour ces malheureux, une autre éducation que celle *de la servitude.* Tout va bien, à leur gré, si, au bout de la semaine, leur fils ou leur fille leur rapporte un ou deux shillings !

« Le même abus se reproduit, sous une autre forme, dans nos fabriques de Paris et des environs, dit Mme E. Michel [1]. La plus effroyable corruption à laquelle l'enfance puisse être jetée en pâture n'y effarouche plus même le cœur des mères. Elles ne demandent qu'une seule chose : les 50 centimes que la pauvre créature gagne après douze ou treize heures d'un travail excité, s'il est besoin, par des corrections manuelles... Je le répète, nous dit cette dame, *aucune* de mes assertions n'est entachée d'exagération. Depuis plusieurs années, j'entre dans toutes les maisons, et j'approche de toutes les souffrances !..... »

Mais, au delà de l'enceinte des manufactures, on ne parvient plus à se représenter la dégradation des jeunes ouvriers sans se rappeler les détails du procès Granger, ou des procès analogues dont s'enrichissent les gazettes de nos tribunaux.

Il faut descendre jusque-là pour se convaincre qu'il existe, en plein cœur de civilisation, des êtres humains soumis à un régime alimentaire auquel des animaux auraient peine quelquefois à résister !... Des êtres humains menés au bâton, au nerf de bœuf..., plongés dans l'eau froide, attachés à des poteaux dans des caves pourrissantes, et forcés, en guise de correction, d'avaler jusqu'à leurs excréments.

« En France, nous avons donc, par exception, les époux Granger, nous dit M. Schœlcher [2]. — Par exception ? — Non, pas tout à fait ! Il s'en faut bien, répond M. L. Fau-

---

[1] *Annales de la charité,* juin 1845. — [2] *Col. fr.,* p. 364.

cher, l'auteur des *Etudes sur Paris* ; et, quant à l'horrible, l'incroyable histoire de ces procédés, « on peut la considérer *comme un type*, quoique dans l'excès. » *Comme un type!* ce mot nous accable! Cependant, arrêter un si grand mal, *ne serait pas une œuvre impossible;* et la voix de femme qui fait entendre ces paroles nous rend le cœur[1] ! Oh! si les planteurs savaient quel luxe de mauvais traitements et de privations accroissent la pesanteur de ces travaux européens, qui ne tuent cependant que des brutes, parce qu'ils ne tuent qu'après avoir abruti!...

Non! laissons-leur ignorer cela, les moins humains se croiraient trop doux!... Mais qu'il se trouve au moins quelqu'un pour nous apprendre en quel pays la dignité d'un chien de basse-cour n'est pas entourée de plus d'égards que la dignité de ces misérables!.....

Le travail, dans son sanctuaire, ne devrait-il point être la sauve-garde de la dignité de l'homme? Cependant, la main qui châtie les travailleurs y met peu de forme, et surtout en Angleterre, mais il y a progrès; le fouet, la corde et le bâton commencent à remplacer des instruments moins miséricordieux. Quelquefois même le maître ne les châtie plus qu'avec ses mains. Il est vrai que, sous les coups redoublés de son poing, le sang ruisselle[1] ; mais la plupart des apprentis supportent ces corrections sans se plaindre. Et quel mauvais goût de se plaindre, lorsque la maîtresse et la fille du maître elles-mêmes, participant de leurs mains plus ou moins délicates à ces admonestations pénales, laissent tomber leurs coups comme la grêle sur le visage du patient, lui déchirent les oreilles, le renversent et le traînent par les cheveux. Est-ee que le sexe aimable n'adoucit pas tout ce qu'il touche[3]? Loin donc que ces apprentis fassent les cha-

---

[1] Em. Michel, *Ann. de la ch.*, juin 1845. — [2] *Punches till they bled.* —
[3] *The wife and all*, etc., id. *Rap. off.*

touilleux, celui-ci vous dit qu'il n'a pas lieu d'être mécon-
tent, puisque son maître ne le bat qu'avec un bâton [1], une
corde ou le manche du marteau [2]; bagatelle en effet. Cet
autre se trouve assez bien traité, car son maître ne passe
jamais à le rosser plus de cinq minutes chaque fois! Que
sais-je et qu'ajouter à ces documents officiels où les exemples ne sont donnés qu'à *titre d'échantillon* des traitements
vulgaires [3]? Que dire encore, si ce n'est ce que nous apprennent les commissaires, à savoir, que les enfants, en-
durcis par ce maniement brutal, songent à peine à se plaindre [4].

S'ils étaient nègres, ah! dans ce cas, il existerait pour eux
une justice; des philanthropes étourdiraient l'univers du
bruit de ces outrages prodigués à la dignité de notre nature,
et je battrais des mains, car ils auraient raison!

Si le lecteur veut résumer tout ce qui précède, il ne nous
restera plus qu'à répéter après lui : voilà les enfants, voilà
les femmes, voilà les hommes pour la dignité desquels nous
demandons grâce! Voilà ceux qui, sous nos yeux, sont devenus graduellement ce que les a faits l'industrie actuelle : des
misérables et des barbares [5]. Armons-nous donc de notre
plus généreuse résolution pour modifier puissamment « les
circonstances qui ont le pouvoir de réduire les populations
à des troupeaux humains qui pullulent par la misère et la
dégradation [6]. »

. . . . . . La dignité de l'homme, voilà pourtant le
grand, le beau, le noble cheval de bataille des philanthropes
européens à l'endroit de l'esclavage colonial. Passe encore
si, un peu moins étrangers à la géographie de la misère et
des humiliations qui la coudoient, ils s'essayaient à mener

---

[1] *A stick.* — [2] *A thick rope or the handle of the hammer.* — [3] *Childr.
empl.* — [4] *Any thing but given to complain.* — [5] E. Buret, vol. II,
p. 140. — [6] *Ibid.*, p. 240, *Economiste lauréat.*

de front la cause des deux esclavages; si leur turbulente bienveillance accordait une part égale de sollicitude à la partie la
plus malade, la plus souffrante, la plus sevrée de morale et
la plus dégradée, *parce qu'elle est la plus misérable !*

Passe encore si, lorsqu'ils gémissent sur la dignité de
l'homme ravalée par l'esclavage légal, ils la relevaient dans
la personne de ces esclaves de race européenne que les gouvernements, que la société, malgré toute leur bienveillance,
ne peuvent revivifier d'un seul coup, et dont la foule les
étoufferait s'ils daignaient y descendre et faire un pas hors
des régions imaginaires où leur éloquence a pris domicile.

Si les esclaves affamés et grelotants du prolétariat voyaient
de leurs yeux le sort du noir des bonnes habitations de nos
Antilles, ô philantropes ! ils sécheraient d'envie ; ils vous de-
manderaient où s'est évanoui ce nègre, ce martyr si misérable dans vos fantasques peintures, qu'à son aspect la sensibilité s'était réveillée dans leur cœur usé par les souffrances. L'esclavage tel qu'il est devenu dans nos îles leur
semblerait un asile, un sort, une fortune, disons le mot,
UNE DIGNITÉ [1] ?

---

[1] Ce nom ne les épouvanterait guère alors ; ils le réclameraient avec empressement, *cela s'est vu !* Mais, à ce propos, l'histoire seule a le droit de parler :
Vers la fin de l'empire romain, des hommes moins dégradés, moins malheureux que nos prolétaires, sollicitèrent l'esclavage comme une faveur, et ne pu-
rent point l'obtenir ! Ils avaient compris tout ce qu'il y a d'amertume et de
dérision dans une liberté dont le nom formait un perpétuel contraste avec
la servitude qu'ils enduraient. Et ces hommes c'étaient les curiales, les chefs
de la classe moyenne *écrasée d'impôts,* les riches de la cité, *victimes d'anciens privilèges, victimes des besoins croissants d'un état en décadence,*
et de la cupidité des empereurs ! Leur fortune et leur personne répondaient
au souverain du montant des impôts dont le peuple épuisé ne pouvait plus
supporter le poids. « Plusieurs ayant déserté leurs terres et leur patrie, s'é-
taient dérobés à la splendeur de leur naissance, et se cachant dans des demeures serviles cherchaient à travestir leur position sous les livrées de
l'esclavage. Vain espoir du malheur ! Le pouvoir se prit à dire à chacun
d'eux : *Tu ne seras point esclave,* ni toi, ni les tiens ! Amende de quatre-

Que si vous tenez à connaître la vérité par le jugement même de ceux qu'elle intéresse, veuillez procéder d'une autre sorte. Exposez *aux yeux* de nos nègres le sort du prolétaire, et proposez-leur, après cela, de troquer, contre sa dignité et sa liberté, leur esclavage et leur ignominie ! Vous nous direz par quels rires insultants votre proposition sera refoulée dans votre gorge.

Que m'offrez-vous ? vous dira le noir, s'il conserve assez de calme pour raisonner, et résumer nos documents officiels : — Le travail ! un travail sans dignité, un travail abrutissant, accablant ; un travail qu'il faut poursuivre quelquefois au travers du poison des usines, des meurtrissures et des blessures ; le travail jusqu'à la mort ! Que m'offrez-vous ? le jeûne et le froid, les privations... la misère, l'abandon, le mépris... les difformités du corps, des maladies sans médecin... la prostitution comme ressource pour mes filles et pour ma femme... des traitements indignes, des sévices intolérables pour mes enfants... l'ivrognerie pour m'étourdir, pour m'hébêter..., rien sur la terre, si ce n'est un enfer terrestre ! Et là-haut, point de Dieu ! Car tout est Dieu ; et le prolétaire même est partie de ce Dieu, affirment, dit-on, certains railleurs, du haut de leurs chaires philosophiques......

Oh ! tout n'est point Dieu, prolétaire ; et tu ne l'es point : le panthéisme devrait en convenir ! Mais Dieu est pour tous ; mais la Croix du Christ, debout, au faîte de nos monu-

vingt livres d'or... peine de mort, contre celui qui réclame un patronage... L'esclavage, d'ailleurs, ne sera plus un refuge contre le titre et les charges de curial ; car le caractère d'homme libre ne se prescrira pas pour le curial, fût-ce même par soixante années d'esclavage ! Le privilége vous a faits libres, toi et les tiens, vous resterez libres. » (Extrait de l'*Hist. du peuple de Paris*). Et pourquoi donc l'étrange despotisme de ce décret ? Parce que ces libres curiales étaient devenus les serfs du fisc et que l'affranchissement de cette odieuse dépendance ne se trouvait plus que sous le titre d'esclave !

ments, ne se lasse point d'élever, au-dessus de toutes les
douleurs et de toutes les humiliations, l'espérance et l'amour.
L'esprit *général* de notre société est un esprit de charité,
de bienveillance mutuelle, et souvent même de dévouement!
Européens, relevons donc avec empressement ces hommes
abattus, ces âmes foulées dans la fange! Relevons-les! ne
fût-ce que par égoïsme et par orgueil.

Allons, courage! notre cœur est bon`: sans arrêter nulle
part le mouvement, hâtons-nous d'élever nos esclaves au
niveau des esclaves de nos colonies; et puis, tous ensemble,
unissant nos sincères et pacifiques efforts, nous ferons enfin
de la liberté et de la dignité de l'homme une réalité universelle!

ORGANISATION DU TRAVAIL DANS L'INTÉRÊT DU PROLÉTAIRE ET DE TOUS.

Examen de quelques moyens purement profanes. — Socialo-communisme. — Aperçu général. — Objections.

Tout n'est point dit et rien n'est fait, lorsque l'émancipateur se borne à l'émission d'un vœu stérile; et le désir', la résolution de rendre l'homme aux douceurs d'une liberté réelle conduit un esprit généreux et sage à l'étude des moyens propres à fonder une liberté vraiment hostile à toute apparence de perturbation sociale. Le salut ou la ruine de la société est dans l'essence et la direction de ces moyens, appréciables d'après leur résultat. Jusqu'à ce jour, avons-nous vu poindre ceux dont les circonstances réclament l'emploi? — Si nous jetons les yeux autour de nous, une crise violente et prochaine ne semble-t-elle point menacer l'avenir de notre société? et dépend-t-il de soi de calmer ses alarmes lorsque, de toutes parts, les esprits sérieux s'agitent; lorsque les hommes les plus désintéressés au désordre s'entre-heurtent et se renversent dans leur ardeur à combattre les envahissements du mal! Cette situation est-elle régulière? Nul homme sérieux ne le croira! Mais convient-il de la changer pour une situation moins connue et plus menaçante à la fois? Telle est la question que font naître les écrits de ces penseurs éminents dont l'œil inquiet n'entrevoit le salut du corps social que sous l'influence de remèdes héroïques ; et tels me parurent être ceux que propose l'auteur de la terrible et magnifique Histoire de dix ans de règne, dans son Traité de l'organisation du travail.

Examiner les pages les plus importantes de cette brochure, les étudier, les critiquer selon la mesure de son intelligence, c'est préparer la solution du grand problème, en ne laissant debout que ce qui trouve en soi l'équilibre et la force ; c'est aborder la question tout entière ; elle est effrayante. — Mais je ne veux compter pour rien ma personne, et après avoir salué dans mon adversaire l'éclat et la supériorité d'un mérite *qui ne se borne point à l'art d'écrire*, je procède en soldat qui fait son devoir !

Emporté par les séductions de ce principe d'association que tout homme intelligent rencontre au fond d'une loyale nature, M. Blanc me paraît l'avoir tourné contre l'essence même de la société dont il est, dont il cherche à le faire l'âme et la vie.

Amant *passionné* de l'égalité, cet intrépide niveleur anéantit la liberté qu'il lui est impossible de ne point chérir ; il l'anéantit, parce qu'il l'enlace à ce système de concurrence illimitée où il voit la cause universelle des maux qui travaillent les parties inférieures, je veux dire la large base du corps social.

D'après le plan que sa main nous a tracé, le gouvernement, régulateur suprême de la concurrence, s'imposerait la tâche de fonder des ateliers sociaux, réunis par des liens communs. Il travaillerait donc à se détruire, en fondant une association qui, tout aussitôt que née, deviendrait, par sa vertu native, le gouvernement même de la société. Nous reviendrons sur ce point. — Ce système, d'ailleurs, n'atteint son but que par la destruction de la liberté géné-

rale, attaquée sous les bannières de l'industrie individuelle.
A mesure que ses conséquences désastreuses percent et se
développent, nous voyons languir et se dessécher l'intelligence frappée du coup dont l'émulation périt. Un niveau
fatal, promené sur les éminences de la société, porte le découragement et l'effroi dans les âmes, et la barbarie rentre
dans les arts et dans les sciences, sous l'égide du sentiment
trop généreux de M. Blanc, qui veut que le mérite et la
vertu portent en eux-mêmes leur récompense.

Fécondé par la Religion, ce sentiment pourrait s'élever
à la hauteur de ses vérités sublimes; mais la Religion des
vérités universelles reçoit ici, dans un nouveau baptême, le
nom de sophisme impie; et le système qui la flétrit de cette
insulte est celui de l'organisation du travail! Il ne faut
point, en conséquence, s'aviser d'y chercher cette vérité :
que l'*organisation intellectuelle* du travail ne peut appartenir qu'à la Religion seule, parce que, *seule*, elle l'impose *à toute conscience humaine sous forme de loi;*
parce que, seule, elle le mesure, le modère et le partage
entre l'esprit et le corps; parce que, seule, elle en adoucit
les inégalités douloureuses, elle en répartit les fruits inégaux; parce qu'il faut, si l'on avance d'un pas hors de
son empire, matérialiser l'homme, le mécaniser; faire de
l'individu et de la société une machine à travail plus ou
moins savante..... ce qui n'est point du tout organiser le
travail. Dans ce système où la Religion a cessé d'être, la
propriété ne laisse plus pour souvenir d'elle-même qu'un
incomplet usufruit... Le commerce s'évanouit, la famille succombe, attaquée dans son esprit par le plan de l'éducation,
et dans son existence matérielle par la transformation de
la propriété. En un mot, dans ce système *socialo-commu-
niste*, dont nous nous essaierons à interroger les aspects,
l'unité ne se produit pas dans les esprits par l'union libre

qu'y engendrent les croyances. Elle se forme par l'action du niveau sous lequel l'action gouvernementale presse et amalgame les individus.

La première et la plus persistante objection qui soulève l'esprit contre ce plan de l'organisation du travail et de la société, c'est le premier de ses effets : l'effrayante décomposition qui commence et s'accomplit sous son empire! De quelque côté que l'on y regarde, c'est pour voir s'amonceler avec fracas des ruines sur d'autres ruines ; et, à la place de ce qui fut, sur ce vaste champ de décombres, rien n'apparaît, si ce n'est un édifice éphémère croulant déjà sur ses bases mouvantes!

« Sans réforme politique, nous dit l'auteur, pas de réforme sociale possible[1]. » Et c'est là ce que nous répète notre patrie, interrogée du fond de ses profondeurs à sa surface. Mais pourquoi donc, au lieu de faire un épouvantail du nom seul de cette réforme, en l'accouplant à l'idée de ses projets, pourquoi l'auteur, qui doit être sûr de leur avenir s'il est sûr de leur excellence, ne s'est-il pas dit : arrêtons-nous là : développons cela : amenons cela : la sagesse générale fera sortir plus tard, et bientôt, de cette première réforme toutes celles qui importent à la nation! Dès lors, cette haute mesure politique, prélude des réformes sociales, n'eût point pris l'aspect d'une révolution aux yeux de cette multitude qui a le bon sens de les redouter comme le plus cruel et le plus meurtrier des remèdes.

Le plan général de l'auteur se déroule, et nous le suivons à grands pas avant de nous engager dans ses attrayants détails.

Le gouvernement, nous dit-il, serait considéré comme le régulateur suprême de la production ; par la concurrence,

---

[1] J'entends par politique, réforme électorale. *Organ.*, p. 68.

il tuerait la concurrence ; à l'aide d'un emprunt, il établi-
rait des ateliers sociaux[1] , et tous ces ateliers ne formeraient qu'un corps unique, qu'une association indivisible.
— C'est-à-dire que la mission du gouvernement consisterait à désintéresser les industries particulières vouées désormais au néant : tâche vraiment inexécutable par l'énormité
de la dépense ! ou bien il se verrait réduit à écraser cette
forme de l'industrie individuelle par une concurrence irrésistible, puis à tourner contre la classe des propriétaires leurs
propres richesses , transformées en impôts, dans le but de
les sacrifier à une classe moins fortunée. Injustice insoute-
nable , et , qui mieux est, impraticable ; injustice qui provient de ce sophisme le plus vulgaire, le plus dangereux de
ceux qu'ont fait éclore les temps modernes et que je réduis
à sa plus simple expression, dans ces paroles :

*Le bien des hommes réunis en société est un fonds
social : le principe de l'égalité y donne à tous des droits
égaux.*

Non , il n'en est rien. Le but évident des sociétés est de
conserver et de reproduire ; c'est pour conserver, pour
féconder et non pour partager leurs propriétés, que les
hommes, que les familles s'associent ! Le bien des associés ne
formera donc , en bonne justice, un fonds social également
possédé, qu'à la condition d'une mise égale de richesses ,
de travail et de talent[2]. Au delà de cette vérité, la spoliation commence sous l'empire du sophisme où de la force !
Les fruits du travail ou de l'industrie de la famille, les
fruits de sa patience et de ses privations lui sont ravis... Le
droit de propriété s'abîme... et c'est là le vœu formel d'un
trop grand nombre ! mais nul n'y gagnerait assez longtemps.....

---

[1] *Organis.*, p. 76. — [2] Ce que le fouriérisme admet.

Si le gouvernement se décidait à intervenir d'une façon si plénière dans la constitution de l'industrie, cette impolitique intervention n'en serait-elle point la ruine certaine? L'effet le plus direct de son action ne serait-il point de semer, de hérisser d'obstacles les voies du progrès, sous prétexte de les aplanir. Un nivellement décourageant ne préparerait-il pas aux sciences, aux arts, aux professions diverses, une langueur qui précéderait de peu d'instants leur rechute dans la barbarie! Il me paraît difficile de se refuser aux clartés de cette évidence.

On a beau dire que l'émulation est un de ces mots dont la critique a fait le plus fréquent abus; cette assertion, juste ou fausse, ne détruit pas le ressort de l'émulation, et il n'en reste pas moins indubitable que le propre de la création projetée, ce serait de le briser. — C'est se fier démesurément à la nature humaine et l'avoir étudiée avec de trop favorables préventions dans l'histoire entière du monde, que de compter sur de belles paroles, et sur de nobles sentiments pour réchauffer et soutenir à tout jamais le zèle et l'énergie des travailleurs. Que l'aveu soit plus ou moins pénible à notre orgueil, il est de vieille et d'universelle expérience que l'intérêt, presque seul, opère en nous avec efficacité, lorsque sa grandeur et sa force égalent la force ou la grandeur du travail et des obstacles. Assurés de rencontrer des consommateurs qui bientôt chercheraient vainement d'autres produits que les leurs, les ateliers sociaux, nos tyrans futurs, tarderaient-ils beaucoup à ralentir la production et à négliger la qualité de l'ouvrage? La nécessité, cette mère active de l'industrie, viendrait-elle les éperonner et les faire sortir, par ses stimulants, des ornières où cette organisation les aurait trouvés? Peu importerait au bonheur de l'homme, je le veux bien, une certaine décadence dans les produits de l'industrie humaine, si, dans ce cas, elle ne devenait l'indice et le symptôme d'une décadence analogue et progressive dans les facultés morales de notre nature, inévitablement livrée par ce système aux énervantes inspirations de l'indolence.

La lutte engagée entre les ateliers sociaux et l'industrie privée ne pourrait tarder à mettre au jour ce résultat de son action meurtrière. Le gouvernement installateur, maîtrisé par les sociétaires unis, dont le nombre, les ressources et les prétentions iraient toujours croissant, sentirait bientôt toutes ses forces se paralyser dans ses membres; il ne serait plus qu'un instrument; il ne lui resterait de forces libres que celles qui se plieraient à soutenir les produits des ateliers de sociétaires à un niveau tellement bas qu'il complétât l'anéantissement de l'industrie privée, prélude de l'apathie de l'industrie publique. Phénomène tout naturel d'ailleurs que cette défaillance des forces productives; phénomène d'autant plus naturel que, sollicités par les avantages de l'association, les ouvriers auraient trop l'intelligence ou le sentiment de leur intérêt pour prêter leurs bras aux ateliers individuels, où la concurrence leur impose la nécessité d'un travail accablant et de privations intolérables!

Voilà donc qui répand l'évidence sur ce fait, que le concert formé par cette pléiade d'associations produirait deux phases successives et bien opposées : un gouvernement d'une faiblesse extrême, donnant le jour par sa mort à un autre gouvernement d'un despotisme irrésistible.

En effet, tout gouvernement antérieur à l'association, et qui ne se ferait point son serviteur exclusif, n'aurait, on le conçoit, qu'à se hâter de plier ses tentes, s'il ne voulait périr, étouffé dans les bras du Briarée sorti de ses flancs.

Puis, aussitôt après, le gouvernement qu'il aurait pour successeur devrait tout oser et tout accomplir, par la raison

que nulle autre puissance ne saurait naître ou se soutenir
sous la pression de cette multitude organisée pour l'action,
et dont il ne serait que l'expression ou le ministre!

Quelque facile et débonnaire que la nature de ce nouveau-né titanique lui permît de se montrer, à peine lè-
verait-il la tête hors du berceau, que son despotisme réali-
serait tout à la fois une institution de servage et d'anarchie.
Une nécessité de fer le dominerait, je veux dire la nécessité d'opprimer des classes aisées, dont il s'agit de réduire
les supériorités sous le rouleau égalitaire, et qui se verraient
rançonner à discrétion par le travail. Changer de place l'oppression, ce ne serait pourtant point la détruire!

Après cela, lorsque déjà nous produisons si chèrement, et
que cette cherté n'a de tendance qu'à s'accroître, pouvons-
nous bercer nos esprits du rêve d'une révolution industrielle et simultanée chez tous les peuples? Sortira-t-elle
tout à coup des quatre points où souffle le vent, qui, partout, ne souffle pas des tempêtes! Non, sans doute! Comment alors cette cherté croissante de nos produits ne les li-
vrerait-elle point aux risées des consommateurs, sur tous
les marchés du monde où ils auraient l'impudeur de s'aventurer et de s'étaler?

Or, veuillons bien y songer : notre commerce avec le dehors, et les richesses intérieures dont il émeut le flot, dont
il dirige les courants sur les pentes naturelles du sol; nos
échanges de toutes sortes, nos relations extérieures de
toute nature; ces navires qui se multiplient sur le sein des
mers, avec le fruit de leurs chargements; cette autre marine, enfantée par la fécondité de la première, et qui couvre
du pavillon national les intérêts les plus éloignés et les plus
obscurs; cette marine qui, protégeant contre l'insulte les
abords de la patrie, porte et propage au loin nos forces et notre
gloire; tout cela, tout s'évanouit ou tombe à la fois, d'un

seul et même coup; tout cela laisse le monde couvert de
ruines, et se dissipe, comme les illusions d'un prestige, devant ce fait unique : l'enchérissement des produits, qui les
exile du monde industriel.

Quelles sources inappréciables de richesses rentrent sous
terre et disparaissent, chaque fois que retentit sur le timbre
l'heure fatale, l'heure, si impatiemment attendue, de l'élévation *arbitraire* des salaires, qui devient celle de l'augmentation des produits! Mais demandons-nous à ce propos si
nous établirons des salaires uniformes entre les ouvriers
d'une même industrie? — L'égalité le veut, dans sa rigueur,
si la justice est dans l'égalité; car « c'est une pauvre philosophie, dites-vous, que celle qui sépare l'utile du juste[1]. »
Or, à côté de ces paroles, votre projet avoué de graduer
les salaires offense l'égalité sans juste motif, et par égard
pour ce vain besoin d'émulation que vous flétrissez. Vous
blessez l'égalité sans respect pour les généreux instincts de
la nature humaine qui répugne, selon vos assertions, à la
doctrine de l'intérêt individuel[2]. Vous l'offensez en établissant
entre le plus et le moins de science et d'habileté, dans une
même profession, ces distinctions qui vous semblent bles-
santes et odieuses entre le plus ou moins de science et d'utilité des diverses professions sociales[3]! Mais, après tout,
cette inconséquence ne serait qu'une concession temporaire,
accordée aux infirmités de la nature humaine, dont votre
système va restaurer les ressorts! Et, pour tempérer cette
injustice, ajoutez-vous, « la différence des salaires, gra-
duée sur la hiérarchie des fonctions, sortirait du principe
électif[4]. »

Est-ce à dire que, tout d'abord, vous comptez sur le calme

---

[1] *Organis.*, p. 120. — [2] *Ibid.*, p. 150. — [3] *Ibid.*, p. 183. — [4] *Ibid.*,
p. 77.

inaltérable, sur l'inébranlable équité des hommes les plus
nécessiteux et les moins perfectionnés par la culture, lorsqu'il s'agira pour eux, tout simplement et directement, de
se partager les vivres, dont ils sont affamés, le feu, le couvert, et ce premier de tous les superflus, qui se présente
avec les charmes de l'inconnu à la vivacité de désirs provoqués par une cruelle attente? L'expérience ne vous le
dira point, je l'espère; mais la guerre réside dans la constitution même de cette association. L'intrigue et la corruption pénètrent dans toutes les parties de ce corps, composé
déjà de tant d'éléments corrompus par le défaut primitif et
invétéré d'éducation. Une concurrence individuelle, dont
l'argent et l'ambition sont le but, vicie, par son anomalie,
un système dont le dessein avoué est la destruction même de
la concurrence. Et ce qu'il y a d'effrayant dans ce régime,
s'il est permis de discourir sérieusement sur son existence,
c'est qu'il provoque et contraint la population de tout un
royaume, à passer dans les rangs des ouvriers, à s'y absorber dans une misère inévitable et dans une anarchie accrue
du mélange des opinions et des préjugés les plus dissidents.

En effet, le pouvoir, un pouvoir absolu, passant aux
mains de l'association, par la vertu de cette organisation,
quel homme ne voudra tout aussitôt se ranger du même
côté que cet irrésistible, que cet écrasant pouvoir? qui en
consultera l'avenir? qui ne s'empressera de s'en faire membre
et de s'identifier à sa masse?.....

Mais, n'importe, et bondissons, par la pensée, vers ce jour
heureux, où « les membres de l'atelier social sont appelés à
profiter également des succès de l'association [1]. » L'égalité
triomphe; interrogeons ses conséquences.

[1] *Organ.*; p. 150.

Égalité du salaire entre l'ouvrier manuel et l'ouvrier intellectuel.
— Gain définitif des prolétaires.

En promenant mes yeux sur les différentes professions qui se présentent aux vôtres, comme *également* honorables et dignes d'une *égale* rémunération, je pourrais bien hasarder une objection, la voici : c'est que l'écorcheur, par exemple, le misérable qui vit dans la fange des égouts pour les curer,... et tant d'autres encore voués à des fonctions indispensables, sans compter la masse entière des prolétaires, se persuaderont à peine eux-mêmes que leur profession soit aussi savante, aussi complète et libérale que celle du mécanien, puis de l'horloger, puis du professeur, puis du diplomate ou du guerrier, puis du pontife! Mais votre système ne permet point cette licence à leur humilité! Les gourmandant de leur pudeur, vous leur ordonnez de se ranger sans façon au niveau des professions les plus nobles, et de franchir la distance qui les séparait jusqu'à cette heure *des ouvriers* des beaux-arts et de la science, des ouvriers de la politique et de la morale!

Quelque gauchement qu'ils s'y prennent pour se prêter à vos vues égalitaires, laissons-les un instant, pour porter

notre attention sur ces derniers, que nous regardions comme
les plus nobles. C'est en effet pour ceux-ci que les lois de
la concurrence nous semblent être plus spécialement les lois
de la vie et du mouvement, les lois du progrès et de la perfection. Mais, cela n'est que trop clair, la concurrence ne
saurait vivre en paix sous le toit d'une société systémati-
quement dominée par le niveau de l'association unitaire...
Soumettez-vous donc à la nécessité de vous associer, je ne
sais trop comment, mais, enfin, associez-vous avocats,
médecins, maîtres de langues et professeurs libres, ingé-
nieurs, architectes, musiciens, sculpteurs et peintres...
Que chacune de vos professions forme une bourse commune, ouverte au salaire uniforme de chaque associé.
Cela sera, cela doit être... Un décret économique vous y
condamne!

Cependant, je serais curieux d'observer par quel art ces
individus parviendront à s'associer sans comprimer en eux
l'essor du talent et du zèle, sans en écraser le germe sous le
poids de la vaine fatigue et de l'ennui? Faisons passer, par
exemple, faisons agir et croître sous un même niveau
le médecin sagace et habile à côté du docteur ignorant et
homicide; rémunération, honoraires, considération, que
tout soit pareil entre eux; que toute chance de fortune et
d'honneur demeure également pareille entre l'architecte inspiré, le peintre de génie, l'avocat laborieux et éloquent, et
l'avocat, le peintre, l'architecte ignares et fainéants...

. . . . . Sous le plomb de ce système, les hommes de
mérite, distingués de la foule de leurs confrères par les suf-
frages du public, n'ont d'autre privilège que de se voir
misérablement usés à son service, exténués sans pitié, et
forcés de marcher jusqu'à la mort! Car l'usage du talent
ne coûtera pas une obole de plus à ce public qui les tient
alignés sous sa main, que l'usage de l'ignorance et de l'incapacité.

Les hommes d'un mérite perçant s'efforceront-ils de percer ou de se dissimuler, lorsque le talent, le génie, le mérite ne sont plus pour les malheureux auxquels la nature les a départis que des écueils où la vie se heurte, et la santé se brise, sans honneur et sans profit ? Que dire, puisque les facultés transcendantes, l'abnégation la plus complète et les sacrifices héroïques ne conduisent plus l'homme à aucun avenir, si ce n'est l'avenir d'un monde meilleur, celui que promet la loi chrétienne dont vous faites un sophisme impie [1] !

Moins prodigue en surnaturel, cette religion enfante quelquefois des dévouements sublimes, mais elle les range au nombre des exceptions ; elle se garde bien de les ériger en loi commune. Elle permet au travail de chercher sa récompense dans le temps où coulent ses sueurs, et sur le terrain qu'ils fécondent ! Si l'injustice humaine la lui refuse, elle lui signale au loin l'avenir ; elle suscite le génie, elle le stimule, parce qu'elle sait les endroits sensibles de sa nature ; tandis que vous forcez l'homme, dont rien ne combat plus l'inertie, à enterrer ses facultés au plus profond de son être, comme un arrêt de malédiction ! Lorsqu'elle dit : que celui qui veut s'élever au-dessus de ses frères, mette son ambition à les servir, elle offre à tout venant la société comme une conquête ; elle réveille les talents et le mérite qui la protègent et la fortifient ! Vous la livrez traînante et demi-glacée aux désolantes nullités qu'enfante le régime le plus provocateur de l'apathie que l'esprit humain puisse concevoir ! C'est le public tout entier que votre sophisme économique attaque, et c'est une perte sèche qu'il prépare à la foule serrée des misérables [2].

---

1 *Organ.*, p. 133.

2 Parmi les chapitres et les passages que le défaut d'espace m'engage à supprimer, se trouve celui de *l'Ouvrier littérateur* et des Bibliothèques so-

ciales (après Egalité du salaire). J'en extrais quelques lignes de réponse à cette proposition : Que le droit de propriété littéraire doit appartenir à la société , puisque c'est la société qui confère une valeur aux ouvrages d'esprit, par la raison que la pensée tire toute sa valeur de la publicité. P. 189, 190.

Tirée du domaine commun où chaque passant la foule aux pieds, la pensée emprunte-t-elle ou non sa valeur exquise au sceau du génie dont elle est frappée ? La manière de frapper ou *de présenter* la pensée est-elle ou non pour l'auteur ce qu'est au statuaire la manière de présenter le marbre ? Du marbre, qui n'a de prix que la valeur vulgaire de sa substance, le ciseau du maître dégage un Antinoüs, fait bondir un Pégase ou rayonner un Apollon. C'est par le ciseau que, la substance grossière s'évanouissant sous la forme, la pierre et le dieu ne sont plus qu'un ! Cette valeur toute divine du marbre, qui la lui donne, l'artiste ou le public ?... Tous deux. — Eh bien ! soit ! car le public attache par son suffrage *un prix vénal* à ce chef-d'œuvre qui, méconnu, n'en aurait pas moins la valeur d'un chef-d'œuvre ! Mais quelle différence incommensurable entre les deux ! ! et quels droits subalternes du côté où, pour former une valeur, il suffit de se donner la peine d'en jouir !... La rose partage-t-elle le mérite de ses parfums avec le voluptueux qui l'effeuille, avec le rustre qui la flétrit ! etc., etc.....

. . . . . . Si j'examine la première édition de cet ouvrage, c'est que j'ai surtout voulu combattre les idées dangereuses que M. Blanc y a répandues et fortifiées , sans me préoccuper en ce lieu des progrès réels ou possibles de cet éminent écrivain.

Plus d'hérédité ; soit abolition des successions collatérales.

Lancé sur la pente des innovations radicales, votre génie niveleur vous a suggéré l'idée de la voie la plus directe et la plus prompte pour arriver à l'épuisement de la fortune des classes aisées : ce qui s'entend de l'abolition sociale de la propriété, déguisée sous le projet un peu moins violent de la suppression des successions collatérales.

Sans nous traîner longuement sur ce moyen, toujours ancien et toujours nouveau, d'organisation générale et de soulagement des prolétaires, nous nous bornerons à penser que l'univers social ne marche pas encore avec vous, mon-sieur, malgré cette assertion qui le donnerait à supposer : que « l'abus des successions collatérales est universellement reconnu. Ces successions seraient abolies, dans votre société, et les valeurs dont elles se composent déclarées propriétés communales. Chaque commune arriverait de la sorte à se former un domaine qu'on rendrait inaliénable et qui, ne pouvant que s'étendre, amènerait sans déchirement ni usur-pation une révolution agricole immense; l'exploitation du domaine communal devant avoir lieu sur une plus grande échelle, et suivant des lois conformes à celles qui régiraient l'industrie [1].

Ce plan est facile à concevoir; mais, là comme ailleurs, le premier devoir et le premier soin des ouvriers, ce serait de violer le dogme de l'égalité, qui est l'âme de tout le système. Car, sans laisser prendre l'avance par une saison, il leur faudrait lestement établir entre eux les règles sévères de la hiérarchie; sinon, et en dehors des lois de l'obéissance, les succès de l'exploitation agricole resteraient aussi promptement que sérieusement compromis.

Cependant, nous admettons que cette difficulté sérieuse s'évanouit aujourd'hui devant la parole du gouvernement, et demain devant une cause souvent assez propre à l'aggraver, devant les décrets de l'urne électorale.

Le premier effet du travail de l'association agricole, établie sur les fonds qui passent des familles aux communes, ce sera bien évidemment l'effet que s'est proposé le législateur ou la ruine de l'exploitation individuelle. Car le simple fermier ne saurait soutenir la lutte contre les associés que dans un seul cas : celui où le propriétaire s'empresserait de lui céder ses terres, moyennant une rente fort inférieure au taux actuel; c'est-à-dire le cas où le propriétaire renoncerait, pour sauver la fortune du fermier, au quart, au tiers, à la moitié de sa propre fortune : soit *à sa propriété*. En effet, l'association étant capable de produire à plus bas prix, grâce au nombre et à l'action simultanée de ses bras, il ne restera plus au fermier d'autre alternative que d'obtenir une énorme diminution de fermage, ou d'abandonner complètement sa culture; or, c'est à ce dernier parti que le réduirait la résistance opiniâtre des propriétaires. — Plus de fermiers déjà! serait-ce un bien? — Il est au moins permis de sup-

[1] *Organ.*, p. 89, 90.

poser que ces coups rapidement portés sur tous les points où la mort ferait litière de collatéraux, augmenteraient pour la population croissante la rareté des subsistances en diminuant l'industrie et le travail que stimulait la nécessité. La fortune arrivant sans efforts et faisant à toutes les portes d'où elle était bannie une visite obligatoire, un nombre considérable de travailleurs se résigneraient à l'attendre les bras croisés, et sur leur seuil, jusqu'au jour où la marée montante de l'association, c'est à-dire de la population, parviendrait à rendre le travail indispensable, en couvrant la totalité du territoire. Mais glissons encore sur ces mouvements, qui pourraient bien s'élever aux proportions d'une catastrophe !

Atteints dans leurs moyens d'existence, les propriétaires ou capitalistes fonciers se sont efforcés de résister au torrent. Ils ont tenu bon, et les fermiers se sont retirés, incapables de subsister sous la loi de leur condition primitive : quel changement va s'opérer, à partir de ce moment, dans le sort de ces misérables propriétaires, forcément transformés en cultivateurs? Chaque jour leur nombre diminue et leur pauvreté s'accroît, à mesure que fonctionne la loi qui convertit la fortune des familles en succession publique !

Que vont-ils faire ? se résigneront-ils à louer leurs terres à bail éternel au preneur de l'association agricole? Mais le temps seul qui, heure à heure, mine et dégrade la valeur du numéraire, aura promptement fondu leur fortune entre les mains des preneurs, devenus si dédaigneux lorsque l'abondance des biens à louer les rendra maîtres de toutes les conditions du loyer.

Mieux avisés et plus chanceux, parviendront-ils à rencontrer des tenanciers assez simples pour leur fournir des rentes en nature? Je le veux bien; mais cette simplicité durera peu; et tant que dure cet état, la nécessité de convertir en argent ces denrées les transforme tout à coup en

misérables détaillants, au sein d'un système social dont le
calcul est de ruiner et de supprimer le commerce. Votre
main les attache à la glèbe; elle les réduit à végéter à la
place même où végètent leurs intérêts; ou bien, elle les contraint de se livrer à la conscience des hommes d'affaires!

Admettons, toutefois, que notre population agricole, locataire à bail emphythéotique ou éternel de la propriété
vaincue, prospère et pullule! Elle pullule, engraissée par
cette abondance du bien d'autrui que la loi lui jette en pâture. Mais cette prospérité s'épuise avec sa source; elle
chancelle, elle rétrograde enfin; car cette population, à
force de se distendre et de s'accroître, arrive, au bout de
quelques générations, à ne pouvoir plus payer la rente primitive sans attaquer ses habitudes d'aisance et de bien-être,
sans compromettre bientôt son nécessaire. Ce jour est celui
où la pénurie lui représente, comme un acte de justice, la
spoliation des propriétaires dont les titres, ou plutôt déjà
les prétentions commencent à lui paraître bizarres. Car c'est
dans ces crises que le génie du sophisme invente ou refond
à neuf quelqu'un de ces grands mots interprétés par les passions et à l'aide desquels se consomment les grandes injustices, tels que : le salut du peuple est la loi suprême, et le
peuple, c'est la multitude; *le reste n'est rien!*

· Lorsque les bouches affamées répéteront cela l'une à l'autre, qu'arrivera-t-il? Les occupants seront les maîtres! —
Oui, direz-vous, mais, à ce moment, les vrais maîtres
spoliés, profitant de la loi commune, se seront petit à
petit fondus dans la masse copartageante!

. . . . . Et bien encore, ces combinaisons laborieuses
n'auront abouti qu'à nous faire rentrer, par un long détour,
dans un état de barbarie fort analogue à celui des tribus ger-
maines, où des arbitres, décorés par l'histoire du nom de
magistrats, distribuaient chaque année à chaque individu

son égale portion de terres. Ce mouvement, cette agitation perpétuelle, cette mobilité du sol, pouvaient sembler un admirable usage à des tribus nomades ou guerrières qui, ne devant point s'attacher au sol, s'inquiétaient peu de le féconder et de l'enrichir; à des barbares, qui ne songeaient à laisser à leurs descendants que le cheval de bataille et la framée, peu soucieux d'accroître ou de diminuer la somme des richesses générales, ce point capital du problème de l'économie sociale !

Que dire, en somme? Entre les mains des familles qui chercheraient à saisir la terre, à y fonder quelque chose, la terre se dérobe et fuit avec la fluidité des eaux ! — Misère, misère encore que ce projet qui ravale le public à la condition du prolétariat, au lieu de noyer la masse des prolétaires dans le courant de la richesse publique.

Examinons maintenant, dans l'intérêt général et dans l'intérêt spécial du prolétaire, quel est le sort que ce système réserve à la famille.

ORGANISATION. — LA FAMILLE.

Dernier bien du prolétaire.

Penser à la propriété sans la famille, à la famille sans la propriété, cela n'est point possible; telle est l'étroitesse des nœuds par lesquels se tiennent et se lient ces choses dans le monde social! *« Et la famille, c'est le dernier bien du prolétaire; »* ce bien qui tous les jours lui échappe *« par le travail qui la dissout; »* ce bien qu'il faut s'empresser de lui rendre, mais sans l'ôter à ceux qui le possèdent, ainsi qu'on le ferait en détruisant dans la propriété héréditaire cette base sur laquelle la famille est assise.

Trompé par le feu de ce génie qui vous transporte au delà du but, comme la vigueur du lion le lance au delà de sa proie, vous n'avez attaqué l'hérédité que faute d'avoir compris la famille, que faute d'avoir voulu l'étudier dans son essence. Et, cependant, si vous ne l'avez contemplée que dans ses débris, il vous en reste un bon souvenir; car la famille vient de Dieu, dites-vous [1]. Or, Dieu l'aura faite bonne sans doute! c'est-à-dire utile aux membres qui la forment, utile à la société qui doit la conserver, qui doit en

[1] *Organ.*, p. 157.

reproduire l'image, et, par conséquent, ne point l'absorber et la confondre dans sa substance. La destruction, l'abâtardissement des croyances religieuses, les systèmes de corruption et d'égoïsme que les gouvernements ont déduits d'un état d'indifférence et d'incrédulité dont les progrès ont été rapides, voilà qui n'a plus guère laissé d'autre foi et d'autre amour au cœur de chaque homme que la foi en sa personne, que l'amour de son individu. C'est un malheur, et de ce malheur provient l'allanguissement de la famille, être moral, être indivisible formé par le lien du sang, des affections, des habitudes *et des croyances;* être dont les membres marchent solidaires sous un même nom, unis, par un même intérêt moral, animés par les inspirations d'un honneur commun, *et soutenus par une fortune commune*. Pourquoi détruire cet être, ce milieu formé par la nature entre l'individu et la commune, entre l'individu et l'Etat. Pourquoi détruire individu, famille, commune, c'est-à-dire, en définitive, la société tout entière, pour ne vouloir plus laisser subsister qu'un Etat impossible, sous le nom et la substance de cette ligue étroite d'associations [1]. La nature punit implacablement tout ce qui est écart à ses lois souveraines.

Lorsque, par le fait de l'hérédité, les biens passent d'un parent à un autre, ils ne changent ni de destination, ni de maître. Et s'il est dit que la famille ne doit pas mourir, la loi qui répartit ces biens entre les membres de la famille, les répartit entre les membres d'un même être; elle distribue à chacun ce que chacun, par ses services et sa conduite, a dû contribuer à fonder; ce que chacun, par le crédit qu'il inspire et l'idée de durée collective qu'il participait à représenter, a dû contribuer à conserver.

Mais, dites-vous, en jetant, au-delà même de votre

---

[1] Entre ces associations et celles dont il sera question plus loin, il n'y a de commun que le nom. Les effets en sont diamétralement opposés.

but apparent, un coup d'œil de mépris sur notre législation :
serait-il conforme aux lois de la nature, qu'un fils pût être
amené à compter avec impatience les jours de l'homme qui
qui lui a donné la vie[1]? »

Non, certes, et si son cœur est accessible à des sentiments
si monstrueux, l'éducation doit donner à cette nature vicieuse la moralité dont l'absence est si choquante; mais,
parce que la possibilité de l'abus naît de la chose, serait-il plus
sage d'anéantir la chose? serait-il plus moral d'aggraver le
malheur du fils; de lui enlever, avec son père, l'espoir de sa
postérité naissante, l'espoir de ces enfants qui étaient la consolation et la joie de l'aïeul mourant? Cet aïeul ne fut pourtant
un si rude travailleur et ne s'imposa de si dures privations
autrefois, que parce qu'il concentrait tout son avenir sur
les héritiers issus de son sang! Qui, désormais, suivra son
exemple, et se souciera de pousser le travail au-delà des
fruits que sa bouche peut consommer!

Quelle haute moralité dans un système où l'homme ne
peut survivre à ses membres glacés; où ses derniers sentiments restent sans expression et sans signe; où la mort lui
arrache des mains la faculté de relever la fortune d'un fils
imprudent, d'un parent malheureux, d'un ami sans avenir;
où la mort lui défend de récompenser ce vieux serviteur,
ces longs et onéreux services, ou bien cet admirable dévouement! Contre une loi si détestable, la vie tout entière
de la pensée ne serait plus qu'une longue et sourde conspi-
ration!

Mais, selon votre jugement, le sort de la famille ne dépend point de l'hérédité; car, dans le milieu impur où nous
vivons, le pauvre lui-même trouve une famille[2].

Eh bien! même en supposant que le sort *immédiat* de la

_____

[1] *Organ.*, p. 155. — [2] *Ibid.*, p. 156.

famille se dérobe au coup de l'exhérédation directe ou col-
latérale, est-ce que les forces, le bonheur, la durée de la
famille ne se lient point, en thèse générale, aux phases et
aux modes de l'hérédité? Si l'hérédité eut ses abus chez les
puissantes nations de l'Orient[2], bornons-nous à la considérer dans sa physionomie et dans sa puissance actuelle. Nous
la voyons soutenir le faible, qui souvent succède au fort et
engendre le fort. Ce dernier, nous savons qu'elle le récompense en accroissant les moyens dont il dispose pour la prospérité de sa famille, à la grandeur de laquelle se lient la grandeur et la prospérité des sociétés. Nouveau Sisyphe, chaque
membre de la famille n'élèvera-t-il son rocher au point extrême où aboutissent les efforts du travail, que pour le sentir retomber de ses mains défaillantes! N'aura-t-il rien à
léguer que la même fatigue à son successeur qui, sur ce roc
une fois assis, allait fonder sa demeure, reposer son corps,
élever son intelligence, et répandre forcément les bienfaits
de l'opulence sur les régions inférieures!

« Ce droit de paresse[2], » selon vos termes, est selon les
miens, un droit de repos physique, accessible à tous les
hommes par le travail, mais que l'hérédité n'accorde, dans
sa plénitude, qu'à l'imperceptible minorité des citoyens. Eh
bien, ce droit n'est-il pas, de nos jours, la faculté de se
former d'enfance et de se perfectionner dans un travail
d'un ordre supérieur aux travaux manuels? N'est-il point
le droit de préparer à la société, par de profondes et coûteuses études, par des voyages, par l'expérience de l'esprit
et des yeux, ces chefs sans lesquels elle ne présente à la
pensée qu'un corps brut et déréglé qui se détruit de lui-
même par le désordre de ses mouvements?

Où, quand, à qui, le principe d'hérédité a-t-il arraché

---

[1] *Égypte, Assyrie, Indes,* etc. V' Lafarelle. — [2] *Ibid.,* p. 156.

à un être vivant ce qu'il donne à l'héritier d'un homme qui vient de mourir. Où s'adressent donc les phrases creuses et homicides de l'exhérédation? Je dis homicides, parce qu'elles irritent des oreilles échauffées déjà par les passions; parce que, animées d'une brûlante précipitation, elles signalent à la société, comme spoliateurs, des êtres dont le crime principal est de ne vouloir pas qu'on les spolie! — Cependant, nous savons combien de tels effets répugnent à la générosité de votre nature!

Mais si « la famille vient de Dieu, l'hérédité vient des hommes[1]. » Vous le dites, monsieur, ne songeant plus que si le principe vient de Dieu, la conséquence en émane. Si la famille procède de Dieu, permettez-nous donc de croire que l'hérédité reconnaît la même source, car elle est le moyen que Dieu donne à l'homme de conserver cette première et naturelle institution. Sans elle, point de famille, *et le pauvre en est la preuve*. Ouvrons les yeux : ses enfants se dispersent; les générations qui se succèdent oublient bientôt celles qui les ont précédées; elles en perdent jusqu'au nom; elles n'ont pas de nom! Demandez au pauvre sa généalogie, il se figurera que vous le raillez! La famille n'est point, ou n'est presque plus pour le pauvre! — L'hérédité vient des hommes! oui, mais de la même manière que les hommes proviennent les uns des autres. Elle est la conséquence des lois primitives de la famille; elle sort du fond de leur nature, comme les hommes de nos jours sortent du premier que Dieu créa. Au lieu de ravir à ces familles leur héritage, disposez plutôt les choses de telle sorte que les membres de toute famille puissent avoir le leur en perspective. Que l'hérédité ne s'entende donc plus condamner, par votre tribunal, *à suivre la même pente que les hommes qui meurent*[2].

[1] *Organ.*, p. 157. — [2] *Ibid.*

23

Les hommes! Non, ce collectif ne meurt point. Je ne connais de vraiment mortels que les individus; l'hérédité, saisissant le vif par le mort, place les générations successives sous le rempart de la famille, et cette tutèle s'exerce dans l'intérêt des sociétés, jusqu'au jour où un arrêt fatal les condamne à périr.

Mais à quoi bon l'hérédité si, dans un état social régulier, le travail d'un homme doit représenter ses moyens suffisants d'existence, c'est-à-dire l'élever au-dessus des atteintes de la pauvreté. A quoi bon? C'est que, dans mille cas fortuits, ou qui accuseront moins l'imperfection des sociétés que celle des individus, l'équilibre se trouvera détruit entre le travail et les besoins de l'homme. Que l'association vienne en aide à la famille, et je la comprends; mais que, par son principe où ses conséquences, elle la dissolve, et je dis aussitôt qu'elle dissout le cœur... Elle le brise en voulant le dilater à l'excès. Etendues au-delà de leurs limites naturelles, les affections s'évanouissent ou se transforment; et nous voici, semblables aux citoyens de certaines républiques microscopiques de l'antiquité, forcés d'apprendre nos vertus, non plus dans la conscience universelle du genre humain, mais dans les écoles et sous les pédants gagés de l'Etat.

Pour tous, toujours et partout, rien que l'Etat, c'est trop; rien que l'individu, trop peu; place donc à la famille, mais à la famille chrétienne, où s'opèrent, entre les membres, d'incessantes et naturelles compensations; où le trop peu de l'un acquiert son juste niveau, grâce à l'excédent et à la surabondance de son plus proche; place à la famille, où l'hérédité représente ce que représente la fortune des riches dans les sociétés : je veux dire une réserve permanente, un fonds mobile dont la notoriété forme l'espoir et le crédit des autres membres. Place à la famille, où l'hérédité facilite les transactions, répond d'avance aux surprises des accidents, et fait taire les

craintes de l'avenir, si souvent fatales à l'enfant qui devait
naître, si souvent contraires à l'enfant qui a vu le jour, et dont
l'éducation fut tronquée par des prévisions sinistres. Place à
la famille, dont il devient évident que l'organisation précède
et doit soutenir l'organisation du travail. Place donc, place
au dernier bien du prolétaire, au bien qu'il n'a plus, ou
qui lui échappe, et qu'il s'agit de lui rendre !

Votre système, sous prétexte d'attaquer un privilège,
attaque le droit commun, le droit le plus universel qui
existe, celui de posséder une famille ; il dissout la famille
par la destruction de l'hérédité, c'est-à-dire par la destruction du moyen le plus vulgaire, le plus ancien, le plus efficace qui se puisse imaginer pour la conserver et la soutenir.
Oh ! si tout ce qui porte le nom ou l'apparence de privilège
doit succomber, que ne ravissez-vous aux parents leurs fils
et leurs filles, car tous les hommes n'ont point le privilège
de la paternité. Ne rions point ; cela s'est fait ailleurs, cela
s'est tenté. Que ne les confiez-vous, comme dans la cité
de Platon, aux soins d'une nourrice publique, afin de leur
donner ensuite le public pour père ? Voyez donc : sans qu'un
enfant se donne plus de peine pour naître que le fils de son
obscur ou imbécille voisin, n'est-ce déjà pas un privilège
pour lui que de tenir le jour d'un homme de génie, d'un
homme habile, adroit, souple, ingénieux, vaillant, savant
ou fort, d'un homme considéré pour son mérite ou considérable par sa fortune ? d'un homme dont les leçons et
l'exemple développeront dans son fils des qualités où le
vulgaire, élevé dans la haine de toute supériorité, ne verra
souvent qu'un objet d'envie. N'est-ce pas un privilège que
la vigueur naturelle de l'esprit ; un privilège dangereux
pour toute communauté égalitaire, puisqu'il conduit à
l'empire et au despotisme. Pourquoi donc ne pas ajouter
quelque chose à Platon ? Pourquoi donc, à côté des nourrices

publiques, au sein des gymnases publics, ne pas installer des médecins et des instituteurs habiles à saisir toute inéga-lité naissante dans le corps ou dans l'esprit; habiles encore à ramener par leur art la santé florissante au niveau de la constitution débile, et l'intelligence qui prendrait son essor au degré de l'intelligence la plus béotienne! Ainsi, peut-être, prenant sans nous lasser jamais, tous les êtres naissants un à un, parviendrions-nous à dompter dans chaque nature ces privilèges départis par leur auteur... Et malgré le ridicule dont ce conseil est empreint, je ne conçois point comment certaine logique égalitaire pourrait, sans inconséquence et sans faiblesse, refuser de s'y assujettir. Pourquoi reculer, en effet, devant la répression précoce des facultés de l'individu, lorsque, plus tard, la faux du ni-veleur doit abattre intrépidement toutes les inégalités qui les distinguent!

Je me résume : abolir l'hérédité, n'importe laquelle ou n'importe comment, c'est follement tenter de suspendre un instant les effets de la misère, pour élargir et universali-ser son domaine. — C'est engager contre la famille une lutte dans laquelle elle succombe. C'est la tuer; et la fa-mille qui est le dernier bien du prolétaire, est le générateur essentiel de toute société d'hommes libres. — Elle n'est point sans l'hérédité, la civilisation n'est point sans elle[1]!

---

[1] Comme il me suffit de défendre les deux bases, matérielle et intellec-tuelle, de la famille, la propriété héréditaire et l'éducation, qui sont aussi celles de l'organisation du travail, je supprime mes deux chapitres sur les capitaux et le commerce. Les capitaux, selon M. Blanc, représentent la pa-resse et l'inutilité; le commerce suscite l'intrigue et la fraude, et conduit, par l'esprit d'aventure, au bouleversement des empires. De mes deux chapitres, je ne donne que les réflexions qui suivent :

Une antipathie instinctive et raisonnée vous roidit contre la propriété foncière et contre les capitaux, c'est-à-dire contre la fortune acquise, dont la possession forme et conserve la famille, qui cependant est le dernier bien des prolétaires. Cette antipathie se coordonne fort logiquement avec celle que vous professez contre le commerce, dont *le but* est la fortune individuelle et inégale : la fortune, qui élève, perfectionne et maintient la famille au-dessus du niveau de la médiocrité ; la fortune qui dispose chaque membre de la famille, devenu notable, à quitter son propre service pour consacrer au service du public les aptitudes et les qualités qu'elle lui permet d'acquérir.

. . . . . . Cependant, encore, à quoi bon tuer de gaîté de cœur cet esprit d'aventure qui anime et tourmente, *au profit des états sagement constitués,* l'homme audacieux du commerce ?... Où sera l'âme de la *marine sociale,* lorsque le vent de la liberté ne viendra plus en gonfler les voiles ?... Lorsque l'intérêt individuel et les passions légitimes qui stimulent l'homme, riche ou pauvre, retiendront apathiquement leur souffle ?.. Si l'esprit d'aventure est le moteur de tous les bouleversements, le sang, qui entretient la vie, quelquefois aussi la brise en frappant le cerveau ! Substituer la léthargie à la fièvre, ou bien vider un homme de sang pour le soustraire à la chance des apoplexies, oh ! non, ce n'est point là l'art de guérir... Je m'arrête à ces quelques figures, plus propres à saisir l'esprit dans une note que ne le seraient de longs raisonnements.

Éducation, base intellectuelle de la famille, qui est le dernier bien du prolétaire.

La pensée du système dont je m'essaie à redresser les écarts, est de « rendre l'éducation obligatoire en même temps que gratuite[1]. »

Entendons—nous.

L'éducation est cette seconde paternité qui engendre l'esprit à la lumière et le cœur aux sentiments de la morale[2] : c'est assez dire la mesure de faveur que lui doit un Etat où l'on ne se contente pas d'avoir pour citoyens des brutes à visage d'hommes ! Mais la vouloir gratuite, c'est dire à l'Etat d'en solder les dépenses. Gratuite pour le pauvre seulement, elle devient, pour toute famille soumise à l'impôt, le fruit d'une taxe à laquelle cette famille participe. Et si l'éducation répond à l'idée que doit s'en former l'homme de la civilisation, nos impôts ne pourraient recevoir une destination plus auguste et plus utile.

Une éducation religieuse et morale abolirait tant de services onéreux à l'Etat, ou permettrait de diminuer si considérablement de si considérables dépenses ! Il n'y a point de rêve, point d'utopie dans cette pensée, que réveille chez les

---

[1] *Organis.*, p. 90. — [2] Nous ne confondons pas l'instruction avec l'éducation.

hommes habitués aux leçons de l'histoire, entre tant de souvenirs, le souvenir des populations religieuses du Paraguay! Ce n'est point que les exemples de cette société toute primitive puissent convenir à la nôtre et lui servir de modèle; mais on ne me blâmera point, tout-à-l'heure, d'y chercher un principe régénérateur et d'y puiser les documents de l'expérience? Combien deviendrait facile et douce la condition du pouvoir public sous un régime où l'éducation graverait dans l'esprit, et enracinerait au cœur des générations, les principes qui préviennent et qui répriment, à peine éclose dans les replis du for intérieur, l'idée de l'injustice et du mal.

 . . . . Mais un vice inhérent au système égalitaire de M. L. Blanc, où quelque part que se tourne la liberté ce n'est que pour gémir, c'est que ce système, dans son inexorable logique, ravit implicitement au chef de la famille le plus sacré des droits attachés à son titre; c'est qu'il transfère aux mains de l'Etat le droit naturel du père d'élever ses enfants selon la nuance des besoins de la famille, des idées et des goûts combinés de son chef et de ses membres, ou, ce qui revient au même, le droit de choisir les agents plus ou moins intellectuels auxquels il veut confier le soin de lui former des continuateurs.

Et ce droit, cette faculté, cependant, je ne sais si l'observation en fut faite, c'est la faculté pure et simple de résister à la destruction de la famille. Que devient-elle, en effet, séparée de l'esprit qui l'anime et qui la vivifie?

Que si la totalité, si la majorité des familles, contraintes de céder à l'irrésistible violence d'un monopole intellectuel, se voient dépouillées du droit de transmettre cet esprit ou de le faire communiquer à leurs membres, un sinistre phénomène se réalise. Cet esprit, que leurs générations successives se sont l'une à l'autre transmis en le soumettant

dans leur sein à l'insensible et graduelle modification des
temps, l'esprit de famille disparaît sans retour avec la
liberté douce et sage dont il vivait. Il s'évanouit pour céder
aux influences de l'éducation publique dont l'unité, hors du
catholicisme flétri par vous du nom de dogme impie, ne
résulte que de la volonté mobile ou d'un homme ou d'une
assemblée! C'est-à-dire que cette unité, en dehors du
dogme, ne peut être que contrainte, versatile et menson-
gère! — En un mot, et pour exprimer nettement le phénomène qui se développe sous l'influence de croyances façonnées et imposées par l'homme, l'esprit d'école et de secte,
ou de faction, c'est-à-dire de confusion et de discorde,
anime et irrite les individus dont se compose le corps social;
car *tout système exclusif d'éducation nationale*[1] équivaut
alors, dans ses effets, aux religions nationales, qui se résument d'une façon si grotesque et si terrible dans les
papautés royales! Sous le *trompeur uniforme* d'une éducation à laquelle l'esprit, dans sa justesse naturelle et son besoin de croyances fortes et stables, travaille invinciblement
à se soustraire, ces systèmes livrent le monde aux conséquences de l'anarchie intellectuelle! De là, ces divisions,
cette opposition d'homme à homme, de père à fils, de frère
à frère, qui se répètent brutalement partout où le sang devrait respecter sa source; de là cet individualisme croissant,
cet égoïsme universel qui ne trouverait sa mort qu'étouffé

---

[1] Le système exclusif d'instruction et d'éducation nationales est demandé
par ceux des révolutionnaires qui sont hostiles à la liberté de l'enseignement,
de même que les papautés róyales furent réclamées comme le seul moyen
d'union des sectes protestantes par le fameux ministre Jurieu. (Bossuet, *Variations*, vol. ii, p. 502 à 505, éd. de Paris, 1747.) C'est que l'unité détruite
dans le principe catholique d'autorité ne se refait que sous la hache! Et
quant à la liberté que nous offrent les révolutionnaires ci-dessus, elle égale
la liberté religieuse offerte par les protestants à papes róyaux. Elle consiste
à ne pouvoir penser et croire que ce qu'ils croient et pensent.

au berceau dans les liens de la famille que je vois attaquée
de toutes parts ! Abstenons-nous donc scrupuleusement de
toucher à la famille, nous ne saurions répéter assez énergiquement ni sous trop de formes, cette importante recom-
mandation; car la nature semble avoir placé dans l'organisation de la famille la condition première de l'organisation
du travail, et de l'existence du faible et du pauvre! Le
Dieu qui nous a créés pour vivre à la fois *par le tra-*
vail, et *dans la famille*, a voulu que l'une de ces deux
choses vécût de la vie de l'autre. Et le travail, l'éducation,
le système social, l'organisation qui, de quelque façon que
ce puisse être, dissolvent la famille, répugnent essentiellement aux lois de la nature qu'il nous a donnée.

Matériellement atteinte par le coup porté au principe de
la propriété, la famille reçoit du monopole de l'éducation
forcée et égalitaire, une blessure qui la frappe dans son
esprit, dans son essence! Comment, après cela, concevoir le
désordre ou la léthargie de la famille, sans le désordre ou la
léthargie de la société? Que si, déjà, ce fléau d'éducation
nous a gagnés, s'il se propage, s'il porte ses fruits de mort,
puisera-t-on, je le demande, dans les larmes des familles
encore vivantes une raison de le fortifier ou de l'étendre?
— Non.

Peut-être même dans cette pensée, ajoutez-vous : « Beaucoup d'esprits sérieux pensent qu'il serait dangereux de
répandre l'instruction dans les rangs du peuple, *et ils ont*
raison. Mais comment ne s'aperçoivent-ils pas que ce danger de l'éducation est une preuve accablante de l'absurdité
de notre état social [1]? »

De bons esprits, il est vrai, semblent persuadés que cette
éducation ne compte guère pour apologistes que ceux dont
elle est la fortune et le fief; ou que ceux encore dont les

[1] *Organ.*, p. 90. — Voir la note à la fin de ce chapitre, p. 371.

facultés débiles se pervertissent en la subissant. Or, son principe est celui du monopole, dont votre projet semble encore agrandir le cercle et appesantir le joug ! Hâtons-nous donc d'introduire l'action réformatrice des lois dans ce système, dont les résultats permettent à une plume toute populaire de tracer les paroles que je transcris.

« Grâce à un enseignement corrupteur donné sous toutes les formes et jusque *sous le manteau révolutionnaire*, nous n'avons vu que trop d'ouvriers élever un culte aux appétits grossiers..... » « Si quelque chose nous chagrine, c'est de n'avoir point l'autorité nécessaire pour réparer le mal profond que l'enseignement du doute a fait à notre classe; » enseignement qui, des classes supérieures, descend sur elle ! « enseignement qui tarit infailliblement la source des vertus sociales, qui laisse l'homme seul avec lui-même, sans autre règle que celle des instincts, qui justifie toutes ces théories *prétendues sociales*, où les appétits sont la seule loi; enseignement, enfin, il faut bien le dire, dont la plupart des écrivains de la démocratie n'ont pas à se laver les mains. » Et, cependant, si la masse du peuple devenait sceptique, « on pourrait apporter le linceul de la nation française et la livrer aux vers du tombeau [1]. »

Au lieu de l'inapplicable uniforme imposé par le despotisme de tous ou d'un seul, ce que nous requérons, nous, comme l'un des deux remèdes au maux du prolétaire et du public, c'est une éducation libre du côté de la forme et des instituteurs; une éducation livrée aux excitations salutaires de la concurrence; raisonnée, savante et sérieusement basée sur l'enseignement de la religion chrétienne que vous traitez de sophisme impie[2]. Il n'y aurait rien de commun entre ses résultats et ceux de la désastreuse éducation

---

[1] *L'Atelier*, organe spécial de la classe laborieuse, numéro de janvier 1845, 2e article *de l'Organisation du travail*. — [2] *Organ.*, p. 133.

qui, dites-vous, est « une preuve accablante de l'absurdité de notre état social; de cet ordre social où tout est faux, où le travail n'est point en honneur, où les professions utiles sont dédaignées, où le laboureur est tout au plus un objet de compassion, et où l'on n'a pas assez de couronnes pour une danseuse. Voilà donc, ajoutez-vous, pourquoi l'éducation du peuple est un danger; voilà pourquoi nos colléges et nos écoles ne versent dans la société que des ambitieux, des mécontents et des brouillons [1]. »

Si les couleurs de votre tableau empruntent leur éclat à la vérité, la désorganisation du travail, de la famille et de la société, n'est-elle point précisément le mal que le catholicisme attaque, et que vous découvrez en germe dans l'éducation dont vous stigmatisez les effets, après avoir stigmatisé la religion qui les prévient ou les détruit!

A tous les arguments qui frappent avec précision sur les défauts de notre état social, nous devons donc opposer en première ligne un moyen naturel de redressement et de réforme qui nous conduit, on va le voir, à l'éradication successive de tous les abus. La religion, elle encore et toujours, voilà le moyen. Je ne le propose point comme exclusif, mais comme indispensable! Que l'homme s'aide, et le Ciel, en l'aidant, bénira ses efforts!

. . . . . Voyez, voyez donc, tout est faux, dites-vous, dans cet état social, et le travail n'est pas en honneur! Tenons cet abus d'hyperbole pour vérité mathématique! Eh bien! par la religion, dont l'essence est de se faire toute à tous, parce qu'elle est universelle; par cette religion qui se prête, en conséquence, aux enseignements les plus vulgaires avec autant de souplesse et d'énergie qu'aux plus sublimes, l'état social rentre sous les lois de la vérité et

[1] *Organ.*, p. 90, 91.

de la justice , ses institutions répondent pleinement à leur objet : le bonheur de l'homme ; car la religion n'est que la science des rapports ou des devoirs qui doivent exister entre les êtres. Elle est donc , si on me passe le terme, l'*histoire naturelle* et philosophique des êtres intelligents dont elle retrace l'origine, la nature et les lois. En les classant selon la raison de leur valeur et les exigences de leurs fonctions, elle engendre l'ordre, qui est la règle de toute organisation ; elle est l'ordre même, c'est-à-dire la première condition de la paix et du bonheur , ou plutôt le bonheur même, sous la forme de l'ordre. Il faut peu de philosophie pour s'éle— ver à la hauteur sublime de cette vérité de petit catéchisme, mais il en faut quelque peu , cependant ! Je renvoie donc à ses rudiments ceux dont l'intelligence ne serait pas assez *primesautière* pour avoir saisi ce point capital.

« Le travail n'est pas en honneur[1] » dans notre société ! Ce doit être le désespoir de tous les cœurs honnêtes, mais en première ligne, du malheureux prolétaire qui ne peut tirer profit et honneur que de son travail. — Que dire à cela, si ce n'est que ce dédain pour le travail est le signe le plus évident de l'absence de la religion catholique, ce *sophisme impie !* Tous les maux que vous signalez pro- viennent uniquement de son absence , ou sont le mal même de son absence. En effet, quel est le premier mot de ce dogme impie à l'homme qui ne peut le connaître sans ap- prendre ses devoirs : Tu gagneras ton pain à la sueur de ton front. Le pain du corps et le pain de l'âme; car l'homme, cette intelligence servie et *asservie* par des organes, ne vit pas seulement du pain grossier dont la terre paie ses sueurs. A qui l'homme religieux réserve-t-il sa considération et ses hommages? à l'homme juste, et ce mot veut dire obéis-

[1] *Organ.*, p. 90.

sant[1]. Celui que l'homme raisonnable ou religieux honore au premier chef, c'est donc l'individu qui obéit à ce premier et éternel précepte, condamnation et récompense, deuil et joie de l'homme exilé, le travail.

Dans notre société, « les professions les plus utiles sont dédaignées[2]. » C'est un tort, et notre dogme impie ne permet d'en mépriser aucune. Ce n'est point que le christianisme détruise une disposition aussi vigoureuse chez le rustre que chez le philosophe, et qui les entraîne à accorder un peu plus de considération aux professions libérales qu'aux professions routinières ou manuelles. La raison, que le christianisme somme de veiller autour de ses croyances, la raison distingue entre la tête et les pieds; elle s'abstient d'improuver l'hommage que l'homme rend à la plus noble partie de son être, en honorant de ses préférences les professions où l'exercice et les sueurs de l'intelligence l'emportent sur l'exercice et les sueurs du corps. Mais, en se pliant à cet hommage, elle en corrige, elle en modère l'excès; et, après le Christ, ouvrier en bois, écoutons Paul, le faiseur de tentes, cet apôtre des nations, dont la bouche enseigne la variété et l'inégalité des dons que Dieu répartit aux hommes. Paul leur commande, en toute rencontre, des témoignages mutuels de déférence et d'honneur, d'amour fraternel et de dévouement[3]!

Si les hommes sortis de nos écoles « n'ont point assez de couronnes pour une danseuse[4], » je suis bien loin de m'en étonner, vraiment; mais ce n'est point notre dogme impie qui les tresse, ces couronnes; et celle du Christ ne lui en fournirait guère le modèle. Non pas, cependant, que la doctrine intelligente du Nazaréen réduise l'homme à l'état de froid automate; non pas que son souffle glace ou dissipe les

---

1 *Justus à jubeo, jussum; qui facit quod justum est.* — 2 *Org.*, p. 90. — 3 Saint Paul aux Rom., chap. xii. — 4 *Organ.*, p. 90.

passions dont le mouvement se mêle aux mouvements du cœur ; mais elle en apaise les ardeurs, elle en règle la fougue ou les caprices ; elle en calme le tumulte désordonné ; elle les gouverne et les dirige ; en un mot, elle règle la vie et ne l'éteint pas. Les couronnes que l'homme déréglé jette à la danseuse, le christianisme les offre à ce qui est vraiment aimable et fort ! à la vertu sincère, modeste, active, sans grimace et sans roideur, sans puritanisme et sans rancune ! Voilà ce que fait le christianisme, qui est la gloire et la richesse de l'homme sans richesse et sans gloire ! On appelle ces hommes-là des prolétaires !

·Enfin, pourquoi, grâce aux labeurs chèrement rémunérés des monopoleurs de notre éducation, nos colléges ne versent-ils dans la société que des ambitieux, des mécontents et des brouillons[1] ? Vous allez nous le dire tout le premier, car j'espère que vous vous êtes rendu aux clartés de la raison religieuse : c'est qu'elle n'y verse point de chrétiens !

Faites ouvrir aux ignorants l'Apologétique de Tertullien ; cela est vieux ! feuilletez, d'un bout à l'autre, jusqu'à nos jours, l'histoire, plus vieille encore, et vous verrez quels hommes de paix et de modestie sont les chrétiens au milieu des hommes de l'ambition la plus perverse. Qui donc, et sous quelque forme de société que ce puisse être, a pu dégoûter d'en laisser faire ou d'en former ? La doctrine chrétienne est. immuable, elle n'a pu faiblir. Si ses ministres ont failli ; s'ils peuvent faillir, hommes qu'ils sont, tous ensemble ne tomberont point d'une même chute ; et, pour les redresser, ne verrions-nous pas d'ailleurs, au-dessus d'eux, leur propre règle !... Hélas ! trop d'abus, revêtus des couleurs de la religion, en ont discrédité l'esprit auprès d'observateurs su-

[1] *Organ.*, p. 94.

perficiels; et ce qu'elle a toujours redouté le plus au monde, c'est l'ignorance : la science est un flambeau qui la révèle!

Amis et organisateurs du travail et de la justice, les chrétiens sont-ils ou non les hommes que vous demandez? Je parle de ceux qui vivent fidèles aux lois de leur religion. A-t-on cessé de les reconnaître aux signes que j'énumère? Trop perspicace est votre loyauté, pour permettre de les confondre avec les hommes qui n'ont conservé du catholicisme que le nom; avec ceux dont l'imbécillité le profane, ou dont l'hypocrisie n'y prend position que pour l'exploiter. Car le christianisme, cette mer immense sur les eaux de laquelle se promène l'esprit de Dieu, n'a pas un mouvement qui ne rejette sur ses bords cette écume flottante et impure.

. Mais si, nous détournant de ces sources antiques et intarissables, nous abandonnions, au premier venu patenté, le soin d'inculquer à nos enfants, sous l'unité prétendue des doctrines de l'Etat, *sa propre philosophie et sa propre morale*, substituées à la philosophie et à la morale universelles, qu'attendre de cette culture désordonnée, de *cette organisation unitaire* du désordre? Quel ordre espérer de cette confusion? Quel salut se promettre d'une science qui est essentiellement *désorganisatrice*, puisque sa nature est de pouvoir se montrer contraire à elle-même dans chacun de ses apôtres?

Au lieu de cela, la doctrine simple et douce, une et active du Christ rendrait bientôt au malade le bien-être, la vigueur, l'activité. Suivons-la donc, car un bon régime restaure et renouvelle un corps atôme par atôme; mais on ne le refait pas d'un coup et de toutes pièces. L'allégorie du vieux Pélias, coupé en morceaux par ses filles, et jeté dans la chaudière dont le liquide bouillant doit le rappeler à la vie; cette vieille et terrible allégorie doit être l'éternelle le-

çon des peuples que travaille la fièvre des essais et de l'em—
pirisme!........ Des membres hachés, du sang, des douleurs
et la mort, voilà le fruit de l'essai. Lorsque du corps il ne
reste plus qu'un mélange hideux et sans nom, ceux qui ont
commis l'erreur la reconnaissent *quelquefois;* il est trop
tard; et ceux qui les suivent la nient! ou plutôt ils prétendent recommencer *pour mieux faire.* Des transformations subites, et accomplies d'un léger coup de baguette,
n'étaient possibles que du temps des fées.

Pour moi qui ai vu, qui ai suivi les effets du catholicisme,
c'est sa doctrine que je réclame, au nom et dans l'intérêt de nos
prolétaires! Ce plan n'est point tout à fait le vôtre, celui dont
l'utopique perfection vous a fait dire : « Alors, il appartien-
dra au génie, et cela est digne de lui, de constater son légitime empire, non par l'importance du tribut qu'il lèvera
sur la société, mais par la grandeur des services qu'il lui
rendra. Car ce n'est pas à l'égalité des droits que l'inégalité
des aptitudes doit aboutir : c'est à l'inégalité des devoirs[1]. »

En effet, j'ai rappelé que la loi légitime, la religion, guide et
rectifie le cœur de l'homme : mais elle ne songe, en aucun cas,
à le transformer; elle s'interdit toute métamorphose; elle
sait qu'il n'est pas un ressort dans toute la constitution de
l'homme qui n'aboutisse, en définitive, au grand et univer—
sel mobile de l'amour de soi. Et la religion adopte cette
base, parce qu'elle émane de Dieu, qui, ayant fait l'homme,
le connaît et le traite d'après les lois intimes de sa nature.
— Vouloir la parfaire en ce point, c'est oublier qu'elle est
ou parfaite ou néant; c'est la corrompre, et ce fut, chez les
Juifs, l'erreur des Saducéens. Vous y tombez. Les fondateurs de cette secte de puritains aidèrent au pervertissement
de la nation, en niant les récompenses futures, c'est-à-dire

[1] *Organ.*, p. 93.

en détruisant le dogme de l'immortalité de l'âme. Et leur prétexte était sublime. Il leur semblait indigne et méprisable de servir Dieu de telle sorte que l'amour divin se colorât, dans le cœur de l'homme, des plus faibles nuances de l'amour de soi. Homme qui nous commandez de nous éprendre de la vertu, pour les fardeaux qu'elle impose, et pour la gloire stérile de les porter, oh! que vous nous croyez surhumains! — Nous pouvons l'être par exception, — mais avec la foi, car elle ouvre un avenir infini à celui qui sait y adapter sa raison; pourquoi donc nous en dégoûter, en la couvrant de mépris? Pourquoi donc? puisque sans elle l'éducation de l'homme n'est qu'un débit de phrases creuses, et sa vie, la vie surtout du misérable, n'est qu'un abîme de misères et de souffrances!

Lorsque l'homme souffre, quelle autre philosophie sait utiliser les larmes et donner au malheureux *cette foi* : heureux ceux qui pleurent, parce qu'ils seront consolés. Quelle autre sait maudire le riche, s'il ferme son cœur à la pitié; quelle autre sait empoisonner dans sa bouche ou dans ses mains le superflu dont il frustre le pauvre? Quelle autre sait réduire à néant le mérite de ses dons, s'il les jette en supérieur hautain et fastueux; si sa charité, vraiment fraternelle et humble, — je ne dis point son aumône, — n'est pas faite comme il la ferait au Fils de Dieu lui-même, qui vient tenter sa foi sous les haillons et les ulcères du mendiant? Quelle autre philosophie dit au riche, par la bouche de son fondateur : ce malheureux, cet infirme, ce prisonnier, cet homme dont le cœur saigne, dont le corps souffre la faim, la soif, le froid, cet homme qui répugne à la délicatesse de tes organes : *c'est mieux* que toi, c'est moi! Mon jour approche! Qui ne m'aura point logé, chauffé, vêtu, nourri, enseigné : qui ne m'aura point aimé de tout son cœur, de tout son esprit, de toute son intelligence, dans ce Job sans poésie, dont la chair jonche ignoblement la paille des bouges, celui-là, ce grand coupable, ce contempteur de mon humanité, subira son éternité à côté du riche qui méprisa Lazare.

Eh quoi! le Catholicisme qui tient ce langage est un sophisme impie, propre *seulement* à empêcher la légitime insurrection des opprimés contre les oppresseurs [1].

Quelles sont donc celles de ces paroles, terribles pour le riche, fortifiantes et consolantes pour le pauvre qui tendent à persuader à la foule qu'elle est destinée à souffrir sans consolation et sans espoir, en vertu des lois de la Providence [2]?

Résumons-nous une dernière fois :

Vous proscrivez de l'Etat et de l'éducation la religion catholique comme impie, et toutes les autres sont impossibles, parce qu'elles proviennent des hommes, parce qu'elles sont variables, et sans autorité; parce qu'elles sont contraires les unes aux autres, et contraires à la vérité qui, étant une, est par cela même immuable.

De là, point d'éducation morale, puisque la morale, qui ne peut dériver que d'une religion divine, meurt avec elle!

De là, point de propriété, puisque n'ayant plus de sanction morale, elle ne peut avoir de sanction légale!

De là, plus de familles conservées par la propriété, c'est-à-dire plus de protection pour le travailleur, plus d'organisation pour le travail; plus de travail régulier : quel en serait le but? et dès lors plus de richesses en réserve; plus de richesses accrues et supérieures au besoin actuel de l'individu travailleur!

De là, plus de sociétés dans l'univers, mais tout un monde composé de groupes sans liens ou d'individus sans lois!

[1] *Organ.,* p. 133. — [2] *Ibid.,* p. 132, 133.

Quel monde et quel avenir !

Il est le contraire de celui que vous prétendez former et qu'une éducation libre et chrétienne peut seule accorder à nos communs désirs; car elle seule honore le travail *en nous y condamnant*, sans mêler la contrainte au précepte. Travaillons donc d'un commun accord à l'introduire dans notre société malade; car la loi du travail étant universelle, veut que tous ne soient sauvés que par tous!

Note relative à la p. 361, et plus haut aux p. 232 à 237.

Ni M. L. Blanc, ni M. E. Buret n'ont rien dit de plus *cruellement énergique* contre le système universitaire d'instruction et d'éducation, c'est-à-dire contre le monopole de l'enseignement, que ce qu'en ont répété les hommes les plus éminents *du gouvernement* et de l'opposition. On peut s'en assurer en lisant le livre *Pacification religieuse,* de M. Dupanloup, p. 34, etc., 96, etc., p. 113 à 133, etc.; (1845). Comment, après de telles révélations, après de tels aveux, s'expliquer chez des hommes droits la résistance à une loi définitive sur l'enseignement; loi qui, selon M. Duchâtel, ne peut être bonne sans commencer par ces mots : *l'enseignement est libre,* p. 214. — Le père de famille qui pouvant lire ce livre ne le lit pas, manque à ses devoirs de bon français et de bon père. S'ils le lisaient, la France et l'Europe seraient sauvées... par l'éducation !

Le phalanstère et domination exclusive du principe religieux ; c'est rêver utopie !

L'organisation dont nous venons d'examiner le mécanisme, repose sur une base *purement* profane et entraîne des conséquences inacceptables pour la civilisation moderne. Veuillons en écarter nos regards pour les jeter sur une organisation *purement* religieuse : *ni l'une, ni l'autre*, ne peuvent convenir à l'état où le temps et la science nous ont placés.

Il s'en faut donc beaucoup que, proposant cette forme sociale à l'admiration d'une société, je songe à dire : étudiez-la pour l'imiter. Plutôt dirais-je à la virilité : reprenez les lisières de l'enfance. Mais il est un désir que rien n'a pu séparer de mon intelligence ni de mon cœur, dans le cours de cette rapide revue d'une société composée des hommes le plus fraternellement charitables, et, cependant, sortis du roc le plus dur, sous la magie de la parole divine : c'est que chaque observateur puisse se convaincre de la puissance et de la *vertu sociale* d'une religion qui réalisa, sous l'influence exclusive du principe chrétien, les rêves du plus harmonieux phalanstère ! A des systèmes, à des projets, à des fantômes, voici que succède l'histoire. Etudions, admirons, condamnons ; et puis après, que faire? Eh, mon Dieu! cela ressort du but même que nous devons nous proposer : profitons.

Dans les régions du Paraguay soumises au despotisme religieux et paternel des Pères jésuites, l'admiration de la foule me paraît s'être généralement trompée de route. Admirer cette société en elle-même et dans sa propre constitution, c'est se laisser pieusement aveugler sur ses vices; mais aussi cet aveuglement est facile à concevoir à l'aspect des avantages vraiment prodigieux qu'elle eut le bonheur d'offrir au rebut des peuples sauvages, dans les circonstances de temps et de lieux où l'héroïsme et l'habileté de pauvres religieux parvinrent à les réunir en corps social.

La merveille du retour aux voies de l'humanité et du perfectionnement, de la part de peuplades abruties, ce fut, à des yeux favorablement prévenus, la perfection dans sa pureté[1]. L'histoire n'est point dans ces illusions; mais ce que l'on peut admirer sans se lasser, et on l'admire avec François Corréal, le détracteur pseudonyme des Pères du Paraguay, c'est la puissance civilisatrice du principe religieux, c'est la patience des hommes de Dieu « que rien n'égale, c'est la sagesse et l'ardeur d'une charité qui, le plus souvent, ne recueillait pour récompense que des fatigues mortelles et le martyre[2]. »

Après avoir puisé nos leçons au sein de cette constitution sociale si vantée, et de cette fraternelle organisation *du prolétariat et du travail*, nous nous retournerons vers les hommes que des passions, souvent généreuses, entraînent à calomnier plutôt qu'à redresser les institutions de la société moderne. A eux de nous dire s'ils consentiraient à l'adoption de ces formes, que l'on peut bien appeler pri-

---

[1] Je puise mes *principaux* documents dans la collection originale des *Lettres édifiantes*, et dans le judicieux Muratori, le philosophe Raynal, Crétineau-Joly, etc., etc. — [2] Muratori, p. 191.

mitives ; s'ils se résigneraient, pour les réaliser, aux sacrifices d'orgueil et de liberté que cette résolution leur imposerait ; si le peuple y trouverait son salut et sa force?

L'homme tombé dans les conditions de la vie sauvage ne
se relève point de lui-même, il ne progresse pas, il reste
sauvage ; il s'enfonce et disparaît dans la barbarie : cette
vérité, constatée par l'expérience, frappa trop vivement
l'intelligence des apôtres de la Foi, pour qu'ils omissent de
s'appliquer avec leur invincible constance à transformer les
habitudes caractéristiques des peuplades qu'ils prétendaient
enfanter à la civilisation. De là, cette sainte persévérance
d'efforts pour fixer à la terre la farouche et vagabonde humeur des néophytes, pour occuper leurs dangereux loisirs
par les *travaux continus* de l'agriculture, et pour leur
inspirer le goût et l'amour du travail par la douceur de ses
fruits.

Réformer les habitudes d'apathie et de férocité du sauvage, l'attirer par les amorces d'une jouissance matérielle
aux harmonies d'une vie régulière, l'entraîner par les pentes
de sa nature sensuelle à un régime de lois où l'esprit asservit le corps....., c'était former un nouvel être, c'était
presque tenter l'impossible ; et, cependant, l'œuvre fut entreprise sans hésiter par des hommes qui ne doutaient point
du succès. Aux railleries des esprits superficiels, à l'incrédulité décourageante d'hommes vertueux, mais dépourvus
de foi vaillante, les religieux opposèrent un modeste et
calme héroïsme... Laissez-nous faire, dirent-ils ; et devant
eux surgirent des difficultés dont la description serait effrayante! Qu'importaient le temps, les sueurs et les dangers à ces défricheurs, à ces pionniers de l'Evangile, à ces
hommes dont les obstacles grandissaient le courage et dont
l'habileté était extrême, car elle égalait presque leur dévouement!

Leur habileté! C'est ainsi que l'insatiable voracité des Indiens devint aux mains des missionnaires le moyen capital de la formation des sociétés chrétiennes! Entre le moyen et l'effet, la distance est infinie, mais la grâce de Dieu ne l'est pas moins! Promettre à ces barbares imprévoyants une nourriture saine et copieuse, la leur prodiguer à tout instant, calmer les grondements de leurs entrailles, ce fut une irrésistible séduction. Nul entraînement plus énergique ne triompha de la résistance de ces mangeurs d'hommes. Manger était leur premier besoin et leur passion; aussi lorsque la question fut nettement posée « de fonder les premières peuplades, les Indiens disaient aux missionnaires : si vous voulez que nous restions avec vous, donnez-nous bien à manger : nous ressemblons aux bêtes qui mangent à toute heure [1]! » Il fallut donc les repaître, et ce ne fut point l'œuvre d'un jour; car les leçons de tempérance des Pères n'ont jamais subjugué la brutale gloutonnerie des Indiens!

Quoi qu'il en soit, voici les Pères à l'œuvre; la barbarie perd du terrain... le sauvage s'arrête, écoute, prie, il n'est plus sauvage : il travaille! Petit à petit se forment et s'étendent les *Doctrines* ou *Réductions*. C'est le nom des Etats naissants qui se partagent le territoire du Paraguay! Nous y entrons de plein pied.

Au premier coup d'œil, il semble que chacune de ces réductions se gouverne comme une véritable république [2]; mais la liberté politique et administrative qui règne dans ces Etats n'y est pas de droit. L'absolutisme, échelonné sur l'absolutisme, y cache deux fois son principe sous la douceur et la mansuétude des formes : nous sommes sur le point de le voir!

Les peuples chez lesquels ont prévalu les idées de consti-

---

[1] Muratori, p. 70. — [2] *Ibid.*, p. 136.

tution sur papier timbré, n'accueilleront, peut-être, que
par un rire sardonique une liberté qui leur semblerait *sans
racine*, si elle ne reposait sur un écrit! Posséder la liberté
par écrit, cela est si bon! le papier donne tant de force aux
paroles[1]!

Contentons-nous pour l'heure de demander aux nations
qui mettent leurs droits en portefeuille, de vouloir bien ne pas
se montrer trop difficiles à l'égard de ceux qui se soumettent
librement à vivre sous la direction absolue d'un pouvoir
qu'ils ont choisi... Je suis *aussi loin de me sentir du goût
pour l'absolutisme* que de donner pour modèle ces puinés
de la civilisation : mais, je le répète, ne les jugeons point
avec des préventions étroites, et en prenant la surface des
mots pour le fond des choses.

Les habitants des réductions chrétiennes sont réellement
sujets des rois d'Espagne, et dépendent de gouverneurs
que ce prince envoie dans les trois grandes provinces de
Tucuman, de Rio-de-la-Plata et du Paraguay. Mais cette
dépendance ne consiste guère que dans les paroles qui la
formulent; elle ne se présente à leur esprit que sous la forme
d'une·protection reçue, et qui écarte de leur tête le joug
formidable des commanderies[2].

La sujétion des républiques chrétiennes n'est donc qu'une
vassalité dont le but est de détourner de leurs terres la tyrannie des puissances subalternes. Tous les Indiens qui ont
embrassé la foi catholique et qui se sont soumis librement à
la couronne, comptent au nombre des sujets immédiats du
roi, mais sans que leur pays ou leur personne puisse être
jamais cédée en fief, ni en commanderie. On ne saurait
exiger d'eux, annuellement, plus d'une piastre par tête[3].

[1] *Les goûts deviennent un peu plus sérieux, et je m'en réjouis.* —
[2] Dotations dont les concessionnaires écrasaient de travaux les Indiens. —
[3] Environ cinq francs.

Tandis que les Indiens de commanderie, exposés d'ailleurs, sans protection, aux injustices les plus accablantes, doivent payer légalement une somme cinq fois aussi forte. La douceur de la perception égale la modicité de la taxe. Car les Indiens jouissent du droit d'aller consigner eux-mêmes leur argent aux mains des officiers royaux. Ceux-ci veillent, avec les missionnaires, à l'acquittement de ce tribut, et il est hors d'exemple qu'une difficulté s'élève. On ne connaît donc point en ce pays le fléau des exactions plus pesant que celui des impôts; et ce qui est certain, c'est que l'argent perçu sur ces Indiens par le roi d'Espagne, ne l'indemnise qu'imparfaitement des sommes dépensées en leur faveur! Hors ce tribut, ils ne subissent d'autre obligation que celle de marcher au service du roi, sur son ordre, soit pour la guerre, soit pour le cas, plus rare encore, où il s'agit de bâtir et de fortifier des villes! En un mot, les charges auxquelles leur dépendance les assujettit sont tellement légères, que je cherche en vain une nation européenne assez heureuse pour n'en supporter que de pareilles[1].

Voilà dans quelle mesure les réductions relèvent du roi d'Espagne, représenté au dehors par les gouverneurs des provinces américaines. Dans le sein de ces sociétés, la place la plus importante est celle de corrégidor royal, ou de lieutenant du gouverneur. Nommé par le gouverneur, l'Indien qui la remplit possède toute l'autorité nécessaire au maintien du bon ordre! Les autres officiers sont élus par les Indiens, et sortent de l'urne année par année. Deux alcades forment le tribunal chargé du jugement des affaires criminelles, tandis que d'autres magistrats tiennent en main les intérêts de la police, et président aux affaires civiles.

[1] Lire Muratori, p. 138 à 141. *Id. Lettres édifiantes,* vol. v.

C'est encore du sein de la race indienne que l'élection tire les caciques, les capitaines et les autres officiers militaires; car, à l'exception du gouverneur, il n'est permis à aucun officier espagnol de séjourner dans les peuplades. Une inflexible loi les en bannit.

L'Espagnol qui fut, jadis, pour l'Indien un objet d'horreur insurmontable, reste à ses yeux un objet de scandale et d'aversion. Ce sentiment est utilisé par les Pères, à qui l'expérience a fait connaître l'impossibilité de convertir les Indiens assez rapprochés de la race conquérante pour la juger par le spectacle de ses mœurs[1]. Malheureusement, alors, ces hommes faibles, au lieu d'étudier le catholicisme dans ses effets généraux et dans sa doctrine, ne veulent l'apprécier que par les mœurs de ceux qui le déshonorent. Ce sophisme pratique est aussi celui de nos sociétés!

Au-dessous des gouverneurs espagnols, et au-dessus du premier fonctionnaire de la réduction, les missionnaires forment le second pouvoir; celui dont l'autorité bienveillante, mais efficace, domine et protège la sécurité des peuples : le pouvoir de fait! Cependant, les Pères ont pris l'habitude de ne rien entreprendre sans consulter les prélats, dont ils se regardent comme les serviteurs et les instruments; humilité précieuse à la discipline des réductions : car l'Indien ne peut, de la sorte, se familiariser avec l'autorité, dont la source lui paraît, en raison de l'éloignement, plus vénérable[2].

La sage et puissante autorité des missionnaires qui ont laborieusement enfanté ces Etats, marque et s'accuse de toute part, malgré ses soins à se dissimuler sous l'autorité laïque, et à se dérober sous les plis de la toge séculière. *Mais, en tous lieux, on les bénit !* Les magistrats « ne se déterminent jamais sans avoir pris conseil de leurs mission-

1 Muratori, p. 53, 55, 137. — 2 V' Crétineau-Joly, p. 308.

naires[1]. » Ils s'abstiennent scrupuleusement de châtier les coupables suivant la rigueur des lois; ils ont égard au peu d'étendue des lumières de leurs administrés, ce qui entre en effet pour beaucoup dans les fautes commises par les Indiens. Cependant il faut sévir quelquefois, et dans ce cas encore, une habileté profonde et dirigée par le cœur trouve le moyen de punir les fautes sans rendre odieux aux prévaricateurs le séjour des lieux où l'expiation s'est accomplie.

Au nombre des bienfaits de cette organisation, il faut compter l'avantage inappréciable de trancher en un instant tous les procès. L'esprit de chicane s'y rend aux premiers efforts, privé de ses labyrinthes et de ses redoutes. Une contestation ne s'élève que pour tomber aussitôt sous l'arrêt définitif des alcades. Ces hommes incorruptibles ignorent ou méprisent l'art de faire traîner une affaire en longueur[2]. La discorde ne pétrit pas leur pain.

Il est vrai qu'un des plus solides fondements de l'union générale, c'est l'absence totale de l'or et des métaux précieux, dont le Paraguay ne renferme aucune mine! Ces éléments de la cupidité y sont inconnus[3]. Mais dans nos sociétés modernes, quelles puissances pourraient les anéantir! quel bras seulement remettrait en vigueur les lois pécuniaires de Lycurgue, et quelle tête se permettrait un moment d'y songer? L'âge mûr ne remonte point sans folie vers les pratiques de l'enfance!... Peut-être les Européens, accoutumés au luxe, au faste et au plaisir, auront-ils peine à se figurer qu'une nation si pauvre soit véritablement heureuse. Une liberté bien réglée, des provisions aussi abondantes que le travail peut les fournir, un logement étroit, à la vérité, mais suffisant, la paix, l'union, la concorde,

---

[1] Muratori, p. 138. — [2] Ibid., p. 142. — [3] Ibid., p. 152.

n'est-ce point là de quoi compléter le bonheur de ces peuples enfants et illettrés? Oui! ce tableau même commence-
rait à nous séduire si le chapitre des restrictions à la liberté
n'arrêtait tout à coup nos entraînements; car c'est à ce point
que perce et se met en relief le défaut commun de toutes
les organisations où les facultés physiques et morales de
l'individu et de la famille s'affaiblissent, et tendent à disparaître sous la pression gênante ou pénible de l'Etat.

Pour découvrir ces restrictions, il s'agit de savoir à l'aide
de quels moyens les régulateurs de ces peuplades dirigeaient
leur autorité. Deux principaux se manifestent. Le premier,
c'est la police des consciences par la confession. Ce moyen
est de tous les pays. Le second, c'est la police diurne et noc-
turne de la société par des agents dévoués aux Pères.

La confession, a dit le philosophe Raynal, tient lieu, à
elle seule, de lois pénales et veille à la pureté des mœurs[1].
Elle est l'arme la plus puissante des missions qui, selon le
langage de cet autre philosophe, le plus éloquent des natu-
ralistes, « *ont formé plus d'hommes dans les nations barbares que n'en ont détruit les armées victorieuses des
princes qui les ont subjuguées*[2]. » Cet éloge n'est pas médiocre, et nous savons que la dernière retraite de l'homme,
étant le fond de sa conscience, y pénétrer, c'est le réduire, y
rentrer c'est le reprendre!

Pour des gens peu capables de se conduire, et destinés à
devenir la proie de l'astuce ou les victimes de mauvais conseils, la société, qui est leur tutrice naturelle, doit-elle craindre ou désirer une direction si discrète et si sûre? Et si le
faible peut y obtenir de si frappants avantages, qu'est-ce que
le fort risquerait d'y perdre? En présence du nombre crois-

---

[1] *Hist. philos.*, vol. iii, p. 347. — [2] Buffon, t. xx, p. 282, 1788,
dans Crétineau-Joly, vol. i.i, p. 284. Je n'ai sous la main que l'édition
de 1785.

sant des protestants éclairés qui se confessent ou qui regret-
tent le sacrement de Pénitence; en présence de ceux qui
avouent venir demander à des prêtres catholiques un remède aux passions et aux chagrins qui désolent leur âme,
il faudrait un aveuglement bien passionné pour décrier la
douce énergie de l'institution.

Les Pères du Paraguay, qui ne transplantaient sur le sol
des réductions que des plantes déjà tout élevées, que des
individus déjà croyants, maintenaient donc en grande partie, sous l'influence discrète de ce sacrement, les citoyens
de la société dont ils étaient l'âme. Et, comme la loi de
l'Etat, c'était presque uniquement la loi de Dieu, il leur
suffisait de fortifier la foi et de réchauffer la ferveur des
pratiques chrétiennes, pour fortifier les principes mêmes du
gouvernement et pour exciter à l'amour des règles de cette
société cénobitique.

Nous avons dit que le deuxième moyen de gouvernement
était l'action de la police occulte, l'espionage. Nous ne saurions ni goûter, ni faire agréer par une société française
l'emploi de cette ressource toujours odieuse et plus souvent
dangereuse qu'utile; car baser la confiance et l'action du
gouvernement sur la perfidie salariée des hommes les plus
méprisables, c'est un bien audacieux travers de raisonnement! Si les Pères n'étaient pas tout à fait inexcusables
d'avoir recours à ce moyen fâcheux, ce n'est point par la
raison qu'ils ne chargeaient du rôle de délateurs que des
hommes sincères et véridiques; car ce rôle, qui tente naturellement les passions haineuses, déprave et ravale celui
qui l'exerce. Leur excuse se trouverait plutôt dans la nécessité réelle de surveiller, non-seulement un peuple d'enfants, mais un peuple d'enfants vieillis dans des habitudes
enracinées. Et cependant, grands et justement fiers, ainsi
que le sont des hommes droits et mûrs, nous ne savons plier

notre intelligence à comprendre ces voies *mystérieuses et détournées*. La surveillance *ostensible et directe* est la seule qui ne soulève point notre dégoût. Soyons assez justes après cela pour distinguer, entre les émissaires secrets et attitrés des Pères, et ces faux frères ou agents provocateurs, dont les services sont la honte éternelle des gouvernements civilisés qui les soudoient.

Quoi qu'il en soit, ces émissaires *patents* ou *mystérieux* étaient, pour le petit nombre de Pères qui gouvernaient les peuplades, le secret de se rendre présents partout et de multiplier leur action [1]; tout y était disposé dans ce but, et voici quelles étaient les fonctions des premiers.

Dans ce monde, d'une apparence quasi monastique, il ne se rencontre en chaque cellule, je veux dire en chaque maison, qu'une seule et unique famille, composée du père, de la mère et des enfants. Là, point de serviteurs, point de maîtres; l'égalité règne entre les familles. Une séparation nette et permanente subsiste entre les hommes et les femmes dans tous les lieux où se répand le public. Les puits, les fontaines, les lavoirs, ces rendez-vous obligés de tout le monde, subissent des dispositions qui en découvrent les abords à la vue facile de tout le monde. Eh bien! c'est au-dessus de cette surveillance exercée par le public sur lui-même, que l'autorité a établi la surveillance ostensible de vieillards respectables par leur âge et par leur vertu; car Lacédémone revit par quelque endroit dans ce mélange de vie publique et séparée. Jusque dans les églises, les hommes et les femmes ont chacun leur région distincte, dessinée par un espace vide, et cette région se subdivise ensuite en trois quartiers. La première classe qui les occupe est celle des enfants. Derrière eux se tiennent les zélateurs, ou agents

[1] Muratori, p. 89, 90. Crétineau-Joly, p. 342.

de la discipline, le bras armé d'une baguette dont ils touchent ou frappent sur-le-champ quiconque s'oublie et
s'écarte des règles de la modestie et du respect. D'autres zélateurs, d'un âge plus avancé, surveillent la deuxième classe
ou celle des jeunes gens. La troisième comprend les hommes
de tout âge, également confiés à la vigilance de zélateurs
choisis parmi les vieillards les plus respectables. Le même
arrangement se répète du côté des femmes, et cet ordre
inaltérable s'observe et se perpétue avec un assentiment
si général, que nul ne songe à y contrevenir ou à s'en
plaindre [1].

Tyrannie! tyrannie! nous récrierons-nous. Majorité,
volonté du nombre, nous répondra-t-on; et quelle sera
notre réplique?

Mais ce luxe de précautions ne suffit pas encore à la
sollicitude des pasteurs de ce troupeau qui, cependant, ne
cesse de les bénir! Veiller le jour, soit par autrui, soit par
eux-mêmes sur la conduite des néophytes, cela n'est pas
assez pour leur zèle. Partout où l'homme peut remuer, des
agents secrets et nocturnes sont apostés pour observer et
prévenir les Pères du plus léger incident qui solliciterait
une résolution, une répression, un remède. Ces sentinelles
infatigables semblent, en s'acquittant de leurs fonctions,
ne se préoccuper que de la sûreté de la patrie. Prévenir les
surprises de la part des sauvages, ou l'agression imprévue
des Mammelus [2], ces ennemis bien plus cruels, bien plus
redoutables que les tribus du désert, voilà le but apparent
de leur vigilance; l'objet réel, ou capital, c'est la sûreté
des âmes.

La seule idée de cette surveillance me paraît un intolérable fléau; mais avant de me permettre les lieux-communs

---

[1] Muratori, p. 88, 89. — [2] Nous en dirons un mot.

et les déclamations de pacotille au sujet de cet infatigable
système d'observation, je veux me rappeler le prix des âmes
au point de vue des pères et de *leurs néophytes!* Chacune
d'elles vaut un gouvernement tout entier; et la stricte justice ne me permet pas d'oublier un seul instant ce que ces
âmes, si jalousément parquées et surveillées dans les ber-
geries saintes, avaient coûté de sueurs et de sang aux pasteurs qui les avaient enfantées à la Foi.

Outre ces mystérieux observateurs, chaque réduction
place le soin journalier de l'ordre public sous la tutèle de
quelques anciens néophytes qui sont, « chez les Indiens, ce
que furent les censeurs à Rome et les Monophylax chez
les Grecs[1]. » Ceux-ci se nomment régidors. S'il arrive
qu'un Indien commette une faute grave, qu'il donne un
scandale, qu'il offense les lois de la pudeur, qu'il lèse, dans
un mouvement de colère, les intérêts ou l'honneur du prochain, les régidors saisissent le délinquant, le conduisent
à l'église sous un costume de pénitent et lui imposent une
expiation sévère. De ce lieu, le coupable s'achemine vers
la place publique, où il reçoit, devant le peuple assemblé,
une correction proportionnée à la grièveté de sa faute. « Le
coupable baise ordinairement avec reconnaissance les mains
qui l'ont frappé en disant : Dieu vous récompense de m'a-
voir soustrait, par cette punition légère, aux peines éternelles dont j'étais menacé[2]. » Mais, ce qu'il y a de merveilleux dans la foi de ces néophytes, si paresseux et si
grossiers encore, c'est de voir des Indiens et des Indiennes,
secrètement coupables de la prévarication que vient de
punir publiquement l'exécuteur de la justice publique,
courir se dénoncer eux-mêmes et solliciter comme une faveur le châtiment qui doit l'expier! Le communisme ne sera

[1] Muratori, p. 76. — [2] *Ibid.*, p. 77.

possible et praticable que sous l'empire d'une foi et d'une loi qui enfante journellement de tels miracles. La découverte n'en est point faite! et, le fût-elle, il ne nous plairait point encore!

Une chose contribue plus puissamment que toutes les précautions matérielles à écarter du vice jusqu'à la pensée des Indiens, c'est l'habitude de la présence de Dieu et de l'*idée du devoir*, puisée dans l'éducation et fortifiée sans cesse par les pères. Tout les y rappelle sans cesse; et c'est là précisément ce que je sollicite avec instance en faveur du prolétaire européen, en faveur du nègre des colonies, convaincu que je suis, par une expérience de tant de siècles et de pays, que le Dieu présent à l'esprit de sa créature en est le plus vigilant gardien! Il sauve la société par les consciences, ce qui vaut mieux que par les Argus.

Les défauts que l'Indien tient de sa nature et qu'il partage avec le nègre, ce vieil enfant dont les vices attendent, pour se rendre, la voix du prêtre au cœur apostolique[1], ces défauts motivèrent l'organisation économique des familles et des peuplades du Paraguay. De quelque façon qu'on aime à se l'expliquer, il ne faut pas oublier que les peuples d'Amérique, aussi bien que ceux d'Afrique, sont naturellement ennemis du travail[2]. La sagesse fit donc une loi permanente aux missionnaires de veiller à ce que l'apathie, la voracité et le goût de la dissipation des néophytes ne les exposassent point aux cruelles privations des disettes, aux désastres de la famine. Les conséquences directes de ce fléau eussent été le mécontentement des Indiens, le dispersement de la peuplade, la perte simultanée de la société et de la Religion. Leur devoir était donc de se regarder provisoirement comme les pères d'une famille nombreuse dont

---

[1] Disette de prêtres aux colonies, V° *suprà.* — [2] Muratori, p. 454.

les enfants n'ont point encore assez de raison pour se conduire d'après leur propre jugement, ou pour savoir ce qui
convient à leur état ! — Mais avant d'avoir à ménager des
provisions, il était indispensable de les produire; il fallait
donc vaincre à tout prix l'apathie de ces peuplades, sous
peine de les voir réduites par une éternelle disette d'aliments
et d'idées civilisatrices à l'isolement et au vagabondage de
la vie des forêts. Comment s'y prendre ?

Antérieurement aux premières tentatives des Pères,
la paresse, l'ignorance, la stupide brutalité des Indiens
avaient accumulé les obstacles les plus insurmontables
devant le zèle de ces apôtres. Ainsi l'avait jugé cette
foule d'observateurs, ou plutôt de discoureurs, dont les
paroles oiseuses forment, dans toutes les circonstances qui
nécessitent l'action, autant d'échos qui se modifient en se
répétant. Il y a mieux, et je dois le dire en sollicitant l'attention des négrophyles religieux, mais dont la Religion
ne se sustente que d'une foi languissante : cette conviction
n'avait pas seulement pénétré les penseurs abstraits dont les
idées et les systèmes aiment à se formuler dans le plus beau
lointain des faits qui en sont la base. En Amérique, sur
les lieux mêmes, au sein des villes espagnoles, il ne se rencontrait *personne* qui ne traitât de folie le projet qu'a-
vaient conçu les missionnaires [2]. Le corps épiscopal du
Pérou avait paru désespérer lui-même de la possibilité de
cette œuvre. A tel point des passions dégénérées et des instincts sanguinaires avaient étouffé dans les indigènes, ces
monstres à visage humain, les germes de la raison [3] !

Civiliser ces idiots ! ces brutes ! c'était démence, au sens
humain ! et ce que les pusillanimes, ce que les sages et les
savants soutenaient alors des Indiens, ils le répètent intré-

1 Mur., p. 145. — 3 Crétineau-Joly, vol. iii, p. 302.

pidement aujourd'hui même de nos prolétaires et de nos nègres ! Mais, à ces impossibilités que la science décrète par le sentiment de ces ressources bornées, le catholicisme oppose ses démentis. L'histoire les dit, et les redira quand nous le voudrons. Cela doit être, puisque le catholicisme, en nous apprenant son nom, dont il nous a prouvé la vertu, nous apprend qu'il est la religion des vérités révélées, pour tous les hommes et dans toutes les conditions imaginables. L'épreuve est digne d'un siècle hostile aux préjugés ! — Que ne laissons-nous donc cette doctrine rappeler à leur nature ceux de nos frères qui sont abrutis : que ne l'aidons-nous à prouver, au milieu de nous, par la rapidité de ses merveilles, l'unité de notre race et la fraternité de nos intelligences?

Dans les effrayantes régions du Paraguay, une poignée de missionnaires se mirent à l'œuvre. La foi fut leur courage ; elle transporta réellement des montagnes par leurs mains débiles, mais infatigables. La terre, ouverte d'abord et remuée par eux, se montra féconde pour les Indiens spectateurs oisifs de ces travaux. Ceux-ci voulurent bien, après quelques résistances, se laisser nourrir par ces ouvriers prédicateurs, et les enfants ne tardent guère de s'attacher à leur nourrice!... Ici le pain de la parole accompagnait celui du corps. Cependant il fallut aux Pères assez de longanimité pour épuiser tous les rôles, toutes les professions et pour en répandre tous les bienfaits, avant d'éprouver la satisfaction de rencontrer quelques imitateurs. Car, pour la multitude, occupée sérieusement de la contemplation de ces travaux, elle se contentait d'exprimer sa reconnaissance par une lâche et stupide extase; croyant à peine ses yeux, elle se bornait à regarder et à manger. Mais de bons prêtres de mission ne se laissent rebuter par aucun dégoût, parce qu'ils ont toujours présente au cœur la vie qui doit être la leur :

non point une vie mondaine de mollesse et de langueur ;
mais celle de leur maître, cette vie d'abnégation soutenue,
d'activité, de douleur, de combat et de patience, sans laquelle on se représente difficilement le prêtre, le vicaire de
l'Homme-Dieu.

Charpentiers, maçons, serruriers, tisserands, sculpteurs,
architectes, doreurs, peintres même et artistes : les missionnaires furent donc tout cela, sans cesser d'être apôtres. En tous lieux, on les vit infatigables, prêcher
d'exemple, et prêcher jusqu'à ce que des imitateurs et des
émules sortis du sein de la peuplade vinssent arracher de
leurs mains l'instrument de l'ouvrier et de l'artiste..... On
s'étonna bientôt de la rapidité avec laquelle ces brutes de
la veille rivalisèrent dans les professions utiles, et jusque
dans les arts d'imitation, avec les sujets les plus distingués
de l'Espagne [1]. Il y a tant de gens que leur paresseuse incrédulité condamne à se laisser entraîner de chute en chute
dans une interminable série d'étonnements ! En un mot, l'aptitude de ces sauvages aux genres variés d'études dont il
plut aux missionnaires de les occuper, permit bientôt aux
hommes qui avaient pétri cette grossière argile d'établir
sous forme d'axiôme cette vérité qui, désormais, brava les
contradicteurs.

« Les têtes indiennes valent bien les nôtres : il ne leur
manque que l'étude et la culture [2]. »

Réduit à sa plus claire expression, cet axiôme, applicable
à toutes les races humaines, se réduit à ces paroles : l'homme
vaut l'homme. On fut longtemps à trouver cela !

A l'homme qui est imparfait, il ne manque donc pour
se développer que le travail, dont *l'organisation se con-*

---

[1] Vʳ les *Lettres édifiantes sur le Paraguay ;* c'est le monument le plus
original, vol. v. — [2] Muratori, p. 148.

fond avec l'organisation religieuse, politique et civile des sociétés intelligentes; le travail, dont une extrême nécessité impose seule la contrainte aux intelligences qui n'ont point subi la préparation rudimentaire de l'éducation; le travail, dont la civilisation, sortie de l'idée religieuse, donne seule *le goût* et seule aussi le soutient, lorsque l'homme, pour obéir à sa conscience, trouve à lutter contre les influences du tempérament, de l'exemple et du climat.....

J'attends le jour où, lorsque nous nous déciderons à le vouloir, la Religion produira dans nos Antilles [1] ces merveilles sans lesquelles l'émancipation si désirable de l'homme n'enfantera qu'une société grossièrement révolutionnaire ou *païenne*, c'est-à-dire ayant pour dieux ses propres vices et s'adorant dans ses passions!... Voyons cependant quels tours de force et de persévérance la mollesse naturelle des Indiens imposa aux hommes qui se refusèrent à stimuler cette société naissante par le contact et l'exemple de sociétés étrangères; par les appâts du commerce, des richesses et du luxe; par ces excitants de toute nature, bons et mauvais, qui rompent si brusquement entre les individus ou les familles le niveau fraternel des âges primitifs.

La paresse et l'imprévoyance de ces braves Indiens obligèrent les missionnaires, organisateurs du travail, à choisir parmi les néophytes d'une vigilance et d'une activité reconnue des *inspecteurs* chargés de parcourir les campagnes et de surveiller les travaux rustiques.

Savoir si le cultivateur répand son grain en saison convenable; si la terre promet, par sa culture, la fécondation des semences; si la moisson tombe à temps; si le père de famille

---

[1] Ce jour n'y viendra pas avec des ordonnances qui régleront mathématiquement les devoirs, et souvent en prenant les mœurs à rebours; il arrivera, grâce à un renfort de bons prêtres sagement organisés.

prend de justes mesures pour faire durer sa récolte jusqu'à la
récolte de l'année suivante, voilà quel est le devoir de l'inspecteur, obligé de prévoir et de penser en sous-ordre pour
le public. Les Indiens trouvés en défaut subissent une punition sévère, et cela est justice; l'intérêt des particuliers,
l'intérêt public veut que chacun s'acquitte de sa tâche; sinon les paresseux puisent dans leur indolence le droit de
vivre des sueurs du travailleur assidu. C'est, après tout, la
même règle *d'équité socialiste* qui préside à la discipline
de nos habitations coloniales, dont les membres entretenus
et enrichis par le travail commun ont à souffrir de la paresse et de l'indigence commune[1]. Mais jusque sous le joug
bien aimé des Pères du Paraguay, le *travail attrayant*[2]
avait moins d'attraits pour les Indiens que la paresse et
l'intempérance! Quels que fussent donc la rigueur et le luxe
des précautions, il se rencontrait toujours quelque famille où
les vivres s'épuisaient avant la révolution de l'année. Tantôt
une maladie, un accident, quelque calamité particulière
avait frappé la famille indigente, tantôt une incorrigible
négligence, une imprudente prodigalité était la cause pure
et simple de la pénurie qui se révélait[3].

Afin de remédier aux atteintes de la disette en stimulant,
par l'émulation et par la surveillance universelle, l'activité
des individus, il fut décidé que chaque famille posséderait
à part, que chacune jouirait de la portion de terrain nécessaire à la satisfaction de ses besoins. C'est donc dans le
but d'ôter tout prétexte aux paresseux que la République
fournit à chaque famille, qui le demande, la quantité de
grain que réclame l'ensemencement des terres. Mais une
condition règle ce prêt; c'est de rapporter dans les magasins

[1] *Officiel*, p. 45, 125, 128, 106, et *Rapport Mérilhou*, p. 11. —
[2] Fouriérisme. — [3] Muratori, p. 156. Crétineau-Joly, p. 307. *Lettres édifiantes*; lisez attentivement le vol. v, p. 166 à 400.

publics une partie de récolte égale à la quantité reçue.
Sinon, l'expérience a mis hors de doute que les Indiens
dévorent en une année tout leur avoir et s'ôtent jusqu'à
l'espérance d'une nouvelle moisson [1].

La communauté prête, en outre, à chaque ménage une
ou deux paires de bœufs pour les labours. On les leur
prête! car, les donner aux Indiens, ce serait mettre inconti-
nent hors de service ces agents indispensables de la culture,
et affamer la République. La paresse et la voracité des Indiens sont, en effet, d'une nature si particulière, qu'afin
de s'épargner la peine d'ôter et de remettre le joug à ces
animaux, ils les y laissent attachés à demeure; ou bien
ils les assomment et les dévorent!

Interrogés sur le motif de cette conduite, ils répondent
tout débonnairement : Nous avons eu faim [2]. Leur appétit
sauvage ne peut encore résister à la vue de la chair! L'Européen ne sait ni manger ni jeûner comme l'Indien.

Si les membres apathiques de cette société se fussent
trouvés tout à coup abandonnés à leur propre gouverne,
sans autre fruit que celui de leurs labeurs, sans autre régime que le régime *du travail libre individuel*, ils n'eussent
pu échapper aux atteintes de la disette, qui les eût dispersés
derechef dans les solitudes des forêts. Tels sont, pour les
hommes longtemps maintenus en tutelle, les dangers de l'é-
mancipation subite!

Dans ces sociétés, l'absence de tout commerce sérieux ne
permettait point à l'industrie de fonder l'aisance et la fortune; il ne pouvait se rencontrer, en cas de pénurie, un
riche à côté de chaque indigence fortuite pour la secourir ou
la relever par des prêts ou des largesses! La réserve sociale
des richesses individuelles manquait, par cela même, aux

[1] Muratori, p. 155. — [2] *Ibid.*, p. 155.

temps de crise. Au milieu de ces hommes également dépourvus de confiance en eux-mêmes, d'énergie et de stimulant, il était donc nécessaire qu'une tutèle assidue et rigoureuse combattît chaque jour, et pied à pied, des causes sans cesse renaissantes de pénurie et de disette. Tout ne pouvait être chef-d'œuvre à la fois, et de tous côtés, dans la constitution et l'économie de ces sociétés égalitaires, où les plus agiles se voyaient forcés de retarder le pas pour attendre les plus paresseux et les plus lourds!

Pauvres, et dénués de tout superflu, les Indiens souffraient rarement, il est vrai, du besoin des objets indispensables à la vie. L'égalité parfaite qui régnait entre eux se maintenait facilement sous un régime où l'émulation ne se sentait jamais réveillée par les aiguillons de l'*intérêt personnel*. Mais, l'égalité dans la subjection et la pauvreté, nous l'appellerions servitude, et la réaction de nos mœurs en briserait promptement le niveau, si l'inexpérience des modernes égalitaires parvenait à nous l'imposer.

Ce fut pour obvier à ces causes naturelles d'appauvrissement et de disette que naquit une des institutions du pouvoir tutélaire du Paraguay; je veux dire qu'un fond commun fut attribué à chaque peuplade, et choisi, pour chacune d'elles, dans le sol le plus docile à la culture. Cette réserve, connue sous le nom de *Tupambue*, ou de possession de Dieu, était exploitée par les enfants de la Réduction. Employés à ce travail jusqu'à l'âge de quinze ans, sous la direction d'adultes intelligents, ils compensaient, par le nombre, ce qui leur manquait du côté de la force[1].

Dans l'enceinte du Tupambue, la saison règle et varie les travaux de la journée; et chaque jour, lorsque le soleil descend, le travail cesse! Les enfants s'acheminent alors vers

[1] Muratori, p. 156.

l'église, le missionnaire les catéchise, et le peuple attend la
fin de cet exercice pour réciter en commun les prières du
soir. Au sortir de l'église, les petites filles se réunissent sur
la place, tandis que les garçons entrent dans la cour du
missionnaire. Les uns et les autres reçoivent leur ration de
viande dans le lieu de ces réunions, et chacun court la manger *chez soi*, avant de se mettre au lit.

Du soir au matin, il y a donc famille ; du matin au soir,
tous les individus ne forment plus qu'un public, dont les
âges et les sexes s'isolent et se séparent les uns des autres. —
Remarquons bien cela, car moins il y a de famille, moins il
y a de ressort dans un Etat

Les magasins publics s'ouvrent aux grains, aux fruits,
aux cotons et à tous les produits bruts de la culture publique. On les recueille avec un soin extrême, pour les distribuer, durant le cours de l'année, non-seulement aux orphelins, aux négligents et aux infirmes, mais encore aux
artisans de professions diverses, dont ces subsistances en nature forment l'*unique salaire*[1].

Une vaste cour réunit tous les ateliers et toutes les boutiques, situés auprès de la maison, et sous les yeux vigilants
du missionnaire. C'est en cet endroit que fonctionnent, les
uns à côté des autres, les ouvriers indispensables aux besoins de la réduction. Les plus nombreux sont les tisserands, occupés sans cesse à fabriquer des toiles ; car l'habillement des Indiens ne demande pas moins d'attention que
leur nourriture ; et si les missionnaires s'en rapportaient,
sur ce chapitre, à la sollicitude de ces hommes, chez lesquels
le *régime égalitaire de la Réduction* semble *comprimer
et éteindre toute spontanéité de nature*, on les verrait
bientôt, et petit à petit, « omettre le soin de se vêtir, et
marcher nus, comme le vrai sauvage[2]. »

1 Muratori, p. 159. Crétineau-Joly, p. 306. — 2 Muratori, p. 159.

· Une pharmacie, entretenue à frais communs, et placée au centre du Paraguay, fournit à toutes les réductions les médicaments nécessaires aux besoins de leurs nombreux malades. A côté de ces remèdes du corps, une bibliothèque commune à tous les missionnaires offre aux directeurs de cette société les lumières qu'ils y répandent, et que leurs mains seules y mesurent !....

Ce que j'ai omis, comme à dessein, de rapporter ; ce qui frappait aussi le plus vivement l'esprit prévenu des visiteurs, c'est l'image de la satisfaction et du bonheur qui régnaient dans ces peuplades. Rien n'égalait la douceur des manières et l'angélique pureté des mœurs de ces hommes droits et simples !... Et malgré cette rigueur de surveillance, de discipline et de châtiments, dont l'idée seule glace notre admiration, et soulève nos sentiments de fierté, le père d'une famille vertueuse n'y est pas plus tendrement chéri que ne l'était le missionnaire dans sa Réduction. Aujourd'hui même, ce souvenir y est mêlé de tant d'amour, qu'à leur nom seul tout vieillard se recueille et s'incline, comme s'il suffisait de les nommer pour les rendre visibles et présents[1].

« Avec cette intelligence dont les Jésuites ont toujours fait preuve, pour dominer les hommes en les conduisant au bonheur, dit M. Crétineau, ils avaient établi une telle variété de plaisirs innocents et de distractions pieuses, que les générations se succédaient sans songer à se plaindre, et sans savoir même qu'en dehors de leur horizon il se trouvait des volontés coupables et des cœurs corrompus. L'atmosphère dans laquelle on les plaçait suffisait à leurs désirs ; ils n'allaient pas au-delà[2]. » Et malgré cette dépendance, dont nous nous sentons accablés pour eux, « ils étaient libres, ajoute l'historien que je cite, car ils étaient heureux[3]. »

---

[1] Lire Crétineau-Joly, vol. III, p. 345. — [2] Ibid., p. 344. — [3] Ib., p. 343.

Ils étaient libres, dirais-je plutôt, parce que leur dépendance n'était pas forcée; parce qu'elle reposait sur une règle morale invariable; parce qu'elle se dérobait sous le charme d'une vie exempte de fatigues et de soucis, sous le charme d'une existence paresseuse, — mais où la pensée, toujours conduite et soutenue, délivrant l'homme de toutes les contraintes du raisonnement, le maintenait dans une perpétuelle enfance! — ils étaient libres, parce que des forêts natives ouvraient de tous côtés un asile à leur mécontentement, à leurs dégoûts... L'égalité de ce régime devait plaire à des hommes nécessairement médiocres; mais cette liberté n'avait rien de mâle, rien de viril; et le bonheur qu'elle procurait est précisément le bonheur du nègre, lorsqu'il se sent attaché de cœur aux liens de son maître! Je permettrais aux philanthropes de le mépriser, s'ils savaient le remplacer ou l'accroître!

A l'aspect et au souvenir de cette société, je me borne donc à admirer les prodiges de la charité, de l'héroïsme et de l'abnégation qui la fondèrent et la maintinrent; j'admire une habileté qui, pour avoir eu ses méprises, excusées d'ailleurs par des circonstances de temps et de lieu, n'en fut pas moins surprenante. J'admire ce qu'il est impossible d'admirer assez, lorsqu'à côté des résultats obtenus et de la faiblesse apparente des moyens, il faut placer les obstacles surmontés et les sacrifices fabuleux qu'ils exigèrent[1]. J'admire, parce que j'ai suivi la succession de tous ces prodiges, parce que j'ai assisté à la création, à la marche et aux évolutions de ce phalanstère chrétien. Mais, comme je ne puis m'éprendre d'un fol amour, pour ce que le temps et les mœurs s'accordent à rendre impossible;... comme je ne puis non plus me dépouiller des sentiments ni des idées des hommes

---

[1] V' les *Lettres édifiantes*, vol. v, p. 407, etc., etc.

faits de mon siècle, mon esprit reste où Dieu m'a placé, où Dieu veut que je marche dans le temps aussi bien que dans l'espace, et j'y demeure, parce que là seulement, l'homme peut se rendre utile en s'associant aux forces vives et aux efforts raisonnables de ses semblables. La liberté chrétienne et politique me captive et m'attache ; elle seule peut donner aux sociétés modernes ce que les missionnaires du Paraguay surent donner par une discipline claustrale à leurs peuplades naissantes : le bonheur ! Je m'y arrête, parce qu'autrement l'imagination dans ses écarts pourrait me transporter sur un terrain maudit, dans ces régions nuageuses et décevantes que caractérise le nom d'utopie.

. . . . . . Inclinons-nous devant cette société de néophytes, composée d'enfants de tout âge ; soit : mais qui de nous pourrait en désirer, qui pourrait en rêver la réalisation, le retour ! — Tout la rend impossible ; et ce serait pourtant le plus parfait des phalanstères : le seul que domine un inaltérable principe d'union ! Sans éprouver la crainte de tomber dans des redites, il est facile de laisser percer du sein de cette organisation sociale quelques-uns de ses vices économiques les plus saillants ; leurs résultats nous les révèlent.

Il semble, dit le philosophe Raynal, examinant tous les bienfaits du gouvernement des missionnaires au Paraguay, que « ce pays devrait être le plus peuplé de la terre[1]. » Il ne l'est point, et tant s'en faut ! Il faut donc qu'une organisation, fondée sur la communauté des biens[2], contienne des vices bien profonds pour neutraliser tant de bienfaits.

On ne peut trop le répéter en face des théories impatientes du communisme ; c'est qu'une telle organisation brise dans la nature de l'homme le premier ressort de son

---

[1] *Hist. phil. de l'établissement des Européens,* vol. III, p. 351. — [2] Au fond, les biens et le vivre étaient communs.

action : celui-ci de l'intérêt personnel, de l'intérêt privé qui, de l'individu, s'étend sans efforts à la famille, aux enfants, parce que ceux-ci sont, par la génération son sang, par l'éducation son âme, parce qu'en un mot ils sont sa personne encore!

L'homme peut donc bien s'aimer avec égalité, quelquefois même avec redoublement d'amour dans sa famille, parce que le plus fécond des sentiments, l'amour, proportionne son action aux besoins des objets aimés, et que ces besoins augmentent avec la famille. Mais il ne peut s'aimer de la sorte et avec la même constance dans le public; le public diffère trop de lui, cela se sent. Quelque lien qui nous y attache, ces liens ne serrent point la même région du cœur, ce ne sont plus les liens de la chair.

Lorsque ce sentiment d'amour devient directement inutile aux objets par qui la nature nous l'inspire, il cesse d'agir; je veux dire que son énergie s'épuise, que sa fécondité s'éteint. Travail manuel, travail d'intelligence, œuvres de l'esprit et du corps, lumières, population, en un mot, tout ce qui est conservation et production éprouve et ressent le contre-coup de cette inaction soudaine. Une secrète et indéfinissable langueur détend notre être. Travailler, peiner, veiller, suer, s'épuiser, et pour qui? pour tous, *et toujours;* pour le public, cet être de raison formé de tant d'atômes antipathiques!

Trop de faibles, trop d'infirmes, trop de natures insouciantes, imprévoyantes et paresseuses, affluent dans le public pour que l'homme actif et industrieux ne se décourage point à ce marché d'efforts communs et de jouissances communes! et dans ces foules nombreuses de copartageants, ce n'est plus à qui s'épuisera pour accroître les richesses partageables; c'est plutôt à qui saura le mieux en tirer sa part. La conscience de l'homme religieux lui impose bien encore, comme au

Paraguay, la loi du travail, mais d'un travail qui suffise à calmer le cri des nécessités actuelles. Rien n'y sollicite le zèle, rien n'y réveille une louable ambition. On se contente plutôt de ne pas mal faire, qu'on ne s'évertue à faire beaucoup ou à bien faire. Les routines succèdent à la voie pénible et chanceuse des perfectionnements. Le public se suffira toujours à lui-même : on se répète cela sur tous les tons, on se le redit sous toutes les formes; car, il se fait en nous une conscience qui se module sur les dégradations de notre nature. Au nom de la Religion même, ou de la dignité de l'homme, on se détourne du travail et des salutaires agitations de la vie active, on s'engourdit dans des habitudes de mollesse spéculative... En un mot, l'exagération du principe évangélique de fraternité produit les effets naturels et nécessaires de l'exagération : c'est-à-dire l'affaiblissement des vérités dont elle s'empare.

Et comment lutter contre ces raisonnements sans lutter aussi contre l'histoire. Ce n'est point que j'ignore ou que je prétende nier la force et les prodiges de l'esprit de corps. Mais, c'est que des observations réitérées m'ont permis de croire que l'esprit de corps est un esprit d'émulation; il ne peut donc exister que de corps à corps, et comment régnerait-il dans un état où tous ensemble ne sont qu'un; où la loi forme, des familles et des individus les plus disparates, une seule et même communauté, un tout unique et indivisible? C'est que le jugement doit encore apprécier la différence qui se manifeste entre les corporations dont la mission et le but sont de propager les idées et les doctrines, et les corporations purement passives et inertes dont la condition est de les subir et d'en expérimenter le mérite.

M. le comte A. de Saint-Priest, dans ses études diplomatiques[1], me paraît s'être placé à ce point de vue, lorsqu'il formule son opinion sur le gouvernement du Paraguay.

« Nous n'ignorons pas tout ce qu'il y avait, sinon de tyrannique du moins de très-absolu dans ce gouvernement. Nous savons tous que l'homme ne pouvait y être heureux *à moins de rester enfant;* mais mieux instruits encore que nos devanciers par les révolutions subséquentes de ces contrées lointaines, témoins de l'atroce dictature de je ne sais quel docteur fantastique qui a remplacé les Pères du Paraguay, nous devons applaudir hautement à une domination qui, pouvant être à la fois arbitraire et cruelle, s'est bornée à rester douce quoique absolue. »

Perpétuer l'enfance des peuples, voilà donc la nécessité qui domine et entraîne un gouvernement utilement despotique dans le principe, mais dont la douceur et la sagesse peuvent au premier moment donné, se convertir en tyrannie. Tel est le danger qui, sans cesse, menacerait un Etat communiste, où chaque individu, pénétré du sentiment de sa faiblesse, se considérerait moins comme un membre chargé de soutenir le public que comme un membre auquel le corps devrait envoyer tout élaborés ses sucs alimentaires !

Tout y languirait, jusqu'à la population[2], dont la faiblesse numérique chercherait peut-être dans nos systèmes économiques, à s'expliquer par la rareté des subsistances. Mais cette pénurie était elle-même un effet au Paraguay, car nous devons compter parmi les causes du phénomène de la rareté des produits sur un territoire immense et fécond, la paresse imparfaitement déracinée au cœur de l'homme, qu'hier encore, nous avons connu sauvage, et l'apathie naturelle au communiste. Nommons, en outre une imprévoyance, une gloutonnerie brutale; des maladies, dont la

---

[1] 1er avril 1844. — [2] *Lettres édifiantes,* vol. v, p. 378.

nature accuse l'imprudence des individus, et auxquelles se joignaient les ravages de la petite vérole, si meurtrière au Paraguay qu'on l'y appelait la peste. L'histoire ajoute à ces causes les terreurs inspirées et les ravages commis par *les chasseurs* d'hommes espagnols[1]; et puis l'effroyable dépopulation dont se rendit coupable cette féroce république de bandits, connus au Brésil sous le nom de Mammelus de saint Paul.

Nous donnerons une faible idée de cette violente dépopulation, en rapportant que quatorze réductions entières furent anéanties par ces brigands dans l'espace de cent trente années[2].

A défaut du principe d'émulation brisé par le poids du communisme, nous ne découvrons plus de toutes parts que mollesse et que faiblesse; et s'il était question d'énumérer tous les vices constitutifs de ce régime considéré dans son application générale, il faudrait encore énoncer en première ligne le principe de l'isolement, adopté par les Pères dans la considération exclusive de la pureté des âmes... Nous nous bornons à le nommer.

. . . . . Oui, certes, une nation se condamne aux langes et à la stérilité, lorsqu'elle se constitue de telle sorte qu'il lui devient impossible de se lier avec une autre nation, de s'y unir comme on s'unit *de famille à famille, et de sexe à sexe*. Elle subit la peine qui lui est due pour chercher à rompre *l'unité du monde social*... Tous ces défauts peuvent être une nécessité, et s'appeler un avantage pendant le temps de la formation; mais ils constatent l'enfance et la prolongent...

. . . . . Dans les déserts de la Palestine, nous connaissons des cloîtres qui se défendent par l'éternel clôture de

---

[1] Sainte-Croix de la Siera. Muratori, p. 55. — Mammelus, *Lettres édif.*, vol. v, p. 268. — [2] Muratori, p. 58 à 63.

leurs portes et la hauteur de leurs murailles; ils subsistent, et pourquoi? parce que les peuples qui les entourent sont des Arabes vagabonds, des barbares dépourvus de lumières, d'union et de forces. Mais ces asiles sacrés ne protégent point la vie expansive! On sait que, pour y entrer, il faut mourir au monde. Nous qui voulons la vie expansive et libre, sachons en adopter tous les principes!

Féodalité et communisme.

Le Mexique encore, au moment de l'invasion des Espagnols, nous offrit un exemple de l'influence décourageante du régime de communauté générale, et l'on nous saura gré peut-être de consacrer quelques lignes à en reproduire l'ébauche.

A l'aspect de la constitution féodale de cet empire barbare, il semble, cependant, que la liberté n'eût pu choisir, pour reconquérir ses droits usurpés par les grands, une organisation plus compacte et plus active que celle de la classe lésée, qui se trouvait réunie par la propriété, le travail et la consommation, sous la loi de la communauté. L'expérience a démontré précisément tout le contraire; c'est que si l'union fait véritablement la force, c'est seulement lorsqu'elle est véritable et intelligente; c'est que l'union des corps est un indice trompeur de celle des esprits qui, empressés de se rendre à l'appel des intérêts et des croyances, échappent toujours, sans efforts, à la contrainte ou au dégoût.

« Les nobles Mexicains, possesseurs de vastes territoires, se divisaient en différentes classes, distinguées les unes des autres par des titres honorifiques. Tantôt ces titres se transmettaient héréditairement avec les propriétés foncières; tantôt ces propriétés, attachées aux dignités et aux fonctions, s'évanouissaient avec elles. [1]

Si de la classe des grands nous descendons à celle du peuple, nous devons la supposer naturellement envieuse de la puissance de ses hautains supérieurs et disposée à s'y dérober. Cela est dans les instincts et les tendances de la multitude ou du peuple, n'importe en quel lieu de la terre il se constitue ou se laisse constituer. Nos yeux mêmes nous le disent: car nous l'avons vu et nous le voyons dans tous les Etats de l'Europe s'enrichir, se fortifier par le travail, puis enfin dissoudre, rompre successivement, et quelquefois trancher par le fer les liens de la servitude !

Or, pour obéir à ce besoin d'élévation et de bonheur, qui sollicite toutes les facultés de notre nature, le peuple trouvait, dans la constitution politique du Mexique, un point d'appui et un levier, tout ce qu'il faut pour triompher de la résistance ; il n'en triomphait pas.

Le point d'appui, c'était une classe nombreuse, réduite à ronger sourdement son frein « et à végéter dans l'opprobre et la misère sous le nom de Mayèques..... Instrument de culture et de labeurs, ces pauvres créatures étaient transmises avec le sol que la loi les condamnait à féconder; il n'y avait exception à cette règle que lorsque leur sort était de s'acquitter, sous le toit d'un maître, des œuvres les plus dégradantes de la servilité domestique [2]. »

Quant à la puissance véritable, mais puissance aveugle, elle sommeillait dans la masse du peuple, et le peuple, comme les Mayèques, se trouvait répandu partout; non point homme à homme, dans l'état d'isolement, sur le domaine foncier

---

[1] Robertson, *Hist. d'Amérique*, vol. III, p. 161, 166, 5e édit., Londres, 1788. Je traduis ou j'extrais ce que je place entre guillemets. — [2] *Ibid.*, p. 165, 166.

ou sous la loi du maître. Ses masses, serrées et compactes, s'établissaient côte à côte du seigneur, car le peuple cultivait un domaine qu'il possédait en propre. Cette position devait lui donner du cœur et de la fierté.....

« Dans tous les districts, une certaine quantité de terre, proportionnée au nombre des familles, était fécondée par tous les membres soumis à la loi du travail commun. Les fruits du sol, réunis dans un magasin public, n'en sortaient que par une répartition opérée d'après le nombre des têtes et la mesure des besoins. Les membres du Calpullée, ou de ces associations, ne pouvaient aliéner leur part de ce domaine commun, parce qu'il formait une propriété permanente et indivisible[1], c'est-à-dire un véritable majorat plébéien. Et, dit l'historien que je traduis, « en conséquence de cette distribution du territoire public, tout homme était intéressé à la prospérité de l'état; le bonheur de l'individu se liait à la sûreté publique[2]. » Qui ne le croirait en se contentant de jeter un coup d'œil à la surface des choses !

Oui, le bien, la gloire de l'Etat et le triomphe de la classe populaire, sur d'insolents et tyranniques oppresseurs, dépendait du travail des hommes du peuple, et ceux-ci se voyaient armés de tous les éléments du succès..... De tous, moins un : le ressort de l'intérêt individuel, de l'intérêt de famille ! Voilà comment, absorbés dans la masse et privés de l'action de cet unique ressort, les plus puissants moyens y perdaient leur force et leur valeur. Cela est facile à concevoir ! car si l'on s'avisait de répartir exactement, sur toute la surface des héritages, l'eau qui arrose et fertilise tout un royaume; si l'on parvenait à diviser scrupuleusement, entre toutes les têtes qui composent une nation, l'or qu'elle possède et qui l'enrichit, toutes ces richesses, répandues en sur-

[1] *Hist. d'Amérique,* vol. III, p. 162. — [2] *Ibid.*

face, ne laisseraient en partage à toutes les terres que la stérilité, et à tous les individus que l'indigence. Or, c'est ainsi
que la force et l'activité de chaque individu, condamné à ne
jamais valoir et avoir que ce que vaut et possède autrui,
condamné à ne sentir son existence que dans celle du public ou du polypier, dont il est portion, ne rapporte à ce
public que faiblesse et langueur. Dans cette multitude inerte,
dans cette mer sans mouvement et sans vie, l'individu croupit, il ne sent plus son âme!

Je crois avoir observé déjà que cette particule humaine
que l'on nomme *le particulier*, doit former un être complet,
un tout indivisible : c'est-à-dire *un individu*, homme ou
femme d'abord, puis couple, puis enfin famille, et toujours
distinct, avant de participer à la formation du tout ou du
public, dont l'existence se fortifie de la sienne sans l'absorber et l'effacer. Sinon, s'il en est autrement, il n'apporte en tribut à ce tout unique, à ce public, que son corps
privé de l'esprit qui lui est propre, et sans lequel il faut
renoncer à comprendre les variétés qui forment la richesse
intellectuelle d'une société..... Sinon, dis-je, il vient demander l'âme au lieu de la donner; il met en commun
moins de facultés que de besoins; et tel est le spectacle que
nous offrait le Mexique! — Une fois en dehors de ce communisme *général* ou *partiel*, fut-ce même au sein de
l'esclavage, nous découvrons des résultats tout opposés à
ceux qu'il nous présentait, et le contraste devient frappant
dès le principe. Dans nos colonies, par exemple, malgré la
mollesse naturelle au serviteur qui compte sur les ressources de son maître, on voit sur chaque habitation certains nègres qui, inspirés par l'amour de leur personne et
de leur famille, s'élèvent sans efforts, par le travail, à la
liberté et à l'aisance! L'intérêt individuel, l'intérêt et l'esprit de famille, les rendent utiles à la société, à laquelle ils

donnent des citoyens actifs ; mais ce mobile enlevé, que seraient-ils ?

Pour réponse, nous ferons observer que, sous une savante organisation de communisme, les libres Mexicains croupissaient dans la dépendance de la misère. Nul ne pouvait s'en dégager et en sortir ! l'instrument du travail paraissait entre leurs mains, et la terre négligée ne leur cédait qu'à regrets une nourriture insuffisante ; la vigueur du corps usée, détruite par ces aliments chétifs et par la pauvreté de ce régime, allait chaque jour dépérissant, et ce n'était qu'un jeu, pour un seul Espagnol, de mesurer ses forces avec celles de plusieurs de ces Indiens, que leur constitution grêle et fragile avait rendus incapables de soutenir le travail ou la fatigue[1].

Aussi, au milieu des pompes et du luxe de ce vaste empire, si magnifiquement exagérés par quelques historiens, la poignée de soldats de Cortès éprouva de telles difficultés à se nourrir, que la disette la contraignit souvent de recourir aux racines du goût le plus sauvage. Mais cet indice de pénurie serait peu de chose, et l'on s'aviserait peut-être d'en accuser la guerre, si nous ne devions asseoir notre jugement sur un fait sans réplique : c'est que les femmes mexicaines donnaient le sein à leurs enfants pendant des années consécutives et que, durant cet intervalle, elles se résignaient à vivre séparées de leurs maris[2]. Il est difficile, à coup sûr, d'imaginer un plus attristant symptôme de la misère d'un peuple et de la rareté des subsistances, que cette excessive précaution contre l'accroissement de la famille, contre la multiplication de ces consommateurs, dont les plus insignes et solennelles réjouissances étaient d'immenses festins de chair humaine[3] !

---

[1] *Hist. d'Amér.*, vol. III, p. 185.—[2] *During that time they did not cohabit with their husbands.* Précautions Malthusiennes ! — [3] *Id.* vol. III, p. 186.

Je m'arrête sans chercher à profiter de la fécondité de mon sujet. Le Mexique et le Paraguay semblent associer leurs contrastes pour dissiper les rêves qu'une meurtrière passion d'égalité inspira à ces nouveaux ennemis que la liberté rencontre sous les bannières du communisme. Que leurs généreux sentiments les déterminent donc à s'engager dans une voie plus naturelle, et dont l'issue aboutisse à des terres plus fécondes. Ils ne sauraient reproduire un Paraguay, et leur paradis nous fait peur!

Effets sinistres d'une erreur dont les conséquences s'étendront d'une race à l'autre.

A côté de ces organisations impraticables, et dont nous ne méconnaissons ni les beautés relatives ou théoriques, ni les défauts réels, il reste encore à notre esprit quelques sujets à parcourir.

Organisation réelle, quoique vicieuse, du travail, la servitude, singulièrement adoucie par les mœurs de notre siècle, a du moins acquis un mérite que notre prolétaire cherche en vain dans sa condition ; le voici : c'est d'être un état préparatoire et progressif, où l'homme actif fonde, par le travail, s'il le veut, sa liberté légale et sa liberté réelle. Je m'explique. Nos lois, et plus encore nos mœurs, ont reconnu à l'esclave des droits qu'il fait *respecter avec hardiesse*[1]. Le premier de ces droits est la rémunération de son travail ; elle consiste généralement dans une mesure suffisante de temps et dans un espace de terrain égal à celui que ses forces lui permettent de cultiver[2]. De ce terrain et du temps qu'il consacre à la culture naissent des produits dont la substance, le croît et le prix forment son salaire ; et

[1] *Rapp. de Broglie*, p. 204. — [2] *Ibid.*, p. 206. *Officiel pat.*, p. 294, 296, 297.

ce salaire est sa rançon. Voilà les faits qui se répètent avec
constance dans les mœurs de nos colonies. Voilà ce que des
accidents pouvaient modifier, si l'on veut tenir compte de
ce qui n'est point absolument impossible; voilà pourtant
ce que la bienfaisance naturelle aux planteurs tendait beaucoup plutôt à exagérer qu'à restreindre. Eh bien! ces antiques coutumes viennent de se revêtir du texte positif de la
loi. Et, chose étrange pour quiconque juge sans réflexion et
sans expérience, cette loi fatale détruit le bien qu'elle ordonne,
et, pour organiser le pécule, elle désorganise le travail et la
la fortune publique; elle menace d'annihiler le moyen de
rédemption générale qui se présente en faveur du prolétariat !... Mais il y a d'abord quelques notions à prendre sur
la nature et sur les effets du pécule.

Le pécule donne à l'esclave sa *liberté légale*, celle de
divorcer de son maître: cette liberté, dont le nom peut amu-
ser la langue de notre prolétaire, mais dont la réalité lui
échappe. — Lorsque l'esclave fut prévoyant, le pécule, grossi
entre ses mains, y laisse encore, au-delà du prix de son
temps, qu'il a racheté, un capital dont il est le seigneur. Ce
second capital est sa *liberté réelle*, celle que peut si rarement atteindre notre prolétaire! Ce capital est le précieux
instrument du travail qui l'arrache désormais aux étreintes
de l'indigence et aux ignominies de la misère; si je parlais
de l'Europe, je dirais, en outre, au plus dur de tous les
jougs, celui d'un maître qu'il faut servir à outrance, afin
de ne point mourir d'inanition. Fatale nécessité que celle de
mendier le despotisme comme une faveur, et de travailler
dans la servitude, presque sans espoir de se former, par le
travail, une rançon libératrice, une famille, un avenir ! —
Routine facile et modérée par la loi [1], le travail du nègre

---

[1] *Rapp. de Broglie*, p. 134.

lui laisse, avec le temps et le terrain, la santé et la vigueur nécessaires à la prospérité de ses cultures ou de sa fortune; et, pour être petit capitaliste, il ne lui manque, la plupart du temps, que le goût du travail et de l'ordre; car l'économie et la sobriété n'entrent que fort peu communément dans ses habitudes : l'éducation lui a manqué.

La rançon de l'esclave, appréciée par M. le duc de Broglie, élèverait sa valeur à 1200 francs. Or, « quand l'esclave a le samedi, dit M. Schœlcher, il peut gagner, *outre sa nourriture*, 2, 3 ou 400 francs; les hommes plus, les femmes moins[1]; » et tous les soins d'hôpital, de médecin, de sage-femme, restent en dehors de ce produit net !

Le chiffre de 400 francs est celui auquel j'ai les plus positives raisons de m'arrêter, comme moyenne du reliquat annuel d'un nègre laborieux; et doubler cette somme, ce serait souvent n'atteindre que le niveau de la vérité. « Les noirs industrieux peuvent se créer un pécule assez considérable, et qui, pour certains d'entre eux, s'élève de 7 à 800 francs par an[2]. » Il en est qui épargnent annuellement beaucoup au-delà de cette somme. Quant aux noirs placés dans des positions privilégiées, il n'est point rare que le produit de leur travail surpasse les honoraires de nos magistrats.

Le *pécule-salaire* du nègre cultivateur se forme des fruits et des produits de son terrain. Tantôt il les porte et les vend au marché; tantôt le maître les lui achète, et c'est là le cas le plus fréquent. Mais alors c'est en usant du privilège de les payer en maître, ce qui ne veut pas dire en industriel, car il les achète bien au-delà de leur valeur ! « Il la leur paye quelquefois le double du prix du cours[3]. » C'est là, répétons-nous, son privilège, et l'on peut dire, en toute vérité,

---

[1] *Col. fr.*, p. 44. — [2] *Offic.*, p. 400. — [3] *Rapp. de Broglie*, p. 206.

qu'il en abuse [1]. Le nègre n'en conserve pas moins la liberté de vendre ailleurs ses denrées, ou de les garder et de les dissiper, si bon lui semble.

La main lestée de cet argent, le nègre industrieux meuble et enrichit sa basse-cour. Poules et dindes, pintades et canards y pullulent à qui mieux mieux, et son histoire est bientôt la réalisation du rêve de Perrette.

> Il m'est, disait-elle, facile
> D'élever des poulets autour de la maison,
> Le renard sera bien habile
> S'il ne m'en laisse assez pour avoir un cochon ;
>
> . . . .
>
> J'aurai, le revendant, de l'argent bel et bon,
> Et qui m'empêchera de mettre en notre étable,
> Vu le prix dont il est, une vache et son veau,
> Que je verrai sauter au milieu du troupeau !

En effet, les volailles du noir se transforment en cabris, en moutons, en porcs ; les porcs en bêtes ruminantes, puis, celles-ci deviennent mulets et chevaux [2]. Une fois lancé, rien ne l'arrête. Il faut ajouter aussi que tout cela s'élève sans qu'il lui en coûte presque une obole : le maître est trop heureux de voir son nègre s'attacher, *par les liens de l'intérêt*, au travail et à l'habitation. Il lui prodigue toutes les douceurs dont il dispose pour l'amener à ce but. Ses pâturages et ses bergers sont donc les bergers et les pâtures de son esclave.

Le premier fonds de ce commerce naît et s'accroît généralement avec le noir. Car il faut que son parrain et sa marraine soient bien indigents pour ne pas lui avoir donné, le jour de son baptême, un jeune porc, un cabri femelle, ou

---

[1] *Offic.*, p. 185, 193, 208, 333. — [2] Comte de Chazelles, *Émancipat., Transformation*, p. 43 ; 1845. V⁺ *ib.* Schœlcher, *Col. fr.*, p. 11 à 15, etc.

quelque belle et bonne volaille. La pauvreté ou la richesse du maître étant *le thermomètre général* des facultés de l'esclave, et l'aisance du maître se partageant avec ceux qui le servent, et se répandant sur tout ce qui l'entoure[1], on conçoit quelle est l'importance de ces documents pour l'intelligence et le succès du plan d'émancipation *générale* que nous proposons. Ce plan, dans son extrême simplicité, indemnise le maître en l'enrichissant, enrichit l'esclave en l'affranchissant, et verse aux coffres de l'Etat l'or destiné à l'éducation de ses prolétaires de toutes couleurs; il y fait affluer les capitaux libérateurs qui permettent aux associations de travailleurs de se constituer, et, l'instrument du travail en main, de défendre leur liberté naissante!

Mais, pour ne point perdre de vue les ressources et les habitudes du nègre, relatives à la production et à l'usage du pécule, nous devons remarquer un fait significatif : c'est que parmi les noirs[2] qui dédaignent et refusent la liberté, il faut surtout ranger ces gros bonnets, dont les richesses vivantes mugissent, vaguent et pullulent dans les savanes du planteur; en un mot, les éleveurs de gros bétail. Un jour, me dit M. Sideville-Huc, je demandai à l'un d'eux pourquoi, le pouvant, il ne se rachetait pas plutôt que de racheter, comme il le faisait, les enfants qu'il avait sur une habitation voisine. Voici sa réponse : Quant à ce qui me concerne, je me trouve bien et heureux; quel avantage aurais-je à changer de position? Quand je serai libre, dans quelle savane tiendrai-je mes troupeaux? sur quelle habitation aurai-je mes porcs, mes cabris, et pourrai-je établir mes jardins? Il me faudra donc vendre mes animaux, renoncer à mes jardins, et tirer la seine pour vivre! Je ne veux pas me racheter. Quant aux enfants que j'ai loin de

---

[1] *Officiel,* p. 103, 106, 137, 146, 151, 199, etc., etc., etc. V' *ib.* Schœlcher, *Col. fr.*, p. 7, 15. — [2] *Officiel,* p. 111, 137, etc.

l'habitation, je ne sais ce qui peut arriver ; j'aime mieux les avoir sous les yeux et les faire travailler dans mes jardins.

Cessons, après cela, de nous étonner si c'est un fait certain et officiel, que « les nègres des grandes habitations ont beaucoup d'argent, et n'en citons qu'un exemple. Un maître que je connais était un jour poursuivi très-sérieusement pour dettes. Ses nègres s'assemblèrent, et lui dirent : « S'il ne s'agit que de 300 doublons [1], vous les aurez dans cinq minutes. » Le maître eut assez de fermeté de caractère pour ne point accepter, incertain du moment où il pourrait rendre [2]. Voyons-nous bien quels misérables sont les prolétaires noirs, et quels tyrans odieux sont leurs maîtres ! De ces incroyables rapports entre le planteur et l'esclave, que dire?... Que dire, prolétaires européens !

Mais le monde tourne, et depuis que les idées européennes soufflent en rafales sur nos îles pour les agiter.... les noirs qui raisonnent de la sorte leur fortune et leur avenir ne forment plus qu'une minorité décroissante. — Comment le nègre résisterait-il aux séductions qui l'enlèvent à l'empire de ses propres idées, lorsque toutes les influences désorganisatrices se coalisent, à *portée du regard*, sur la terre ennemie, pour exercer impunément leurs ravages jusque sous l'œil débonnaire du gouvernement, qui daigne nous l'apprendre ! Je veux répéter ses paroles :

« Des sociétés se sont organisées dans les îles de Sainte-Lucie et de la Dominique, que l'on aperçoit de divers points des côtes de la Martinique. Elles ont pour objet de faciliter les évasions. Il est accordé *une prime* à chaque noir évadé. Des embaucheurs étrangers parcourent nos colonies. Il est des nègres qui, après s'être échappés, manifestent le désir de rentrer chez leur maître ; mais ils reçoivent, en arrivant

[1] Vingt-cinq mille huit cent vingt francs. — [2] *Offic.*, p. 332.

dans une île anglaise, des avances au moyen desquelles on peut s'opposer à leur départ[1] ! Ombre de Louis XIV, ombre de Napoléon, ombre de ces hommes glorieux qui voulurent être les maîtres chez eux toujours, et quelquefois ailleurs, où vous êtes-vous évanouies[2] !

Jusqu'à ce jour, le *pécule de tolérance* de l'esclave fut l'objet d'un respect *religieux*, chevaleresque[3] ! « Le maître le respecte toujours et partout. » « Le nègre vient-il à mourir, sa succession se partage. On voit souvent, à défauts de parents sur l'habitation, des esclaves étrangers venir, au su du maître, recueillir la succession de leurs parents[4]. » On voit le maître partager entre les membres de l'atelier les biens de l'esclave mort sans parents et qui l'institua son héritier[5]. On voit l'esclave refuser au maître de lui vendre des fruits de son arbre, refuser de laisser abattre un arbre nuisible à la culture, et qu'il possède sur un terrain dont la jouissance est revenue au maître !... Il a planté ces arbres, voilà son droit ; et le colon s'y soumet, parce qu'il facilite, par tous les moyens imaginables, le goût du travail, de l'ordre et de la propriété chez son serviteur..... Mais, fût-il rapace et barbare, « les nègres font respecter leurs droits avec hardiesse. Plus forts et plus heureux que ceux qu'on appelle maîtres[6], » ils feraient sentir au plan-

---

[1] *Officiel*, p. 344. — [2] Des matériaux précieux et tout récents me furent offerts, puis envoyés par un membre du Conseil colonial de la Martinique, qui venait de visiter en observateur les grandes Antilles. Le même paquet contenait d'autres documents, et de la même main, adressés à l'une de nos célébrités ; rien de cela ne fut reçu, m'a-t-on dit ! Un autre pli de la même main, à l'adresse d'un député, eut la chance de parvenir, mais le hasard l'avait endommagé du côté du cachet ! Ces premières notes, me mande-t-on, étaient surtout importantes à l'endroit de l'*entente cordiale* avec nos bons voisins... Si le cabinet noir n'eût été, certainement, supprimé en 1830, je l'eusse hautement accusé de ces accidents. Mais aujourd'hui !.. plutôt admettre un effet sans cause ! et je m'y décide. — [3] Cochut. — [4] *Rapp. de Brogl.*, p. 208. *Offic.*, p. 158, etc. — [5] *Voyage aux Antilles*, G. — [6] *Rapp. de Brogl.*, p. 134 et 201.

teur le plus intraitable que les mœurs sont des lois plus
solides que celles dont une feuille volante peut livrer le
texte au caprice des vents.

Ces faits prennent une énorme gravité lorsqu'on les rapproche de la loi sur le pécule, à laquelle tant de législateurs
viennent de donner l'étrange sanction d'un vote favorable
et de paroles improbatrices [1]. Je désigne cette loi que chacun sait, et qui, de ses conséquences, frappe le maître et
l'esclave; frappe et atteint la prospérité des colonies, dont
les finances, sagement accrues par *des lois de justice et de
liberté*, pourraient guérir dans les deux mondes les plaies
saignantes du prolétariat. Ouvrons donc les yeux!

S'agissait-il de droits méconnus et dont une loi dût
protéger l'exercice? Non! car le respect du colon pour
les droits du prolétaire noir ne s'étendait pas seulement
au pécule formé, mais encore au temps qui le forme; et
l'on disait officiellement : « Il serait *presque impossible*
à un habitant de prendre *quelque peu* du temps appartenant à son esclave, *et cela, quand l'autorité patronesse
l'ignorerait*. Il y a un esprit de résistance chez les esclaves
qui empêche qu'on attente à ce qu'on peut appeler leurs
droits [2]. » Mais cet esprit de résistance trouve rarement à
se manifester dans ce pays, où la familiarité des rapports est
si grande, que lorsque les négresses ne possèdent point encore
de bijoux, vous les voyez quelquefois emprunter, pour se
rendre aux fêtes, jusqu'aux bijoux et aux chaînes d'or de
leurs maîtresses [3]! Nos philanthropes ne vivent guère que
du passé de l'esclavage; est-ce donc pour ménager notre
sensibilité que jusqu'à ce jour ils ne nous avaient point
parlé de ces chaînes!

Cet état de bienveillance mutuelle et de concorde que les

[1] 1845. — [2] *Officiel*, p. 306. — [3] V' Schœlcher, *Col. fr.*, p. 18.

ennemis, *français ou étrangers*, de la France, s'efforcent
de bouleverser au lieu de l'améliorer; cet état d'harmonie,
prélude et garantie de la liberté, inspira l'un de nos plus
savants économistes, lorsque sa bouche fit retentir la chambre des pairs des paroles que je transcris : « Les conditions
actuelles de l'existence des esclaves se sont tellement adoucies par l'inconcevable mansuétude des maîtres, et satisfont
si généreusement au bien-être matériel des noirs, à la faiblesse de leur nature inculte, et aux dispositions de leur
caractère insouciant et paisible, que la tranquillité publique a providentiellement triomphé des affranchissements
inconsidérés, des investigations journalières du patronage,
des déclamations de la presse, des intrigues des abolitionistes et des séductions de l'embauchage[1]! » Grâce donc à
ces mêmes conditions de l'existence des esclaves que la loi
vient de bouleverser, la tranquilité publique a triomphé de
causes nombreuses de ruines, parmi lesquelles je laisse
M. Beugnot lui-même signaler celles que la maladresse du
gouvernement avait organisées; je veux dire les visites in-
quisitoriales destinées à protéger des droits *auxquels le*
maître ne pourrait porter atteinte à l'insu même de
l'autorité patronesse[2]! « Il ne faut pas se dissimuler, disait M. Beugnot, qu'il y a, dans l'attribution donnée aux
juges ordinaires de visiter les habitations, une atteinte directe au pouvoir des maîtres; quelque chose qui ne peut se
passer sans exciter des désordres. Concevez-vous un procureur du roi entrant dans une habitation, sommant le maître
de faire comparaître l'atelier devant lui et allant à chaque
esclave, lui demander s'il est content de son maître?... Il y
avait là, il faut le répéter, une violation ouverte du droit
des maîtres[3]; et, surtout, lorsque quelques magistrats, se-

---

[1] D'Audiffret, *Discussion de la loi sur le pécule*, Chambre des Pairs, 1845.
— [2] Voir ci-dessus *Officiel*, p. 306. — [3] Beugnot, mêmes débats.

lon l'aveu de M. le ministre de la marine, « apportaient à .l'accomplissement de leurs obligations plus de zèle que de prudence. » Mais avançons, sans dire un mot ni de l'habile dédain des colons qui se prêtèrent à ces visites, ni de la sage résignation de ceux qui les subirent, ni du patriotisme vigilant des Hampdens qui, riant à la face du destin, sacrifièrent noblement leur repos au maintien des droits violés!

Laissons tout cela pour la France, et dans l'étude des maux qui frapperont le prolétariat, et qui sont produits par les erreurs de la législature, ne cherchons rien que le remède et cherchons-le sans faiblir. Quelle que puisse être la gravité du mal, je ne connais d'incurable que la mort!

Quelle désorganisation si grande fut donc effectuée, le jour où le pécule, qui était un fait solidement établi, devint un droit? Quel préjudice en résulta pour la classe nombreuse des prolétaires? Il faut le dire du ton calme de la vérité, plutôt qu'avec l'aigreur blessante du reproche. Le jour où la législature prononça ces deux mots : pécule légal et rachat forcé, un fatal antagonisme d'intérêt naquit entre le serviteur et le maître; la loi créa pour le noir une liberté sans préparation, pour le maître une émancipation sans indemnité. L'Etat spolia les citoyens, et, par cette inintelligente spoliation, il s'appauvrit. La politique lui permettait-elle un pareil oubli, au moment où, du fond de leurs entrailles, ses prolétaires affamés lui demandent compte des richesses qu'il fait rentrer sous terre, et dont la réalisation serait leur vie, serait la possession et la garantie de leur personne et de leur liberté! C'est là ce que quelques pages démontreront, lorsque j'aurai rappelé cette vérité fondamentale écrite dans la première phrase de mon ouvrage sur les colonies :

« Trois intérêts, réellement indivisibles, demandent à se concilier et à régner en paix dans la grande et intéressante question de l'émancipation :.... les intérêts de la France, —

les intérêts du nègre, — les intérêts du planteur : *trois intérêts qui ne sont qu'un*, et qui doivent rester inséparables et inviolables. Le sacrifice de l'un à l'autre, voilà ce qui rend les systèmes exclusifs, et, par conséquent, vicieux ou funestes à tous! »

Or, si la France vient d'être nommée, nous savons que les intérêts de ses prolétaires sont en ce moment ceux dont nous nous occupons en première ligne. Que ceux qui avisent au salut du prolétariat veuillent bien nous suivre avec une patience qui bientôt aura son terme. Nous ne proposons point la cure universelle des souffrances des malheureux, nous nous contentons d'offrir à leurs maux un seul moyen de soulagement et de guérison : un moyen efficace et durable. On nous permettra de le dégager des obscurités qui l'enveloppent et de le chercher là où des nuages amoncelés le dérobent aux regards du public. Reprenons et procédons :

« Les colons ont peuplé leurs îles d'affranchis, » est-ce par horreur pour la liberté? « Ils sont accoutumés à voir les bons ouvriers devenir libres; le refus d'un rachat à prix d'argent ne peut guère se supposer avec l'habitude des libérations gratuites. Nous n'aurions donc rien à dire sur le rachat des esclaves par le pécule, ajoutent MM. les délégués des colonies, si les dispositions de la loi *ne livraient complétement* les ateliers aux ravages et aux désordres de l'embauchage [1]. »

Le double droit de pécule et de rachat, dont l'exercice était dans les mœurs, force en outre, et violente la volonté du maître en se revêtant d'un caractère légal; et il la force jusqu'à la ruine! Or, de quelque côté que l'on aborde notre nature, on y rencontre peu de bienveillance pour ce qui

[1] *Observation des délégués sur le projet de loi de* 1845, chef-d'œuvre de pensées et de dialectique, 45 pages. Et *Embauchage, Offic. pat.*, p. 344.

porte le sceau de la violence et l'avant goût de la mort!

La désorganisation des habitations par l'embauchage [1], ou par le rachat et la retraite presque simultanée des sujets qui en sont le ressort et l'âme, n'offrent aucun caractère de similitude avec les affranchissements successifs et modérés qui, dans le cours des quinze dernières années, ont cependant dépassé le chiffre de quarante mille [2]. Rien de semblable non plus dans cette mesure à la libération générale des noirs, conséquence d'une éducation suffisante pour l'affranchi et d'une indemnité pour le planteur!

L'esprit le plus obtus sait comprendre que la prospérité d'une habitation, comme celle d'une manufacture, repose sur un très-petit nombre de sujets intelligents, chefs d'ateliers, contre-maîtres, et chevilles ouvrières sur lesquels roule toute la conduite et la perfection du travail. Activité, science et zèle, toutes les qualités qui fécondent les labeurs se combinent dans ces individus, s'associent et s'harmonient dans le noyau qu'ils forment. Ils sont le ressort et le moteur des membres de la communauté qui empruntent d'eux tout leur prix, et qui, véritables *zéros* à la suite de ces chiffres vivants, en décuplent et en centuplent la valeur.

Si donc une sucrerie, si un colon se voit enlever à la fois, par la faculté du rachat, son commandeur, son raffineur, son charpentier, toute sa fabrication doit se trouver arrêtée, toute la discipline de son atelier compromise [3]. De là, ces mots du rapporteur de l'une des commissions : que le rachat était plein de périls, qu'il *désorganise* le travail des esclaves *sans fonder* le travail libre [4]. » Et le gouvernement va consacrer à ce rachat des sommes énormes!

[1] *Observation des délégués*, p. 19 à 23. Et *Officiel*, p. 344, etc. — [2] V' et *étudier* les *Tableaux officiels*. — [3] M. Jubelin, gouverneur de la Guyane, du Sénégal, de la Guadeloupe. — [4] Tocqueville. V' *id.* Discours; *Moniteur* des 3, 4 et 5 juin 1845.

Seront-elles employées à arracher aux ateliers les têtes dont la retraite les désorganise, ou bien à récompenser par la liberté les sujets qui sont le fardeau et la lie des habitations[1].

La retraite de quelques têtes précieuses laisse donc à la charge du maître, sous le titre d'agents d'exploitation, « les femmes, les enfants, les vieillards, les hommes paresseux, déréglés, » ou infirmes dont le travail devient improductif! Frapper de stérilité jusqu'aux sueurs du prolétaire! oh quel sinistre aveuglement! Le but avoué d'une classe nombreuse d'abolitionistes, dont nous exposerons les ressources et la puissance; le but de certains industriels ennemis par intérêt des colonies[2] étant d'aller droit au principe vital des habitations, c'est à la tête, il est vrai, s'ils peuvent aveugler le pouvoir, qu'ils doivent diriger leurs coups!

Maintenant, ferons-nous ressortir les périls et l'immoralité de cette concurrence effrénée, que l'Europe maudit dans son sein, et que la loi suscite contre les planteurs, réduits par elle à lutter jusqu'à la ruine, et à se disputer les bras d'ouvriers dont le travail onéreusement salarié, ou la retraite désastreuse, leur devient presque également funeste? Ceci n'est pourtant encore que demi-mal à côté des *sociétés d'embaucheurs* des îles anglaises; car ces îles, qui nous coudoient, trouveront au sein de nos habitations *un marché de travailleurs* toujours ouvert, ce même marché que leurs colons vont chercher à si grands frais, aujourd'hui, sur les plages de l'Afrique et des Indes! Le planteur des Antilles anglaises doit aux lois sucrières de sa patrie la faculté d'of-

---

[1] Une société que je ne manquerai pas de connaître, et d'étudier dans ses rapports, d'ici à peu, se forme, dit-on, sous les auspices de Saint-Vincent-de-Paul, pour le rachat des esclaves par le moyen d'aumônes et de souscriptions. Si cette société est *religieuse* et *spontanée*, je lui soumets avec confiance toutes ces objections! — [2] Méditer les chapitres *Sucres* et *Colonies* dans les *Juifs, rois de l'époque*, 1845, par M. Toussenel, ancien écrivain ministériel, dont les révélations versent à flots la lumière.

frir un salaire triple ou quadruple de celui que peut concéder au noir le colon de France[1]! Le droit de rachat deviendra donc pour l'Angleterre le droit de vider nos îles à son
profit. Le premier pas de l'émancipé sera notre ruine; le
second, la fortune de nos rivaux : et ceux-ci se tiendraient
les bras croisés!

Mais le péril ne s'arrête pas à cette rivalité. Aiguillonnés
par la haine implacable qu'ils portent aux colons, dont ils
ont *usurpé* la puissance aux îles anglaises, les missionnaires
anglicans remueront contre nos planteurs, avec un redoublement d'intelligence et de zèle, les millions annuels de
leurs propagandes[2].

Est-ce une raison pour refuser de rendre hommage à
leur activité, *saintement* déployée contre les agresseurs des
droits de l'humanité? Car les colons, ces hommes dont
M. Schœlcher vous dépeint *la fortune brisée*, les colons,
ces mangeurs d'esclaves, ont envoyé à Paris force doublons
qui roulent autour de vous, dit M. Beugnot, sous la forme
de journaux et d'écrits!

Eh bien! si ce fait est véritable, qu'y voir?.. sinon cette
vérité douloureuse que les intérêts français, au lieu de susciter des défenseurs spontanés, ne peuvent plus lutter qu'à
deniers comptants contre les intérêts de l'étranger!...Mais
ce qu'il y a de certain, c'est que les journaux et les écrits
européens qui leur font la guerre, ont de leur côté l'avantage de la popularité et du nombre..., ajouterai-je, et du
nombre des doublons!

Oui, cela est bien positif; et tout est utile, indispensable
à bien savoir dans cette cause, où il s'agit pour l'ennemi du
dedans et du dehors[3] de priver la France d'une source de

---

[1] Ces lois se modifient perpétuellement en Angleterre, les voilà qui changent encore. — [2] J. Lechevalier, *Guyane*, p. 140 à 158. — [3] Vˢ les *Juifs,
rois*, etc., 1845.

richesses que nous ne tarderons pas à découvrir aux regards, et que réclament ses plus vives misères!

Relisons en effet ces paroles : « Les comptes-rendus de la
société abolitioniste anglaise constatent que des sommes
considérables sont dépensées pour l'abolition de l'esclavage
dans les colonies étrangères [1], et l'*Antislavery reporter*,
n° du 29 mai 1844, contient cette phrase :

« . . . . . Poussé par les abolitionistes, le gouvernement
a promis de présenter un projet de loi dans la présente session. Une visite récente de notre trésorier à la capitale de la
France a produit d'avantageux résultats. Les membres de
notre comité présents à Paris, MM. W. Forster, J. Gurney
et J. Forster, ont puissamment contribué à les obtenir [2]! »

De là cet éclat d'indignation [3] du fils du maréchal Ney,
occupant la tribune de la Chambre des Pairs : « Notre
ministère, *comme vous le savez, Messieurs*, et je regrette d'avoir à le dire *si souvent*, est *toujours empressé*
quand il s'agit de faire quelque concession ou quelques
avances à l'Angleterre. »

Il faudrait d'ailleurs une forte dose d'ignorance, pour se
figurer que les plans des meneurs de la propagande anglaise soient inspirés par les nobles passions de la bienfaisance et de la liberté. Sur ce chapitre, point de raisonnement, mais des yeux ouverts! Que voyons-nous? Aux
Antilles anglaises des ministres de sectes qui, plus forts que
le gouvernement de leur pays, jouissent grassement [4] d'un

---

[1] Et non point dans les leurs, aux grandes Indes! La *seule* société abolitioniste d'Exeter-Hall constate que la recette de 1844 s'élève à la somme de
1,671,000 fr. et qu'elle entretient sept cent soixante huit agents *à l'étranger!* — [2] Note présentée à la commission de la Chambre des Pairs, par M. Jollivet. — [3] Nous respectons la loi *en tant que loi*, mais nous souhaiterions
redresser de la main du pouvoir les écarts du pouvoir. — [4] Schœlcher,
Colonies angl., p. 55 à 59, 106; *Iles danoises*, p. 23, 24. *Id.* Lechevalier,
Guyane, p. 140 à 158.

triomphe qui ne fut ni celui de l'humanité, ni celui de la morale[1]. — Que voyons-nous au cœur de l'Angleterre! le plus épouvantable des esclavages! — En Irlande? L'homme réduit au-dessous de la condition des pourceaux! — Aux Grandes-Indes? L'esclavage encore, mais un esclavage atroce, et la traite revêtue de formes qu'on daigne à peine déguiser sous de vaines paroles, lorsque l'Europe abâtardie laisse traîner sa voix dolente dans ses complaintes diplomatiques[2].

Si peu donc que nous voulions nous installer dans la position douloureuse faite au planteur, afin de la mesurer avec justesse, nous devons concevoir et sentir à la fois les mécontentements qui s'empareront de son esprit, les irritations fréquentes qui passeront dans son humeur et se manifesteront dans ses actes! Eh quoi, voici d'un trait et sans transition, voici venir le jour où le bien-être et les prospérités du noir deviennent le sujet des ombrages et des terreurs du maître qui avait mis tout son orgueil à les fonder! La générosité du colon[3] prodiguait au nègre les moyens de s'enrichir, parce que l'argent mettait à la portée de celui-ci les jouissances qui lui faisaient trouver le bonheur dans sa condition; l'argent lui permettait de changer de sort sans péril pour la société libre qui lui tendait les bras; sans danger non plus pour l'habitation encouragée par cet exemple; et soudain le jour luit où les conséquences d'une loi de liberté engagent le maître nécessiteux à ne plus rêver qu'aux moyens de laisser le noir traîner ses jours dans l'ignorance et la pauvreté! L'argent devient entre les mains du noir l'équivalent d'une liberté qui agit *par surprise* sur le maître pour consommer sa ruine! Les sujets privilégiés du colon,

---

[1] L'amiral Laplace, *Ile de France*. — Rapport de Broglie, p. 314, 315 —
[2] V' *Parliamentary papers, east Indias.* — [3] V' l'honorable M. de Pradt, *Col.*, vol. i, p. 314, *ce qu'est le maître.*

ceux qu il se complaisait à combler, deviennent les hommes
dont l'aisance l'offusque au plus haut degré ; car, en reti-
rant à l'improviste leurs personnes des mains du maître,
qui n'a épargné aucun sacrifice pour les rendre ce qu'ils
sont, ils peuvent retirer à la fois, et dans le cours de la
même année, de son habitation la fortune, et de sa vie jusqu'à l'espérance !

Et, si vous enlevez l'espérance, quelle trempé d'âme
supportera les déboires de la vie coloniale? Qui bravera les
catastrophes dont l'enchaînement a fait de la race des planteurs une race héroïque! Guerres, ouragans, sécheresse,
famine, convulsion du sol et de la société, tarifs et vexations ruineuses de la métropole, qui semble ne plus vouloir
étudier les colonies que dans les fourgons de documents que
nous expédie l'étranger, seraient-ce là les seules vicissitudes
de la vie du colon? Il y aura donc ruine imminente, inévitable pour le colon, et nous savons officiellement que la
détresse du colon se réflète dans celle du nègre esclave ou
libre! Or, cette détresse générale, dont le contre-coup
atteint le trésor de la France, ne se borne pas à convertir en
périls publics les bienfaits de l'émancipation[1]; mais elle
arrache en outre à notre prolétariat un de ses plus féconds
moyens de salut! Tenons notre esprit en haleine sur cette
vérité.

Il est un homme qui confond dans une réprobation commune les institutions de la civilisation chrétienne et celle
de la société coloniale[2], je veux nommer M. Schœlcher.
Prêtons l'oreille à ses paroles, elles portent coup :

« Les nègres espagnols jouissent du droit de rachat,
nous dit-il. La loi a *tout prévu* pour combattre les obstacles
que le maître y voudrait apporter... On a étendu le droit de
rachat *autant qu'il pouvait l'être...*, ce sont là d'incontes-

[1] *Rapp. de Tocqueville.* — [2] *Col. fr*, p. 84, 82, etc.

tables avantages, croirait-on ? Nullement! Ils ont tourné au
détriment des nègres. Afin d'éviter *le désordre* que *le droit
de rachat* peut jeter dans les ateliers, les maîtres espagnols,
par les mille moyens en leur puissance, empêchent les noirs
de se faire un pécule [1]. »

Les colonies, ce pays de bienveillance mutuelle entre la
race blanche et la race noire, deviendraient donc d'un bout
à l'autre le théâtre d'une lutte opiniâtre et quotidienne
organisée par une loi philanthropique!

Décidé à reculer le jour de sa ruine et à prolonger son
existence, quel parti le planteur va-t-il adopter? Les
douceurs de tolérance que l'habitude de toute sa vie porte
le nègre à considérer comme un droit, le maître s'étudiera
peut-être sourdement à les retirer! Il en est libre. Cependant, le nègre n'est pas métaphysicien tous les jours, et
surtout quand il s'agit de découvrir dans une loi dont le
but avéré est de le favoriser, des distinctions contraires à
ses intérêts; son courroux ne lui laissera voir dans l'exercice d'un droit rigoureux qu'une injustice criante. La loi
du pécule, qui l'appelle à la liberté, ne lui semblera plus
qu'un persiflage à côté de cette autre loi qui rend le colon
maître absolu de sa terre, de ses dons et de la mesure de
temps dont il concédait une portion notable. Écarté par le
droit de propriété du but où le précipite la loi nouvelle,
sevré brusquement des moyens d'obtenir sa liberté au moment où tout semble l'éperonner vers cette fin, le nègre s'irrite, et sa nature est prompte à se passionner! Celui qui non-
seulement l'éloigne de sa liberté au moment où il s'apprête
à la saisir, mais qui lui retire *jusqu'aux jouissances dont
le goût la lui avait fait redouter;* celui qui le rend à
ses propres yeux un objet de risée, cet être, quel qu'il soit
et par quelque nécessité qu'il se justifie, lui devient odieux,

[1] *Col. espagnol.*, p. 340, 341.

c'est un ennemi, et cet ennemi, c'est l'homme dans la famille duquel il se comptait tout-à-l'heure!... C'est l'homme
désarmé, dont les portes, nuit et jour ouvertes, n'ont pour
gardien de jour et de nuit que ces mêmes serviteurs irrités,
aussi libres que l'air de leurs mouvements, et sans cesse
armés de la lame du coutelas-sabre dont le maniement est
un des exercices du travail de la canne [1].

Impatient d'échapper à ces dangers, dont la vue le trouble, impatient par-dessus tout d'aboutir à une solution, le
gouvernement dit au colon : ce jour que tu peux ôter ou
donner à ton serviteur, je le prends, moi; je me l'adjuge,
je le lui donne!... Ce terrain, que tu peux donner ou retirer
à ton serviteur [2], je me l'adjuge, je le lui donne... Du tien,
je fais le sien, afin de l'aider à extraire de ta propriété une
partie du bien qu'il te rendra sous forme de rançon, lorsqu'il lui plaira de substituer à sa personne l'argent formé,
contre ton gré, de la substance de ton avoir.

Par suite de cette disposition, le maître se trouve être tout
à coup le débiteur du nègre; il *doit* lui laisser à choix ou
l'ordinaire, c'est-à-dire les subsistances... ou bien en sus
des heures libres de chaque jour et du dimanche entier, un
second jour de liberté par semaine. Le nègre choisit et préfère le temps aux vivres. — Cela est à merveille, mais le
maître, exempté par le choix de ses serviteurs, de pourvoir
au soin de leur nourriture dans les jours d'abondance, où
cette obligation ne lui est point onéreuse, retombe, par alternatives, sous le poids aggravé de ce fardeau lorsque, la
pénurie se faisant sentir, le nègre se ravise et vient lui dire :
« Maître vous me nourrirez. » . . . . Cependant le
maître, jouet des caprices et des crises, s'approvisionne, et

---

[1] V⁰ Schœlcher, *Col. fr.*, p. 19, 20, etc., etc. — [2] Les terrains vivriers ne
sont pas les jardinets, appendices de cases, que l'ordonnance de 1786 attribue aux noirs.

le nègre *n'ayant plus faim que des vivres qu'il produit,*
revient dire au maître : « Consommez tout seul ces monceaux de provisions..., je me nourris par le travail de mes
bras[1]....., » Ou bien encore, le nègre prétend conserver
l'usage de son jour libre[2] et pourvoir lui-même à sa subsistance; mais par suite des défaillances de sa mémoire, il
oublie de se livrer au travail! Il préfère le repos et la débauche à la prudence et aux sueurs; il en est libre. — Oui!
mais à la condition de jeûner. — Eh bien! le voilà libre
alors d'exténuer le travailleur, le seul instrument qui reste
au maître pour lutter contre sa vie de martyr..... Ce n'est
pas tout, et dans ce pays de feux souterrains, la terre a
quelquefois la mobilité des vagues. Elle tremble, le sol se
soulève, ondule, et par ses bouleversements égale le bouleversement de nos idées en matières coloniales. Tout est détruit cette année-là; de quoi vivra le noir?.... Et si les rats,
ce fléau des Antilles, ont dévoré ses récoltes; si le soleil les a
brûlées, si le feu des incendies, si la rage implacable des
ouragans, si les inondations furieuses... ont anéanti ses ressources comme celles du colon; ou bien si le vol a dépouillé
ses jardins, de quoi vivra-t-il? De la bourse du maître,
spolié du temps que lui doivent ses travailleurs pour la
remplir! Écrasé déjà par les lois sucrières de la métropole, le maître donnera donc fréquemment, en premier
lieu, le prix des subsistances, et en second lieu, les subsistances elles-mêmes!.... S'il se refuse à subir le coup de cette
dernière perte, c'est qu'il accepte sa perte totale, c'est qu'il
renonce à toute exploitation... Oh! cœur maternel de la
métropole!

Les problèmes suscités par les dispositions de cette loi

[1] J'expose l'arbitraire qui sort d'une loi dont les correctifs sont également
arbitraires : ce sont des ordonnances. — [2] En sus du dimanche.

fourmillent, naissent les uns des autres et forment un polypier si fécond que je ne me charge nullement de les résoudre ou de les trancher. N'ayant en partage que le sens
commun, je crois devoir laisser cette tâche à ceux que la
nature a plus poétiquement pourvus.

Mais je tiens à dire et à répéter que les ordonnances
pourront remédier à quelques-uns des maux logiques que
j'énumère, selon la volonté du pouvoir, d'avoir ou de n'a-
voir point des colonies et une marine; cette possibilité est
la raison la plus décisive de signaler au pouvoir les maux
que cette loi contient en germe. Elle est un motif urgent de
faire toucher du doigt, à qui le voudra, les trésors que la
loi peut anéantir aux mains de la France, trésors que je réclame, et dans l'intérêt général de l'Etat, et dans l'intérêt
plus spécial de la classe des prolétaires, dont la *destinée*
doit s'allier chaque jour plus étroitement à la nôtre[1].

---

[1] Si nous examinions par ses côtés piquants ou burlesques cette loi fatale, nous laisserions quelques bouches naïves demander de quelle façon se
feront servir les maîtres aux périodes hebdomadaires de liberté, dans un
pays où il ne se rencontre d'autres domestiques que des esclaves? En ces
jours-là, point de serviteurs. — Pourquoi s'en plaindre? Est-ce que tous les
hommes ne sont pas égaux et frères?... Quel est le colon qui vaut pour la
France ce qu'Achille valut pour les Grecs? et Achille, issu du sang des
Dieux, tournait sa broche de ses propres mains! Allons donc, messieurs les
colons, ne faites point les délicats; les philanthropes se donnent assez de mal
à faire préparer vos lois, pour que vous fassiez au moins vos sauces.—Mais,
des serviteurs de la casserole, j'arrive tout droit à la nourrice qui prête son
sein à l'enfant du colon, à l'enfant de ses compagnes, que son maître lui
donne à nourrir. Si la nourrice venait vous dire, à son tour, une fois chaque
semaine : allaiter, c'est mon service, c'est mon esclavage... A demain donc,
enfants de mes égales et de mon maître, car aujourd'hui je suis libre; et
cette chair, dont vos lèvres pressaient la substance, je la reprends, j'en
jouis, elle est à moi. Que dire? et que répondre encore, pour répondre *légalement*, à mille autres phrases dont le pathos vaudrait celui des nourrices? Est-ce là la loi? je le demande? Or, si l'on ne peut nier que tant de
choses *puissent* en sortir, que l'on nous dise s'il est facile de rentrer dans
la raison sans s'écarter, à force d'ordonnances, des parties vicieuses de son

Ecoutez encore : le maître compte sur son habitation
deux cents serviteurs; je m'arrête à ce chiffre. Voilà bien,
si je ne me trompe, deux cents tutèles ou curatelles que la
loi lui donne à exercer. Par quelle rémunération compen-
serions-nous en Europe une charge si énormément onéreuse, infligée à un homme de loisir? et par quelle autre
rémunération compenser une charge tellement accablante
infligée à l'agriculteur, à l'industriel, au commerçant, dont
le temps est la fortune? — Eh bien! le maître n'exercera
point les deux cents curatelles. Un autre le suppléera dans
cette fonction. — Ce sera donc maintenant, pour le maître,
la chicane de deux cents curatelles à subir! La poésie du
Dante n'égalait point la nôtre; et voici que la verve de
notre imagination répare une omission dans les supplices
de son enfer! Comment le maître, aigri de tant d'injustices, échappera-t-il aux dispositions flagellantes d'une loi
qui châtie sans pitié, dans sa personne, le crime d'avoir été
ce que tous les gouvernements successifs l'ont contraint d'ê-
tre et de rester?...

Poussé à bout, le maître pourra bien s'oublier un instant
à l'égard de ses serviteurs, ainsi que s'oublient les maîtres
européens; mais ceux-ci, fussent-ils faux témoins de profession, assassins, empoisonneurs, le sanctuaire de la justice
leur tient en réserve toutes les garanties du jury. Pour le
planteur, s'il tient à se faire juger par un jury, il doit venir
en France, manier le poignard ou le poison!

Aux colonies, en effet, la justice vient de changer. Les
cours d'assises, déjà fort différentes des nôtres, se compo-
saient naguère de *trois* conseillers de cour royale *amovibles*, et de *quatre* assesseurs. Ces assesseurs, au nombre

texte?... Et déjà celles qui paraissent, mais trop tard pour que je puisse les
discuter, semblent réclamer des ordonnances fort différentes de ce qu'elles
sont. Le bien qu'elles n'enlèvent pas sera-t-il longtemps respecté par elles?
Le mal qu'elles font sera-t-il guéri?

de soixante *seulement*, pour la Martinique, pour la Guadeloupe et pour Bourbon, sont des habitants ou des négociants éligibles, et des *fonctionnaires* en activité de
service ou émérites. Dans la composition de cette cour,
M. Mérilhou nous apprend « que l'influence principale appartient aux magistrats plutôt qu'aux assesseurs. Si les assesseurs ont pour eux le faible avantage de quatre voix contre
trois, les magistrats ont l'influence bien plus réelle que donnent la science du droit, la pratique des affaires et la permanence de l'autorité[1]. » Mais aujourd'hui, *afin de mieux
juger les maîtres*, la loi élève à quatre le nombre de ces magistrats *amovibles*, et réduit à trois celui des assesseurs,
*parmi lesquels se rencontrent pourtant d'anciens fonc-
tionnaires et des ennemis notoires de la puissance do-
minicale des planteurs*[2].

« A l'appui de ces dispositions illibérales, M. le ministre
de la marine et des colonies invoque des jugements qui ont
acquitté des colons. » Dieu! qui ont acquitté des colons!...

Voici cependant, à ce sujet, les graves paroles que traçait
un de nos députés :

« Ces accusations d'impunité prennent leur source dans
les comptes-rendus des débats des cours d'assises, presque
toujours entachés de partialité et de malveillance, et trop
facilement admis dans nos journaux judiciaires. Ceux-ci,
probablement, ignorent que parmi leurs correspondants il
en est qui ont été condamnés *disciplinairement* par leurs
compagnies, pour comptes-rendus infidèles des débats des
cours d'assises. Bientôt on oublie l'origine de tous ces documents, et les accusations d'impunité s'accréditent[3]! »

Elles s'accréditent! et le jour arrive où éclatent à la tri-

---

[1] *Rapport Mérilhou*, p. 48, 49, 1844. — [2] Lire *Observations des délégués sur le projet*, etc., 1845. — [3] M. Jollivet, député, *Observations sur
le projet de loi devant la Chambre des pairs*, p. 80, 81 ; 1844.

bune, au bruit des foudres de l'indignation des majorités, des arrêts dont la rigueur arrache à MM. Mérilhou, Barthe et de Montalivet, ces paroles qui, dans leurs bouches, devraient faire trembler la France. Oh ! vraiment, « la loi fait trop bon marché de la race blanche dans les colonies ! »

Serions-nous donc réduits à croire ces incroyables paroles d'un député abolitioniste, « que le projet de loi a pour but d'amener les colons à résipiscence, et de les réduire à venir eux-mêmes, l'année prochaine, demander l'émancipation des noirs[1]. »

Le but d'un parti dont la puissance entraîne celle du gouvernement, le but d'un parti désigné par un même et fort honorable nom, quoique composé de membres animés d'intentions si diverses, et si généralement hostiles aux intérêts de la patrie, ce but serait donc d'amener les colons à solliciter, comme une faveur, l'émancipation *immédiate*, l'émancipation *quand même et n'importe comment ;* car, depuis longues années, les colons, qui repoussent des systèmes désorganisateurs, ont formulé la demande d'une émancipation praticable. *On tait cela !* On laisse dans la poussière des cartons ministériels les projets de réforme pratique dont les pouvoirs coloniaux ont pris l'initiative[2]. Et, dès lors, ces pouvoirs sont considérés par l'opinion comme opposés à toute réforme !.....

Il faut le dire, les colons commirent une grande faute en livrant au ridicule les auteurs de projets insensés, sans re-

[1] Voir les opiniâtres intrigues de l'Angleterre, pour arriver à la destruction des colonies étrangères, par l'émancipation inopportune. *Lettre de* M. Upshur, ministre de l'Union américaine, à M. Murphy ; août 1845. Les aveux du *Morning herald,* au sujet du Texas et de M. Calhoun. *Les colonies devant les Chambres,* par M. Jollivet ; 1844. *Intrigues des auxiliaires de l'Angleterre,* dans *Les Juifs, rois de l'époque ;* 1845, etc., etc. Disc., *Moniteur* du 2 juin 1845. — [2] Vte Laffauris, 4 juin 1845. *Id. Observations des délégués sur le projet,* p. 44 ; 1845.

nouveler, à chaque critique de ces projets, *leurs plans sé-rieux et pratiques* de réorganisation. De là d'aveugles préventions contre leurs idées et leurs sentiments dans la question de la réforme coloniale. De là des législateurs qui, en désespoir de cause, menacent d'exercer leur pouvoir, non pas par justice, mais arbitrairement et à discrétion. Oh! si le législateur eût su cela! Si les colons, trompés par les décevantes paroles de faux protecteurs, l'eussent contraint de ne point l'ignorer, que d'intérêts en souffrance eussent, depuis cette époque, triomphé de leurs adversaires et prospéré!.... Combien, dès lors, les richesses croissantes de la métropole et de ses colonies eussent augmenté, au profit de nos prolétaires, la somme des productions, des échanges et de la consommation; la somme du bien-être et *de la liberté, qui commence au point où finit la misère!*

· Maintenant, quant à ce qui est des colons, s'il nous font l'honneur de compter encore sur notre justice métropolitaine, doivent-ils craindre *pour eux seuls* le tort que nous pouvons leur occasionner par une mesure législative impolitique, mais contre laquelle, en définitive, le principe de l'indemnité les garantit? Non, cela est certain; à moins que l'esprit de vertige ne s'empare de notre société tout entière. Car une loi que, sans nous anéantir, nous ne pouvons seulement modifier, nous interdit la confiscation! Nous ne pouvons ôter un atôme de propriété légale au dernier des citoyens sans lui mettre en main l'indemnité préalable, qui le dédommage de tout le tort entier que cette soustraction lui fait subir. Transformer la propriété pour cause d'utilité publique, en changer la forme aux mains du citoyen, voilà le droit de l'État, notre droit collectif; mais abolir une seule propriété, sachons-le bien, pensons-y bien, ce serait repousser tous nos droits dans le désordre du chaos, au moment où la société, agitée sur sa base par les douleurs du prolétariat, sent progresser dans ses entrailles les principes spoliateurs du communisme; ce serait donner l'arme la plus irrésistible à la logique audacieuse de cette école sur laquelle un mot nous reste à dire ! Si donc notre loi dirige le principe de la confiscation contre une partie de la propriété coloniale, elle attaque le corps entier des propriétaires métropolitains. — Elle ouvre et fraie au communisme un sentier qui va s'élargir, et devenir *une voie stratégique* ! O futiles que nous serions, d'oublier que l'arbre tout entier vit dans sa semence ! que miraculeuse en serait la croissance sur un sol de longue main préparé, sous un ciel et dans une saison si favorables !..... Mais encore, à tous ces bouleversements, que pourrait gagner le prolétariat ? le plaisir d'une saturnale, d'une orgie éphémère, accompagnée de crimes, et suivie de désordres et de misère !

Plus exigeant pour le prolétaire, nous sollicitons en sa faveur les biens que donne la paix, inséparable de l'ordre, de la morale et du principe de propriété, *qui fonde et maintient la famille et le travail !*

Intérêt commun des membres clairvoyants de la société. — Une voie de retour.

(Ce chapitre et les deux suivants sont appliquants ; j'en préviens le lecteur qui craindrait d'y épuiser sa patience. Mais en franchissant surtout les deux derniers (p. 446 à 489) , il se privera de faits piquants et de notions importantes).

Le communisme ! Puisque le nom de cette doctrine vient de résonner à nos oreilles, il nous semble opportun de manifester les voies dont la pente y précipite ; et nous essayons de les signaler à quiconque doit en redouter l'abîme, c'est-à-dire à tout le monde.

Enlever une propriété légitime ou légale à telle classe de la société pour en transférer la presque totalité ou les lambeaux à telle autre classe, dont les mains sont larges et vides, voilà d'un mot le fond de la doctrine grondante du communisme ; et sa pierre philosophale, le sol divisible, est sous nos pieds !..... Ses forces se comptent ou s'apprécient par le nombre, la misère, l'irritation croissante de ces prolétaires, que disciplinent et dirigent quelquefois des esprits égarés et ardents, quoique sincères, mais que surexcitent le plus souvent des hommes dont la paresse ou la médiocrité cupide n'a pu se frayer une route vers la fortune par le travail. — En tête de ceux-ci s'agitent de rudes et faméliques écrivains, dont le bras secoue les lueurs d'une torche au-dessus des désordres de notre société, pour en jeter toute l'économie sous un reflet odieux et faux ! Il y a dans ce spectàcle, que chaque jour nous répète, une ineffable leçon de prudence et de sagesse; nous hâterons-nous d'en profiter?

Les gens qui voient le présent, qui savent le passé, et qui songent à l'avenir, avisent et tremblent; mais il est trop facile de les compter! D'autres, et ce sont les plus nombreux, trouvent qu'il est moins tourmentant de dormir ou de s'é-tourdir que de méditer ou d'agir... D'autres encore se figurent que nier le mouvement, c'est l'arrêter... ou, comme l'autruche devant le chasseur, ils s'imaginent que cacher sa tête et fermer les yeux, c'est dérober son corps à la vue et aux coups qui le recherchent... Et tandis que les écono-mistes, haletants et aux abois, boursoufflent d'expédients les systèmes qui, plus ou moins aventureux, sacrifient, du plus au moins, les principes vitaux de la société;... tandis que les esprits clairvoyants et pratiques s'épuisent à signa-ler, du haut du phare des principes, et les écueils et le port, la masse inerte des propriétaires du sol ou des capitaux ignore ou méconnaît les progrès et l'imminence du danger.

Déjà, cependant, pour saisir l'approche des événements, déjà plus n'est besoin de la fine oreille de ce prince des temps féériques, qui, la tête inclinée vers le sol, entendait le bruit de l'herbe qui pousse. Les idées et les faits ne se contentent plus de végéter. Du sein des rumeurs confuses et croissantes s'élèvent et percent des voix distinctes. Que le cri de guerre de l'ennemi soit donc pour nous le cri d'alarme!

Si, grâce à la clairvoyance des défenseurs de la société, le *principe* social de la propriété parvient à rester debout et invincible, le communisme succombe. Mais si, n'importe en quel lieu du royaume, la propriété reçoit un échec légal et médité, le gouvernement marche à sa fin; la société dis-soute ne sera bientôt plus qu'un tumultueux chaos, où tous les esprits pourront légalement tout oser. Déjà la crise ap-proche, et nous paraissons faire fi des lois de l'équilibre, ces lois indispensables pour en soutenir le choc! Si nous avons au cœur la ferme et sage volonté de prévenir cette crise, rappelons-nous donc bien que le but fondamental des sociétés, la raison de leur existence, la raison du pouvoir, sans lequel l'esprit ne peut même concevoir une société... c'est la conservation et la reproduction des propriétés et des personnes. Le gouvernement qui recule devant cette œuvre, perd la légitimité du pouvoir en cessant d'être tutélaire. Du moment qu'il devient inhabile à protéger, sa force n'est plus utile qu'à l'oppression; et, s'il sanctionne l'abandon d'une partie de la propriété légale, il en abandonne le principe tout entier : parce que ce principe, qui n'a pour limites que d'autres principes également sacrés, est indivisible. Le pouvoir qui faiblit lorsqu'il s'agit de le défendre, se découvre devant les coups de la plus vulgaire logique; il ne lui reste plus que la force brutale pour dominer. Or, se placer dans une position si provoquante devant *les masses* qui possèdent cette force au plus haut degré, c'est s'offrir aux coups de leur justice; c'est demander à disparaître devant le communisme, doctrine impolitique et permanente de l'instabilité et du partage à outrance!

Eh bien! la spoliation ou le partage forcé, le partage sans indemnité, voilà, dans la question du prolétariat colonial, et puis, bientôt après, dans la question du nôtre, la brèche que le gouvernement laisse au corps de la place qui nous abrite; voilà le mal que je signale à son repentir, à sa vigilance. S'il ne la ferme, le communisme, en redoublant ses attaques du côté de cette ouverture, qu'il feint encore de ne point apercevoir, porte à la société des coups dont l'effet, plus ou moins rapide, est inévitable! Je parle à temps, mais le temps presse! Si nous savons tout ce qui peut sortir d'un germe pernicieux, nous le croirons; sinon, l'ignorance nous permet de rire; un peu plus tard, le galvanisme seul produira cet effet sur le cadavre d'une société qui se sera vouée insoucieusement aux principes de la mort.

Un de nos plus puissants génies, Bossuet, dans son traité sur la politique, a dit avec profondeur : que ce qu'il fallait le plus considérer, c'est moins encore les choses que *leurs conséquences;* et voilà le point sur lequel j'appelle les méditations des hommes de bien et des sages égoïstes...

Sacrifier dix mille hommes, c'est quelque chose en tout pays; mais, après tout, qu'importerait cette centaine d'hécatombes à trente-quatre millions d'égoïstes ! Cependant, si le sacrifice de ces dix mille hommes entraînait, par ses conséquences, la perte des trente-quatre millions d'égoïstes, ceux-ci se sentiraient tout à coup du sang au cœur, et, dans la cause des dix mille, ils défendraient avec ardeur leur propre cause. Eh bien ! ces égoïstes, je les imaginais, ce ne sont point les fils de la France; mais ces dix mille victimes sont bien réelles; elles ne sont ici qu'une figure diminutive du nombre de nos planteurs, et pour un instant je reviens à eux; car, trouvant dans nos possessions les ressources les plus fécondes pour le prolétariat, je suis ramené forcément à cet endroit.

Une des lois qui ouvrent la plus large brèche au communisme, est celle qui atteint et entame les propriétés coloniales. Je viens de le dire, et je ne consacre que deux mots à le rendre palpable, m'occupant bien moins des colons pour eux-mêmes que de l'ensemble d'une société qui se découvre devant l'ennemi à l'endroit où elle a laissé frapper ses établissements coloniaux.

Une course au clocher à travers les inégalités de cette loi [1] nous a manifesté de quelle sorte ses dispositions enlèvent au planteur le temps que ses deniers ont payé, lorsque,

---

[1] 1845.

sous l'empire de lois antérieures et *sous l'excitation* de gouvernements successifs, il se rendit à la nécessité de consacrer ses capitaux à l'achat de travailleurs nègres [1]. Nous
avons vu avec quelle inexplicable inintelligence la loi le
dépouille non-seulement du temps, mais d'une partie de
la terre que ses deniers ont payée. Nous avons senti que,
non contente de lui enlever une partie de sa terre, elle crée
pour lui des situations intolérables! Et, si peu que nous
ayons de sens, veuillons en juger : lorsque l'habitation
sera petite, de *peu d'étendue*, ayant un *atelier nombreux*,
et le cas est fréquent,—toute la commune de la grande terre
en offre l'exemple, — qu'y aura-t-il à faire! L'atelier, le
prolétariat noir, *vainqueur du droit de propriété*, s'en
partagera-t-il le sol de telle sorte qu'il n'en reste rien au
maître, ou qu'il ne lui reste plus une mesure de terrain indispensable à l'exploitation [2].

. . . . . Nous avons reconnu au premier aspect de
cette œuvre législative, que ses dispositions bizarres et fécondes en désordres, gaspillent aux mains du maître le
temps et la terre dont elles ne lui ravissent pas directement
la jouissance. L'action du pécule, les déloyautés de la concurrence, les hostilités du sucre indigène et le jeu terrible
des sociétés abolitionistes aidées de l'or du public que la loi
destine au rachat des esclaves [3], telles sont les causes qui,
enlevant aux habitations l'élite de leurs ouvriers, transfor-
meraient en possession onéreuse la partie restante de l'atelier, et frapperaient de néant la valeur des terres. La raison
le dit, et nous avons vu qu'en nous bornant à l'hypothèse
d'une perte partielle pour le colon, cette perte lui enlève le

---

[1] *Rapport* de MM. Huc et de Chazelles, p. 25. *Idem*, Jules de la Batie,
Tribune sacrée, février 1846, article plein de sens. — [2] Vᵉ de Chazelles,
Émancipation, transformation, p. 40, admirable brochure! — [3] Les fonds
votés par les Chambres pour le rachat.

revenu net qui est son seul avoir, la seule rémunération de ses travaux, le seul élément de la culture des colonies; que si donc notre loi ne machine point la ruine du planteur, elle la consomme!

Assez dès lors, et nous pouvons nous exempter d'approfondir. Le fait du dommage est patent. Que fait donc le gouvernement qui, par cette mesure, déplace, change de main, saisit et dissout la propriété dont la substance et la forme se sont fondées sous son empire, que fait-il? — Qu'on nous le dise? Que donne-t-il? — Il donne le bien d'autrui! ce qu'il lui est impossible de prendre; car, dans le langage que nous ont fait les mœurs sociales, l'injuste et l'impossible ont une valeur identique! Et cependant, pour donner aux uns ce qu'il reconnaît leur devoir, il prend aux autres ce qu'il a déclaré leur appartenir. Mais, déchirer le droit en lambeaux, n'est-ce point déchirer les titres de la société, son propre titre, et tout remettre en question?

. . . . . Lorsque sa logique devient, bon gré malgré, celle du communisme par l'adoption du même principe, quel intervalle sépare encore l'un de l'autre? — Le seul intervalle est celui que remplit la force, et cette force, que tant de gouvernements se figurent tenir sous la discipline et l'uniforme; cette force brutale est celle que le communisme se regarde comme certain de manier à son gré le jour où l'occasion l'en sollicitera; il l'opposera sous l'égide même de la logique gouvernementale à la force que le gouvernement devrait puiser, et puisera, nous l'espérons, dans les lois sociales de la justice!

Telle est, en effet, l'importance sociale du droit de propriété que nos chartes, unanimes en ce point, ont voulu, par l'abolition de la confiscation, l'élever à la plus grande hauteur qu'il lui fut donné d'atteindre en le plaçant *au-dessus même des atteintes de la pénalité!*

Comment serait-il donc possible d'attenter, *au nom de l'humanité et de la justice,* à ce droit devant lequel tout pouvoir social s'incline, à ce droit contre lequel nul pouvoir ne peut s'insurger sans dire : je ne suis plus, et sans se détruire, en détruisant la raison de son être. Du colon au manufacturier, au possesseur de la terre ou des capitaux, il n'y a qu'un pas ;—je dis mal, car il n'y en a point ! et la loi *du partage,* ou la spoliation sans indemnité, cette loi que nous dirons juste là-bas, ne peut perdre sa justice en traversant les flots de la mer pour revenir sur nous ; la mobilité de ces flots n'est point celle de la justice.

Si le droit s'effaçant aux yeux du pouvoir, le pouvoir disposait *en maître* du dépôt dont il n'est *que le conservateur;* si sa mission lui paraissait être de conduire les choses à son gré, — ce que d'imprudents conseillers appelleraient suivre la loi des circonstances, — les citoyens, de leur côté, trouveraient plus naturel et plus doux de se conduire au gré de leur intérêt individuel. D'une part l'arbitraire, et de l'autre l'anarchie, succéderaient à la règle ; la licence aurait bientôt détruit et supplanté la liberté : partout alors rugirait la guerre !

. Objecter, à propos d'esclaves, que le premier droit chez l'homme, c'est le droit de propriété sur sa personne, c'est m'objecter ce que je me plais à crier d'une voix pleine et forte : je le sais donc ! mais ce que je sais encore, c'est que ce droit n'est pas le seul au monde ; *c'est qu'à titre de droit et de principe il doit s'accorder avec tout ce qui est principe et droit;* c'est que, pour prendre possession de la place qui lui est due au soleil de la justice, il ne lui est donné d'anéantir aucun autre droit, aucun principe social. Car les principes ne ressemblent en rien à ces poissons insatiables qui se dévorent les uns les autres. C'est là ce que trop de discoureurs, étrangers aux éternelles notions de la philosophie, me parais-

sent complétement ignorer. La nature de ces vérités fondamentales distinguées sous le nom de principes leur est si
fort inconnue, qu'ils ne comprennent pas même la nécessité
de leur accord. Il leur semble toujours que des circonstances
se présentent, où l'une de ces vérités peut faire la guerre à
l'autre, la diviser, la mutiler et l'absorber. Daigneront-ils
reconnaître que lorsque la discordance éclate entre deux
principes, c'est que l'un des deux porte le sceau de l'erreur
ou manque d'un principe intermédiaire qui le lie à ses appli-
cations. Et, s'ils daignaient se pénétrer de cette vérité rudimentaire, ne seraient-ils pas les premiers à répéter que l'a-
venir d'un pays civilisé ne peut être fondé sur la spoliation
et l'injustice[1].

Le motif de notre répugnance à respecter dans la France
transatlantique le principe de la propriété,—qui nous paraît
inattaquable sur le terrain où nos champs reçoivent les
tièdes caresses de notre soleil,—c'est que le calcul élève
l'indemnité à un taux supérieur au pouvoir de nos finances!
— Oui, supérieur, cela est vrai, si nous ne reconnaissons
plus pour hommes d'état que des chiffreurs de comptoir,
dont la science ne saurait dépasser le *doit* et *avoir !*

Le grand motif de notre injustice, et du péril dont elle
menace la société, c'est la grandeur de l'indemnité. La
dette est grande, donc il faut la nier ou l'éluder !

Oh! je l'avouerai sans peine, soit que nous l'abordions
en dessus ou en dessous, de flanc ou de face, l'indemnité
équivaut nécessairement à la compensation parfaite du tort
dont elle n'efface le nom qu'en le couvrant du sien. Pre-
nons donc, une bonne fois pour toutes, l'épouvante dont

---

[1] Dire : périssent les colonies plutôt qu'un principe, n'était-ce point dire :
périsse le principe de l'ordre, de la propriété, de la vitalité nationale, plutôt que de retarder d'un instant l'indispensable application du principe de
la liberté? Nul principe ne doit périr, cela est clair ; et, en politique, *des
colonies sont un principe !*

notre cœur peut se remplir, afin de nous en soulager d'un coup, afin de reprendre aussitôt après le mouvement et de fermer la brèche que nous ouvririons au communisme si nous mettions le rempart du droit au-dessous de nos chaussures. La justice sait-elle distinguer entre le préjudice indirect et le direct? Le législateur nomme-t-il un préjudice actuel, un autre momentané, un autre immédiat ou indéfini? En désigne-t-il un seul pour l'exclure? Y a-t-il pour lui des commencements ou des portions de préjudice? ou tout préjudice, par cela seul qu'il est sensible, est-il complet dans sa mesure?—Répondons comme s'il s'agissait de nous-mêmes; car, il s'agit déjà de nous à la tribune du communisme! Un égoïsme mal entendu nous permettrait peut-être bien de borner l'indemnité au tort direct, qui est le principe du tort indirect; mais par quel art exclure l'indemnité de la réparation de ce dernier tort, conséquence indivisible de celui qui le précède? Par quelle opération de l'esprit séparerions-nous l'inséparable?

— Oh! la raison, c'est qu'il le faut!—Raison mauvaise, car il ne le faut que pour la réalisation des systèmes; et ces nécessités, aussi artificielles que les systèmes en prouvent la déraison par leur injustice. Encore un coup, indemniser, ou ne pas confisquer, ou ne pas attenter au principe de la propriété, soit légitime, soit légale; ou ne pas voler, ou ne pas dire à la masse avide qui convoite nos biens : les biens sont au plus fort; eh bien, indemniser de la sorte, c'est-à-dire selon le vœu de la grammaire et de la loi, c'est compenser le tort et tout le tort, c'est remplacer tout ce qu'on enlève, tout ce qu'on fait périr au préjudice du propriétaire, et le compenser par un équivalent.—Y sommes-nous? Ah! si nous n'y sommes pas cette fois, fuyons au camp des communistes. Leur loi devient la nôtre... Et les difficultés insurmontables de l'indemnité ne sont qu'une chimère pourtant!

Bien fermement établis dans les voies de la justice qui sont celles du salut des peuples, résumons-nous, quant à la question qui menace de nous en détourner, et voyons quelles facilités s'offrent à nous de combiner avec le vœu de la raison les intérêts de notre trésor!

Le mal de l'esclavage existe; c'est le mal d'une organisation puissante, mais vicieuse du travail. Des lois partiront-elles du sein de l'Europe, où le travail sans organisation désorganise et « dissout la famille, » ce premier élément de la société; ces lois détruiront-elles ailleurs la constitution du travail sans se soucier d'attendre qu'elle ait été remplacée par une constitution meilleure? Ces lois de mort, appelées lois d'urgence, mettront-elles au néant le travail, sauvegarde des mœurs; anéantiront-elles du moins la partie du travail qui produit, dans le *revenu net*, la rémunération des peines du maître et qui est la raison de l'emploi des travailleurs? Enfin, de telles lois dépouilleront-elles une classe de propriétaires pour acquitter à l'égard d'une autre classe d'hommes la dette de l'Etat tout entier?

Ces derniers mots formulent la question que nous voyons assise au seuil de l'édifice social *pour le défendre ou le livrer;* la question dont la solution nous affranchit du pillage légal, ou nous abandonne aux bouleversements infaillibles et rationnels du communisme. Que la raison prononce donc les yeux ouverts, s'il est *urgent* de détruire les lois injustes de l'esclavage, par des lois non moins criantes et injustes; s'il faut partir au hasard, *sans souci du lendemain, sans souci de la logique rigoureuse du peuple*, et sans crainte de l'application *prochaine et universelle* d'une mesure *qu'il est impossible de cantonner!* Que la justice décide s'il faut être injuste envers les blancs, pour cesser de l'être à l'égard des noirs! Injuste, n'importe en quel lieu, à l'égard des propriétaires, pour cesser de l'être à l'égard des prolé-

taires! — Vie ou mort *pour nous* et pour nos colonies,
voilà le mot ; car ce que nous leur ferons *nous sera fait !*

La providence poursuit les peuples dès cette vie, parce
que dans l'autre monde, la société des hommes ne se présente plus sous forme de nations !

Cependant, pour détourner le danger dont ce côté de
l'horizon nous menace, la justice et la politique ne. demandent guère au pouvoir que de rentrer dans la lettre et
dans l'esprit du pacte qui accorde à nos colonies un régime
conforme à leur nature. Ces dispositions mettent aux mains
de l'Etat, qui s'en défend, une corne d'abondance dont
les richesses s'appliqueraient là-bas à la compensation des
dommages causés par les mesures émancipatrices, et sur
notre propre terrain, à l'adoucissement des ineffables misères du prolétariat ! Une indemnité qui sort presque tout
entière de ces mesures législatives, qui arrache au gouffre
béant du communisme le principe tout entier de la propriété, et dont la source, jusqu'ici comprimée, enrichirait
le trésor, au lieu de la tarir, est-ce une indemnité qui nous
répugne ?

Pour excuser notre mollesse à la préparer, à la vouloir,
nous figurons-nous que, dans cette crise, l'Etat puisse bal-
butier des fins de non recevoir ! que l'Etat élude ! que l'Etat
veuille jouer sur les mots, que l'Etat paye en sophismes les
créanciers *qu'il se donne*, et quelquefois en sophismes
cruels ? Non, l'Etat — je veux dire la France représentée
— ne fera rien de pareil ! Mais, aujourd'hui, lorsque le
colon tend la main pour recevoir l'indemnité, le montant
de sa dette, le capital *affecté au salaire du travail libre;*
« le capital sans lequel une société coloniale *ne peut supporter le passage de la servitude à la liberté* [1], » il se

---

[1] *Rapport de Tocqueville*, p. 22, 23.

glisse, sous le manteau de l'Etat, des démagogues qui crachent l'injure dans cette main... Regardons-les de tous nos yeux! Vainqueurs futurs de la propriété qu'ils s'efforcent de mutiler pour l'affaiblir, nous allons les voir reparaître ailleurs. Je les attends et vous les reconnaîtrez; ce sont les avocats du communisme [1]!

---

[1] Il est inutile de répéter que je n'entends attaquer aucune loi qu'à l'aide du législateur même, ou du pouvoir qui *règle la loi* par des ordonnances!

Exemples de la force des préjugés, ou de l'ignorance, etc., etc. —
Quelques questions d'économie politique et de politique nationale traduites en faits —La betterave devant les Prolétaires.

Nous avons tout-à-l'heure demandé grâce pour le droit
de propriété, fondement de l'ordre social, base assez favorable, assez spacieuse pour offrir à tous les membres de la
société la place que réclame leur développement et le légitime exercice de leurs fonctions. Nous avons sollicité cette
grâce en faveur du prolétaire hâve, déguenillé et murmu-
rant des menaces, non moins qu'en faveur du propriétaire
alarmé des bruits sinistres dont tout vent qui passe au-dessus de la tête de la multitude apporte le bourdonnement à
ses oreilles. La difficulté s'est réduite pour nous à cette formule : Où prendre ce qu'il s'agit de rendre?—Où donc? Eh
bien! sous sa main, sur les lieux mêmes où l'on a pris ce
qui exige compensation. Car c'est là que l'indemnité sommeille dans la glèbe, et s'impatiente des retards de la loi
qui l'en fera jaillir. Ce n'est pas tout, et le réservoir est assez
riche pour que la source, une fois dégagée, élargisse son
conduit par le mouvement et le volume de son cours. Nouvelle Aréthuse, et plus poétique dans ses réalités que les
rêveries de la fable, cette source tend à se frayer un canal
au-dessous des flots amers de l'Atlantique, et à rompre le

sol qui nous porte pour épancher à flots ses richesses sur
notre continent, où tant de misérables, l'œil en feu, la
bouche brûlante, le corps tout fiévreux de désirs, n'attendent plus que d'un miracle ou de leurs bras violents le don
ou la conquête des eaux de la vie[1].

Mais ne se rencontre-t-il point un obstacle à la réalisation de cette merveille? Oui, sans doute : une autre merveille! et je veux dire, à ce sujet, ce que l'intérêt et la ruse
s'efforcent de dérober à bien des regards.

Lorsque mes yeux cherchaient, dans nos colonies, cette
prospérité qui est un des attributs de leur nature vigoureuse, et sans laquelle on ne peut naturellement les concevoir, j'ai vu que les efforts les plus impolitiques ne l'en
avaient bannie que par des prodiges de persévérance.... Et
lorsque, frappé de l'absence des richesses sur le sol qu'elles
avaient inondé; lorsque, ne me heurtant plus qu'à des
ruines, partout où, naguère encore, la terre avait étalé ses
magnificences, j'interrogeais les causes de cette désolation,
deux mêmes causes se présentaient sans cesse, fatalement
liées l'une à l'autre. La première, c'était le génie de l'étranger et l'influence de ses auxiliaires intéressés; la seconde,
une découverte indigène, que la science avait produite sous
l'influence de ce même génie. Tout en le maudissant, elle le
servait. O fatalité!—Disons-le donc; parmi les fléaux que la
guerre jeta sur notre territoire, nous devons compter un
don de la science; et l'on ne me prendra point à blasphémer
ce nom sacré, le nom d'une science que j'ai cultivée,
et dont une loi barbare repousse les bienfaits du sein de nos
colonies[2]. Simple narrateur, je me borne à consigner des

---

[1] V', par exemple, de quelle ressource est Cuba pour l'Espagne épuisée!
Cuba, d'autant plus prospère que la métropole s'ingère moins de la régle-
menter par ses hommes de bureau! *Durieu*, mars 1845. — [2] Le progrès, le
raffinage, etc., leur est interdit.

résultats, sur lesquels j'appelle la froide impartialité du jugement.

Veuve à peine du génie de Lavoisier, et contrainte d'aider la politique dans ses luttes, la chimie demandait compte
de ses éléments à une plante que Commerel, se figurant
parler par antiphrase, appelait du nom prophétique de *disette*[1] !

La chimie mit donc au jour, sous nos tièdes rayons, le
sucre, que l'Europe ignorait recéler dans ses racines. Des
flottes ennemies couvraient alors l'Océan. Séparées de la
mère-patrie par une zône flottante de fer et de feu, les colonies prirent d'abord en pitié cette industrie rivale. En Europe même, son enfance débile et maladive, quoique ber-
cée par les mains d'un grand homme, essuya les froides
railleries de la foule; mais elle se fortifiá dans les crises; et
bientôt, lorsque la politique, rendue aux douceurs de la
paix, donna le conseil de l'étouffer, elle devint géant !

De longues années, car ce furent des années de souffrance, ont douloureusement répété la preuve que le sucre
indigène et le sucre des colonies ne peuvent coexister sur le
même marché. Entre les deux ennemis, dont l'un représente nos intérêts vitaux, point de paix. Les ports de mer
du continent et les territoires dont se compose la France
transatlantique, trop vivement lésés pour rester neutres dans
ce conflit, se réunirent donc pour solliciter de la législature
la suppression du sucre indigène. Mais cette question, réglée
après mille tâtonnements, ne l'est point encore d'une manière irrévocable. Car la solution présente équivaut à cet
arrêt : Le pouvoir a décidé qu'il ne décidait rien ! Le sucre
indigène, pour lequel tout retard est une prolongation
d'existence et d'espérance, se résigna aux chances de cette

---

[1] Tel est le nom de l'une des variétés de la betterave.

procrastination systématique; la même résignation, de la part des colonies, eût été l'acceptation de leur arrêt de mort!

Soumises, au profit de la métropole, à toutes les rigueurs d'un régime exceptionnel, les colonies ne subsistent que grâce aux retours d'un système de compensation que ces mesures leur disputent et leur enlèvent. C'est, en effet, pour équivaloir aux obligations onéreuses imposées à ces possessions, que la métropole a contracté l'engagement formel, réclamé par les planteurs comme on réclame le droit de vivre : l'engagement d'assurer, sur ses propres marchés, un écoulement avantageux aux denrées coloniales, *auxquelles elle ferme*, contre le droit commun, *les marchés de l'étranger*[1]!

Amis et ennemis reconnurent donc qu'un contrat sacré obligeait la métropole à donner aux colonies l'assurance d'un placement complet de leurs produits sur ses marchés. Mais cette vérité reconnue devint-elle féconde? Non; car on n'en fit rien sortir ; et vainement les calculs du gouvernement et des commissions de nos Chambres admirent que les colons ne pouvaient travailler sans perte. Or, ce qu'il s'agit de remarquer avec la plus sérieuse attention, c'est que nulle perte ne pèse sur eux sans peser d'un poids proportionnel sur le prolétariat noir[2] et sur le trésor que la France peut et doit appliquer au soulagement des prolétaires métropolitains[3]!

En effet, dans l'ordonnance de dégrèvement de 1839, on remarquait ces paroles qui peignent d'un trait, aux esprits les moins politiques, la solidarité d'intérêts et de souffrances par laquelle se trouvent liées entre elles les colonies, la marine, le commerce, et puis enfin l'industrie métropolitaine,

---

[1] V· *les Juifs, rois de l'époque. Les violations criantes du pacte colonial. Id. Product. des colonies essentielles pour les prolétaires*, p. 292 à 297, etc. — [2] *Officiel.* — [3] Forcé de me restreindre, je supprime de longues notes de statistique.

manufacturière ou agricole, qui a pour *agents nos prolé-taires !*

« Les navires reviennent sur lest. Des voyages, dont tout le profit devait être donné par le fret au retour, sont donc ruineux pour les *armateurs*, comme pour *tous les manufacturiers et négociants de l'intérieur* qui ont des relations avec nos colonies [1], et des prolétaires pour agens subalternes. »

C'est bien ici le cas de se demander quelles sont, dans cette question, les causes de l'amoindrissement des ressources ouvertes à toutes ces classes dont se compose notre nation ; à ces classes, dont la prospérité devient la puissance et la prospérité de l'État ! Ces causes ce sont, grâce à la culture indigène, la surabondance de la production des sucres, relativement à la consommation limitée à laquelle l'énormité des droits réduit la masse des consommateurs (Voir les détails broch. *Question des sucres*, par M. Jollivet, p. 19 à 22). Et cette limitation est aussi barbare qu'impolitique, puisque déjà nos colonies se trouvent réduites à ne cultiver qu'un tiers de leur surface. La seconde cause est le privilége du sucre indigène sur le sucre de canne, privilége maintenu par l'excessive facilité de frauder le trésor, car le sucre indigène retire de cette facilité d'incalculables bénéfices ; d'où il résulte que, même selon les hommes d'état de nos Chambres, partisans de la betterave, ce sucre, qui ne devrait arriver sur nos marchés qu'en seconde ligne, y figure en première ; et cette cause est de toutes la plus monstrueuse ! La troisième enfin, c'est la réduction de la surtaxe sur les sucres de provenance étrangère. Ces leçons d'économie politique ont-elles quelque similitude avec celles que nous donnent les nations rivales ? Oh ! c'est précisément tout le contraire ! Non seulement la Hollande frappe les sucres étrangers de droits prohibitifs, mais Java ne rencontre aucun concurrent indigène sur les marchés hollandais, et une prime de réexportation permet aux sucres de cette colonie un placement avantageux sur les marchés étrangers. Non-seulement l'Espagne impose à 60 fr. les sucres du dehors, tandis qu'elle n'a soumis les siens qu'a une taxe de 17, mais elle accorde à Porto-Rico et à Cuba le monopole du marché métropolitain, car son terroir européen se ferme à la production du sucre indigène. Il y a mieux : les denrées de ces colonies ont pour débouchés tous les marchés du globe. Les îles de Porto-Rico et de Cuba exportent aux États-Unis américains de soixante-cinq à quatre-vingt millions de kilogrammes de sucre. L'Europe reçoit ensuite ce que n'ont point absorbé les marchés privilégiés de l'Espagne.

Quant à l'Angleterre, elle ne se borna point à écarter la concurrence de

Cependant si les intérêts de la fortune publique sont jamais sacrés, ce doit être en présence de ces légions de misérables dont le prolétariat se compose, et qui réclament la vie même dans la part qui se gaspille, et à laquelle ils ont droit de prétendre. — On ne conteste point cette proposition, mais on ajoute : Sacrifier une industrie, l'anéantir, le mot est dur !... quelque parfaite et facile que soit d'ailleurs l'indemnité offerte aux industriels par le pays !

l'étranger par une surtaxe de 100 fr. par cent kilogr. ; mais, en outre, elle frappa dans son germe le sucre indigène, au lieu d'attendre que cette industrie prît son essor et soutînt une lutte fatale aux intérêts généraux ; elle sut, par la sagesse de l'impôt, l'arrêter aux portes de la vie. V', quant au *free trade*, la note p. 467.

Voyons maintenant quelle est la marche adoptée par la France, en faveur de laquelle nous sollicitons l'acceptation d'une ressource énorme et naturelle, que sa législature a méconnue.

M. Ducos déclare (*Rapp.* du 2 juillet 1839) que prétendre établir l'équilibre entre les deux sucres, c'est faire un rêve ! La question n'a pour lui qu'une solution : l'interdiction de la fabrication indigène. MM. Lacave-Laplagne et Duchâtel ont également reconnu l'impossibilité d'une transaction (Chambre des Députés, séances des 7 et 9 mai 1840). Selon MM. Dombasle et Stourm, défenseurs du sucre indigène, « ce serait une véritable chimère que vouloir, par une législation quelconque, établir l'équilibre entre les produits des deux origines. » « Les rapports qu'on aura déterminés *aujourd'hui* entre les deux industries, auront cessé d'exister *demain*. Pour faire quelque chose de durable, il faudrait les rendre complètement stationnaires » Mais, chaque jour, les progrès de la culture et de la fabrication dérangent les prix de revient et se jouent des combinaisons antérieures. MM. de Lamartine , de Wustemberg (séance des 5 et 9 mai), et les juges les plus compétents, n'ont ouvert la bouche que pour varier l'expression de cette immuable vérité.

« L'égalité des droits, dit M. Schœlcher, n'est qu'une déception de transigeur timide (*Introduction* p. 17, col. fr.). » Cet équilibre est une chimère ; tous s'accordent d'une voix unanime à le proclamer.

Eh bien ! en conséquence de ces principes et de ces vérités pratiques, après s'être redit les uns aux autres que cet équilibre est impossible, que c'est une chimère, qu'est-ce que nos hommes politiques ont décrété ? — Rien, si ce n'est cet équilibre !

Qui donc, après cela, sur toute question vraiment nationale, hésiterait à faire

Le mot est dur, parce qu'il implique la double idée d'une perte et d'un moyen violent. Mais si le contraire existe dans la suppression de cette industrie, l'opposition disparaîtra, sans doute, avec les alarmes qui la motivaient. Une question d'humanité se liant toute vive à une question d'économie, nous ne craindrons pas de consacrer un petit nombre de lignes à réunir sous les yeux du lecteur les bienfaits offerts à l'agriculture et à l'industrie, par les produits indigènes; et l'apathie des plus indifférents pourra ne pas s'en plaindre !

La consommation du sucre est évaluée en France à trois kilog. par tête; en Angleterre, elle s'élève jusqu'à sept, parce que, jusque dans les classes les plus misérables du

un appel plein de confiance à la nation! Et quelle autre question plus nationale par ses conséquences, plus véritablement populaire par ses ramifications !

L'égalité des droits concédée entre les deux sucres n'est qu'une mesure *fictive*, un remède incomplet. Décrétée, comme en Angleterre, *avant l'apparition du sucre indigène*, elle l'eût sans doute empêché de naître. Mais, aujourd'hui, les luttes de l'enfantement, les infirmités et les accidents de l'enfance, les tâtonnements de l'éducation, les vices du régime, tous ces obstacles se sont évanouis un à un, sous les vivifiantes influences d'un milieu favorable. L'adulte vous montre ses bras d'Hercule et sourit dédaigneusement à la lettre morte de votre loi. L'égalité, dites-vous, mais ce mot écrit au futur, ce mot dont le progrès dérange heure à heure toutes les syllabes, le prenez-vous pour une digue jetée sur le passage de la fraude? Et, sous le jeu, les artifices et la science de la fraude, que devient donc votre égalité, cette égalité *future*... Oh législateurs!... Déjà, tout le zèle de nos agents, tous nos moyens d'investigation et de contrôle ne savent retenir dans leur fuite au-delà des deux tiers du sucre qui découle de la betterave, et les fixer sous le prélèvement de l'impôt. Déjà « *la contrebande* des fabricants de sucre indigène *tue l'industrie légitime* des colons » (*Les Juifs, rois de l'époque*, p. 297), en même temps que la seule production de la betterave coûte annuellement à la France un déboursé de vingt-huit millions ! (*Les Juifs*, etc., p. 295). Or, à quels prodiges ne s'élèverait point le génie de la fraude, surexcité par une nouvelle augmentation de droits? Car la science professe l'impossibilité de réprimer la fraude, dès que les bénéfices compensent les chances de perte ; que sera-ce donc, s'ils les surpassent? — Reconnaissons loyalement que la fraude et le privilège viennent ici se confondre sous un même nom !

peuple, le thé, cet élixir de vie, le thé forme, avec les bois-
sons chaudes, une partie intégrante du régime! Exagérons
jusqu'aux suppositions hyperboliques, et portons pour la
France jusqu'à dix kilog. par tête le chiffre de cette consommation, c'est-à-dire plus de trois fois au-delà de la
réalité; c'est là ce qui se verrait, si la loi permettait au sucre
d'être ce qu'il est de sa nature, une denrée de nécessité plutôt
que de luxe. En effet, il est à peine une nourriture que le
sucre ne dépouille de ses qualités malsaines, ce qui le rend,
ainsi que le sel, le condiment le plus précieux de la cuisine
du pauvre[1].

Eh bien! d'après cette hypothèse ridiculement énorme
de consommation, la betterave n'occuperait encore que la
deux cent quatre-vingtième partie du sol cultivable, c'est-
à-dire *trois hectares onze centiares par commune!*
ou bien, *sur trente-trois millions d'hectares cultivables,*
quarante-huit mille seulement[2]!

Observons de plus que la production se restreint presque exclusivement aux quatre départements du Nord, du
Pas-de-Calais, de l'Aisne et de la Somme. En effet, leur
part de représentation dans cette industrie se compose des
trois quarts des fabriques et des sept huitièmes de la production, et le département du Nord figure pour *plus de*
moitié dans ce total? Ailleurs, une langueur générale
atteint et mine les fabriques[3]! Et pourquoi?... c'est qu'elles

---

[1] V' *les Juifs, rois de l'époque*, p. 291, 292; 1845. — [2] Cinquante mille,
selon les *Juifs, rois de l'époque*, pour une consommation *triple* de celle
qui existe aujourd'hui. — [3] Autour de Lille, ville et département de fron-
tière, *l'une des places les plus exposées en cas de guerre*, notons-le bien,
on voit s'élever quatre établissements desquels sortiront l'année prochaine
plusieurs millions de kilogr. de betterave.

En 1839-40 la production a été de	9,721,000 kilogr.
En 1842-43	15,477,000
En 1844-45	18,000,000

Et l'année prochaine, elle parviendra, *d'un bond*, jusqu'à vingt-huit

ne trouvent point réunies, comme dans ce coin privilégié, les conditions essentielles de leur prospérité : la fertilité des terrains, le bon marché des combustibles, le voisinage des routes nombreuses, de Paris et de la mer [1].—Un des bienfaits infaillibles de la betterave, du temps de ses promesses dorées, c'était de varier les assolements. Cela fut dit et répété jusqu'à ce que M. Crespel, lui-même, nous eût cité des terrains plantés en betterave pendant dix années *consécutives!* tellement il importe à cette industrie, qui dévore autant d'engrais qu'elle en avait promis, d'économiser les transports et d'abréger les distances! Mais un des effets réels de cette culture, ce fut de diminuer notablement la production de l'orge; de là, les doléances des brasseurs du Nord. Ce fut en outre d'augmenter des trois quarts la cherté des engrais; ce fut d'en diminuer la production en diminuant le nombre des troupeaux; car, après les céréales, les pâtures cédèrent à leur tour d'énormes quantités de terrain à cette exploitation nouvelle; ce n'est donc point seulement au morcellement de la propriété, c'est encore aux envahissements de cette racine qu'il faut attribuer une énorme et croissante importation des bestiaux dont la valeur s'estime à près de 20 millions annuellement versés par la France aux mains de l'étranger [2].

Mettons cette somme en face des trente millions que les colonies savent encore rapporter à la France, et demandons-nous si *quatre-vingts départements* et les colonies, seront sacrifiés *à l'un des intérêts* de *trois ou quatre départe-*

millions (16 septembre 1845). Lisez dans *les Juifs, rois de l'époque,* l'effet désastreux de l'influence des hauts capitalistes, monopoleurs de la production et du raffinage du sucre indigène, sur la fortune de la France.

[1] *Rapport du comte d'Argout,* 6 juillet 1837. — [2] V' Huc, Ride, Toussenel, etc. Les résidus de cette production donnent à la viande une qualité si fâcheuse, qu'un restaurateur qui se respecte n'ose servir à ses pensionnaires du *bœuf de betterave. Id.* Toussenel.

ments ; intérêt *qui se confond lui-même avec ceux de la politique anglaise* [1] !

Voilà les faits qui s'associent pour prêter leur force à ces conclusions de M. le comte d'Argout :

« L'industrie indigène n'a procuré ni à la France, ni aux départements où elle s'est concentrée, les brillants avantages qu'elle avait promis. Elle-même a peu profité de la protection exorbitante qui lui fut accordée ; les dédommagements produits au trésor furent entièrement illusoires. »

« Il faut, dit M. de Montalembert [2], assurer aux colonies un marché stable et certain que leur dispute une industrie *factice* et rivale. » Il y a plus, dit le plus fougueux des abolitionistes, M. Schœlcher, dont nous avons souvent approuvé les vues, lorsque son œil n'était point troublé par l'aspect d'un maître ou d'un esclave ; il y a plus, « il faut se résoudre à tuer une des deux industries similaires, car il n'est d'aucune nécessité *politique* ni *économique* qu'elles subsistent toutes deux. Et comme le sucre indigène n'est pas une condition de vie pour la métropole, tandis que le sucre exotique est une condition de vie pour ses colonies,.. il faut détruire le sucre de betterave avec indemnité pour les fabriques métropolitaines. Plus tard, nous espérons prouver que le consommateur français n'aurait *que profit* à cette équitable mesure, rattachée à l'affranchissement, et à un système colonial large, intelligent, bien entendu [3]. »

« Toute industrie qui a besoin, pour exister, du secours de la prohibition ou de droits différentiels exagérés [4], est dans la même condition que l'industrie de la betterave, et ne peut être florissante que si les consommateurs qui deman-

---

[1] Huc, *Notes sur l'importance des colonies*, p. 14 à 18. V* *id.* Ride et les *Juifs, rois de l'époque*, etc., etc. — [2] Loi de 1845, rachat. — [3] Schœlcher, *Introduct. Col. fr.*, p. 17, 18. *Id.* J. Lechevalier, *Guyane, introd.* — [4] Résultant de la fraude du raffinage, etc.

dent ces produits, donnent en échange une fois plus de travail qu'elle ne vaut réellement; car c'est le travail qui achète
le travail ! *Malheur à la nation qui posséderait beaucoup
d'industries florissantes à cette condition-là[1] !*

Anéantir la culture des colonies en favorisant une culture rivale dans plusieurs départements français, c'est perdre, sans compensation, toute la valeur des produits coloniaux; car les terres qui fourniront le sucre de betterave ne
fourniront pas de blé. Mais la culture de la canne « ne pouvant être remplacée par aucune autre, il y a encore perte
sans compensation, et cette perte sera de cinquante millions
annuellement[2]. » « Ce qu'on n'aurait osé proposer pour les
vins d'un département, parce que immédiatement tout le
monde en aurait compris l'absurdité, on n'a pas hésité à
l'appliquer aux colonies en faveur du sucre indigène[3]. »

« Nous immolons, avec une fatale persévérance, les *intéréts du commerce* et *de la navigation*, de notre *puissance maritime* et *du trésor public*. Nous les immolons
en prolongeant la lutte malheureuse du sucre de betterave
contre le sucre de canne, pour enrichir quelques entreprises agricoles très-circonscrites, *qui appauvrissent le
budget de plus de trente millions par exercice*, au profit
des départements les plus producteurs, au détriment de la
population moins favorisée de notre littoral, et à la ruine
certaine de nos établissements coloniaux[4]. »

« Faut-il donc sacrifier les deux tiers de notre navigation marchande, l'échange avantageux de cent millions de
nos produits, et les plus belles espérances de notre force navale, pour favoriser, aux dépens du monde commercial, mais

---

1 E. Buret, vol. ii, p. 423, économiste lauréat ! — 2 Ride, vol. ii, p. 362.
— 3 *Ibid.*, p. 363, 364. — 4 D'Audiffret, 25 janvier 1843, *Sur les finances,*
Chambre des Pairs.

surtout de la France, et au profit d'une nation rivale, une révolution qui transporterait aux Indes anglaises, par le déplacement des produits commerciaux, tous les bénéfices et *tous les salaires du travail de l'Europe continentale* et des peuples de l'Amérique [1]. » Nos hommes d'Etat *oseraient-ils adresser cette question à nos prolétaires*, et la leur donner à résoudre? Cette question qui aboutit à celle des salaires!

Il est à savoir, après cela, que la suppression de la betterave n'occasionnerait aucune perturbation funeste aux intérêts de l'agriculture. Les départements, où tant de priviléges sourirent au développement de cette plante, en retournant à la culture du colza, de l'orge, des céréales et à la multiplication des bestiaux, resteraient encore ce que nous les avons connus avant l'invasion de la betterave, c'est-à-dire les départements les plus riches et les plus florissants de la France [2]!

Mais ce sacrifice est une atteinte à la liberté de l'industrie! — Eh bien! les lois qui nous gouvernent sont remplies de ces exceptions; ce n'est point que je prétende justifier un abus par un abus. Toutefois, je dois faire observer que la science politique ne reconnaît point la légitimité de sentences abstraites et absolues. Que dis-je! elle en démontre victorieusement le danger dès qu'elle manifeste, comme dans le cas présent, leur opposition aux intérêts généraux, à ceux des masses, qui, pour ignorer l'une des causes les plus efficaces de leurs souffrances, n'en souffrent pas moins vivement.

Une atteinte à la liberté! Mais autrement faibles sont les raisons qui militent en faveur du monopole des tabacs, cette culture dont l'interdiction est aussi générale en Angleterre

[1] D'Audiffret, *Discours à la Chambre*, loi du rachat; 1845. — [2] Lacave-Laplagne, 7 mai 1843.

qu'en France. Cependant, aux objections vainement liguées
contre ce monopole, le gouvernement répondit : « Une considération domine toutes les autres, l'intérêt de l'Etat ! La
loi interdit la culture du tabac comme elle prononce d'autres interdictions pour le transport des lettres, pour les cours
d'eau, pour les bois, pour la faculté de bâtir à telle ou telle
distance des places de guerre, dans l'intérêt de la société[1]. »

N'est-ce point l'exagération du droit de restreindre qui,
par le quatrième article du pacte colonial, interdit aux colonies toutes les industries manufacturières créées dans un
but d'exportation? Les privilèges dont elles réclament, non
point la création, mais la conservation, ces privilèges-qu'elles
revendiquent dans un intérêt *qui s'identifie à ceux du public*, ne sont-ils point largement payés par ceux que la métropole s'est attribués à leur égard? Ne sont-ils pas bien
compensés, et fort au-delà, par l'exclusion fatale de ces
contrées hors du régime du droit commun[2].

Les défenseurs inintelligents du sucre indigène objectent
que l'émancipation des noirs entraînerait une diminution
considérable de la production du sucre colonial. Oui, cela
est vrai de l'émancipation selon leur formule; mais c'est
par trop oublier ou renier leur thème favori. Car, en leur
qualité d'abolitionistes, ils n'ont cessé de prophétiser les
merveilles de la terre promise, je veux dire de la terre libre.

La raison, d'accord avec la cruelle expérience des îles
anglaises[3], démontre que si l'effort nécessité par l'émancipation peut être couronné par le succès, il ne se présente
guère de moyen matériel plus efficace pour amener cet

---

[1] *Réponse au rapport de M. de Cambon;* 9 mai 1829. — [2] Le planteur
français paye ses consommations 25 et 30 p. °/. plus cher en les achetant
de la France, que s'il les achetait de l'étranger. *Statistique comparée du
chevalier de Tapiez,* p. 454, imprimée à Coulommiers; 1845.— [3] Prince de
la Moskowa, et M. d'Audiffret, Chambre des Pairs, 1845 ; *id.* autres preuves
dans *les Colonies devant les Pairs,* par M. Jollivet, p. 38, 44, etc.

heureux résultat que des salaires exorbitants; réduisons-
nous à dire de hauts salaires.

Or, une telle rémunération du travail ne devient possible
qu'à la condition de la vente avantageuse du sucre colonial,
et cette condition rencontre pour obstacle la présence du
sucre indigène sur nos marchés! Phénomène étrange, voici
donc la philanthropie contrainte de se liguer avec la politique française et avec la justice pour réclamer la suppression du sucre indigène, sans laquelle l'émancipation ne peut
s'installer que sur des ruines!

En effet, de quelque côté qu'il plaise à la pensée des
hommes d'ordre, de conservation et de progrès, d'aborder
l'édifice de l'émancipation, la suppression du sucre indigène, cette coûteuse et désastreuse industrie, doit se lire
écrite sur toutes les faces de son péristyle!

De telles paroles se sont-elles alignées sous la dictée d'un
patriotisme intéressé? Que le lecteur veuille bien ne s'attacher qu'aux raisons et aux faits; qu'il chiffre, qu'il pèse,
qu'il juge. En tous cas, puisse la pudeur retenir cette accusation sur les lèvres des hommes du Nord, dont la philanthropie betteravière renouvelle annuellement ses vœux en
faveur de l'émancipation avec la plus persévérante sollicitude. Le conseil général de ce département, organe de ses
vœux touchants, permettra sans doute de se défier un peu
d'une philanthropie qui sent si fort son terroir et sa ra--
cine!..... Les planteurs qui réclament les moyens d'une
émancipation opportune, parce qu'ils la veulent féconde
et durable, cèdent du moins à un sentiment qui s'identifie à
celui des intérêts généraux!...

. . . . . Eh mais, en cas de guerre, nous dira-t-on?
qu'arriverait-il? y pensez-vous[1]? J'y ai pensé!—La guerre,

---

[1] La Guyane et la Martinique sont aussi faciles à défendre que Calais,
Dunkerque, Toulon, etc. (J. Lechevalier, *Guyane*, p. 125, 126. « La Gua-

si rugissante qu'elle soit, laisse subsister quelques neutres entre les parties belligérantes!... Il nous est donc permis de compter sur un souffle de vent favorable pour amener vers nos parages ces navires espagnols, hollandais, américains, desquels nous nous trouvons déjà tributaires pour tant d'objets de nécessité première, pour le coton par exemple! Ils nous verseraient avec joie, pendant le cours de la crise, les cargaisons d'un sucre moins coûteux que le sucre indigène!

Pousserait-on le ridicule jusqu'à proclamer la possibilité d'un blocus hermétique; jusqu'à supposer le plus insaisissable et le plus intrépide des mondes, le monde maritime, muet et pétrifié devant l'Angleterre. Cette hypothèse nous coûte peu. Que de portes encore laisseraient ouvertes les voies de terre de nos frontières continentales!

Et d'ailleurs, guerroyante ou pacifique, l'Angleterre n'est-elle pas également prête à nous prodiguer, moyennant finances, le sucre,—et jusqu'à la poudre avec laquelle nous tuerions ses hommes? Le sucre ne nous a vendu si cher ses douceurs aux jours sanglants, mais glorieux de l'empire, que parce que nous refusions de l'acheter à l'Angleterre, et que, seule *alors*, elle le vendait!

Que si la puissance navale de l'Angleterre nous cause de si vives appréhensions, étudions-en les éléments, et nous en voyons sortir la preuve triomphante qu'il n'appartient qu'aux produits coloniaux de nous rendre une marine assez redoutable pour prendre d'autorité notre part des mers, et

deloupe, de 1802 à 1809, a su se défendre contre l'Angleterre, quoique abandonnée par la métropole. » *Disc. du prince de la Moskowa;* 1845. Un de nos plus honorables députés me disait, au sujet de mes *Colonies françaises* : « J'adopte toutes vos idées et je m'attacherais aux colonies, si elles ne devaient partir au premier coup de canon. » On a dit avant moi, et je viens de prouver, que le canon qui triompha de la Guadeloupe avait fait long feu... — V' *id. les Juifs, rois de l'époque,* p. 304 à 307.

pour les libérer; tandis que, par le triomphe du sucre indigène, il faut que cette marine sombre, il faut que ses
éléments s'évanouissent, il faut que la France, partout où
s'étendent ses rivages et ses ports, tende la face à l'insulte.

La navigation coloniale emploie soixante-un navires de
plus que toutes nos autres navigations *lointaines* réunies[1].
La pêche de la morue occupe cinq cent vingt-huit navires
et dix mille hommes; or, le tiers de ces bâtiments sont
entretenus par le régime alimentaire des colonies. Bien plus,
ce sont elles qui, par les mains de l'Etat, payent la prime
de nos pêcheurs, contraintes qu'elles sont de consommer
les fruits de leur pêche, et de refuser la morue que l'Amérique leur offre à *des prix inférieurs*[2] !

Cependant attaquer la navigation au long cours, alimentée
par les produits encombrants de nos colonies, et ne plus laisser
debout que le cabotage, c'est chasser à l'étranger l'élite et
la majorité de nos marins; c'est *les engager* au service
attrayant de l'Angleterre.

La navigation de nos colonies et la pêche, a dit l'amiral Duperrey, sont la pépinière de nos marins; toute mesure
qui atteint ces ressources précieuses attaque au cœur notre
puissance navale[3].

Des causes fort graves, parmi lesquelles figure la cherté
relative de notre navigation, nous enlèvent l'espoir actuel de
retrouver dans notre commerce avec l'étranger notre tonnage
perdu, nos navires et nos marins. — Mais, quelle est l'é-
tendue de cette perte? Et dans notre état de décadence coloniale et maritime est-elle digne de considération? une
phrase ou deux nous permettront de l'apprécier.

Les matières encombrantes forment le principal élément

---

[1] *Rapport*, du 2 juillet 1839, *sur* 1837, année qui résume la moyenne de
la navigation au long cours. — [2] V' la rencontre de mes appréciations avec
celles des *Juifs, rois de l'époque;* 1845, p. 296, 297. *Id* Ride. *Id*. Huc, etc.
— [3] *Rapp.*, 2 juillet 1839, p. 38.

du frêt, et *les seules* que la France possède sont le sucre de ses colonies. Le transport total de cette substance a occupé, pendant les années 1836-7-8, trois cent cinquante navires jaugeant quatre-vingt-quinze mille tonneaux.

Or, si l'on place, à côté de ces deux chiffres, la réunion de *toutes* les autres marchandises complétant la totalité de la navigation *au long cours*, on n'atteint plus que le nombre de trois cent vingt-huit navires donnant un jaugeage de soixante-douze mille quatre cent soixante-un tonneaux !

Au chiffre par lequel *se peint la puissance créatrice du sucre dans notre marine*, ajoutez la part de la consommation coloniale dans la pêche de la morue, et les colonies vous donnent quatre cent soixante-cinq navires sur six cent soixante-dix-huit, ou cent dix mille soixante-treize tonneaux sur un total de cent soixante-sept mille cinq cent quatre-vingt-deux.

Quels flots de lumière se répandent dans ces calculs de M. Wustemberg, reconnus exacts par M. le ministre du commerce, et déclarés au-dessous de la réalité par M. Cunin-Gridaine! Si le gouvernement cherche dans un autre ciel l'étoile polaire de notre marine, c'est donc que le gouvernement aurait des raisons pour se passer de marine. Lesquelles!... Est-ce possible? j'espère que non; mais nous avons appris de la bouche d'un prince, dont les Anglais ont vu et insulté la vaillance[1], que plus d'une fois sur ce chapitre « on s'est endormi, *et que l'on a endormi le pays*[2]... » Prenons-y garde!

Un mot encore : si la grande politique, celle des intérêts généraux, qui répond aux besoins des affamés, anéantissait le sucre indigène, dont la production équivaut au tiers de la production coloniale, cette place vide, momentanément concédée au sucre étranger, augmenterait d'un tiers nos

---

[1] Bombardement des ports du Maroc. — [2] Broch. du prince de J.; 1841. *Id*, v° les discussions de la Chambre, au sujet de la marine, session de 1846.

armements, pourvu que notre pavillon obtînt les avantages qui lui sont dus sous le régime de protection.

Les produits douaniers du trésor s'accroîtraient, par suite de ce revirement, dans une proportion équivalente. Des lois équitables et sages auraient, après cela, pour effet de provoquer dans nos colonies un énorme accroissement de production, et dans la métropole un accroissement proportionnel de consommation auxquels il leur serait aussi facile qu'avantageux de se prêter.

L'émancipation du prolétariat en Europe et dans les colonies, trouve donc sur toute la surface de ce plan une base aussi large qu'inébranlable; et le chapitre suivant nous la rendra plus manifeste! La fortune des noirs graduellement affranchis, et celle du planteur indemnisé des libérations par le produit de ses récoltes, deviendraient à la fois la fortune de notre marine, de notre commerce et de nos *finances :* c'est-à-dire en un mot la rançon de nos prolétaires, la rançon et la libération du bras que nous portons en écharpe devant l'étranger. La nature a tracé en lignes trop vigoureuses la simplicité de ce plan, pour qu'un autre génie que celui des petites combinaisons, je veux dire le génie le plus hostile aux intérêts de la France, puisse en arrêter le développement !

Laissons encore se répéter une vérité qui a triomphé de toutes les illusions : c'est que dans les époques de prospérité régulière, la marine marchande, certaine d'une réserve jalousement conservée dans les ports de nos colonies, s'aventure gaiement au loin sur l'élément aussi mobile que les chances où elle laisse flotter sa fortune; c'est qu'assurée de cet infaillible avenir, elle court puiser à toutes les sources étrangères et les ouvre à la prospérité de la France! C'est, enfin, qu'alimentée par le frêle et magique roseau de nos colonies, lorsque de poursuite en poursuite elle n'a rencontré partout ailleurs que déceptions et mirages, elle entretient sans efforts cette forêt d'hommes qui offrent à la marine de guerre ses plus habiles et intrépides matelots. — Tout se lie, tout se tient dans le monde des faits comme dans le monde des idées ; les intérêts ne forment qu'une chaîne unique. Cette marine militaire devient en effet le boulevard mobile de nos cinq cents lieues de rivage ; le boulevard de la France européenne et africaine ; le boulevard même des établissements qui nous assurent aux lieux les plus importants du globe des points d'opération et de refuge. Appuyée sur ses colonies qui sont en butte à toutes les hostilités du sophisme, appuyée sur les faces des continents de l'Afrique et du Nouveau-Monde, la France occupe par ses îles une position admirable, à la gorge même du passage projeté de Panama [1] ; elle s'y pose en vedette avec une prudente audace entre les mers du Mexique et des Antilles, elle coupe ou unit, selon ses vues, les deux continents de l'Amérique. Partout voyageuse, et partout présente par ses bouches de bronze, elle parle ou tonne sous l'inspiration de ses intérêts et de son honneur ; partout vigilante, elle a pied partout devant le visage de ses plus fiers ennemis. Calme et majestueuse dans sa force, elle peut leur demander compte, à son heure, de la foi violée, des injustices commises, de l'arrogance des prétentions et des menaces dont se glorifie leur insolence !

Mais entre une position vraiment digne de sa grandeur, et le fond de l'abîme, toute base de sustentation lui est refusée. Bénissons-en notre fortune. Etre forts ou n'être pas, voilà pour nous la question sans milieu.

Sans les ailes que sa marine déploie fièrement au vent des tempêtes, comment la France porterait-elle son nom ?

[1] L'exécution de ce plan paraît prochaine : le passage ouvert, en jetterions-nous la clef dans la mer ?

Quelle liberté resterait à ses mouvements? Comment, lorsque la guerre allume ses feux, se ferait-elle compter dans les régions que ses armées ne peuvent atteindre? Par quel art ferait-elle voler ses légions, soudainement transportées, approvisionnées et multipliées sur les points où l'ennemi prête ou rencontre un côté vulnérable? car, nous le savons, sur terre, la victoire même est forcée de ramper; la force se traîne, imprime ses traces pesantes et laisse deviner, par ses vestiges, les coups et les surprises qu'elle prépare.

Demandez à la carte où se dessine le monde, si les grandes puissances ne comptent point, l'une chez l'autre, quelque noble partie du territoire où l'air et le feu qui animent les flottes, leur permettent de semer l'épouvante à l'improviste, de jeter sur la plage ces hommes et ces drapeaux devant lesquels les tours s'inclinent; d'accabler ou de secourir des armées affaiblies et pressées? Ces avantages incomparables, au lieu de les conserver et de les accroître contre l'ennemi, les lui livrerons-nous en présentant à ses coups notre territoire dégarni de flottes[1]? Supériorité, éga-

---

[1] « Avec de l'argent, on fait des vaisseaux (dit la revue *The united service*, 1839), mais on ne fait pas de marins expérimentés. Que la France se pénètre bien de ceci, qu'avec ses gros mots de philanthropie, etc., elle ne saurait nous empêcher d'*incendier ses flottes, ses ports, ses arsenaux, et de saisir ses navires marchands!* On tue avec des boulets, et non avec des boules parlementaires, etc. »

« Les nations qui ont des colonies doivent les conserver précieusement (M. de Tapiez, *Statistique*), car celles qui n'en ont point sont forcées de solder avec des écus les denrées coloniales *dont on ne peut plus se passer!* Les colonies *sont le complément des moyens agricoles d'une nation*, et le commerce colonial le complément de son commerce intérieur. D'après le tableau des douanes, 1842, la France a reçu de ses colonies, en denrées coloniales, pour une valeur de 56,903,282 fr., et elle en a consommé pour 215,344,112 : différence *soldée à l'étranger*, 158 *millions*. » (P. 454.).

« De tous les pays ayant une marine militaire un peu considérable, la France, toute proportion gardée, est celle qui a le moins de colonies. Elle ne pourra longtemps fournir aux besoins du personnel de sa marine mar-

lité même et liberté , nous ne pouvons devoir cela qu'à notre marine ; notre marine n'a d'autre vie naturelle que notre commerce dont les objets d'échange sortent des mains de nos prolétaires, et notre commerce n'a d'autre ressource assurée que des colonies lointaines. Qu'ajouter lorsqu'au milieu de tous ces éléments de puissance, nous trouvons, outre la gloire et la grandeur de la France, *le pain de son peuple!*

Est-ce à ses armées, est-ce à ses flottes que ce peuple de marchands, l'Angleterre, flagellée par la marine française aux jours de Louis XIV et de Louis XVI, doit cette prépondérance dont elle abuse si insolemment à l'égard de la France féconde en hommes et belliqueuse?.....

La réalité la plus positive paraîtrait bientôt déclamation si l'on se laissait aller à l'énoncé des conditions de grandeur et de prospérité qui se résument dans le frêle roseau dont la culture enrichit nos îles. Symbole de l'esclavage jusqu'à ce jour, voici que sa destinée change, voici que la politique et la morale s'apprêtent à former de sa tige flexible , le symbole de la rançon et le sceptre de la puissance !...

. . . . . Là-bas donc, sous l'influence des bienfaits qui s'offrent à nous dans ce roseau fécondé par notre législature, notre prolétaire peut voir réaliser en sa faveur les rêveries des lois agraires. Il y arrive et, se dépouillant de sa misère comme

---

chande et militaire , *si elle n'en augmente pas le nombre et l'étendue* » (*id.*, p. 452, de Tapiez) ; ou , ce qui est plus rationnel, ce qui coûte moins d'argent et d'*audace* , si elle n'y rappelle pas la vie qui s'éteint !... Que de peines il faut se donner en France pour prouver ce qui partout ailleurs se prouve de soi-même : l'évidence ! »

« Oui : « vouloir une flotte importante *sans une marine marchande* , c'est vouloir la fin sans vouloir les moyens. Or, une marine marchande *sans navigation lointaine* , c'est la plus grande des vanités. *Il faut se défier de ceux* qui parlent de relever nos forces navales, et qui veulent en même temps circonscrire l'action de la France dans les mers qui baignent ses côtes. » (*National* du 45 mai 4846, Discussion du budget de la marine.)

d'un vêtement sordide, il la rejette loin de lui. Il prospère tantôt sur le terrain qui s'offre à ses désirs au prix d'un morceau de pain ; tantôt, et plus souvent sur la propriété d'autrui, dont les fruits rémunèrent son travail et soldent bientôt le prix de son domaine. Ou bien s'il craint de voir le sol natal se dérober sous ses pieds, il attend, il laisse faire à d'autres ; il laisse la fécondité d'un sol lointain se développer sous des bras moins timides, et dans la surabondance des impôts que la surabondance des nouveaux produits verse aux coffres de l'Etat, il reconnaît et touche son dividende.

Note qui se rapporte à la page 451.

Les bons praticiens et les philosophes ne condamnent point un principe reconnu vrai, par la seule raison que l'application directe en serait mauvaise. C'est le cas, pour eux, de chercher entre ces deux points extrêmes un principe intermédiaire qui établisse le passage de l'un à l'autre. C'est alors que le principe devient fécond au lieu d'être destructeur par son application inopportune. Entre le dogme du *free trade* (libre échange) et son application immédiate et directe, qui serait tout d'abord meurtrière pour le travail national, il y a ce terme de transition à découvrir. Jusque là, retenons notre *engouement français,* et ne courons point le risque d'un sacrifice énorme fait à l'instigation du peuple chez qui principes, droits et liberté, perdent tout sens et toute valeur dès qu'ils peuvent gêner un intérêt.....
M. Cobden, le free trader, me rappelle le bon Franklin, fêté par la France dont il tirait un merveilleux parti... tout en se moquant froidement et finement de notre engouement qu'il éperonnait !

Les Anglais sont là ; quelque grande mystification se prépare..... Sous le nom d'un contrat d'échange avantageux, John-Bull présente à la signature de Jacques Bonhomme un acte de donation entre-vifs, par lequel ce dernier se dépouille. Et que fait donc le procureur de Jacques Bonhomme?.. question impertinente !

RICHESSES INCONNUES ET REFOULÉES.

Quelle y est la part de perte ou de gain du Prolétaire. — Poésie de quelques
chiffres. — Compte offert aux ménagères des travailleurs.

Si, parmi les hommes de bureau et de barreau qui
épuisent de sueurs leur génie, et qui visent à l'immortalité
en se vouant à la gloire et au bonheur de la France ; si, parmi
les notabilités éphémères que le flot de la popularité soulève
sur le char d'écume qui le domine, un rayon céleste venait
à faire éclore un homme d'Etat... je sais bien quelles seraient, dans les circonstances présentes, la première page
de son manuel. Cette page nous apprendrait à calmer la
faim, la soif et le froid des misérables, mais sans rien arracher à ceux qui déjà possèdent ! La seconde page serait encore un progrès sur la première, et l'on y apprendrait à enchaîner la force et la gloire de l'Etat à la
prospérité commune des classes les plus divergentes. Cela
doit être ; il faut enfin que cela soit ; tout le monde le dit et
le répète, tout le monde a donc cette bonne pensée au cœur ;
c'est de là que partent les pensées larges et généreuses, je
veux dire celles qui se mêlent au sentiment. Et dans les
pensées d'humanité, qui s'allient toutes au vrai bon sens,
c'est un vigoureux penseur que le public ! Le sacrifice du

moindre de ses membres lui paraît aussi absurde que douloureux.

Entraîné par une confiance plénière au généreux public
de notre nation, je cède, pour ma part, à ce mouvement,
en cherchant les moyens de bienfaisance et de salut dans la
direction de son esprit et de son cœur. Il y a mieux, je ne
cherche plus, car j'ai trouvé! Le moyen est aussi simple
que celui de C. Colomb pour faire tenir un œuf sur un de
ses bouts; et le nom de ce grand homme me rappelle aux
plages qu'il a découvertes! Voici comment.

Lorsque mon esprit travaillait sous l'influence de cette
idée, il me sembla que l'éclat de belles et bonnes batailles
gagnées, s'il en est de bonnes et de belles, aurait pour la
France une importance moins-grande et moins durable que
la vulgarisation des documents groupés dans deux ou trois
petites brochures, dont l'une des plus nerveuses porte le
nom de M. Huc. Ce diable d'homme est un colon! Qu'y
faire? Pour ma part, je crois avoir prouvé que je sais
prendre de toutes mains la vérité et le salut. Je les accepte
donc même de là-bas! — Je les accepte; car dans cette
question d'affranchissement général, voici des pages dont la
substance vaut quelque chose de plus et de mieux qu'une
légion de savantes utopies! Ce sont des pages où se produisent, à côté des débris et des joyaux méconnaissables de
notre fortune antique, les germes vigoureux de notre fortune future! Ouvrons les yeux, et faisons grâce à quelques
chiffres qui se présentent; chacun d'eux contient plus d'i-
dées qu'un roman!

Le mouvement commercial de terre ferme s'est élevé,
pour la France, en 1839, à 500,000,000 de francs, tandis que le commerce maritime atteignait le taux de
1,413,000,000[1]. D'où il résulte que le commerce maritime

---

[1] V' id.. Ride, vol. II, *Esclavage et liberté,* p. 384.

est au commerce continental ce que trois sont à un[1]! Le commerce maritime est donc celui que la France doit étendre et protéger de toutes ses forces. *Sa puissance continentale est au prix de ces efforts.* A ce prix sont les richesses qu'elle n'a point, qu'elle peut, qu'elle doit avoir, et que lui demandent à grands cris des entrailles où gronde la faim[2]. Plus de la moitié du fret de ce commerce s'exécutant par des navires étrangers, il en résulte, pour le commerce national, une perte de 148,000,000. C'est le fruit sec et amer de l'obstination de nos économistes d'importation anglaise, dont les conseils ont dominé la France, et l'ont plongée dans la phase où nous la voyons[3]! Combien cette somme, combien celles dont nous découvrirons dans notre trésor l'absence indue et la place vide, nous faciliteraient les moyens de rester chez nous les maîtres de notre conduite, et de ne faire peser que sur des bénéfices les charges de l'émancipation de nos travailleurs!

Cependant, dans la navigation *par bâtiments français*, la part des colonies, qui leur sont exclusivement réservées, a été, en 1825, de 29 pour 100. En 1839, de 21 seulement; elle était, en 1838, de 25 ou du quart[4]. Et cette diminution de 4 pour 100 en une année en a produit une de 9 pour 100 dans les exportations de la métropole, *c'est-à-dire dans les fruits du travail de nos prolétaires!*

---

[1] M. Huc, p. 4, tableau 3, quelques notes sur, etc. — [2] État actuel : « Pendant quatorze années de prospérité et de paix générale, la France a perdu mille sept cent quatre-vingt-treize navires, jaugeant quatre-vingt-quatre mille neuf cent cinquante-un tonneaux ; pendant ce temps l'Angleterre en gagnait sept mille..... *La seule nation* qui reçoive de nous moins de vaisseaux, que nous d'elle... la *seule* c'est la Turquie! Est-il possible de concevoir un abaissement plus complet. » Discours de M de Montalembert, Chambre des Pairs, juin 1846, abandon de la marine. — [3] V' Huc, p. 5, 6. — [4] En 1844, de plus de moitié, soit : 485 tonneaux sur 771. A tel point décroît notre commerce maritime! C. Coquelin, 1846.

J'insiste sur ce point, car il est essentiel de se bien pénétrer à quel degré ce qui est question maritime ou coloniale devient question de prolétariat.

Vingt et une nations différentes participent au commerce maritime de la France ; eh bien ! si nous comptons pour un de ces peuples nos colonies à sucre, elles s'y emparent, de prime-abord, du troisième rang. Voilà la place de ces colonies délabrées, navrées, ruinées, et dont cependant le mouvement commercial s'élève, contre vents et marées, à 171,000,000 de francs[1]. Ainsi, s'écrie M. Ride, ce pauvre reste de colonies, « vexées de toutes façons par des ministres qui les ont sacrifiées constamment lorsqu'il leur a fallu un appoint d'abolitionistes[2] ; gouvernées au rebours du sens commun par une bureaucratie inhabile, qui ne comprend rien à leurs nécessités et à leurs besoins, ces colonies procurent encore à la France, dans leur détresse factice, un mouvement commercial de 171,000,000[3] ! » Les Etats-Unis et l'Angleterre exceptés, elles dépassent toutes les autres puissances continentales du premier ordre ! « Voilà, dit M. Ride, le diamant que les Anglais et que les abolitionistes français tendent à séparer de la France. » Voilà le diamant qu'ils écrasent sur sa couronne !

Au point de vue de la fixité et de la sécurité des relations, le commerce de nos colonies, libre de concurrence étrangère, occupe incontestablement le premier rang. Un jour viendra peut-être où l'Algérie, qui dépense vingt fois et au-delà plus qu'elle ne rapporte, prendra sa place dans ce concert. Sous un régime vivificateur, l'Algérie absorberait l'excédant de la production *possible* du sucre colonial. Les

---

[1] Ride, vol ii, p. 385. Huc, p. 9, 10, etc. — [2] V' pourquoi, dans *les Juifs, rois de l'époque!* — [3] Ride, vol. ii, p. 386. Les jugements de M. Ride portent sur plusieurs règnes, sur plusieurs ministères, et comportent d'honorables exceptions.

colonies, en retour, présenteraient un énorme débouché aux denrées africaines, qui, par la constitution du sol et du climat, diffèrent naturellement de celles de la France et des tropiques[1]. C'est assez dire quelle augmentation de richesses et de puissance s'offrirait dans ces conditions économiques. Il faut remarquer, en outre, que les droits perçus sur le commerce maritime s'élèvent à 79,000,000, et que, sur cette somme, les colonies ruinées en versent 30,000,000! C'est presque moitié! seules, elles égalent ici les trois puissances qui occupent la première place dans nos relations extérieures : les États-Unis, l'Angleterre et la Sardaigne[2]!

Ah! si vivait Colbert! Colbert, mûri par la science de notre époque, et sommé de répondre à la faim de nos prolétaires! Colbert, le créateur de notre marine, parce qu'il fut le créateur de nos colonies! Colbert, qui organisa la victoire, et mit aux mains de Louis XIV le trident des mers, parce qu'il organisa nos colonies!

Une tête politique se figure, en lisant ces lignes, que les colons auraient droit à quelques égards, à quelque encouragement. Cependant de quelle sorte voyons-nous traiter par la France des enfants dont le travail lui vaut tant de richesses? Le voici. Tandis que les 300,000,000 d'importation des trois puissances ci-dessus nommées échappent des mains du fisc, moyennant un tribut de 25,000,000, nos colonies, qui importent un peu moins de 100,000,000 de produits ne les dégagent que par une rançon de 30,000,000[3]!

Après nos chanteurs et nos danseuses, comblés de faveurs et de couronnes, nous restera-t-il quelque couronne encore pour les citoyens dont j'analyse les travaux, pour ceux dont le patriotisme nous apprend à connaître et à défendre la source d'où notre puissance ne demande qu'à jaillir en

[1] Huc, p. 25 à 27. — [2] V' Ride, vol. II, p. 386, 387. — [3] Huc, p. 13.

gerbes d'or? Quelle fécondité d'aperçus, quelle éloquence,
et, nous pouvons le dire, quelle poésie dans ces chiffres!
comme leur nature est tropicale! Eh quoi! perdre ses relations avec les Etats-Unis américains, avec l'Angleterre et la
Sardaigne réunies, voilà qui semblerait être, pour la
France, une révolution. Et cette révolution si désastreuse
porterait à la France un coup moins funeste que la perte
de ses relations avec ses colonies! Auprès des oreilles européennes, de telles énormités ne pouvaient admettre que
des chiffres pour expression; je l'ai compris!

Et que dire cependant de cette protection à la Polyphème,
que la mère-patrie étend sur ses productions coloniales? Que
dire, en la voyant animée à les poursuivre de ses tarifs, les
relançant à outrance, et les écrasant sous des droits monstrueux[1]? Que dire, lorsque nous voyons les produits de l'é-
tranger, si souvent rivaux des nôtres, laisser rarement aux
serres adoucies du fisc plus d'un dixième de leur valeur[2]?
Que dire encore en présence des publicistes, dont la plume,
sous l'égide des préventions du vulgaire, ose reprocher aux
colonies d'être un fardeau pour la France? Voudraient-ils,
par hasard, leur reprocher de charger le trésor des millions
qu'elles y versent[3]?

Il est inutile de rappeler que nos colonies sont forcées,

---

[1] 36 p. °/₀ et quelquefois bien plus. — [2] Autres produits que le sucre.
— [3] Je supprime l'énumération des charges qui accablent les colonies, ne
laissant debout que ces réflexions d'un ancien écrivain ministériel : « A qui
ont profité, dit M. Toussenel, ces immenses pertes du trésor, ce splendide holocauste des intérêts de notre marine, de notre commerce, de notre,
industrie, de notre influence politique? — A quelque trente ou quarante
raffineurs qui bénéficient de la prime de réexportation ; banquiers qui com-
manditent la fabrication indigène, propriétaires de quelques arrondisse-
ments de deux ou trois départements de la France. Parmi les noms de ces
banquiers se retrouvent toujours ceux des *** et ***. (M. Toussenel les
nomme, v° *Les Juifs*, p. 297, 298.) Les gros banquiers philanthropes qui ont
fait voter l'an dernier l'amendement Delessert, n'ont eu qu'un but : ruiner

quels que soient leurs besoins, de s'approvisionner en France. « On évalue à 12,000,000 de fr. les sacrifices que cette obligation impose à nos colonies, et à un taux énorme[1] le renchérissement dont elles grèvent la production coloniale[2]. Ajoutons, ce qui pourrait avoir son bon côté, que les seuls navires ouverts à leurs denrées, sont les navires de la France ; c'est-à-dire, *de toutes les navigations, la plus onéreuse !* Par cette marine elles expédient 80,000,000 de matière première à nos raffineurs ; tandis que, dans l'intérêt de ces puissants financiers, il leur est défendu de raffiner leurs propres sucres[3] ! La taxe qui, de par la loi, arrête aux rivages coloniaux les progrès de l'industrie, y prohibe jusqu'au clairçage ! Ainsi donc, au lieu de s'enrichir par la marche naturelle du perfectionnement des choses, les usines coloniales n'ont d'autre ressource que de chercher des procédés *plus parfaits pour arriver à l'imperfection* de leurs produits[4]. — Les colonies. pour en finir, restent privées du droit de vendre leurs produits à l'étranger. Ce droit commun n'est pas le leur ! De tout ce qui pré-

---

la petite fabrication indigène, pour s'attribuer le monopole de cette fabrication quand ils auront détruit le travail colonial par l'abolition de l'esclavage (p. 302). Il n'y a pas, comme on voit, de sacrifices que l'administration ne soit prête à faire, dit M. Toussenel, pour maintenir les profits d'un monopole quelconque aux notabilités financières. Nous avons eu plus d'un ministre raffineur depuis 1830. (Id., *Les Juifs*, p. 303.)

« La haute banque, au moyen de ses énormes capitaux, peut *seule* concentrer la culture de la betterave, de la fabrication et de la raffinerie *du sucre*, seules conditions, ai-je dit, qui puissent assurer à l'industrie du sucre indigène une chance réelle de longévité. » (Id., *Les Juifs*, p. 307.)

Les intérêts nationaux de nos établissements d'outre-mer seraient donc, en fin de compte, et d'après les terribles documents de M. Toussenel, sacrifiés à quelques coryphées de a haute banque, ! Je n'ôte ni je n'ajoute rien à une autorité qui répond d'elle-même !

[1] 15 p' 100. — [2] Jollivet, *Sucres*, p. 3, 4. — [3] V' Toussenel, *id.*, p. 303, 307, 297, 298, etc. — [4] Usines centrales, qui veulent *des avances et de la sécurité* pour se fonder, etc.

cède, il semble naturel de conclure qu'une politique, dont nous ne nous permettons d'accuser que l'étroitesse et l'inintelligence, sacrifie les intérêts dont nos colonies sont *le pivot* à des intérêts individuels, identifiés à ceux de l'ennemi du dehors [1].

Mais que ces considérations ne nous détournent point de notre but, qui est de noter ce que peuvent valoir pour la France quatre colonies qui ne sont plus que l'ombre d'elles-mêmes, et qui fléchissent depuis plus de quinze ans sous un régime dont l'histoire n'offre point d'exemple..... quatre colonies dans lesquelles une perturbation, occasionnée par la faiblesse et l'ignorance, met en problème tout ce qui constitue l'existence des sociétés; quatre colonies qui versent dans notre trésor *le tiers* du produit d'un mouvement

---

[1] Écorchées au vif et dépecées, les colonies nous payent cependant en impôts : la capitation, le droit de sortie sur le sucre, l'impôt des maisons et patentes, l'enregistrement, le timbre, les droits de greffe et d'hypothèques; elles payent leurs gouverneurs, leurs tribunaux, leur clergé et leurs administrations financières, quoique le personnel de ces administrations et de ces tribunaux soit composé, pour les neuf dixièmes, de fonctionnaires métropolitains. — Instituée dans les intérêts de la métropole, la douane elle-même reste à leur charge. Nos départements payent-ils comme elles leurs préfets, leurs tribunaux et leur clergé? (*Moniteur*, 10 mai 1843, Jollivet, Discours à la Chambre, 46 pages, p. 20 à 24.)

Outre cela, non-seulement elles acquittent l'impôt du sang, que rachète chez nous quiconque est assez riche pour troquer contre quelques écus la chair de l'homme qui le remplace; mais elles l'acquittent beaucoup plus largement et en nature. Leurs milices ne sont point des gardes nationales semblables aux nôtres : ce sont des troupes de service actif; tout colon de 16 à 50 ans y est engagé. (Modification récente à cet ordre.)

En 1783, Les milices de Bourbon ont fait la campagne de l'Inde, sous le bailly de Suffren. De 1778 à 1783, les milices de la Martinique, de la Guadeloupe et de Saint-Domingue ont pris la Grenade et Tabago, sous le général de Bouillé et sous l'amiral d'Estaing. Elles ont défendu leur île, en 1793 et en 1809, contre les forces anglaises. Ce fut enfin par elles que la Guadeloupe, reconquise en 1794, cessa de frémir sous les couleurs odieuses de l'étranger. (Lire de Mauny, p. 164 à 172, *Sièges et blocus, combats*, etc.)

commercial qui a pour théâtre le monde entier, et pour agents une nation de trente-cinq millions d'hommes[1].

Très-simple narrateur et sans prétention scientifique que nous sommes, bornons-nous à retracer en quelques lignes les véritables comptes de notre ménage. C'est un moyen d'intéresser à nos colonies, non-seulement nos producteurs de toutes classes, mais encore jusqu'à leurs ménagères, en leur faisant connaître quels sont les consommateurs des produits qui sortent des mains de leur famille. Le *seul alinéa* que je me permets d'offrir ne peut fatiguer le lecteur.

Les colonies ruinées tirent de France, tous les ans, environ quatre cents mulets, deux millions cinq cent mille kilog. de viande salée, deux cent soixante-huit mille kilog. de graisse et saindoux, un million quatre-vingt-neuf mille kilog. de beurre, huit millions quatre cent mille livres de farine de froment, un million deux cent cinquante mille kilog. de maïs, un million six cent quatre-vingt-dix mille kilog. de pommes de terre, un million soixante-huit mille kilog. d'huile d'olive, trois millions de pièces de feuillard, quatre millions de tuiles, deux cent quarante-sept mille kilog. de noir animal, quarante deux mille kilog. d'oignons, cinquante-trois millions de kilog. de sel marin, six cent trente mille kilog. de chandelle, un million six cent cinquante mille litres de cidre, plus de *quinze millions de litres de vin*[2], quatre cent soixante mille litres de bierre, cent trente-sept mille litres d'eau-de-vie, quatre cent vingt-trois mille kilog. de poteries, cent quatre-vingt-quatorze mille kilog. de faïence, deux cent seize mille kilog. de toile écrue, soixante-huit mille kilog. de toiles teintes ou imprimées, cinq cent quarante mille kilog. de calicots, douze mille kilog. de bonneterie, cent vingt-deux mille

---

[1] V' Huc, p. 19 et 20. — [2] Quel serait donc l'intérêt des propriétaires et des prolétaires viticoles à la prospérité de ces établissements ruinés!

kilog. de peaux ouvrées, trois cent quatre-vingt-trois mille kilog. de cordage, cinq cent soixante-quatre mille kilog. d'ouvrages en fer, industrie parisienne, vingt-quatre mille kilog. d'ouvrages en fer blanc et en plomb, cinq cent dix kilog. d'or travaillé, quarante-un mille kilog. d'habillements confectionnès, *idem* d'industrie parisienne[1].

Producteurs et prolétaires industriels et agricoles, supposons après cela la consommation des colonies doublée, triplée, quintuplée par suite de l'accroissement de leur culture et de leur prospérité, une impulsion proportionnelle, énorme, incalculable ne serait-elle point donnée à votre prospérité, à votre industrie, à vos ventes! Supposons, au contraire, les débouchés offerts par nos colonies, restreints ou fermés à l'agriculture et aux fabriques, à quel point ces produits, que nous venons d'énumérer, et dont le mouvement s'opère encore, vont-ils, en croupissant sur place, obstruer les marchés métropolitains, et y déprimer la valeur de tous les autres produits! Quelle concurrence écrasante pour tous les objets qui s'y consomment!

Qui donc, en définitive, gagnerait à la prospérité de nos établissements coloniaux, ou souffrirait de leurs crises, sinon l'agriculture et l'industrie? sinon le prolétaire travailleur, l'homme qui, au lieu de puiser aujourd'hui sa rançon à la source de la prospérité des colonies, sent redoubler le poids de ses fers et de sa misère avec la misère de ces possessions nationales!... Entre la popularité et le peuple, les députés de nos départements n'hésiteront plus..... Jusqu'ici, nous ne les accusons que d'erreur!....

125,000,000 de mouvement commercial, « 50,000,000

---

[1] Ride, vol. ıı, p. 392, 393. V' le tableau de M. Huc, p. 17, 18. Les quantités y sont plus considérables, nous nous rabattons à un total *officiel* de 54 à 62,000,000 d'exportations, *produits de nos prolétaires*, et à un mouvement de plus de 125,000,000 (*Moniteur*, séance du 5 mai 1843).

de déficit dans les exportations annuelles, 30,000,000 à déduire des recettes du trésor, » une nouvelle et intolérable affliction de notre prolétariat industriel et agricole, « et le délabrement de notre marine, ne serait-ce rien que toutes ces pertes, conséquences plus ou moins lentes de la défaillance de nos colonies? Ne serait-ce rien que ce mal auquel le gouvernement peut appliquer un remède prompt, efficace et complet[1]? »

Et puis quel langage tenir lorsqu'à côté du mal qui nous gangrène, nous voyons tout le bien qui ne demande qu'à naître..... Pesons-donc sans nous laisser éblouir cette rançon du prolétariat, la rançon de ces hommes dont la frémissante impatience fait trembler sur leurs bases nos sociétés européennes!

« La production des Antilles était en progrès depuis vingt-cinq ans[2]; la marine, par instinct, avait suivi ce mouvement de progrès, l'impulsion première, si difficile à donner existait, et si, depuis dix ans, l'impéritie de quelques hommes d'Etat, l'ignorance de nos pairs et de nos députés sur cette question, n'était venue paralyser cette impulsion en mettant en péril l'existence de nos colonies, le mouvement commercial, *avec elles*, serait, sans aucun doute, aujourd'hui de *quatre cent millions!* Nos produits y trouveraient un débouché de *deux cent millions;* les droits de douane seraient élevés de 80,000,000, et au lieu du nombre actuel de matelots employés par les colonies, y compris ceux de la pêche de Terre-Neuve, dont le débouché principal est sur les îles, nous en aurions trente mille[3]. »

Sans dire un mot des essaims de prolétaires émigrants qui seraient si facilement pourvus dans les espaces de nos possessions coloniales, n'est-ce rien encore que ces produits tout à

. [1] *Lettre du ministre de la marine,* du 15 janvier 1836. — [2] *Bide,* vol. II, . p. 394. — [3] *Ibid.,* p. 394. Clausson et Toussenel, etc., etc.

coup suscités ici et là-bas, et auxquels le mouvement des affaires donnerait une agitation si lucrative? N'est-ce rien que l'emploi de ces bras aujourd'hui menaçants, qui féconderaient, à la fois, et le sol métropolitain et cet élément sur lequel, entre nos colonies et nous, nos navires formeraient une double chaîne? Tant de millions ajoutés à l'accroissement de notre puissance, et devenus le dividende de nos prolétaires, ne seraient-ils point pour notre France le gage de la paix et de la force!

Grossissons de quelques lignes encore cette leçon que l'histoire nous répète sous toutes les formes.

« Cuba est la plus importante des colonies que l'Espagne ait conservées dans le Nouveau-Monde. Par les contributions écrasantes dont on l'a frappée, cette île a presque entièrement suppléé, depuis Ferdinand VII, aux tribus énormes que sa métropole tirait jadis des Indes occidentales. C'est elle qui, en ce moment, ouvre les *plus vastes* et les *plus sûrs débouchés au commerce et à l'industrie de la Péninsule.* Que l'Angleterre s'empare de Cuba et *un coup mortel* est porté à la marine marchande de l'Espagne qui, maintenant, aspire à se relever[1]!

Il est donc donné à une colonie, jusque sous le fardeau des contributions les plus excessives, de ranimer le cadavre de sa métropole!..... Et nous serions les seuls auxquels l'Océan n'offrirait ses perles que pour nous les voir fouler aux pieds!

Mais je sais bien pourquoi notre public prête une oreille si attentive aux ennemis de sa propre fortune; il s'est nourri de préjugés dont ils ont ensemencé notre sol! tel est celui[2] que « les Français ne sont point colonisateurs! Assertion ridicule et fausse. Nos pères ont largement fait leurs preu-

[1] X. Durrieu, 1er mars 1845. *Id.* Mme Mercedès Merlin. — [2] M. Cochut, août 1845.

ves en ce genre. Ils ont fondé les plus belles colonies dans des systèmes opposés, comme Saint-Domingue et le Canada! Malheureusement le goût et l'intelligence des opérations coloniales se sont affaiblis chez nous; les gouvernements successifs n'ont voulu voir dans ces affaires lointaines qu'un embarras de plus! » Eh quoi! l'étranger, le philanthrope, le betteravier, tout cela ferait-il peur à l'Etat! Nous résignerions-nous piteusement aux sacrifices et à l'indigence, par la peur de nous faire des ennemis, et n'oserions-nous gagner de crainte de perdre!—Oh! non-seulement les Français furent de merveilleux colonisateurs, mais ils ont été d'excellents commerçants, d'incomparables navigateurs, lorsque Colbert encouragea l'essor de leur génie! Est-ce qu'il appartiendrait aux écoles bâtardes de nos économistes de réduire longtemps la France aux fausses dimensions de leurs systèmes? Que sommes-nous donc devenus? Pour réponse je n'ose laisser parler que des chiffres encore!

En 1839, la balance commerciale [1] de l'Angleterre était de 1,107,000,000; celle de la France, en 1839, était de 0,056,000,000[2]. Le rouge nous monte au visage et le brûle!

Lorsque nous voyons l'Angleterre augmenter sans cesse, et la France ne cesser de restreindre sa puissance coloniale, comment refuser de voir la cause de notre *périlleuse infériorité* dans la disproportion des systèmes coloniaux des deux pays et dans les conséquences forcées de cette disproportion!

Cependant voici que pour nous tirer d'affaire, des colosses politiques rappetissent béatement leur science et la font descendre de ses hauteurs pour l'arrêter dans la plaine, à la

---

[1] Lire M. Huc, p. 34, 33. — [2] Il faut prendre tous ces documents à leur date et abstraction faite des théories du *free trading,* qui n'y changent rien au fond.

forme d'une charrue nouvelle. Une charrue pour eux vaut une marine, et ils osent le dire[1]!

Sans rester indifférente à la forme, au nombre et *surtout aux conducteurs de ses charrues*, la France veut d'autres génies que ceux-là pour tenir tête à l'Angleterre, qui la menace et la poursuit sur tous les points du globe où elle *demande* à s'établir; tandis que de toutes mains et partout nos rivaux saisissent, fécondent et conservent!

Cependant « les souffrances de nos colonies, dit un savant socialiste, et la décadence de notre puissance maritime, n'ont amené aucune compensation pour le pays par la réduction du prix du sucre. La consommation individuelle de la France est demeurée inférieure à celle de l'Angleterre, de la Hollande et de la Suisse, le trésor a perdu à cet état de choses des centaines de millions, » ces mêmes millions que nous voulons avoir et que nous aurons pour nos prolétaires!

« La ruine des producteurs des colonies et des producteurs de la métropole, concertée entre de gros capitalistes, aboutira-t-elle donc fatalement à ce résultat : donner à l'aristocratie financière, déjà investie du monopole de toutes les grandes industries, le monopole de la raffinerie et de la vente du sucre[2] ? »

Enfin, joindrons-nous ou non notre voix à celle de M. Toussenel, pour nous écrier : Les juifs sont les rois de l'époque[3]? Ou plutôt prierons-nous le gouvernement affaibli et entraîné dans le courant des erreurs de s'aider

---

[1] Eh! que ne s'y font-ils ateler. — [2] V. *les Juifs, rois de l'époque*, p. 310; 1845. — [3] Les riches sont fort utiles à la société; l'aristocratie spéculante dont il est question en ce livre n'est pas une classe, mais un pêle-mêle d'individus appartenant à toutes les classes.

de nos efforts pour détrôner ces majestés sordides [1]?...

Commerçants et marins, ai-je assez dit? Mais tout cela vous le saviez! Agriculteurs et fabricants, vous venez de m'entendre! Et vous, amis sages et sincères des prolétaires, vous qui ne prenez point les préjugés vulgaires pour règle et qui ne vous faites point un argument de votre ignorance, qu'en pensez-vous?

[1] Emancipateur selon les voies pratiques de l'expérience, je n'ai prédit que trop juste les sinistres effets de la loi coloniale de 1845. Les nouvelles reçues au Hâvre (journaux du 12 au 16 septembre) nous apprennent que l'émancipation s'accomplit non par la moralisation, mais par une effrayante désorganisation du travail et de l'ordre. Beau triomphe pour les philosophes sentenciers, pour les philanthropes et les Anglais, dont *la cordiale entente* produit ce phénomène *révolutionnaire* sous les yeux d'un gouvernement *ultrà-conservateur.*

Ce que nos colonies valent pour la France, ce livre l'a démontré; c'était démontrer tout ce que la France va perdre en les perdant. — Le pouvoir avisera-t-il enfin? — L'espoir se soutient en nous contre toute raison, tant que la vie conserve un souffle. Mais si nous laissons périr nos colonies, au lieu et au moment de les féconder, j'ai dit toutes les conséquences de cette catastrophe. — Oh! je me lave les mains, de cette énormité; mais je les aurai plus pures que celles de Pilate. La peur ne m'aura pas fait saluer la licence du nom de la liberté, la mort du nom de la vie!

La famille assise sur la propriété individuelle, fruit d'une association.

Après cette énumération des richesses, ou plutôt des ressources naturelles de la France, c'est-à-dire après l'exposition de ses plus immédiats moyens d'action et de bienfaisance, il nous reste à reconnaître un événement aussi important qu'inaperçu : c'est qu'un pas énorme vient d'être fait dans la question du prolétariat..... Qui l'a fait faire? O merveille! Pour le dire, il faudrait nommer les hommes dont la conscience surprise répondit par des murmures aux doléances des ouvriers français, brisées sur le marbre de la tribune comme sur un écueil [1] !

Mais à quel endroit ce pas fatal a-t-il été fait, cet abîme a-t-il été franchi?... A l'endroit de la loi de 1845 sur le pécule légal et le rachat forcé! Tout impolitique et désastreuse que soit une loi qui sème la ruine sur les sources mêmes de la fécondité et de la vie, elle n'en a pas moins vi-

[1] Doléances présentées par M. Ledru-Rollin, dont le langage sur les planteurs perdrait son inconcevable âpreté, si la direction de ses études lui permettait de les mieux connaître! M. Ledru a cité M. Schœlcher, comme une autorité qui n'a pas été réfutée!.. Il en est là! L'école socialiste ne doit pas assez effaroucher un partisan de M. Schœlcher, pour qu'il ne me permette pas de le renvoyer aux *Juifs, rois de l'époque* (1845). Quels services, et contre son gré, son zèle ne rend-il pas à ces Juifs!

vement tranché le lien de l'esclavage, *n'importe lequel*, *et n'importe où!*

Eh bien! lorsque de l'admission du principe incontestable de liberté les pouvoirs passent sans mesure à l'application, réduisant au silence, sur une partie du territoire, les intérêts légitimes considérables et les droits légaux, ces intérêts et ces droits doivent-ils trouver asile et sûreté sur l'autre partie du territoire, qui applaudit à leur violation et à leur chute? Non! car ni la justice ni la logique ne partagent avec Janus le triste privilége de sa double face! A plus forte raison donc, lorsque le pouvoir détruit sans prudence et sans compensation les conséquences comparativement bénignes de l'esclavage, et d'un esclavage *partiel*, mitigé par l'influence des biens physiques; à plus forte raison, s'engage-t-il à détruire, à dissiper un esclavage dont le principe latent puise sa force dans les ténèbres; un esclavage dont les conséquences cruelles résument presque toute la somme imaginable des misères et des souffrances de l'âme et du corps : je parle de l'esclavage du prolétaire européen, qu'il s'agit de détruire. Si je nomme la puissance française, c'est qu'elle a sa part dans cette noble tâche, et que, dans la carrière des idées et des réformes, il lui appartient d'entraîner l'Europe.

Cessons de demander par quelles voies les Chambres ont fait marcher dans leur enceinte l'idée sage et chrétienne de la destruction de l'esclavage. Nous le savons; ce fut par des voies révolutionnaires, opposées à celles d'une réforme; ou par *une révolution*, selon les termes de l'honorable M. de Castellane : c'est-à-dire en dehors du principe de propriété, puisqu'on le méconnut, ce qui nous établit de plein pied sur le seuil du communisme. La route est donc frayée pour l'Europe radicale; plus d'arrêt, à moins que la société ne se ravise, et que, sur cette pente rapide, elle ne parvienne à enrayer son char!

Mais que demande le prolétaire, dont les bras, comme
ceux de Samson, n'ébranleront les colonnes de l'édifice social que si nous le laissons attaché à la meule? Ce que demande fort raisonnablement le prolétaire, c'est une issue à son
esclavage! c'est, de plus, une garantie pour la liberté qu'on
lui rendra! C'est là ce que possède le nègre dans son pécule!
Abritant la propriété, — qui est la famille et la société
tout entière, — sous un principe qui reste inviolable, si nous
ne donnons l'exemple de le violer, ne pouvons-nous d'ailleurs trouver une part sociale pour ces multitudes, que la
logique de lois défectueuses et les irritations de la misère
provoqueraient au bouleversement du monde[1]?

Nous le pouvons; et c'est là ce que je propose! Mais, afin
de frapper notre esprit plus vivement, limitons la sphère de
son activité, et ne considérons comme exemple dans la masse
entière du prolétariat que ces machines vivantes, consacrées,
par les nécessités de la constitution actuelle du travail, au
service des machines inanimées de l'industrie. Entre ces
mécaniques de chair et les agents qui les mettent en œuvre,
quelle est la nature des rapports, et comment la justice nous
permettra-t-elle de les modifier au bénéfice du faible?

« Nous affirmons, dit M. Buret, sous la couronne que
lui a décernée l'Académie des sciences morales et politiques,
nous affirmons que la population ouvrière a été abandonnée
corps et âme, sans conditions, au bon plaisir de l'industrie.
Tous les abus qui pouvaient et devaient résulter d'un pareil laisser-faire ont été produits[2]. » « Si nous citions tous
les faits qui prouvent que, dans l'état économique actuel,
les maîtres ont des *intérêts opposés* à ceux de leurs ouvriers; si nous voulions exposer tous les maux qui en ré-

---

[1] Voir tous les économistes *couronnés* que j'ai cités. — [2] E. Buret,
vol. II, p. 24.

sultent, il nous faudrait écrire des livres sans fin : nous ferions peur, on ne voudrait pas nous croire[1]. » La guerre est donc dans la constitution de cette industrie, qui oppose les intérêts au lieu de les unir, comme ils le sont dans l'organisation *vicieuse*, mais beaucoup moins meurtrière du travail aux colonies[2].

« L'intérêt des sociétés, plus encore que celui des travailleurs salariés, réclame donc l'établissement d'une solidarité économique entre le travail et le capital. La séparation de ces deux éléments crée autour des foyers de l'industrie une nombreuse population flottante, qui ne tient à rien, ni aux hommes ni aux choses[3]; qui ne relève que du hasard et de la misère. Ces débris de population, il faut les réunir, il faut les fixer, *en créant* à ceux qui les emploient *des devoirs envers elle*. » Nous avons déjà vu, en Angleterre, « M. Fletcher, dans une enquête *fort remarquable*, proposer, comme moyen de relier les intérêts de l'ouvrier à ceux des manufacturiers, de mettre la plus grande partie de la taxe des pauvres au compte des profits et pertes des chefs d'industrie[4].

'Quelque éloigné que nous soyons de cette idée, nous observerons que cette organisation, qui semblerait par trop spoliatrice à nos industriels les plus libéraux, est celle dont les lois positives sont en vigueur aux colonies, et qui lient l'un à l'autre le serviteur et le colon[5]! Elle est celle encore dont la Russie, effrayée de la plaie qui nous dévore, commence à prescrire l'application dans ses fabriques[6]. Oui, la Russie! et, sous l'influence de ce régime, il est certain que le développement du paupérisme ne serait plus, comme

---

[1] E. Buret, vol. II, p. 144. — [2] *Officiel*, p. 66, etc., etc. — [3] *Pavés de Paris*, 1830! etc. — [4] E. Buret, vol. II, p. 361. — [5] Lire le *Code noir*, — que les industriels *n'ont jamais lu*, — et les lois organiques subséquentes. — [6] E. Buret, vol. II, p. 362. Égron, *Livre de l'ouvrier*, p. 274.

de nos jours, « proportionnel au développement de l'industrie[1]. » Il est certain que l'ouvrier qui pourrait s'élever, dans sa condition, comme il le peut, d'après le plan que nous allons proposer, ne céderait plus irrésistiblement au besoin de franchir ou de renverser les murailles de la douloureuse enceinte où il se sent enfermé.

L'esclavage sans pécule et sans issue du prolétaire européen est, en effet, comme l'essence de sa condition présente ; et c'est là ce qui la rend intolérable, puisque, entre le maître et le travailleur, il n'existe point de contrat libre ; puisque, si l'acheteur du travail refuse de payer cette denrée à son juste prix, sa chance la plus mauvaise est une perte d'intérêt momentanée ; tandis que, dans la plupart des cas, si le travail de l'ouvrier « ne s'échange pas, à chaque instant, contre le salaire, quel qu'il soit, le travailleur court le risque de mourir[2] ! »

Evidemment alors, pour détruire la cause des souffrances de la classe ouvrière, et fonder *une institution d'affranchissement*, le moyen le plus général est de mettre aux mains de l'ouvrier la possession de l'instrument de son travail. C'est ainsi que nous nommons le faible capital dans lequel l'ouvrier prolétaire puiserait son indépendance ! Il est peu de partisans des réformes sociales qui ne vivent dans un parfait accord sur ce point.

Est-ce à dire qu'il faille, sur-le-champ, exécuter l'Europe, et la traiter selon la rigueur et l'injustice des lois qu'elle applique au dehors de son territoire continental ? Est-ce à dire qu'il faille obliger l'industriel, comme on y oblige le colon, à prélever sur des bénéfices déjà si faibles, ou sur un capital échancré par la concurrence ou le malheur, le supplément de salaire, auquel a droit l'ouvrier pour que les fruits de son travail ne lui soient point ravis, pour

---

[1] Lafarelle, député, *Plan d'une réorganisation...* p. 96, 101. — [2] E. Buret, vol. ii, p. 200, 201. V° *id. l'Atelier,* octobre 1844.

qu'il puisse rentrer enfin dans la libre possession de sa personne! Non, cette justice est la justice passionnée et à courte vue des révolutions, qui prétendent guérir le mal par le mal, la misère par la spoliation!

Mais lorsque, dans le religieux silence de la méditation, nous repassons, dans notre esprit, les moyens de sauver le public que nous offre le public lui-même, il se présente à notre souvenir des hommes qui sont l'élite de leur classe; ce sont des ouvriers; ce sont aussi des publicistes; ils ont leurs préjugés, leurs écarts, nous le savons; et qui de nous n'a pas les siens? L'*Atelier* est le nom de leur organe. Nous le nommons, parce que c'est à lui qu'appartient le développement de l'idée qui nous paraît propre à sauver la société des sourdes menaces du prolétariat; et ce moyen de réaliser le vœu public, ce moyen n'est autre que l'association.

De toute part ce mot à retenti; mais l'association de qui, de quoi[1]? Est-ce que, dans l'état actuel des choses, le manufacturier, l'industriel, consentiront à s'associer des hommes qui ne leur apportent que des bras? Ces capitalistes appelleront-ils au partage de leurs bénéfices des malheureux dont tout le capital est l'espérance? — Et pour être juste, si les opérations de la société se résument en pertes et revers, les ouvriers tireront-ils du néant de leur avoir la part de dommage que les lois de l'association les appellent à supporter?

Plus simple et, par cela, meilleure que les plans de la plupart des économistes, l'idée de l'*Atelier* est celle d'une association *indissoluble* des travailleurs industriels ou agricoles. Elle se développe en peu de mots :

Le capital primitif, le fonds social forme une propriété inaliénable et indivisible; ce capital constitue et multiplie l'instrument du travail, c'est-à-dire l'instrument de l'ai-

---

[1] V' Egron, p. 267; 1844.

sance et de la liberté : voilà la propriété commune. Le fruit du travail, à son tour, fongible et divisible entre tous, constitue *la propriété individuelle;* c'est là le salaire quotidien du travailleur, et la part de bénéfices dont chaque associé devient annuellement souverain maître et seigneur[1].

Nous ne saurions trop insister, ajoute l'*Atelier,* pour qu'on ne s'attache pas à l'idée funeste des associations limitées en nombre et en durée, et faites au point de vue de l'intérêt exclusif d'un petit nombre d'individus! Car c'est par ce côté surtout que ces associations se distingueront des associations et des jurandes, étouffées jadis dans l'étroite enceinte où elles s'étaient jalousement murées.

Sous l'empire de cette constitution du travail, le travailleur manuel, c'est tout le monde, dans la classe des industriels, *mais non pas dans la société tout entière,* qui reste libre de produire ses hommes d'étude et d'Etat! Le capitaliste et le manufacturier, c'est tout le monde encore... De là, pour chaque ouvrier, moins de travail, *plus de temps libre* pour reposer ses membres affaiblis, pour cultiver son esprit et son cœur. Et, cependant, il se trouve là pour chacun d'eux une rémunération plus forte de ses sueurs! En d'autres termes, chacun y obtient la plénitude de la vie physique et morale par le travail.

Quelle différence entre cette condition future et celle qui, pour se peindre, emprunte ces accents de la douleur : « Est-il possible de concevoir un condition pire que celle de notre classe, ravalée à l'état de marchandise trop abondante; de marchandise réduite à s'offrir à un prix tel qu'il ne suffit qu'à prolonger misérablement la plus misérable des existences, décorée cependant du nom d'existence libre[2]. »

L'égoïsme, banni de ce plan, laisse le noyau de toute

---

[1] V' l'*Atelier, Organisation du travail,* novembre 1844 et mars 1845.
— [2] *L'Atelier,* mai 1845.

association naissante se développer, et son élasticité s'accroître dans la proportion des progrès du capital. Voici
comment : une part du bénéfice, le grossissant sans cesse,
y devient ce que, dans le gâteau des rois, nous appelons la
part de Dieu ; car le Dieu de l'*Atelier*, le nôtre, est celui
qui dit au riche : Tu aimeras, tu secoureras, tu honoreras
ma personne dans la personne du pauvre... Cette part forme, au profit de l'indigent qui ne possède d'autre trésor
que ses bras, un capital, un instrument de travail qui l'arrache à son esclavage actuel ; et ce capital, il le féconde, il
le rend productif par ses labeurs !

Le mérite particulier de ce plan, mérite fort remarquable pour l'époque actuelle, c'*est de fonder la propriété
au lieu de la violer.*

Fort contraire au communisme, il ne constitue la.pro-
priété commune *que comme un moyen d'arriver à la
propriété individuelle !*—A la fondation de la famille, basée sur la propriété ; à la conservation de l'ordre moral,
qui dérive de la foi catholique, la société civilisée n'y re-
connaît-elle pas toutes ses idées fondamentales? et n'est-ce
point encore un des mérites de ce plan de respecter la liberté, au lieu de la détruire par haine aveugle de la concurrence ! n'est-ce pas un de ses mérites de tempérer la liberté
par des règles en dehors desquelles son nom même dégénère
et se change en celui de licence [1] !

Mais comment les capitaux, « comment les instruments
arriveront-ils en la possession de ces travailleurs, qui ne
possèdent absolument rien aujourd'hui ? » Ce n'est là, nous
dit-on, qu'une question pratique ou de crédit ! car l'Etat
« peut fonder des banques de crédit. Ensuite, ajoute-t-on,
nous ne prétendons pas dire qu'il soit possible de faire

[1] V' le développement, *Atelier*, mai 1845.

que l'association soit un fait général du premier coup[1]. »

« Nous avons dit qu'il ne fallait que médiocrement compter sur les secours pécuniaires de l'Etat, même de l'Etat réformé; mais ses encouragements et sa protection seraient beaucoup[2]. »

Beaucoup, en effet, car l'argent est le nerf des associations! Provisoirement donc, grand embarras et grands retards!—mais non point pour nous; car, si l'on veut se reporter à notre chapitre précédent, nous croyons y avoir démontré, par un enchaînement de preuves chiffrées, que l'Etat, l'Etat cupide et avare autant qu'on le voudra, peut, tout de suite et sans bourse délier, faire sortir à la fois du sol des colonies et de la métropole, fécondés l'un par l'autre, des trésors qui ne pourront voir le jour et le donner aux associations sans reconstruire la puissance et la gloire de notre patrie!

Il est vrai que ce projet d'émancipation lèse les intérêts des industriels, auxquels il enlève la libre disposition de leurs machines vivantes; il est vrai qu'il lèse les intérêts de quelques financiers, raffineurs et producteurs de sucre indigène, à la face desquels il ressuscite des colonies! une marine! un commerce! une puissance indépendante de leurs capitaux!

Des colonies! L'industrie manufacturière, qui doit à nos établissements d'outre-mer tant de vie et de ressort, a-t-elle jamais doté les métropoles de richesses comparables à celles que les colonies y ont versées?

Non! « le paupérisme nous apparaît à côté des plus brillants résultats obtenus par la haute spéculation industrielle, et l'on pourrait presque dire dans une intensité proportionnelle à ces mêmes résultats[3]; » tandis que, « poussées par un irrésistible besoin d'expansion, et sans s'inquiéter des théo-

---

[1] *Atelier,* janvier 1845. — [2] *Atel.,* mai 1845. — [3] *Lafarelle*, député, *Plan d'une réorganisation... id.,* p. 96, etc., etc.

ries contraires aux colonies, toutes les nations rivalisent pour en obtenir, » et prospèrent aussitôt qu'elles savent les administrer !

Ajoutons une observation à celles qui en ont constaté la valeur : c'est que, tous les ans, plusieurs milliers des enfants de la France demandent une patrie, soit au territoire des Etats de l'Union, soit aux rivages de l'étranger !

« C'est une recrue de consommateurs que nous fournissons aux manufactures anglaises, quand'il serait si facile de conserver, *à notre industrie, des consommateurs, et à nos colonies, les bras dont elles ont besoin.* Chaque émigrant qui se dirigerait vers nos colonies, non-seulement irait créer sur un sol français une richesse nouvelle, mais il étendrait par ses consommations l'étendue du marché national [1]!

Mais les colonies, comme les Etats, ne prospèrent que sous les lois d'un régime approprié à leurs besoins : voilà ce que ne cessent de crier les nôtres, par les milliers de plaies dont elles sont couvertes. Pour les fermer, ces plaies, pour ramener les trésors de l'abondance à la surface de ce sol dont une culture languissante ne féconde pauvrement que le tiers[2]; pour tripler[3], de prime abord, ces richesses *opiniâtrément comprimées* et *en faire refluer le courant jusques dans les régions les plus désolées de la métropole;* je veux dire pour effacer dans ces dernières traces la servitude de la race blanche et de la race noire... que faudrait-il? Ce qui surabonde à la tribune : quelques paroles ! mais au-dessous de ces paroles un sens, une idée politique, un sentiment patriotique intelligent. En un mot, il faudrait, et nous l'attendons, une loi sur les productions coloniales ! Des lois équitables, un ferme retour à l'exécution du pacte

---

[1] Schœlcher, *Colon. fr., Introduction*, p. 32. — [2] *Rapport de Broglie. Id.* Schœlcher, *Introduction*, p. 21. — [3] Schœlcher, *Introd.*, p. 28.

colonial, intrépidement violé[1], voilà ce qui serait la prospérité
des habitations, c'est-à-dire du planteur et de son atelier de nègres; puisque séparer ces deux intérêts ce serait diviser l'indivisible[2]. Cette prospérité, qui se manifeste par l'accroissement indéfini de la production, ne peut augmenter sans
accroître le mouvement et les bénéfices de notre commerce,
de notre marine et de nos pêcheries, sans développer notre
agriculture et notre industrie, c'est-à-dire la production et
l'action de tous les objets fabriqués par nos prolétaires, et de
toutes les denrées, jusqu'aux farines et aux vins, dont la métropole seule est en droit de fournir les colonies! Or, la consommation s'accroît dans la proportion des richesses que la
production et le commerce développent, cela va sans dire,...
et ces produits de toute nature ne peuvent se former, croître,
circuler et enrichir les particuliers sans laisser une partie de
leur substance, sous forme d'impôts dans les coffres béants
de l'Etat... D'un mot magique, que réclament la politique
et l'humanité, d'un seul mot tripler le montant de la production coloniale, c'est tripler, *en attendant mieux*, l'é-
norme tribut que les colonies versent aux mains de la
France; c'est fonder, sans bourse délier, la caisse d'épargnes
et le trésor du prolétariat, le fonds social des associations légitimes de travailleur; c'est trancher, avec le lien de leur esclavage, les plus hautes questions de politique et de morale.
Cette vérité se rend importune à force de multiplier ses formes!

En effet, dans ce surcroît de tributs qui tombent aux coffres du trésor, l'Etat puise à larges mains l'or nécessaire
pour répandre la moralisation sur le champ social; l'or
nécessaire à toute émancipation d'esclaves blancs ou noirs!
Car la liberté de l'âme, l'affranchissement du joug des passions, la connaissance et l'amour des devoirs sociaux doi-

[1] V' les *Rapp. aux Chambres*. — [2] *Officiel*, p. 66, 95, 96, etc.

vent précéder et accompagner l'affranchissement du corps ;
sinon point de liberté stable. Le prêtre et l'instituteur ap-
paraissent donc aux écoles les plus divergentes comme les
deux agents indispensables de la civilisation ! Mais quelque
pureté que nous reconnaissions à leur zèle, ni l'un, ni l'autre
de ces hommes ne peut vivre hors de la loi commune de
la consommation. Par la vertu des paroles que nous atten—
dons de votre bouche, ô législateurs, le traitement de ces
apôtres vous naît sous la main, vous les dirigez, vous les
multipliez, leur œuvre marche et le succès se rend à votre
signal ! Vous parvenez, enfin, « à mettre toute cette population dans un état de civilisation assez avancé pour soutenir
sans danger la transition de l'esclavage à la liberté... Est-on
fondé à déclarer impossible ce qui n'a jamais *été essayé
sérieusement, essayé de bonne foi, sans réussir au-delà
de toute espérance*[1] ?

Enrichi de ce vivace excédant de recettes, l'Etat y re-
couvre les sommes dont il se dépossède pour indemniser
le planteur des pertes de la manumission ! Mais cette indemnité n'a plus rien d'excessif, rien d'impossible, *elle se précède presque entièrement elle-même* dans les dispositions
législatives qui accordent préalablement au planteur, par
l'accroissement des bénéfices de sa culture, l'équivalent du
dommage dont le frappera plus tard le salut d'adieu de son
serviteur. — Sinon, en présence du communisme, du so-
cialisme et du prolétariat qui, bientôt, pourront trouver
commode et attrayant l'exemple *de nos mesures expéditives,* il faudra se résoudre à spolier, à confisquer, à voler[2] !

---

[1] *Rapp. de Broglie,* p. 155. — [2] L'Angleterre paya de 500 millions écus
cette émancipation, qui, selon l'amiral Laplace, a retardé la civilisation
de la race noire (Jollivet, *Extraits,* p. 66 ; 1844) ; puis elle doubla cette
somme aux mains des colons, par suite des faveurs qu'elle leur accorda.
Qu'est-il sorti de cette inévitable dépense ? — La ruine !

En nous déterminant de bonne grâce à la facile réalisation d'un excédant de richesses nationales, nous nous acheminons donc vers la solution pacifique du plus grand, du plus terrible problème des temps modernes ! Partout où la civilisation a étendu son règne, nous atteignons d'un coup également inévitable l'esclavage nominal, et l'esclavage réel, que l'astuce dérobe sous les plis du langage. Nous unissons les deux hémisphères dans une pensée aussi sainte, aussi pratique que féconde ; et l'esclavage guidé par nos mains, l'esclavage pousse doucement son dernier souffle en fondant le règne de la liberté. Cela est simple ! Qui ne peut voir que, pendant les courtes années où le soin de sa moralisation retiendra l'esclave noir sous une tutèle qui tend d'elle-même à s'adoucir, cet esclave aura construit l'instrument de travail qui lui assure à tout jamais *les droits* et *la jouissance* de la liberté? Qui ne peut voir encore que, sans verser une *goutte de sueur* de plus, ce même esclave aura racheté, par son travail, ses frères d'Europe ; qu'il aura du moins commencé le rachat de nos prolétaires, incapables d'exécuter par eux-mêmes une œuvre dont le retard est une révolution sociale [1].

Voilà les champs à féconder ! Voilà, sous nos mains qui le palpent à fleur de terre, l'or que nous offrent les colonies *en retour d'une loi de justice !* Que dis-je, l'or? — Sous forme d'or la liberté, la puissance et la paix ! Que s'il nous

---

[1] Est-ce insulter l'Européen que lui dire : Il faut que le travail du nègre s'unisse au tien pour te racheter? point, que je sache ; car le travail du nègre reste le même ; même temps, mêmes labeurs, ou moins encore ! Rien n'est changé, si ce n'est le résultat de ses peines, grâce à des lois qui féconderaient les sueurs du prolétaire stérilement versées, puisqu'elles ne produisent que la misère, ce qui est le plus détestable outrage que l'humanité puisse recevoir ! Cette rançon, d'ailleurs, ce n'est pas le nègre, c'est l'État qui la donne : l'État donnant sans prendre, et donnant ce qu'il doit. Ce plan, d'ailleurs, ne rallentit point le cours des émancipations et des améliorations partielles !

platt de négliger ces trésors, les colonies retombent dans la barbarie et la démoralisation que la misère enfante. Les manufactures et l'agriculture métropolitaine, frappées par le contre-coup terrible de ce déni de justice, ne tardent pas à voir cette misère croissante multiplier le nombre des esclaves dont elles absorbent la vie. L'esclavage y reprend racine, au lieu de céder les profondeurs du sol aux racines vigoureuses de la liberté. Il est vrai que si ces esclaves prennent en patience le redoublement d'un mal déclaré par eux intolérable, tout ne sera point perdu pour eux ; il leur restera pour consolations des rhéteurs et des sophistes..... des paroles creuses et ronflantes...

. . . . . . Ce sont là ces fruits que les rivages de la Mer-Morte offrent au voyageur altéré : une cendre amère sous une écorce décevante !

LE PROLÉTAIRE ENTRE L'INDUSTRIEL
ET LE PLANTEUR.

De quelque côté que l'étude des *intérêts généraux* et le
désir de niveler les bienfaits de l'existence conduisent le
parallèle entre le prolétaire des manufactures et le prolétaire
noir, il se rencontre pour la masse des lecteurs européens
une série de désillusions singulières, et d'autant plus vives
que l'on avait accepté pour se diriger les préjugés chéris
du public, que l'on avait pris les aveugles pour guides!
Pénétrés de la nécessité de suivre et d'épuiser le cours de
des préjugés vulgaires, il ne nous reste plus guère qu'à déduire de l'analyse de la personne du colon comparé à la personne de l'industriel, une des plus importantes raisons de la
différence qui caractérise la condition des deux prolétariats.

Chaque profession, chaque mode d'existence offre son caractère à part; le tact et l'expérience ne permettent guère
aux hommes de s'y tromper. De là, les degrés d'estime et
la mesure de considération que l'opinion publique attache à
chacune de celles qui lui sont connues. Cette estime, basée
sur le sentiment des qualités que toute profession requiert
et développe, diffère essentiellement de l'aveugle courtisa-
nerie du vulgaire pour les possesseurs de fortunes réalisées,

32

tantôt par des états décriés, tantôt par des moyens équi-
voques. De ce côté, l'homme le moins considéré peut être
le plus considérable !..

Cette position fâcheuse n'est certes point celle des industriels. « Il y a des personnes, je le sais, qui n'en parlent
jamais sans que le rouge leur monte au visage, sans qu'elles
les couvrent de mépris. Ce sont, à les entendre, les tyrans
de l'époque... des hommes sans entrailles, qui n'adorent
d'autre Dieu que l'or et qui *se plaisent* à voir languir les
travailleurs dans la misère, tandis qu'il ne dépendrait que
d'eux de les faire vivre dans l'aisance[1]. Mais cette exagération
est du goût le plus inhumain, et nous sommes loin de l'adopter. Ce n'est point sur le théâtre de la civilisation chrétienne
qu'une classe d'hommes se livrera passionnément au mal,
sans autre plaisir et bénéfice que le mal lui-même.

Ce qu'il y a de vrai dans l'accusation, s'explique d'ailleurs
par la position fatale des accusés. En effet, ils ne gagnent
dans la situation *ordinaire* de l'industrie que tout juste de
quoi faire honneur à leurs affaires et maintenir leur rang
dans la société[2]. » Le souvenir des crises passées et la crainte
des perturbations de l'avenir donnent donc la clef de cette
rigueur de cupidité qui en caractérise un trop grand nombre !
Mais je distingue la classe honorable des industriels de
celle des monopoleurs de priviléges pécuniaires caractérisés
dans le livre de M. Toussenel[3] ! Et rien n'est plus éloigné de
mon esprit que la pensée d'accuser en elle-même une profession des cruels entraînements qu'elle subit ! Je ne compare
donc l'industriel au planteur ni pour jeter l'insulte à notre
société, ni pour atteindre ou chagriner aucune classe; mon
but unique est d'ajouter aux lumières que le législateur,

---

[1] Arrivabene, *Ouvriers belges*, p. 32; 1845. — [2] *Ibid.* — [3] *Les Juifs,
rois de l'époque.*

avant d'agir, doit concentrer sur les deux termes de cette comparaison !

Oh ! je me garderais bien de jeter le blâme sur cette multitude d'industriels courageux, probes et patients, auteurs ou gardiens de découvertes précieuses dont le monde policé s'est enrichi, et parmi lesquels la France se glorifie de compter un si grand nombre d'esprits éminents et de cœurs charitables.

Loin de là, je proclame qu'il en est un nombre plus considérable qu'on ne le suppose, dont on ne saurait trop hautement louer la bienveillance et la sagesse. L'histoire de l'industrie contemporaine recueille les noms de fabricants assez bons et justes, pour qu'entre les mains de leurs concurrents les appâts d'un salaire plus élevé perdent toute séduction sur les ouvriers, qu'ils se sont attachés par la raison et par le cœur !

Dans ces fabriques, si le commerce se ralentit, si le nombre de commandes vient à décroître, les salaires n'éprouveront jamais sur le coup et du jour au lendemain une diminution désastreuse. Aussi longtemps que les facultés du maître le lui permettent, et malgré les pertes qu'il en éprouve, le travail continue, sous son toit, de fournir le pain quotidien au travailleur. Le maître ne se refuse à aucune avance désintéressée, à aucun sacrifice légitimé par l'imprévu. Ce n'est point tout, il arrive souvent que la maladie enlève le bon ouvrier à ses ateliers : partout ailleurs, ce serait famine et mort pour ce malheureux ; mais là, rien de pareil à craindre ; l'industriel fait noblement administrer au malade les soins de l'art et les médicaments que son état réclame.

Et s'il est des villes où l'on aurait peine à rencontrer quelques vieillards dans les manufactures, parce qu'il est avantageux de payer plus cher des ouvriers plus jeunes, il en est d'autres, telles que Sédan, où des ateliers spéciaux, ouverts aux vieillards, et tenus avec un soin paternel, leur offrent pour un modique travail un salaire qui les arrache au besoin.

Après avoir cité comme des modèles MM. Boutarel et Le Clairède-Pâris, Granier de Montpellier et Bacot de Sédan, je terminerai par l'exemple de M. Cunin-Gridaine, citoyen de cette même ville. Ce généreux manufacturier, — ministre ou non, que nous importe! — constitue à ses bons et vieux serviteurs une pension de 120 francs, lorsqu'il ne peut trouver le moyen de leur assurer une retraite convenable dans ses établissements. La bienveillance sincère du planteur [1] revit dans l'âme et dans les procédés de ces hommes, dignes d'une estime d'autant plus grande que l'exemple général ne leur force ni la main ni le cœur!

Mais le plan que nous nous proposons est de ne décrire que, dans la généralité de leur aspect, les choses qu'il s'agit pour les réformistes d'envisager et d'étudier. Nous poursuivrons ce but sans oublier que des réformes demandent toute la lucidité d'esprit d'un peuple; et cette lucidité est le contraire du trouble que les passions excitent. Nous nous placerons donc au milieu de la situation la plus générale pour y rester dans le calme inaltérable de l'impartialité! Grâce à cette condition de progrès, le sens chrétien tend vers son but entre les violences révolutionnaires et la stupide inhumanité des conservateurs à outrance!...Comment ne pas nommer ces hommes qui, provoquant par leur résistance à toute réforme les tremblements du sol, appellent des quatre points de l'horizon les météores désastreux et les tempêtes.

Le vice le plus inévitable de la profession de l'industriel, c'est d'assujettir celui qui l'exerce à spéculer implacablement sur le travail et la sueur d'autrui. La plupart des éco-

---

[1] V' l'honorable M de Pradt, *Colonies*, etc.

nomistes font remonter cette incrimination à la loi fatale et commune de l'industrie : la concurrence illimitée... concurrence dont un des défauts est d'emprunter ses forces à la fraude; défaut aussi fatal à l'honneur qu'aux intérêts de la France!

Difficultés et langueurs du commerce, crises soudaines et imprévues, rivalités effrénées, ruine imminente, voilà les causes dont la puissance agite la fibre des industriels, les surexcite et les entraîne à retrancher de la rémunération du travail tout ce qu'il est possible d'en ôter... Ces vices sont inhérents à la constitution presque universelle de l'industrie, dont les *perfectionnements* deviennent la ruine progressive et certaine de l'ouvrier [1]. C'est de la gravité de cette situation que naquirent ces paroles de M. de Tocqueville : « L'aristocratie manufacturière est une des plus dures qui aient paru sur la terre. Si l'aristocratie industrielle, et les désordres qui en sont la conséquence nécessaire, menacent déjà les Etats-Unis, que sera-ce des nations européennes en ce moment partagées en deux camps qui grossissent de jour en jour en force et en haine : en propriétaires des instruments du travail et en travailleurs... »

Je ne dirai rien en ce lieu d'une volonté devenue commune à tous les ordres de travailleurs : celle de s'enrichir en se gagnant de vitesse les uns les autres. Dans ces courses au clocher où le coureur ne veut voir d'autre objet que le but, combien de chutes mortelles, que de dégâts commis, que de ruines! Le moraliste s'emparera de ce chapitre. Poursuivant ma route et jetant les yeux sur la face de l'Europe et sur les tableaux qui en représentent les divisions, je me contente de remarquer que le caractère général, et par conséquent anti-social de la constitution de l'industrie, c'est d'opposer les intérêts de l'acheteur à ceux du vendeur du travail, au lieu de les unir.

[1] V' E. Buret, vol. ii, p. 189, 190, et conséquences.

« Il existe, en effet, entre les ouvriers et les fabricants, une hostilité incessante, et la cause de cette hostilité doit être attribuée à l'insuffisance du salaire[1]. » « Nul doute que le salaire de l'ouvrier ne soit au-dessous de ses besoins physiques. L'année ouvrable n'excède pas sept mois! Il y a donc dans les ressources de l'ouvrier un déficit proportionné au temps du chômage[2]. » « C'est à l'industrie, dit le peintre des misères de la classe agricole, que peuvent s'adresser les reproches du chrétien et du philosophe, d'abuser du travailleur comme d'un instrument, d'épuiser dès l'enfance les sources de la vie, et d'abréger par un travail au-dessus des forces humaines les jours accordés par le créateur[3]. » « Elle est rude sans doute, » et plus que l'auteur que je vais transcrire ne le suppose[4], « la condition de nos pauvres paysans... Mais combien n'est-elle pas supérieure à celle des malheureux ouvriers des fabriques!.. » Chemin faisant, les ateliers nous ont laissé pénétrer dans les mystères de leurs rigueurs; eh bien encore, l'atelier, ce lieu d'épuisement, hors duquel tant de milliers de prolétaires ne sauraient vivre, « s'ouvre *ou se ferme* au gré du chef d'industrie qui, par là, possède une sorte de pouvoir de vie et de mort sur les machines vivantes employées à la production; si donc, il ne dispose pas comme le planteur américain du fouet des commandeurs, il a un instrument de domination bien plus énergique encore : la faim[5]. » Et comment cela! C'est qu'en Europe il n'existe rien de semblable au régime des ateliers coloniaux, et que « le chef de manufacture est *libre envers la société comme envers ceux qu'il emploie;* il ne tient à ses ouvriers par aucun lien moral... il s'habitue à les traiter comme la matière résistante qu'il faut dompter pour en obtenir davantage[6]. »

[1] Frégier, vol. i, p. 315. — [2] *Ibid.* — [3] De Bourgoing, p. 2. — [4] V· M. de Bourgoing, etc. — [5] La Farelle, député, *Réorgan.*, p. 97. L. Faucher, *Études, id.* — [6] E. Buret, vol. ii, p. 48.

Je pourrais nommer des villes, dit le docteur Villermé, où des fabricants, d'ailleurs excellents, des juges de Cour royale, des conseillers municipaux..... m'ont dit avoir entendu des chefs de maisons récentes et encore mal assises, avouer que, loin de vouloir donner à la classe ouvrière de bonnes habitudes, ils faisaient des vœux, au contraire, pour que l'ivrognerie et la mauvaise conduite s'étendissent à tous les individus qui la composent! De cette manière, aucun d'eux ne pourrait sortir de sa condition, aucun ne pourrait s'élever au rang de fabricant, ni, par conséquent, leur faire concurrence! »

L'esclavage se trouverait de la sorte organisé dans la misère et dans le vice, sans pécule et sans issue. Entre la servitude sans issue sous la loi de l'industriel et la servitude munie de sa rançon sous la loi du planteur, que dire encore?.....

En vérité, répètent à leurs maîtres ces ouvriers qui, cependant, ne connaissent de l'esclavage colonial que des récits de fouets et de chaînes, « notre sort est plus triste que celui des esclaves noirs pour lesquels vous éprouvez une sympathie si vive que vous donnez votre argent pour assurer leur liberté[1]. » Mais comment voudrait-on qu'il en soit autrement, si l'intérêt, faisant au planteur une loi naturelle et générale de la bienveillance, place sa fortune et sa sécurité dans la satisfaction et la santé de ses serviteurs; « tandis que plus le manufacturier accable ses ouvriers de travail, plus il amasse de misères sur leur tête et plus il accumule de richesses[2]. »

Une sorte de fatalité mystérieuse semble s'attacher à

---

[1] Égron, p. 203, 204. Quelques-uns achètent par ces souscriptions la patente de philanthropes; quelques autres trouvent un intérêt *direct* à ruiner les colonies par l'emploi de cet argent. V' *les Juifs, rois de l'époque.* —

[2] Ride, vol. II, p. 46. *Id.* Revoir, ci-dessus, Villermé, Toussenel, etc.

l'homme qui, dans les conditions actuelles du travail, le
commande ou l'achète, et cette fatalité resserre et durcit
jusqu'au cœur du père. Qui le croirait, celui-ci, devenu
petit fabricant, ne craint plus d'imposer à ses propres
enfants, sous le régime des verroux, du jeûne et des corrections corporelles, une tâche déjà trop accablante pour
l'ouvrier qui serait dans la force de l'âge [1]!

Il faut, pour s'initier à la position de l'industriel, considérer l'industrie partout où elle règne ou végète. Que l'industrie soit parcellaire ou non, toujours les plus grands
maux foisonneront là où elle aura choisi son théâtre [2].

. . . . Prêtez l'oreille aux vents
Qui passent sur le front des villes ouvrières,
Et ramassent au vol, comme flots de poussières,
Les cris humains qui montent de leurs flancs.
Écoutez ces soupirs, ces longs gémissements :

L'OUVRIER.

O maître, bien que je sois pâle,
Bien qu'usé par de longs travaux,
. . . . Cependant, pour un fort salaire,
Il n'est rien que je n'ose faire.
Vainement la consomption,
La fièvre et son ardent poison,
Lancent sur ma tête affaiblie
Les cent spectres de la folie ;
Maître, j'irai jusqu'au trépas,
Et si mon corps ne suffit pas,
J'ai femme, enfants, que je fais vivre,
Ils sont à toi, je te les livre !..

LES ENFANTS.

Ma mère, que de maux dans ces lieux nous souffrons !
L'air, dans ces ateliers, nous ronge les poumons,
Et nous mourons, les yeux tournés vers la campagne.
. . . . Là, nos poitrines
Ne se briseraient pas sur de froides machines,

[1] Frégier, vol. i, p. 199, 200. — [2] L. Blanc, *Organ.*, 1841.

Et la nuit nous laissant respirer ses pavots,
Nous dormirions enfin, comme les animaux!..

(Les machines recommencent à jouer avec un bruit formidable, accompagné de voix humaines, et de clameurs plaintives.)

Tous les bruits effrayants que l'homme entend, ou rêve,
A ce concert n'ont rien d'égal;
Car, cette dure symphonie
Aux instruments d'airain, à l'archet destructeur,
Cette partition qui fait saigner le cœur
Est souvent chantée en partie
Par l'avarice et la douleur.

LE MAITRE PARLE.

Malheur au mauvais ouvrier
Qui pleure au lieu de travailler;
Malheur au fainéant, au lâche,
A celui qui manque à sa tâche
Et qui me prive de mon gain,
Malheur! il restera sans pain.
Allons! qu'on veille sans relâche,
Qu'on tienne les métiers en jeu,
Je veux que ma fabrique en feu
Écrase toutes ses rivales;
Et que le coton de mes balles
En quittant mes brûlantes salles
Pour habiller le genre humain,
Me rentre à flots d'or dans la main.

(*La Lyre d'airain*, BARBIER.)

Hélas! que de fois cette terrible poésie ne reste-t-elle pas au-dessous de l'histoire. Voilà ce que nous ont appris dans leur funèbre concert les économistes européens les plus distingués, appuyés sur les documents les plus officiels.

Plus acérée que je ne voudrais permettre à ma plume de l'être, la plume de M. Alph. Karr néglige les vices de l'industrie pour décrire les vices de l'industriel : son résumé brillant réclame cependant une place que l'on ne saurait lui refuser :

« Les abus, les jougs, les tyrannies, ont été attaqués ;
mais ceux qui les attaquaient ne voulaient pas les détruire,
ils voulaient s'en emparer, et c'est ce qu'ils ont fait !...

..... Le château d'aujourd'hui, le château où le
tyran repose, voyez-là bas... Quoi ! cette haute cheminée
en brique ? C'est une usine. — Précisément. Cette forteresse
n'a ni herse, ni pont-lèvis. Le châtelain n'est pas couvert
d'une cotte de maille ; il n'a pour armes qu'une canne à
pomme d'or..... Certes, il ne ressemble pas plus aux anciens barons que sa cheminée ne ressemble à leur donjon ;
mais il a hérité de leurs droits, et il exerce la même tyrannie. Tous les hommes qui l'entourent sont ses serfs..... Les
ouvriers qu'il emploie attendent de sa volonté le pain de
chaque jour. Il les dompte par la famine, comme on fait
pour les bêtes féroces. Il ne lève pas la dîme sur leur travail ; il la leur donne, au contraire, mais il garde les neuf
autres dixièmes. Le droit de jambage a pris une nouvelle
extension au milieu de filles et de femmes auxquelles leur
travail ne peut fournir les plus rigoureuses nécessités de la
vie, et qui, à plus forte raison, n'ont jamais honnêtement
ni parures, ni plaisirs[1]. »

Et le colon *ne peut pas* être le même homme ! Une seule
idée, cette unique idée du gain qui domine et caractérise
en quelque sorte la nature toute simple et nette de l'industriel, répugne à ce qu'il y a de complexe dans la personne
du planteur. Nous allons le voir. Cependant, Européens,
faisons l'effort de ne plus reprocher au planteur de traiter
son noir *comme sa chose*, tandis que de la même bouche
nous reprochons au manufacturier de traiter l'ouvrier réduit à le servir *comme une chose qui lui est étrangère* et
qui reste pour lui sans valeur !

[1] *Guêpes*, juin 1846. Revoir *les Juifs, rois de l'époque*, p. 160.

Le maître, le planteur, c'était tout naguère encore un personnage bien difficile à comprendre, si l'esprit ne se donnait la peine de le décomposer. Et, pour se le représenter avec justesse, il fallait remonter jusqu'au seigneur féodal du moyen âge. Je veux dire qu'il était nécessaire d'étudier l'institution seigneuriale, non point dans ses abus et sa décadence, mais dans ses conditions d'utilité publique et de pureté primitive, ou, pour mieux dire, *théorique*[1]. Or, quel ersonnage était le Seigneur? la question ne semble pas trop déplacée, lorsqu'il s'agit de prolétariat et de servitude!

Le seigneur, c'était le noble[2] ou le notable, l'ancien[3], l'aîné, sinon par l'âge de sa personne, au moins par l'âge et la date de sa famille. Descendant des vaillants, des forts,

---

[1] Nos documents nous disent que le colon vaut chacun de nous, et mieux, probablement, que la plupart de nos industriels. Au-delà je ne dis rien. — [2] *Primitivement;* car, depuis, on put être archi-seigneur et de roture; sinon tout noble eût fait des nobles en vendant ses terres! — L'article 248 de l'ord. de Blois (1579) déclare que les non nobles achetant fiefs nobles ne seront pour ce anoblis. Un marquisat ni un comté ne feront ni un marquis ni un comte. — ..... *Id.,* depuis, en 1629, l'article 211 du Code Marillac, ou Michaud, enjoint à tous gentilshommes de signer, à l'avenir, tous les actes de leur nom *de famille,* et non de celui de leurs terres, *pour les distinguer des roturiers* à qui on avait *permis* de porter les noms *des fiefs qu'ils possédaient.*

Aujourd'hui, c'est à qui escamotera son nom de famille pour le remplacer par un nom de domaine ou de fantaisie; c'est à qui masquera son nom du *de,* qui, marquant l'extraction, ne doit précéder qu'un nom de terre! Voilà comment les enrichis, qui ont le plus jalousé la noblesse, se donnent des airs de nobles. En se glissant sous le manteau de la noblesse, ils lui portent le coup de grâce!

En effet, il faut presque *du front,* actuellement, pour oser se présenter sans titre dans tels salons de *la chaussée d'Antin!* et nous avons vu des domestiques stylés à qualifier, d'après la mine, les arrivants qui omettaient de s'en parer! — Lorsque déjà les dix-neuf vingtièmes des titres sont usurpés, il est permis de dire que cette usurpation, qui se pratique avec une si générale impudeur, détruira plus sûrement qu'aucune mesure révolutionnaire le dernier prestige de la noblesse: le souvenir des noms illustrés. — [3] *Nobilis. — Notabilis. — Senior.*

des sages, la *loi-coutume* l'avait constitué chef de *justice*
et de *guerre* tout à la fois. Réunissant donc en sa personne
la double autorité politique que délègue le pouvoir social,
le noble, le seigneur, était l'homme des *combats* et des
jugements, le général et le magistrat. Il était le roi, le
souverain d'un petit État particulier et distinct, quoique
rentrant dans un état général et soumis à un pouvoir supérieur. Car, sous ce pouvoir suzerain, la condition du seigneur répondait exactement à celle de ses propres subordonnés ou vassaux, quant à l'obligation de se soumettre au
jugement et de prêter ses bras pour le combat.

Eh bien! naguère encore, nous retrouvions tout vifs dans
la personne du colon la personne et les *fonctions primitives*
du seigneur. Enrégimenté sous le drapeau de la France, le
planteur en était le soldat, et par instinct d'honneur et par
devoir de naissance! A toute époque, à toute heure, un
signal, un mot le trouvaient dispos et prêt à offrir son sang
sur le sol natal, ou à se jeter au dehors, selon le cri de la
France[1]; sa gloire nous appartient : je ne suis point poëte
pour la chanter, mais j'ai trop de sang au cœur pour la taire
au milieu du concert d'outrages et de calomnies que font retentir autour de sa tête ses ennemis... qui *sont les nôtres!*

Si de la bonne épée des combats, que le planteur a si
gaillardement maniée, nous reposons nos yeux sur la balance de la justice, nous la trouvons en équilibre aux mains
de ce champion transatlantique de la France. Sa juri-
diction embrasse tous les vassaux de sa terre; il y est juge,
mais juge vassal; juge relevant, et au premier degré; juge
pacificateur; et sa puissance ne s'étend ni à tous les délits ni
aux crimes. Ainsi s'explique, par la position des planteurs,
cette habitude, disons mieux, cette habileté de justice dont

[1] V' de Mauny, *Siéges et batailles*, ch. x, etc., etc.

restèrent frappés les hommes que la vigueur de leur constitution intellectuelle exemptait de la maladie des préventions[1].
Et cette justice ne pouvait manquer d'une habileté suprême,
parce qu'elle ne pouvait se passer de miséricorde. En
effet, par la plus heureuse des dispositions, dans le juge
était le père! Les justiciables formaient à la fois la famille,
l'avoir et l'avenir, la richesse et la gloire du magistrat. Il
était impossible au juge de frapper sans frapper sur lui-
même[2], sans attenter à l'ordre, à la sécurité, à la prospérité de sa maison! Le seul défaut de sa justice, c'était donc
le plus souvent la fréquence des impunités[3].

C'est à cet endroit, surtout, que la justice de premier
degré réclamait la surveillance du magistrat supérieur et de
l'Etat! Ce n'est point que de temps en temps il ne se rencontrait, parmi les maîtres, un homme dur à ses nègres,
injuste, intraitable, odieux dans ses procédés, une sorte
de monstre en un mot... (Voir la note p. 520, fin de ce chap.)
et tout le monde sait aussi qu'un monstre est un prodige,
quelque chose de rare!

[1] M. de Pradt, *Colonies.* — [2] Surtout depuis la traite abolie. — [3] Voir le
manuscrit remarquable et souvent consulté du Chevalier Ad. Gougenot des
Mousseaux, mon père, gentilhomme ordinaire de la chambre des rois Louis XVI
et Louis XVIII. Présent à la journée du 28 février 1791, où il fut maltraité à
côté du roi, l'auteur de cet écrit (cité *Man. paternel*), passa depuis à l'armée des
princes, et y servit en qualité de capitaine aux hommes d'armes, après avoir
quitté domaines et famille, mais surtout une sœur chérie, dont le mari com-
manda bientôt après une armée royale dans l'intérieur. — Après le licencie-
ment, il se rendit aux Antilles, à St-Domingue, à Ste-Lucie, à la Guadeloupe
et à la Martinique, où il fut inscrit comme capitaine dans les milices. Ses
observations, faites de 1795 à 1802, forment un point de comparaison aussi
curieux qu'important avec l'époque actuelle. Elles furent le fruit de sept années de séjour dans les îles, où il n'eut, en aucun temps, le moindre
intérêt personnel. — Cette vie fut un long sacrifice! J'ai dû énoncer ce
qu'était l'homme, afin que chacun pût juger, de son point de vue, la valeur
de l'autorité. Cette notice l'accroîtra pour quelques-uns, et la diminuera
pour beaucoup. Trop de passions bouillonnent encore pour que nous nous
entrejugions avec équité.

Tout le monde sait aussi que l'assassin, l'empoisonneur, le parricide, produisent chaque jour à nos yeux cette exception dans notre société, sans que tous les romanciers du monde, ligués à toutes les gazettes des tribunaux, soient parvenus à nous faire envisager par les habitants de l'Amérique comme une société d'empoisonneurs et de parricides[1].

Guerrier vaillant et juge paternel, le colon se trouve encore maître du sol et cultivateur; mais ce cultivateur n'a rien du rustre, parce que la naissance et la fortune le rangent jusqu'à ce jour parmi les classes éminentes de la société... Je veux dire, parce que l'éducation qu'il vient recevoir au milieu de nous, dans la capitale du monde civilisé, le place au niveau des hommes le plus humainement élevés de son siècle. Terminons en observant que, pour un sixième seulement de sa nature multiple, ce guerrier magistrat, ce chef d'usine, cultivateur et propriétaire, *est commerçant;* mais à la façon du propriétaire d'un faire-valoir !..

Une vérité morale et mathématique demande à sortir de tout cela : c'est que le colon, cédant à la *résultante* de ses idées et de ses instincts, n'a guère à céder que pour une bien minime portion de son être aux impitoyables exigences de l'esprit de lucre. Ou plutôt cet esprit qui, au grand dommage de nos prolétaires, constitue l'homme *d'une seule pièce* que nous retrouvons identique sous toutes ses variétés de noms et de formes à la tête des manufactures européennes ; cet esprit rencontre au cœur du colon cinq autres esprits rivaux qui le combattent et le disciplinent, qui le dénaturent et l'ennoblissent.

L'évidence de cette situation, si favorable aux intérêts du pays par l'impulsion qu'elle donne au développement des

---

[1] « Cependant, le crime d'empoisonnement sur la personne des maris, » par exemple « est devenu si commun que les jurés le tolèrent, et que les journaux judiciaires n'en veulent plus ! » *Les Juifs, rois de l'époque,* p. 235.

plus nobles qualités de l'esprit et du cœur, ne fut point étrangère à la volonté des princes qui honorèrent jadis de la qualité de noble, la position toute nobiliaire et seigneuriale du colon !

Et c'est ici qu'une désignation aristocratique frappait sans les offenser les oreilles les plus chatouilleuses, car elle exprimait *une fonction sérieuse;* elle n'était point le titre sinécurique dont se pare l'homme du privilége ou l'indolent vaniteux.

Eh bien ! c'est là l'homme que reproduit encore dans la plus excellente partie de sa personne, le courageux planteur de nos colonies, auquel il est impossible de travailler *avec intelligence* aux intérêts de sa famille, sans servir de la manière la plus directe la nombreuse famille de ses serviteurs, cette petite commune dont il est le chef; et sans servir en outre les intérêts les plus fondamentaux de la France : trois intérêts qui ne sont qu'un !..

Enfin, si « toute la France est noble, » et j'aime à répéter ce mot digne de couronner les plus sottes querelles de la vanité et de l'envie, à combien plus forte raison ce compliment, véridique dans sa généralité, doit-il s'appliquer aux habitants de ses postes les plus avancés et les plus périlleux [1]...

---

[1] Voyons, cependant, ce que des investigateurs ont trouvé d'outrageant pour nos mœurs dans le voluptueux despotisme du colon. « Les nègres, nous dit M. P. Chevallier, ne dépendent que médiocrement du propriétaire, qui, le plus souvent, connaît à peine leur nombre et leur valeur commerciale, » le sultan qu'il est ! — Tandis que le plus opulent fermier sait au juste le nombre de ses brebis !... tandis que les belles habitations possèdent rarement au delà de deux à trois cents noirs! tandis que, sur des habitations vivrières, le maître ne possède souvent qu'un esclave! (V. *Offic.*, p. 103, et P. Chevalier, *Musée des familles*, p. 129, février 1836, 3e vol.)

« Ce sont les mandataires, ajoute-t-on, les intendants, et surtout les commandeurs qui règlent le sort des esclaves. » Et voyez ce qui en résulte!

Arrière donc, enfin, les contes fantasques, et place aux
vérités de bon aloi ; car il ne s'agit plus de ces planteurs de

Le colon « ne peut pas entendre, *du fond de ses boudoirs dorés, des ber-
ceaux ombreux de ses terrasses*, et du palanquin moëlleux, où ses domestiques le portent, *en chantant*, les coups de rotin que les commandeurs font
pleuvoir, dans ses cultures, sur le dos nu des pauvres diables qui ont déjà
trop, pour épuiser leurs forces, abrutir leur âme et lasser leur patience, des
fardeaux à porter, du travail continuel sous un soleil de plomb *fondu*, des
regrets inconsolables de la patrie, du sentiment profond, douloureux, inces-
sant de leur abrutissant esclavage. » (Id., P. Chevalier.)

Laissons notre cœur et nos poumons reprendre haleine. Nous croyons peu
nécessaire de jeter en parallèle de cette bambochade la vie plus ou moins voluptueuse de nos chefs d'industrie (v' les *Juifs, rois de l'époque,* — M. Alphonse Karr, et autres témoins oculaires et habituels) ; mais, en attendant les deux coups de plume qui retracent, en style d'historien, la vie
réelle du planteur, comment faire aller de front ses boudoirs dorés et ses
terrasses orientales avec la simplicité universelle des habitations coloniales,
avec la misère générale des colonies ? « Parfois, nous disent les rapports officiels, les maîtres sont à peine mieux logés que les esclaves. » (*Offic.,*
p. 106.) « Il y a beaucoup de cases qui sont mieux que les maisons des
maîtres. » (*Id.,* 269.) Toutes les habitations ne sont point misérables, je le
sais ; « mais il y en a *très-peu* qui offrent *l'apparence du luxe ou même du
confort !* » (*Offic.,* p. 270, 272, 273, etc.).....

Comment encore s'expliquer, avec ce moëlleux palanquin, le régime viril
du planteur, dont la femme et la fille n'ont généralement pour litière que la
rude échine d'un cheval? Qui ne les a vues, ces amazones gracieuses, qui ne
les a vues gravir avec intrépidité les mornes, et franchir les ravines et les
torrents, dans ces régions à demi-sauvages, où la plupart des voies de communication ne sont encore qu'à l'état de sente ou de tracé? Cependant, accommodons les commandeurs, ces tyrans dont la sombre humeur se résout en averses de coups de rotin sur les épaules des pauvres nègres leurs
frères !... accommodons cela avec la sollicitude du planteur et l'excessive
modération des châtiments ! (*Rapp. de Broglie,* p. 434) avec les règlements
sévères et législatifs de la discipline, avec le droit de plainte, avec les visites périodiques des magistrats. Accommodons encore ce travail continu
avec les règles immuables qui le limitent à un peu plus de moitié du travail
du prolétaire européen ! Accommodons les regrets *inconsolables* avec les
règles du langage, et les regrets de la patrie perdue avec ce fait incontestable,
que la plupart des nègres de nos colonies ont les colonies mêmes pour patrie ; avec ce fait, que les nègres transportés jadis dans nos îles épuisent
l'arsenal de leurs ruses à se faire passer pour indigènes, tant il est glorieux

théâtre ou de ces peintures de comédie auxquelles ont donné créance, en les accréditant de leur nom, des hommes

pour un nègre de n'avoir pas reçu le jour dans le barbare continent de l'Afrique ! Accommodons un sentiment profond avec l'abrutissement, un sentiment douloureux avec ces cris, ces chants, et j'ajouterai ces danses, dont je défie le voyageur de n'être pas étourdi aux jours de fête ou de repos, d'un bout à l'autre des colonies..... Qui ne voit ici, qui déjà ne savait en quelles illusions d'optique abondent et surabondent les horizons lointains !.....

Eh bien ! si les philanthropes de terre ferme allaient s'aviser de transformer en député le magicien dont la baguette a si poétiquement revêtu *de la couleur locale des préjugés européens* les réalités de nos colonies, que ferais-je ?... Oh ! pour ma part, je battrais des mains. Je ne saurais, en effet, redouter un homme de talent et de conscience, mis sur ses gardes par une première erreur ! Je ne saurais récuser un écrivain chez qui le coup d'œil de l'homme d'Etat domine, en définitive, l'imagination du romancier, et qui, triomphant des données les plus fausses, arrive, par la seule force du bon sens, à des conclusions contraires à celles des philanthropes ! Il est absurde, leur crie M. P. Chevalier, il est dangereux de prétendre émanciper *brusquement* les esclaves .. Le véritable, le seul moyen d'abolir sans péril l'esclavage des noirs, c'est de *les moraliser*. L'entreprise vaut certes la peine qu'on y mette le temps et les soins ! *Le fruit sera assez beau* pour qu'on l'attende à mûrir. *Ne cherchez pas , messieurs les philanthropes , à mener un monde plus vite* que l'autre ; » les noirs, plus rapidement que nos prolétaires, *qu'ils ont déjà dépassés !* Vous pouvez, ce me semble, joindre, dans cette œuvre, à tout l'empressement du zèle toute la maturité du conseil ! Mais, à ce sujet, une anecdote se présente ; elle est courte, et ajoute quelque chose à la physionomie du planteur.

Un certain jour, et je ne sais comment, les deux fils d'un cacique de Couloumies furent enlevés et vendus à Cuba : cette île, qui, transportée dans les pages de M. Schœlcher (dont le livre contredit le *Rapp. de Broglie,* p. 169-170), prête au régime de l'esclavage un aspect si formidable. Peu de temps après la vente, des ambassadeurs de Couloumies tatoués et ornés de plumes vinrent réclamer, de la part du prince, les deux fils dont ce bon père pleurait la perte. Le gouverneur voulut s'empresser de les remettre aux mains de leurs compatriotes ; mais qui refusa ? Ce furent les deux jeunes gens. L'état de prince, en Afrique, ne leur parut pas valoir leur position à Cuba ! Or ça, messieurs les pourfendeurs de colons, si madame Mercédès Merlin ne porte pas aussi haut que vous la puissance de l'hyperbole, priez-là donc de vous ouvrir les feuilles de son livre, et vous aurez la chance de savoir enfin ce que vous vous donnez la peine de nous apprendre !

33

aussi graves que devrait l'être M. Comte, auteur du *Cen-
seur européen* et professeur de la *Science de la justice*[1].

Non, le planteur n'est pas plus le despote oriental des
Mille et une Nuits ou des Mille et un Contes, qu'il n'est le
sybarite inutile et efféminé de nos boudoirs. « Un oisif
d'Europe qui voudrait venir jouir de cette vie d'oisiveté si
délicieusement décrite par M. Comte, » ou par des discoureurs moins dogmatiques, « serait bien étonné de rencontrer
une vie pleine d'activité, où il faut redoubler d'énergie
pour travailler sous l'influence d'une chaleur étouffante.
Au lieu de ces bas de soie et de ces sandales de maroquin
rouge, de ces robes de chambre en étoffe de Perse, il verrait
un homme chaussé avec des souliers d'un cuir fort, vêtu
d'un pantalon de grosse cotonnade et d'une veste de toile,
portant un vaste chapeau de Panama qui le garantit de
l'ardeur du soleil; il verrait, devant la barrière, un cheval
constamment scellé et bridé, et prêt à le porter sur chaque
point de son habitation pour diriger et surveiller les différents travaux. Il trouverait, généralement, une maison
simple, des meubles commodes et sans luxe, une table abondamment servie, mais sans recherche, ouverte au premier
inconnu, gentilhomme, ouvrier, porte-balle, que le hasard
a dirigé vers son toit. Levé le premier, couché le dernier,
cet émule des riches fermiers de la Beauce ou de la Brie
veille à tous les travaux et à la nourriture de ses esclaves
avec plus de sollicitude que le fermier, attendu que les esclaves sont la partie la plus positive de sa fortune, tandis
que les domestiques du fermier ne lui appartiennent pas;
peu lui importe qu'ils soient malades ou qu'ils meurent des
fatigues dont il les a excédés. » Ce sont des prolétaires,
auxquels aucun lien d'intérêt ne rattache aucun patron.

[1] Professeur de droit! V' Ride, sous les coups duquel M. Comte ne
conserve pas un membre intact; vol. II, p. 69, etc., etc.

Ecoutez encore, apprenez, économistes, quelle est la vie, quelles sont les mœurs de ce rude et infatigable *producteur*. « Il est le premier et le principal agent de son habitation ; il soigne ses champs, ses plantations, ses troupeaux et les ustensiles de son agriculture. Il veille à l'entretien de ses machines et de ses appareils ; il en dirige presque toujours *lui-même* la construction et les réparations. Il surveille son hôpital, *panse les malades*, s'assure de l'administration des médicaments ordonnés par le médecin, si l'éloignement ou l'absence de celui-ci ne l'oblige pas à faire lui-même le médecin. Il est réveillé au moindre accident, au moindre tumulte. Il règle les nombreux différents qui surgissent entre ses esclaves. Sa vie est toute de labeurs et de préoccupations ; son temps et ses facultés y suffisent à peine [1].

Voilà le sybarite, le sultan dont les abolitionistes, honnêtes et ignorants, maudissent au nom de l'humanité le despotisme et le luxe [2] !

Si les rêveries des romanciers avaient quelque corps, quelque substance, est-ce que les colonies ne deviendraient point l'asile de cette lie de la civilisation élégante qui déborde au sein de nos grandes villes ? Est-ce qu'on ne s'arracherait point par d'extravagantes enchères ces habitations enchantées ? Un acquéreur sérieux se présente-t-il donc lorsque la vente sollicite des enchérisseurs ! — Non. « La multiplicité des soins qu'exige l'exploitation d'une grande propriété coloniale, le nombre des embarras, des soucis, des dégoûts et des chances *calamiteuses* dont elle abreuve et auxquelles elle laisse en butte le malheureux possesseur... voilà, voilà

1 De Chazelles, *Émancip., transform.*, p. 34 ; 1845. — 2 Les mœurs licencieuses des *anciens* colons anglais de la Jamaïque ont été données comme le type des mœurs coloniales ! V° le *Rapp. de Brogl.; 1843. Et puis, les savants de cabinet ont étudié l'esclavage moderne *dans les classiques !* J'ai fait comme eux, mais pour décrire l'esclave romain. V° *Le Monde avant le Christ; 1845 ; chez MM. Mellier.

qui éloigne, voilà qui repousse [1] ceux auxquels la nécessité n'impose pas ses lois. — Et tandis qu'au sein de l'Europe, le prolétaire affamé languit et se dessèche de cette misère dont l'aspect nous fatigue le cœur; là-bas, sous *l'application rudimentaire du principe de l'association*, c'est le planteur qui crie ruine; c'est le maître, victime de ce partage du temps et de la terre que des lois impolitiques s'abstiennent, comme à plaisir, de féconder [2]!...

Oh! du moins, si l'esclavage des noirs ne dépravait ni le maître, ni l'esclave, autant que nous l'enseigne M. de Broglie [3]; si la condition servile du nègre n'exerçait une funeste influence sur les mœurs et *l'intelligence* du maître, ainsi que nous l'apprend [4] M. Comte, ne serions-nous point tentés de nous réconcilier avec le planteur; ne nous empresserions-nous pas de le seconder de nos lois, par amour pour le bien que son expérience et son courage peuvent réaliser, en faveur de nos prolétaires? mais par quel effort de vertu tolérer un homme que l'esclavage de son serviteur déprave autant que son serviteur lui-même? Oh! qu'il est coupable envers l'humanité le maître qui consentit à se plier à un régime où succombent successivement et ses mœurs et son intelligence, et les mœurs et l'intelligence de son serviteur!...

Cette pathétique accusation porte encore le cachet de M. Comte! Mais à cet endroit, pleine et rapide sera notre justice si peu que nous daignions jeter les yeux sur les merveilles dont fourmillent les immenses espaces du nouveau monde. Ces monuments du génie, de l'audace, de la persévérance auxquels le voyageur se heurte à chaque pas dans les anciens déserts; l'aspect des habitations et des villes que les colons ont fondées; l'aspect des routes, des chaussées,

---

[1] V⁺ *id.* comte de Chazelles, p. 16. — [2] V⁺ p. 437, 438 ci-dessus, etc. — [3] Et autres, p. 430. — [4] *Législ.*, vol. IV.

des digues gigantesques qu'ils ont construites; l'aspect des défrichements et des transformations du sol qu'ils ont opérés, et par-dessus tout cela, la régularité générale et la décence de mœurs de ces rudes travailleurs, voilà les preuves indélébiles de l'exercice et de la vigueur des plus nobles facultés de l'homme physique, intellectuel et moral! En multipliant ces preuves, en les incorporant au sol et à l'histoire, les planteurs ont, sans doute, assez glorieusement signalé leur passage et leur séjour!

Après cela, la longévité, la santé, l'humeur douce et enjouée des esclaves qui les entourent, *la rareté des révoltes de ces hommes toujours armés*, leur attachement pour leur maître, la fréquence de leurs dévouements, la progression lentement croissante de leur race; tout cela parle assez haut; tout cela nous dit si ces hommes sont aussi misérables et dégradés que nos prolétaires; tout cela nous dit si leurs maîtres valent moins ou mieux que les maîtres de nos prolétaires!

En comparant régions à régions, multitude à multitude, œuvre à œuvre et régime à régime, les ouvriers libres de l'Europe et les ouvriers des régions où subsiste encore le mal que nous voulons tous guérir et qui se nomme esclavage, il faudra bien sortir des lieux-communs; il faudra laisser de côté toutes *les divagations*, se prononcer point à point, et reconnaître ce qu'il y a de creux dans *les sentences* de ces hommes qui accuseraient volontiers l'esclavage des éclipses que le soleil a subies.

Exagérer le mal, comme on l'a fait; irriter par ces hyperboles l'oreille du médecin consultant, du législateur qui, séparé par l'Atlantique, applique le remède d'après la somme des rapports qui lui parviennent, c'est l'induire non point à la guérison du mal dont il ne connaît plus ni l'intensité, ni la nature, mais à la destruction du malade.

Et, je le répète, à la clarté d'une évidence désormais assez vulgaire, ce malade peut et doit être notre sauveur !

L'esprit dirigé vers le bien-être et le salut des prolétaires, ces hommes que nous trouvons de si heureuses facilités à racheter les uns par les autres, nous répéterons, dans l'intérêt de la mission que les circonstances offrent aux classes travaillantes de nos colonies et avec la mûre expérience de M. l'amiral Laplace :

« Ces pauvres colons, si calomniés, font cependant tout ce qu'ils peuvent pour améliorer la race noire..... et, *s'il est vrai* que, d'abord, ils aient défendu avec trop de persistance leurs préjugés de caste, du moins ils se montrent noblement résignés aujourd'hui à toutes les conséquences de l'émancipation, quoique leur position morale et matérielle soit devenue *vraiment intolérable*. Luttant en vain contre les préventions que leurs ennemis ont su soulever contre eux, ils ne trouvent en Europe qu'une froide indifférence pour leurs malheurs [1]. »

Hélas! l'Europe, — mais restreignons-nous à notre patrie, — la France ignore que ces malheurs ce sont les siens! Elle ne s'inquiète guère de savoir si ses opulents industriels ont suivi et suivent, à l'égard de leurs prolétaires, l'exemple que leur donnent les planteurs, qui, selon les paroles du noble marin, *font tout ce qu'ils peuvent* pour améliorer la race noire, ou le prolétariat de leurs régions. Quoi de plus! et, cela, dans une position *vraiment intolérable!* Ces dispositions et cette conduite des planteurs veulent-elles qu'à tout prix, tout de suite, et quoi qu'il en coûte à la patrie et aux classes souffrantes, la France brusque et bâcle l'émancipation dans ses colonies, au lieu de la conduire avec la diligente maturité qui doit la rendre *féconde* et *stable!*

---

[1] Jollivet, *Extraits,* p. 44, 45. — Heureux trois fois, s'il n'y avait qu'indifférence pour cette cause toute française !

Que si, néanmoins, l'émancipation, emportée au pas de course et d'assaut, nous paraît être celle que nécessite l'esprit du siècle ou du *moment ;* à plus forte raison cette colossale mesure, cette mesure d'urgence s'appliquera-t-elle à nos prolétaires dont l'impatience se conçoit assez clairement quand on connaît et leur condition et leurs maîtres ! —L'heure de la délivrance universelle va donc sonner à la grande horloge de l'humanité ! Toute chair humaine va donc tressaillir !

Oh ! pas encore ; car, dans les Etats les plus civilisés de l'Europe, la désorganisation actuelle du travail laisse aux mains des industriels un *pouvoir* exorbitant, mais sans qu'il résulte de ce pouvoir un *ordre* bien merveilleux !

Dans la Grande-Bretagne, par exemple, « une filature, une mine, un haut-fourneau, est une véritable baronnie dont le propriétaire, commandité par les banques et gouvernant à l'aide des machines, le feu et l'eau, a une autorité moins arbitraire, mais *plus absolue* sur ses ouvriers que le seigneur du moyen âge sur ses vassaux..... Le manufacturier, en admettant ou en excluant une famille, exerce indirectement, mais réellement, « sur les membres qui la composent, le droit de vie et de mort. » VOICI POUR LE POUVOIR !

Enfin, comme ces ouvriers, abrutis d'ailleurs par la misère, ne peuvent traiter avec les maîtres de puissance à puissance, ils ont recours au procédé universel des faibles et des *opprimés.* Ils conspirent. L'aristocratie manufacturière se trouve ainsi devenir une espèce de despotisme tempéré quelquefois par dès révoltes et tous les jours par des coalitions[1]. » VOILA POUR L'ORDRE !

Et, tel se montre le prolétariat dans une contrée de l'Eu-

[1] L. Faucher, *Birmingham.*

rope, tel à peu près nous le retrouvons dans une autre. La monotomie de cet aspect serait assoupissante, si un tel spectacle ne réveillait dans les âmes autant de compassion que d'effroi[1]!

[1] Au sujet du procès C. et G., jugés le 3 et le 4 février à la Guadeloupe, et que l'*Atelier* rapporte et commente en son numéro de septembre 1846, je répéterai :

L'humanité n'a pas assez de malédictions pour de tels actes, — s'ils sont prouvés! — actes si fréquents dans nos grandes villes européennes, ainsi que je l'ai fait voir.

Si les tribunaux ont péché dans cette affaire par excès d'indulgence, — ce que l'expérience et l'équité ne permettent pas d'adopter légèrement, — les colons ne peuvent pécher par excès de rigueur contre de tels coupables. Ces bourreaux de l'humanité sont les bourreaux des colonies. C'est par eux que les réformes, devenues impossibles, appellent à leur place le plus grand des fléaux : les révolutions !

Passé et avenir du travail libre. — Côté européen de la question. — Le prolétaire immigrant fort utile, mais non point indispensable. — Coolies,
Africains, libres de couleur de l'Union américaine. — Questions
auxiliaires de l'émancipation générale du prolétariat. — Des
réformes et point de révolution. — Moyens et résultats.

Affranchir le travail, ou plutôt affranchir le travailleur
par le travail, grand et magnifique problème, dont la solution, qui se présente à l'esprit sous une certaine variété
de formes, trouve ses éléments disséminés dans les parties
diverses de cet écrit. Mais à quoi bon s'en préoccuper, si
dès que se présente pour la France le moment d'adopter un
parti définitif, si, dès qu'il s'agit pour elle de son territoire
continental, elle hésite, elle flotte et recule; si sa pusillani-
mité contraste tout aussitôt avec les résolutions téméraires
où elle se jette dès qu'il n'est plus question que d'intérêts
dont le lointain lui dérobe l'intime union avec ses intérêts
les plus vitaux !.....

Que faire, cependant, en cas de volonté sincère et sage,
que faire pour mettre aux mains du prolétaire cet instrument
de travail, qui est l'instrument de sa vie et de sa liberté,
le salut et la force des sociétés sur lesquelles ont lui les
rayons des sciences philosophiques et religieuses! — Que
faire? sinon viser aux moyens de conserver notre puissance
et nos richesses acquises! — Que faire encore, sinon se pré-

ter à tous les mouvements dont la tendance est d'élever ces richesses au niveau des besoins de ceux qui réclament à cris pressés et perçants la faculté de vivre et de s'appartenir!

Conserver nos biens acquis! Cette première de toutes les nécessités ne nous oblige-t-elle pas à juger d'un regard si nous touchons ou non au moment critique où la vapeur change les armes de tous les combats, et bouleverse, de royaume à royaume, les anciennes conditions d'existence? Cette nécessité ne nous induit-elle pas à nous demander si, tout à coup, par un caprice de l'imprévu, qu'il est de la démence de ne point prévoir, la nationalité d'un peuple envié de l'Europe ne peut dépendre des premiers coups et des coups irrémédiables portés à sa marine et à la riche ceinture de son littoral? Ne nous fait-elle pas une loi de proclamer que de tous les moyens de puissance, le plus magnifique et le plus simple est celui qui ne peut garantir à notre patrie son existence sans grossir la source de ses prospérités; celui qui ne peut lui conserver la vie sans en assurer la plénitude! Et, si cette condition vitale se renferme dans la puissance de notre marine, cette marine, puisant elle-même la vie et l'action aux rivages de nos possessions les plus lointaines, n'est-ce point évidemment de ce côté que se dégage des brouillards de la science, et que s'élève étincelant, aux rayons du jour et aux regards, le but que la sagesse nous appelle à poursuivre!

Grossir la source de nos prospérités, ou résoudre la seconde partie de notre problème, c'est ce qui ne pourra s'exécuter sans résoudre notre problème favori : la transformation du travail servile en travail libre, là-bas d'abord, et puis ici par contre-coup, *puisque nous ne voulons point commencer par nous-mêmes!* Tout homme de cœur désire cette solution et je m'efforce de la faciliter! Mais à l'aide de quels moyens rendre praticable aux contrées lointaines cette nouvelle organisation du travail?... Il s'en présente de plus d'une sorte!

L'auteur des *Juifs rois de l'époque*, propose aux hommes de la haute finance le monopole des sucres de toute nature, ou l'acquisition des colonies. Et certes, rien ne serait impossible à leurs capitaux, en faveur de la liberté, *si, dans le cas de cette acquisition, leurs capitaux restaient abolitionistes!* c'est là ce dont il est permis de douter!

J'avais conçu ce plan sous une forme peu différente, et je m'étais dit : pourquoi les sociétés abolitionistes n'achètent-elles point les colonies? — Mais, de ces sociétés, les plus riches sont celles de l'Angleterre! Irions-nous vendre ces portions du territoire à l'étranger, qui n'en désire que la ruine? Peut-être non! Cela ne ferait pas l'affaire de nos prolétaires! Eh bien! nous retombons dès lors aux mains de nos propres abolitionistes, dont les chefs ont domicile parmi les hauts barons de la finance, parmi les hauts seigneurs de nos sucreries indigènes et de nos raffineries. Ce projet rentrerait donc dans celui de M. Toussenel; mais cet économiste, devenant plus pratique, se ravise et nous dit : le gouvernement doit payer aux colons le prix de leurs nègres, puis encore le prix de leurs terres et de leurs usines; et, cela fait, il doit non point céder, mais s'attribuer le monopole de la fabrication et de la vente du sucre : vaste entreprise qui nous permettrait bientôt de voir dans le sucre le produit le plus vulgaire et le moins coûteux. C'est alors que le ménage du pauvre et le trésor de l'Etat regorgeraient, l'un de sucre et l'autre d'or! C'est alors que l'Etat, dans sa toute-puissance financière, régulariserait la réalisation du travail libre. Mais il y a trop d'étrangeté dans ce plan pour que seulement on le discute; on en rira, cela est plus facile.

Revenons donc aux voies vulgaires, nous nous retrouvons en face de notre première et dernière demande; et c'était une indemnité qui ne fut ni modérée, ni excessive, mais qui fut complète; une indemnité qui se rendit sensible, soit tout entière en deniers comptants, soit en argent pour une partie, et pour l'autre en dispositions législatives inspirées de l'esprit du pacte colonial. C'est alors que, conformément à la nature la plus simple des choses, les destinées du travail se trouveraient confiées *aux intéréts* et à l'industrie du planteur, *armé de l'instrument des succès* et mis en présence de la nécessité! Je ne répéterai pas qu'il s'agit, par l'efficace de ces dispositions, de sauver, dans les colonies, un de nos sauveurs, le producteur le plus rapide de nos moyens de libération. Cette question me semble avoir été largement traitée; efforçons-nous plutôt de préparer le mystérieux avenir dont nous aurons à interroger le sphynx!

Assez avancés déjà sur le terrain des principes, dont les conséquences *sont l'histoire de l'avenir* et transforment en prophète l'homme qui les a saisies, nous croyons marcher vers notre but en arrêtant un moment les yeux sur les différences qui caractérisent le travail du *nouveau* libre et le distinguent du travail de l'esclave; en effet, le nœud de la question consiste à féconder le travail par la liberté. Ces différences parlent à l'œil, mais ne nous en tenons point au premier aspect! Un trésor d'expérience nous est ouvert; il s'est formé des débris de mille fortunes fatalement englouties dans un gouffre creusé par de mauvaises lois. Puisons dans ce gouffre, mais ayons soin d'écarter de notre main les préventions; car, si douces qu'elles soient à notre orgueil, elles seraient notre mort!

Des débats stériles, interminables se sont élevés entre les juges éclairés et les amis inexpérimentés de ces deux modes du travail humain. Mais, avant de retracer les défectuosités du travail libre d'implantation récente, et de les signaler aux hommes qui sont appelés à les redresser, il importe d'établir une vérité trop gravement méconnue. Elle doit être le point de départ des économistes, puisqu'elle est la clef de voûte du futur édifice social des colonies, et du plan qui les féconde au profit du prolétariat métropolitain ! La voici :

Quelle que soit l'abondance ou l'exiguité de la produc-tion, la diminution ou l'extension des cultures, ce n'est là qu'un souci secondaire pour le colon, grand ou petit, dont la prospérité devient la base de la société régénérée. Ses ressources, en effet, ne consistent point dans les valeurs qui traversent ses mains, il ne possède que ce qu'il y peut retenir en les fermant; le *produit net* est son unique avoir ; ombre dorée, tout le reste lui échappe et lui est néant! Devant cette proposition incontestée s'écroulent et se proster-nent, dans la poudre des ruines, les échafaudages de chif-fres dressés par les ultrà-abolitionistes pour la glorification prématurée des résultats du travail libre.

Le travail libre! On s'est figuré que ce mot est l'épou-vantail des maîtres, il n'en est rien! si ce n'est lorsqu'il ment à son sens dans la bouche de leurs ennemis! La réa-lisation de ce mode de travail est leur vœu le plus ardent, parce qu'il serait la garantie de leur délivrance et d'un ave-nir fortuné! Car l'esclavage du noir est à la fois l'esclavage du colon et de ses capitaux. Le colon ne repousse donc du travail libre que ses insaisissables fantasmagories. L'intérêt et l'expérience lui en ont appris les mirages. Il posera.le diadème sur le front de l'homme qui saura l'implanter sur le sol des possessions françaises, au lieu de n'en élever que le fantôme sur le trône de nuages et de tempêtes des déclama-tions abolitionistes!

Ce qu'il y a de certain, c'est que, jusqu'à ce jour, le tra-vail libre, jusque dans ses plus éclatants résultats, cachait aux yeux du public des déceptions d'une grande amertume. L'analyse du *produit net* donne à ses plus flatteuses espé-rances les plus désespérants démentis.

Le produit net! Ce phare étant élevé sur les hauteurs de la question pour y faire rayonner ses lumières, considérons, dans le passé et dans l'avenir, les phases et les possibilités du travail libre. De quelle sorte les chances en sont-elles offertes, par le sol colonial, aux prolétaires de la race noire, et par la culture, les contre-échanges ou les produits fiscaux des denrées de nos colonies, *aux prolétaires de la race européenne*. Brève, rapide et utile sera notre tâche.

Jusqu'à ce jour, nos possessions d'outre-mer ont vu le noir affranchi refuser ses bras au travail, ou ne se donner guère d'autre peine que celle qui assure à ses appétits les strictes exigences du nécessaire..... Souvent même le vagabondage, le vol et la mendicité lui mettent ce nécessaire à la bouche..... Hors de là, que lui faut-il? Si peu, vraiment, que ce peu n'a pas de nom! Telle est la vérité générale, dont les preuves peuvent se compter par têtes et se résumer en total. Le calculateur qui s'en propose la formation, part des grands fonds de la Guadeloupe, où douze mille libres se réunissent en colonie, comme pour lui épargner la peine de poursuivre les unités éparses. Continuant sa route sur la surface de l'île, il prend son essor vers la Martinique, où la civilisation des jeunes affranchis s'étend déjà jusqu'à la corruption[1]. « Dans chacune de ces deux colonies, il rencontre vingt-cinq mille libres désœuvrés, et, pour la plupart, en état de vagabondage[2]. » Il effleure la Guyane, s'émerveille, à Cayenne, d'une civilisation qui se borne à peupler la société coloniale d'enfants légitimes, condamnés à mourir de faim par la fainéantise de leurs pères[3], » et s'arrête enfin à Bourbon, où vingt mille misérables, gangrenés du mal de la paresse libre, croupissent et fermentent dans le désordre.

[1] *Officiel*, p. 504. — [2] J. Lechevalier, *Guyane*, p. 105. — [3] *Officiel*, p. 537.

Rôder, marauder, courir après sa proie, ou plutôt l'attendre dans les bois, le long des rivages, au bord des marais, mendier de l'esclave le soutien d'un citoyen libre,
dormir et redormir, souffrir la faim, marcher nu, tête haute,
tout ignorer, si ce n'est quelques secrets de la science du
sauvage et du vagabond, voilà donc la vie de la multitude
des affranchis ! Ce spectacle est un outrage pour la civilisation et une menace permanente pour tout ordre social.....
Je généralise les faits en quelques lignes, renvoyant, pour
le menu des détails, à toutes les publications officielles que
j'ai citées, et à mille écrits d'un mérite distingué, où
ces vérités, relevées par quelques exceptions, percent et
donnent, presque à toute page, le douloureux éblouissement
du vertige.

De cette apathie générale, de cette rechute dans la barbarie, quelles sont les causes? Chaque école vous donnera
la sienne ! Les travaux de la culture étant déshonorés par
l'esclavage, l'homme libre tient à honneur de s'y dérober.
Voilà le dire des métaphysiciens abolitionistes, qui raisonnent, pour le nègre, avec des idées fort étrangères à son
esprit, et ne pardonnent point à une nature qui n'est pas la
leur de démentir les élucubrations de leurs cerveaux, formulées en rondes sentences.

Non; quoi que répètent quelquefois les lèvres du nègre
endoctriné, telle n'est point *la vérité vraie*[1]. Autre est le
mot des hommes qui n'ont pour eux que l'expérience et le
bon sens ! Ce ciel de feu, ce climat énervant, cette terre prodigue de ses dons, ces confrères nageant dans l'abondance
sous la case du planteur, et dont la main s'ouvre aux anciens amis; cette fatale ignorance du devoir, que nul gouvernement, depuis 1793[2], n'a donné les moyens de

---

[1] Mot d'un ministre. — [2] *Rapport Rémusat, Moniteur.*

vaincre, n'est-ce point là que se trouve la raison de cette apathie qui nous donne à chercher ses mystères?

Quoi qu'il en soit, le fait existe; et lorsque, parcourant les colonies émancipées, depuis l'Ile de France jusqu'à Saint-Domingue et la Jamaïque, nous demandons à la liberté *tardivement précoce* de ces régions le droit de la juger par l'aspect et la saveur de ses fruits, quels fruits encore se présentent aux regards? Je ne dirai qu'un mot de Saint-Domingue, cette colossale ruine, où le noir affranchi ne s'imposa d'autre mission que de faire rentrer dans le sein de la terre la plus féconde les trésors dont elle inondait l'Europe[1]. Eh quoi! « cette terre promise possède en elle-même assez de ressources pour n'être privée de rien de ce qu'a inventé la civilisation européenne, et la voici tributaire du monde entier! Une *moitié* de l'île jetait quatre cent millions de livres de sucre sur nos marchés, et l'île entière n'en fabrique plus assez pour les besoins de ses malades! Il se vend chez ses apothicaires, et se paie au prix d'une gourde[2] la livre[3]! »

Grâce au despotisme sanguinaire de Dessalines, ce Spartacus couronné, la culture avait semblé promettre au nouvel état, un débordement de richesses! Mais comment? le voici. La première condition de l'empereur improvisé lui avait fait vivement apprécier la vertu du fouet, et le barbare ne prouvait que trop l'énergie de sa conviction sur ce point; car il était rare qu'il manquât de faire gratifier d'une généreuse fustigation les chefs d'ateliers *libres* dont il visitait les travaux. Que si le chef d'atelier imputait la décadence des cultures à la paresse obstinée des travailleurs, l'empereur faisait jeter le sort entre les ouvriers, et sa justice ne vivait point de langueurs! L'élu du hasard montait

---

[1] Lire Schœlcher, *Haïti*. — [2] Cinq livres. — [3] Lire Schœlcher, *Haïti*, vol. ii, p. 271.

tout aussitôt à la potence ! Lorsque le fainéant lui était
nommé, c'était bien mieux encore ; car il le faisait enterrer
vivant sous les yeux de *l'atelier libre !* Dix citoyens allaités
de *ce lait primitif de la liberté* faisaient donc naturellement
plus d'ouvrage que trente esclaves !

Le Code de son successeur, Christophe, maintint les châtiments corporels dans toute leur rigueur, et attacha, de la
manière la plus étroite, les travailleurs affranchis à la glèbe
de l'habitation[1]. Enfin, sous Boyer même, l'esclavage, revêtu de la forme d'engagements forcés, vint encore garrotter
à la houe la main du *travailleur libre*[2].

Voilà comment *la liberté* parvint à se procurer quelque
travail ; mais, en dépit de tous ces régimes, et malgré les
vicissitudes de la licence et du despotisme, la société haï-
tienne n'a pu sortir de son berceau. Des tuteurs civilisés
ayant mission de la disposer à l'affranchissement, ne l'a-
vaient pas formée, et l'expérience établit que cette initiation ne se remplace point. Voyez. La famille même n'y est
point éclose, et le concubinage organisé a pris la place du
sacrement et du contrat. La liberté toute seule n'a point eu
la force d'éteindre le goût servile de l'amacornage ; et, de
nos jours encore, l'homme qui veut sortir du célibat, et se
donner une compagne, prend une fille, non point même à
bail, mais à l'essai. Il la demande *en placement*, comme on
la demanderait ailleurs en mariage ; et, cela fait, elle obtient, dans le monde, *la même considération* que si elle
était mariée. Seulement, l'homme dit : ma femme, en parlant d'elle, tandis que le mari dit : mon épouse, en parlant
de la sienne[3]. Grâce à cette désorganisation de la société, de
la famille et, par conséquent, du travail, « personne n'ayant
de quoi vivre, chacun cherche à y suppléer par le com-

---

[1] *Rapport de Broglie,* p. 194, 196. — [2] *Ibid*, p. 328 à 329. — [3] Schœlcher, vol. ii, p 288.

merce. Militaires, avocats, députés, sénateurs, administra-
teurs, propriétaires, par eux-mêmes ou par leurs femmes,
tiennent boutique ouverte, et les plus riches sont dans le dénuement[1] » En un mot, pour nous résumer, et sortir des
décombres de cet ancien théâtre de la magnificence européenne, « tout y justifie ce que les antagonistes de la race
noire ont articulé contre elle[2]. »

L'heureux accord de la liberté et du travail a-t-il démenti, sur la surface des îles anglaises, les sinistres prophé-
ties de Saint-Domingue? Question toute simple, mais dont
ne saurait se tirer à l'aide des autorités qui nous assiègent,
l'homme impartial qui ne s'est point fortifié l'esprit par une
longue habitude de discernement. Le langage offrit de
moins inextricables confusions sous les murailles de l'orgueilleuse Babel, que les écrits des contemporains n'en présentent dans le récit des désastres ou des merveilles du travail libre[3].

Il est doux d'entendre vanter les avantages du travail
libre, d'entendre dire qu'un jour ce travail, moins cher que
celui de l'esclave, doit être à la fois plus productif! Van-
tez-le donc, j'y consens, nous a dit M. Cardwel[4], mais actuellement, il n'existe point!

L'émancipation a ébranlé nos colonies, et une génération

---

[1] Schœlcher, *Haïti*, vol II, p. 273.—[2] *Id.* Schœl. 181.—[3] Lire la multitude
des démentis officiels, donnés aux *Rapports officiels* de l'Angleterre, piéges
tendus à la candeur de ceux de nos hommes d'état sincères, qui gouvernent les
colonies *sans les connaître!* On comprendra la portée de ce malheur si l'on
observe que la prospérité des îles espagnoles augmente, *à mesure* que les trou-
bles de l'Espagne éloignent de ses colonies l'action immédiate de sa métropole:
c'est-à-dire, à mesure que les affaires s'y conduisent selon les rapides exigences
de l'occasion, selon les vues de ceux qui ne sont point condamnés à voir par
les yeux d'autrui, par les yeux de l'ennemi, du traître, de l'imbécille, ou
des *Juifs, rois de l'époque.* V' Durrieu, *Cuba.* — [4] Sous-secrétaire d'état
des colonies, 24 février 1845.

passera avant qu'elles soient raffermies[1]. Voilà pourquoi M. Peel avoue que les 500,000,000 et les avantages de tarif accordés aux planteurs n'ont pu les indemniser de leurs pertes!

Cependant, il faut compter par milliers les esclaves de *nouvelle forme*, engagés sous les auspices de la liberté, et versés dans les îles pour y remplacer le flot de population qui se dérobait aux travaux de la culture! A l'Ile de France, par exemple, près de cent mille Indiens Coolies, transportés sur le sol *abandonné par les affranchis*, *vendirent plus ou moins librement* leurs bras au travail, et donnèrent aux habitations un moyen de lutter contre la crise désastreuse de l'affranchissement[2].

Mon autorité n'est pas suspecte, car ma plume se borne à reproduire la feuille même de la grande société abolitioniste. Il y aurait donc témérité bien grande à pronostiquer l'avenir du travail libre, d'après l'aspect et la physionomie mobile de quelques possessions si facilement couvertes par le débordement des immigrations! Toute puissance n'a point à son service la marine de l'Angleterre pour effectuer, sur une si vaste échelle, de si coûteux transports. Toute puissance n'a pas sous la main des pépinières inépuisables en esclaves! Toute puissance n'a pas le front assez bronzé, ni la main assez ferme pour oser dire à ses rivales : Vous m'accusez de réorganiser l'esclavage, que mon devoir est de détruire[3]; mais ce que je veux devient juste; fille adoptive de Luther, je n'ai point oublié le mot de mon père : Si je l'ordonne, ma volonté fait la raison et la loi[4].

---

[1] M. Gladstone, ancien ministre du commerce, 24 février 1845. — [2] *Between* 90,000 *men*, 100,000 *Coolies*, *in all*, etc. V' *Antislavery reporter*, *march* 19 1845, *id. feb.*, 19. Ce système est qualifié de *fearfully mischievous and ruinously costly* : ruineux et odieusement malfaisant. — [3] *A new form of the slave trade... for not a single free labourer can be obtained. Antisl. rep., march* 19. 1845. — [4] *Sic volo, sic jubeo, sit pro ratione voluntas.*

Nulle merveille donc si le travail des engagés remplace, en quelques endroits, le travail de l'esclavage; nul étonnement si le travail poursuit son cours dans des îlots où l'introduction de la charrue compensa la retraite des bras; où la terre et l'eau, se refusant à la population exubérante des affranchis, les contraignent, par les stimulants de la faim, à renoncer aux mollesses de la vie tropicale.

Mais, dans la plupart des colonies, il fut impossible à la puissance qui fatigue les mers du mouvement de ses navires, de remplacer les affranchis par un nombre à peu près équivalent d'engagés! De là, et sans rien dire encore de la disparition générale *du produit net* pour les colons, de là, le déficit qui se manifesta dans le total de la production. Ce phénomène ne se conçoit que trop clairement en présence de cette unique esquisse de l'Ile de France, où M. l'amiral Laplace retrace l'aspect général des colonies émancipées.

« A peine libérés, les nègres employés aux plantations ont abandonné en majeure partie la culture des terres..... Les planteurs voient, non-seulement leurs revenus compromis par le manque de travailleurs, mais encore leurs propriétés en proie aux rapines des affranchis, qui, soustraits à toute espèce de surveillance, se livrent, pères, mères et enfants, au vagabondage, à la maraude et à tous les excès de l'ivrognerie. *A peine* sur soixante-dix mille affranchis, en compte-t-on *un quart* gagnant leur vie d'une façon licite... Les tribunaux ne suffisent pas pour juger les coupables, ni les prisons pour les contenir[1]. »

Ailleurs, dans la plupart des autres colonies, la justice moins infatigable ferme les yeux sur les délits qu'elle est insuffisante à réprimer. L'intérêt même des planteurs, obligés de courtiser les affranchis, les engage à couvrir les

---

[1] *Extrait*, p. 51.

yeux de Thémis d'un bandeau qui n'est plus celui de la justice. Les magistrats se trouvent pour ainsi dire désarmés, par le grand nombre des coupables[1]! De là, les statistiques erronées du crime; de là cette fausse innocence d'un nouvel âge d'or, dont la main des abolitionistes-*ultra* forge les titres mensongers sur le bureau des greffes! La chaîne d'or de l'indemnité n'a pu lier assez longtemps au sol l'affranchi qui ne se prêtait à la culture qu'à la condition de ruineux, d'extravagants salaires[2]; le nouveau libre se trouvait comme fatalement dévoué aux conséquences de l'oisiveté; la mère de tous les vices devait-elle engendrer une société morale et prospère?

Quant aux planteurs dont le courage et la production ne furent point abattus et anéantis sous le coup de l'affranchissement, cette mesure, imprudemment dirigée, réduisit à des proportions presque équivalentes à la ruine, le total des bénéfices de la culture[3] ou la rémunération du travail: c'est-à-dire *le produit net.*

Enfin, pour ce qui est du nègre, nous avons vu les plus actifs déserter la propriété d'autrui pour se constituer propriétaires, réunir leurs capitaux pour se livrer à une exploitation commune, et fonder des villages libres dans les centres de petites cultures individuelles. Car, lorsque nous reproduisons les preuves de la proverbiale apathie des nègres, la généralité de nos propositions ne repousse en aucun cas les exceptions les plus honorables. Mais déjà, cependant, une partie de ces merveilles de l'émancipation se

[1] V· *Extrait*, p. 69; 1845. V'*íd.* comte de Chazelles, *Émancip., transf.,* p. 11 à 15; 1845. — [2] Lord Stanley, *Com.,* 22 mars 1842. — [3] Diversement appréciée, « cette diminution n'a point jusqu'ici le caractère d'un fait accidentel et passager; elle n'a point atteint son *maximum* dans le désordre du premier moment; elle n'est pas restée stationnaire depuis lors; elle paraît suivre au contraire la loi d'une *décroissance progressive.* » *Rapp de Broglie*, p. 290, 291, etc., etc.

sont évanouies; nombre de localités n'en ont conservé que le souvenir; et à défaut des documents dont la multitude et la répétition deviendraient accablantes, l'état des mœurs [1] sous le régime de l'affranchissement nous révèlerait l'état du travail, de même que l'éducation donnée dans les écoles coloniales nous en manifeste les destinées futures!

Le vice principal de ces écoles, « c'est de ne pas répondre aux besoins du pays! Ce ne sont pas des écrivains ou des commis qu'il s'agirait de créer, ce sont des ouvriers; et de toutes les industries, celle qu'il convient surtout de favoriser, c'est l'agriculture. Or, les enfants élevés dans ces établissements, perdent rapidement l'habitude et le goût du travail manuel. Rentrés chez leurs parents auxquels ils se croient d'abord supérieurs, ils reviennent bientôt à cette vie oisive dont *ceux-ci leur donnent en général l'exemple.* Séduits par la facilité de l'existence que leur procure la chasse et surtout la pêche, ils ne tardent pas à perdre toute trace des notions qu'ils ont reçues, et à augmenter la masse de cette population flottante qui vit au jour le jour, tantôt des éventualités de ces industries fainéantes, tantôt de vol et de recel [2]. »

Oh! dès lors, que fera-t-on de cette population qui devient tous les jours plus effrayante? que fera-t-on de cette jeune population *que l'on instruit aujourd'hui,* et dont

---

[1] V. le contre-amiral Laplace, p. 48, *Marine,* vol iv, p. 269, 270, etc. V' mon chap. *Travail libre, Col. fr.,* 1844. Méditons ces paroles officielles de l'Angleterre : « Nous supplions les amis de l'humanité, de voir la position dans laquelle se trouve placée la nation anglaise aux yeux du monde, si le résultat de cette mesure est de plonger la population nègre *dans un abîme de corruption et de misère! Qu'ils lisent l'enquête suivante!* etc. *Rapp. de Broglie,* p. 314. *Id.,* p. 159, 207, 343 à 316, etc. » — [2] *Officiel,* p. 564. Voilà ce qui explique le témoignage du capitaine Layrle, sur les débordements de mœurs des colonies émancipées; c'est ce que M. Schœlcher n'a pas saisi. L'enseignement, pour porter de bons fruits, doit être bon!

quelques-uns sont déjà civilisés jusqu'à la corruption, *les filles principalement*[1] » Hommes du travail libre, où vont se jeter les affranchis, que deviendront-ils? « Se feront-ils agriculteurs? — Jamais. — En vérité, c'est un avenir auquel on doit penser d'avance[2]. » Y pense-t-on? — On se contente de nous en laisser frémir!...

Après avoir interrogé le passé, dans les doctrines et dans les mœurs, après avoir apprécié, selon les circonstances de temps et de lieu, ce que fut, ce que devait être le travail libre, il nous reste à savoir ce qu'il peut être, dans quelle mesure et à quelles conditions il est possible de l'implanter sur le sol qui l'a repoussé jusqu'à ce jour. C'est là le côté tout européen de la question; celui qui touche de plus près à l'avenir et à l'affranchissement de notre prolétariat : c'est là que les difficultés foisonnent! car l'expérience a revêtu toutes les formes pour nous convaincre que, se reposer des travaux de la grande culture sur les bras du nègre libéré, dans les conditions actuelles de l'éducation et de la décadence des fortunes, c'est pousser jusqu'à la passion, jusqu'à la démence l'amour et le besoin des déceptions.

Grâce à des lois sévères, hostiles au vagabondage et à la fainéantise; grâce aux odieux stimulants de la faim et du besoin, si la population vient à couvrir un jour la surface des champs; grâce à un concours de circonstances où l'imprévu saisira sa part, un moment pourra naître où la race africaine, entraînée dans le torrent de la civilisation laborieuse, se réconciliera franchement avec le goût et l'amour du travail.

La république d'Haïti attend ce jour; elle l'attendra longtemps, car elle se refuse encore aux exemples et au contact de la race blanche[3]. Mais, à ne considérer que la phy-

---

[1] *Officiel*, p. 504. — [2] *Ibid*. — [3] Vᵗᵉ M. Lepelletier de Saint-Remy, *sur Haïti*, 1845.

sionomie présente des colonies européennes, il ne faut lier l'idée du travail libre chez le noir qu'à l'idée d'une éducation assez profonde et assez tenace pour produire et maintenir une révolution générale dans les mœurs. Hors de là, tout engage à désespérer de l'entreprise et à se replier sur la race blanche. Cependant, à cette pensée *qui exclut le noir de sa mission naturelle*, l'esprit se cabre; à peine ose-t-on se demander si la nature a doué notre race d'une trempe assez généreuse pour braver, sans s'amollir, la double ardeur du travail et du soleil, sous le tropique.

Crainte puérile! le travailleur est l'homme de tous les climats, s'épuisent à nous crier quelques écrivains dont le courage ne s'est pas ralenti devant l'issue fatale des épreuves antérieures! — Crainte puérile! nous le voulons bien, et nous nous sentons trop vivement intéressés à connaître les théoriciens du travail libre, pour ne point les écouter avec empressement et leur offrir au besoin le secours de consciencieux auxiliaires...

« Les tropiques sont la patrie de l'homme; le fruit des palmiers est sa nourriture; hors de cette limite il n'est plus qu'un étranger que l'avare Cérès traite en marâtre [1]. » C'est du sein des neiges que, l'un des premiers, le Suédois Linnée se permet de trancher poétiquement cette question d'expérience! Voyager dans les glaciales solitudes de la Laponie [2], se retourner vers le midi, aller se réchauffer au soleil de l'Angleterre et de la Hollande, puis, de là, prendre son parti et marcher intrépidement vers la ligne... jusqu'à Paris, ce n'était pas tout-à-fait assez pour juger en dernier ressort des influences du tropique sur la nature de l'homme!

A chaque race le climat dont l'habitude lui a fait une nature qu'elle ne lui permet de forcer que dans une mesure

[1] *Homo habitat intrà tropicos, vescitur palmis, hospitatur extrà tropicos sub novercante Cerere.* — [2] An 1732.

restreinte; telle est la leçon de l'expérience, et sans rappeler à quel degré se montrent différents d'eux-mêmes les tropiques, ici plantureux et tempérés, là-bas ne présentant à tous les points de l'horizon que l'horreur de solitudes torrides, réduisons les difficultés à des termes plus positifs. L'ouvrier de nos régions *froidement* tempérées retrouvera-t-il sous le palmier de nos possessions tropicales sa nourriture la plus naturelle? Non, cela n'est point à croire; car les fruits de ces zônes, plus exquis, il est vrai, que les glands de l'âge d'or, n'offrent à notre race *dégénérée* qu'une incomplète alimentation. — L'indigène nonchalant et allangui des tropiques peut, à la rigueur, s'en contenter, il s'en contente; mais l'homme *dont Cérès est la marâtre* exige une nourriture plus succulante, et, j'ai honte de le dire, sa bouche demande chaque jour à maculer des sucs grossiers de la viande le pur froment de la bonne déesse. La chair soutient sa chair, et ce carnivore n'est palmiphage que parce que sa constitution le rend omnivore. La théorie du travail libre, exécutée par des Européens, doit tenir compte de l'importance économique de ces remarques; car les fruits de ce travail diminuent, pour le capitaliste qui le paye, de tout le surcroît de dépense indispensable à l'alimentation du travailleur. Dépêchons-nous d'arracher cet être prosaïque au cadre gracieux des pastorales...

Les tropiques offrent-ils une patrie naturelle au travailleur européen? Deuxième question à laquelle la souplesse de notre nature permet de répondre par ces mots : cela se peut. Les limites du possible sont spacieuses : elles sont élastiques. Dans quelles conditions favorables cela se peut-il donc?

Eh, mon Dieu! dès, et tant qu'on le veut, nous répondent les thaumaturges qui égalent les ressources de la nature à celles de leur imagination. Les preuves de cette vérité

débordent de toutes les pages de l'histoire. L'histoire n'est-
elle point importune, à force de nous répéter que les établissements coloniaux n'eurent pour fondateurs et pour colons
primitifs, que les travailleurs de la race blanche.

Je dois avouer que je n'ai point lu de vérités littéralement contraires à ces assertions; mais que j'en ai découvert
d'un sens fort différent; et, d'une phrase, j'espère. ranger
ma pensée parmi celles que le sophisme respectera. Il ne
faut point permettre à des hommes qui prétendent à l'exactitude, de nous donner le peu pour le tout!

Les défricheurs, premiers habitants des colonies, ont
remué du bout de la pioche quelques zônes de terrains dont
les produits, mêlés aux produits de la chasse, de la pêche et
de la guerre, ont empêché la population naissante de mourir
de faim. Mais il y aurait témérité, vraiment, à comparer
aux labeurs continus de la culture, les fatigues passagères
de ce travail. Et lorsqu'il s'agit de conserver à la puissance
de la France, à sa marine, à son commerce, à ses prolétaires, les ressources magnifiques de la culture coloniale,
nul homme de sens ne s'avisera de comparer les travaux
capricieux des pauvres et intrépides fondateurs de nos colonies, à des travaux dont les succès exigent l'assiduité d'une
véritable armée de travailleurs!

D'un autre côté, de fréquentes et de lourdes fautes s'ac-
cumulèrent lors des tentatives plus ou moins hardies, exé-
cutées jusqu'à ce jour sur le sol des palmiers, par l'homme
qui s'était nourri du grain des céréales. L'esprit de prévoyance, l'esprit de suite et de conduite, s'écartèrent le
plus souvent de ces entreprises, et l'injustice des peuples
accusa plus d'une fois le ciel et la terre des fatales aberra-
tions dont les gouvernements ou les compagnies s'étaient,
comme à l'envi, rendus coupables. Répéter, sous les inspirations de la sagesse, ces tentatives avortées; laisser les

paroles pour démontrer, par un enchaînement de faits sérieux, la possibilité du succès; préparer et assurer de la sorte
les ressources d'un avenir dont les nuages se mêlent aux
plus sinistres météores ; ne renverser le vieil édifice où s'a-
britent les sociétés coloniales, qu'après avoir offert à ces
sociétés le refuge d'un édifice solide, tel était, tel est encore
le devoir de tout gouvernement dont la main ne se fera pas un
jeu de semer le vent des tempêtes dans la région des ouragans!

Est-ce là ce que, dans l'intérêt de leur puissance et de
leur juste popularité, les gouvernements qui comptent les
prolétaires par millions se sont empressés d'accomplir?
L'histoire toute seule doit nous répondre; qu'elle nous dise
s'il existe une route ouverte sur laquelle l'immigration
puisse engager ses recrues sans aventurer les existences.
Pesons les mots : chacun d'eux peut valoir la vie de quelques milliers d'hommes !

« Jusqu'ici il a été impossible de faire travailler l'ouvrier
blanc à la culture de la canne et du coton. Tous les essais
ont eu les plus tristes résultats : ils ont causé la mort de ces
ouvriers et la ruine de ceux qui les avaient fait venir d'Europe à grands frais[1]. » — Impossible! Mais pourquoi cela fut-il,
et quels seront les causes et les remèdes de ces désastres? car,
c'est une tout autre terre que celle du tombeau qu'il s'agit
d'ouvrir à nos prolétaires! La question n'est point de nous
débarrasser de ces hommes devenus dangereux par leurs besoins et par leur nombre; elle consiste à féconder, au profit
du public et de *l'individu*, un travail auquel l'industrie
métropolitaine ne peut souvent donner pour récompense
que déceptions et tortures !

Un fléau *dont les travaux du génie civil préviennent
l'apparition*[2], et dont se joue la science médicale, lorsqu'elle

---

[1] Ride, t. 1, p. 437, 438. Ce que je rapporte ici ne contredit point mon
chap. Enfants trouvés, etc. On le verra. — [2] J. Lechevalier, *Guyane.*

le saisit dans son germe [1], « la fièvre jaune, moissonne l'ouvrier européen *obligé de travailler au soleil;* tandis que
les personnes aisées, qui peuvent se dérober à ses rayons,
parviennent presque toutes à y échapper. Et ce qui est une
cause de mort pour le blanc, est pour le nègre une cause de
jouissance et de santé [2]. » Double phénomène dont l'explication se présente d'elle-même. Pour le nègre et pour l'Européen, le soleil des établissements coloniaux n'est plus le
soleil de la patrie; ses rayons ne sont plus ceux du climat
natal ou du moins *originaire;* et tandis qu'ils surprennent
l'Européen par leur ardeur, le nègre trouve qu'ils ont perdu
de leurs feux. Oisif, il les recherche, travaillant il les supporte. L'observation de cet effet tout physique révèle un
plan tout nouveau, mais qui, peut-être, rencontrera pour
obstacles des raisons imprévues *d'habitudes ou de mœurs,
et ce sont les plus difficiles à vaincre!* Ce plan serait celui
d'un partage de rôles, dans les fonctions du travail, entre
les ouvriers des deux races. A celui-ci les travaux du grand
air, auquel s'est habituée son enfance; à cet autre l'air
tempéré du matin et du soir, l'ombre des murs, jusqu'au
jour où son sang acclimaté lui permettra d'associer sans
imprudence les deux idées de travail et de soleil.

La multiplication de la race noire, *esclave* ou libre,
surpasse énormément, en rapidité, celle des familles européennes dans les Etats du sud de l'Union; preuve éclatante
tante que des deux races étrangères d'origine à ce sol,
la plus éloignée des conditions favorables à son organisation, la plus en dehors des influences de son climat naturel, n'est point celle que le continent de l'Afrique y a versée! Cependant, la défaveur dont la famille blanche est
frappée sur ce sol, ne prononce point contre elle une exclu-

---

[1] Schœl., *Introd., Col. fr.* — [2] Ride, p. 438, 439. Cette assertion n'est
vraie que dans une mesure raisonnable; cela va sans dire.

sion complète. L'absence des précautions essentielles à l'acclimatement des ouvriers européens ; les défauts de ces ouvriers ramassés au hasard, et presque toujours perdus d'habitudes vicieuses et de misère; le manque constant de cette volonté fixe qui poursuit intrépidement son but, telles furent les causes principales de l'insuccès et du découragement de nos travailleurs. Les conditions les plus propres à ruiner une entreprise difficile à la prudence même, pouvaient-elles entraîner la réussite ? Non ; mais on s'avise peu de remonter à la rechreche des moyens qui déterminent l'issue des choses. On juge de tout d'après le résultat : de là cette conviction générale que, songer à transplanter l'agriculteur de race blanche sous la ligne, c'est se bercer de chimères! « Au surplus, dit M. Lechevalier, généralisant sa loyale observation, je ne me dissimule pas que *tous les témoignages*, et même les plus récents, ceux qui concernent les colonies anglaises, ne *soient tout à fait contraires* à l'opinion par moi émise et soutenue que le travail des blancs *est possible* sous les tropiques[1]. » Il est vrai que la plus grande partie de ces témoignages et des terreurs inspirées aux Européens immigrants, émanent des missionnaires anglais, dont nous laissons M. Schœlcher et M. de Montalembert admirer les vertueux efforts[2]!

Ce sont eux, dit M. Lechevalier, qui répètent aux paysans que s'ils osent émigrer aux Indes orientales où dans les colonies de l'Occident, ils marchent à la mort et s'acheminent vers leur tombe ! Nouveaux *dominateurs* de la race noire, les missionnaires protestants de toutes les sectes ont de bonnes raisons de ne pas créer à leurs clients une concurrence redoutable en matière de travail et de salaire; car toutes les épargnes des noirs sont aujourd'hui déposées

---

[1] P. 101, *Idem, Guyane.* — [2] V' sur ces missions F. La Mennais, *Mélanges*, vol. I, p. 366.

entre leurs mains. L'école et le temple ont énormément à
se louer de la générosité des nouveaux émancipés, et les
habitudes européennes bouleverseraient celles de leurs disciples[1] !

Cependant, quoi qu'il en soit de l'avenir, et du motif de
ces échecs réitérés, toujours est-il que les expériences ont
partout échoué.—Devant ce mot fatal, et souvent magique :
— il le faut,... le succès couronnera-t-il de plus sages
efforts ?

. . . . . Dans notre désir de faciliter l'implantation
du travail libre et d'ajouter la ressource de l'immigration à
celle *que nos colonies offrent à nos prolétaires sans les
dépayser*, nous n'hésiterons point à provoquer de nouvelles tentatives. Mais la raison veut, elle exige que dans
ces essais, diversifiés selon les lieux, *une part considérable* de la direction revienne et demeure aux conseils
locaux. Car, nul intérêt à la réussite de ces chanceuses
entreprises ne peut égaler celui des colons, et nulle expérience ne soutient le parallèle avec celle que le temps et
l'observation leur ont acquise ! Enfin, si le succès répond
à ces tentatives, la justice et la politique placeront immédiatement le planteur dans des conditions où la possibilité absolue du travail libre s'applique à la position particulière de cet enfant de la France ; car si les bienfaits du
travail européen peuvent contribuer à l'affranchir de sa
ruine, il faut les lui accorder au plus tôt, et d'une main
prodigue, puisque cet affranchissement doit rejaillir et
s'étendre sur la servitude du prolétariat des deux races[2] !

[1] Lechevalier, *Id.*, p. 111, 112.—[2] Observons que M. J. Lechevalier, pour
organiser le travail libre à la Guyane, le désorganise dans les colonies voisines. Au moment où la question vitale de ces établissements est d'attacher
à leur sol leur population affranchie, il l'en arrache par les enrôlements et
les séductions de la concurrence ! Oter la vie pour essayer de la répandre,
c'est plus que téméraire. V' sa *Guyane*, p. 12, 31.

Déterminé par la considération des vices et des habitudes
de l'adulte, opposés comme obstacles au succès du travail
libre, je me suis efforcé d'attirer les yeux du public sur
cette population que la mort moissonne si largement entre
les murs de nos hôpitaux d'enfants trouvés[1], et qui, hors de
l'enceinte de ces murs, ne rencontrent guère que l'esclavage. C'était introduire une pensée d'humanité dans une des
plus naturelles inspirations de la politique! car nous savons
que le corps et l'esprit de l'enfant se plient aux exigences
de la discipline, des mœurs et du climat avec une souplesse et une aptitude qu'il est déraisonnable d'attendre de
l'âge mûr; nous savons aussi que les bons contrats sont
ceux où les contractants ne peuvent se lier sans la certitude
d'un bénéfice, et où ils ne s'assujettissent qu'à l'évidence
d'un avantage. Heureux donc l'enfant trouvé s'il brise les
chaînes meurtrières de son apprentissage pour recevoir, en
échange, un sort avantageux et une patrie, au milieu de
ces races où le caprice qui l'engendra est encore, à lui seul,
l'auteur de tant de naissances!

Mais que l'Europe imprime ou non l'impulsion d'un
courant à une portion quelconque de son prolétariat, nous
ne saurions trop vivement répéter qu'il s'agit, pour l'immigrant, d'une terre promise ou d'un tombeau! Seul, il
ne saura point se guider! il croupira dans l'oisiveté, attendant du Ciel la fortune que le Ciel n'accorde qu'aux efforts
du travail; ou bien, ce sera tout le contraire, on le verra
se livrer à l'ouvrage avec l'ardeur naturelle à l'Européen;
il bravera *trop tôt* un soleil et un climat qui imposent au
travail physique une sage mesure, et des intervalles de repos
destinés par la Providence *à la moralisation de l'homme
intellectuel!* Les pouvoirs locaux devront donc avoir, dès

---

[1] Voir le chapitre Enfants trouvés, ci-dessus, p. 279.

le principe, la haute-main sur l'organisation et la conduite
du travail. A eux encore, et non point aux scribes outre-
cuidants des ministères, de trancher toutes les questions
de régime; de décider, par exemple, si la prospérité des
colonies et des races appelées à s'en partager le domaine,
ne doit point commencer par leur *union-distincte;* je veux
dire par ce travail commun avec partage de rôle, où
chaque race adopte la tâche et les heures indiquées par
les facultés de sa nature.

Si je m'exprime quelquefois dans un style où se peint
l'hésitation, c'est à dessein; car une extrême défiance me
semble devoir accompagner des innovations d'une gravité
si considérable. Homme du progrès, je me crois la prudence permise! et surtout lorsqu'un pas sur le terrain
de l'inconnu conduit et entraîne à de telles distances
dans des régions dépourvues de guides, et où ne brillent,
entre des enchaînements d'abîmes, que des clartés dou-
teuses.

C'est encore à dessein que j'arrête l'esprit sur les difficultés qui se mêlent à l'exécution des projets le plus logiquement raisonnés. Ainsi ne semble-t-il pas, de prime-
abord, qu'en présence de l'apathie naturelle aux affranchis
coloniaux, l'introduction du prolétaire blanc adulte nécessite l'introduction de prolétaires issus des régions tropicales; car si l'affranchi déserte les ateliers, et dans l'hypothèse du partage forcé des fonctions du travail entre les deux
races, comment échapper à la nécessité d'établir, à côté du
courant de l'immigration de nos prolétaires, un courant
parallèle d'immigrants asiatiques ou africains? Ces Coolies et ces Africains furent aussi, les premiers, les *insuf-
fisants*, les indispensables auxiliaires des îles anglaises
émancipées. Il pourra donc sembler difficile à nos colonies,
beaucoup moins peuplées que celles de l'Angleterre, de se

passer de leur secours[1]; mais il pourra leur être plus difficile
encore de se le procurer en face de notre jalouse rivale!... Gardons-nous cependant d'accumuler problème sur problème;
avec un gouvernement sage et fort, les temps et les lieux of-
friraient encore sur ce point leurs conseils et leurs ressources.

Mais si la question se simplifie, s'il ne s'agit plus, pour
maîtriser le succès, que de transplanter des hommes d'un
terroir sur un autre; si la France imite l'empressement de
l'Angleterre à couvrir de travailleurs le sol de ses îles, est-ce
qu'à notre porte, les Etats-Unis de l'Amérique ne nous
prodigueront pas les ressources et les facilités du choix?
La population noire et cuivrée dont ils regorgent, végète et
rampe dans une liberté toute hérissée d'entraves[2]. Les flots
grondeurs et menaçants de cette population frappent les
digues affaiblies qui les resserrent et inspirent aux gouvernements de la fédération des craintes aussi motivées que sérieuses. Il est à supposer que ces gouvernements se prêteraient avec allégresse à faciliter l'émigration de l'ennemi
intérieur, et que de faibles amorces entraîneraient hors de
cette fausse patrie les familles de race africaine qui n'y
trouvent en partage qu'humiliations et tyrannie.

Nos colonies verraient affluer vers elles ces hommes jusqu'ici parqués au-dessous du niveau commun, sur un sol
pétri de tous les éléments de l'égalité; ces faux fils de la liberté et de l'égalité républicaine, qui possèdent des droits
reconnus et acceptent la défense d'en jouir! Un champ d'a-
sile s'ouvrirait pour ces malheureux forcés, jusque dans les
églises, jusque sous la froide pierre du tombeau, d'obéir
à l'implacable loi des mœurs, qui les repousse loin du contact des blancs[3]! Dans les colonies, où le travail leur assu-

[1] Angl. population par milles carrés : la Barbabe, 700 âmes; Antigues,
345; la Jamaïque, 56. France : Martinique, 20; Guadeloupe. 17; Bourbon, 8.
— [2] Lire *Marie, ou l'esclavage aux États-Unis,* par G. de Beaumont. —
[3] De Tocqueville. J. Lechevalier. Miss Martineau, etc.

rerait une position pleine d'avenir et de douceur, ces travailleurs uniraient enfin, au titre d'hommes, la jouissance
des droits inhérents à notre nature!

Ces espérances ont été conçues; je les analyse, je les rapporte, empressé que je suis de ne dérober à la connaissance
de mes lecteurs aucun des éléments du travail libre. Mais
je demande pourquoi l'Angleterre n'a point effectué sur ses
îles ce transvasement que devaient accompagner tant de
facilités et d'avantages! Ne se sera-t-il point encore rencontré à cet endroit quelqu'un de ces obstacles naturels
qui se jouent des probabilités du calcul?

Napoléon, ce bras de fer, ce génie de feu, disait à M. de
Fontanes : C'est une merveille toujours nouvelle pour moi
que l'impossibilité de la force à rien constituer! Ne nous
flattons donc point de forcer la nature et d'enlever de
haute lutte des fruits que le temps ne mûrit et ne concède
qu'au jour le jour.

Dans cette pensée, je ne repousse aucun des éléments
exotiques du travail libre; bien loin de là, je les appelle et
les réunis; mais je ne compte positivement sur d'autres travailleurs libres, que sur les affranchis naturellement acclimatés et libérés des vices héréditaires du noir par une éducation sérieuse et générale, celle que la religion nourrit de ses
préceptes, et de laquelle M. le duc de Broglie nous a dit :

« Comment ne point tenter ce qui n'a *jamais* été *sérieusement* essayé sans réussir *au-delà de toute espérance*[1]! »

Mais le rôle politique de nos finances sera-t-il, dans
cette crise vraiment sociale, celui que la justice leur assi-
gne, et quel est ce rôle? — Il est aisé de le saisir.

Emanciper, voilà le mot! Emanciper les travailleurs;
mais sans détruire, ou plutôt en accroissant le travail, qui

---

[1] *Rapport de Broglie*, p. 155. Voir, dans mes *Colonies françaises*,
les merveilles produites par cette éducation.

enrichit et fortifie l'Etat! Emanciper la race noire, là-bas,
au moment opportun ; et, du même coup, sans qu'il en
coûte rien de plus, *en définitive*, que quelques paragraphes
de lois, forger l'instrument de la liberté de nos travailleurs,
le mettre aux mains de nos prolétaires, la honte et la terreur
de notre société! Eh bien ! toutes ces idées, mûries, se lient
en gerbe et attendent leur sort de cette unique vérité que je
transcris :

Et « pour faire une bonne émancipation, ce qu'il faut,
avant tout, c'est de l'argent, et de l'argent encore[1]. »

De quel côté de l'horizon se trouve donc la terre qui le
produit à meilleur compte et qui, dans ses richesses, nous
offre la liberté de tant d'esclaves? Elle se trouve du côté où
doivent se tourner à la fois les espérances du prolétariat,
les espérances de notre commerce, les espérances de notre
marine et de notre puissance. C'est là le point précis où *la
parole de la France peut et doit faire jaillir et déborder
un pactole !* Appuyé sur les leçons de l'histoire et sur les
principes de la raison, fortifiés de l'instinct général des peuples, je ne puis cesser de le redire; car la répétition est le
marteau qui, lorsqu'il frappe juste, pulvérise les résistances
les plus indomptables.

Les autorités les moins sympathiques aux planteurs nous
découvrent elles-mêmes la richesse des mines qui, sur le sol
tropical, sollicitent l'action de notre politique!

Pense-t-on, dit M. Schœlcher, réclamant l'application du
principe de l'indemnité en faveur des colons, sans le concours desquels il proclame que l'émancipation, gravement
compromise, *serait un danger;* pense-t-on « que nos
chambres veuillent *se déshonorer aux yeux de l'univers,* en refusant l'émancipation par un vil sentiment d'é-
conomie? Que les calculateurs se rassurent. Le trésor re-

---

[1] J. Lechevalier, *Guyane,* p. 88. *Id. Rapp.* cité de M. de Tocqueville.

trouvera, plus vite qu'on ne pense, ses déboursés. Dix millions de rente n'augmenteraient pas le budget d'*un centime par franc* , et dans moins d'un quart de siècle cette dépense, qui semble énorme, se trouverait n'avoir été qu'un *placement productif* [1]. »

Moins que cela, dirai-je, et de bonnes lois sucrières, en réduisant à des proportions minimes le total monstrueux de l'indemnité, répandraient en outre dans les colonies cette prospérité financière, que les bouches abolitionistes les plus passionnées déclarent indispensable au succès de l'émancipation, à la solde du travail libre *et libérateur!*

C'est alors que l'affluence des impôts, qui naîtraient simultanément de l'accroissement des productions et de la consommation de toutes les classes d'hommes de la métropole et des colonies, ne permettrait plus d'envisager cette faible concession d'argent et de lois sous un autre jour que celui du plus naturel et du plus magnifique placement de fonds et de paroles qui se puisse concevoir pour un Etat.

Ouvrir le territoire des colonies à cet épanchement de population européenne, qui les féconderait en soulageant l'Europe; ou bien, seulement, épancher dans le sein du prolétariat européen une partie des richesses que de bonnes lois et des bras actifs forceraient à sourdre et à jaillir sur tous les points de nos colonies et de notre sol, que serait-ce faire, en définitive? Ce serait, *par l'éducation*, dont cet or solderait et multiplierait les agents; ce serait, par le prêt ou le don de *l'instrument du travail*, fermer les plaies physiques et morales qui nous consument et dont on doit voir à cette heure *si j'eus raison d'étaler le spectacle;* ce serait donc rendre à toutes les parties du corps social la vigueur de la santé, la force et l'harmonie des mouvements!

---

[1] Schœlcher, *Col, fr.*, p. 265, 266, tiré de M. Royer, président, etc.

Refuser à la justice qui l'exige des mesures indispensables à l'émancipation générale des classes souffrantes, ce serait, au contraire, voter, par un refus de finances et d'humanité, la plus monstrueuse de toutes les dépenses auxquelles pourrait se laisser entraîner le plus imbécillement prodigue ou le plus caduc des gouvernements!

Eh quoi! diminuer le nombre des faméliques *en augmentant* la population des ouvriers; faire sortir les richesses des mains et des régions vouées à la misère; gagner en dépensant; se fortifier en diminuant ses armées et sa police, ses hôpitaux et ses geôles, parce qu'en unissant les classes sociales on accroît démesurément sa puissance; parce qu'en propageant la moralisation on prévient la turbulence des vices que les agents dispendieux de l'Etat répriment à peine et répriment mal!..... Eh quoi! disons-nous, la réunion de tous ces bienfaits, offerts au nom de l'expérience, ne constituerait pas un avantage assez splendide pour qu'on s'efforçât de le fixer!

Que, si nous détournons les yeux de ces régions, pour nous replier vers l'Europe, devrons-nous retracer, après tant d'hommes éminents, quelques-unes des mesures accessoires dont l'action faciliterait l'œuvre de l'émancipation générale des prolétaires, et relâcherait les liens dont les nœuds paralysent leurs mouvements? Car la liberté du travail exige une certaine liberté de déplacement, essentiellement favorable à nos projets! Mais, à cela, l'obstacle persévérant, l'obstacle invincible, c'est la misère, la misère toujours, et la misère encore!

Que faire donc, en attendant l'heure de cet énorme dégrèvement d'impôt, et de cet épanchement de richesses que l'horloge des colonies s'apprête à sonner au commandement de la métropole?... Après en avoir rendu sensible la possibilité; après en avoir inspiré le désir; après en avoir dé-

montré l'urgence, il faut tout de suite, sans perdre de vue
cette grande et féconde idée, il faut travailler à débarrasser
le malheureux des fardeaux inutiles qui, *sans profit pour
l'Etat*, l'accablent, le courbent vers la terre et l'arrêtent
corps et âme dans sa marche vers le but définitif.

Cependant, le dégrever n'est-ce pas l'appauvrir! Oui,
sans doute, et cela est indubitable, si le meilleur de tous les
placements c'est l'impôt! — Ces paroles ont retenti dans
une chambre législative européenne; je les y laisse; l'erreur
économique, dont elles sont l'expression, ne s'y trouve que
trop à sa place, hélas! Mais l'Europe chrétienne repousse
de toute la hauteur de son bon sens ces funestes doctrines,
lorsqu'elle voit des millions de travailleurs sacrifier, pour
une obole, la portion la plus positive de leur être; se tuer
l'âme et le corps des excès meurtriers du travail; et pour
soutenir une existence qu'éclaire à peine une lueur d'espoir,
se résigner aux lentes tortures de la misère et de la faim!

Car tel est l'effet certain de l'impôt excessif, mais, surtout, de ces impôts impolitiques dont le chiffre s'accroîtrait
au profit de l'Etat et au bénéfice des classes pauvres, en raison même de la sagesse avec laquelle le législateur en saurait modérer le taux! Ce que l'impôt retire indirectement
à ces hommes par l'élévation du prix des subsistances, qui
correspond à sa propre élévation, c'est la vie, c'est le prix
de la vie de leur intelligence ou de leur corps qui s'éteint
dans les étreintes dégradantes de la misère[1]!

Nous ne nous proposons certes point d'entrer dans l'examen de ces questions de détail qui, par la somme de li-

---

[1] L'excès de la misère et de la servitude où ces impôts réduisent le prolétaire de notre fière Europe mérite trop de frapper et d'enchaîner l'attention
pour que je n'en répète pas un exemple; il est concluant, sa date est d'hier,
et cependant il semble antique..... On se croit transporté par de tels faits
aux jours où le paganisme étalait ses plus hideux tableaux.

berté que chacune de leurs solutions accroît et fortifie, ont
droit à se nommer les détails de l'émancipation des prolétaires et de la réalisation du travail libre. Mais cependant,
d'un mot, nous tenons à signaler, en guise d'exemples,
quelques-uns des objets sur lesquels une diminution de taxe
produirait en faveur du prolétariat les plus énergiques effets,
et encouragerait sa patience.

Les droits sur les fers portent ce roi des métaux au double
du prix où il serait offert sans cet impôt, qui arrache à tant
de mains le plus productif des instruments du travail! Cet
impôt, dont on sollicite la diminution *progressive*, est assis
et maintenu dans l'intérêt *exagéré* de quelques grandes
mines et de quelques vastes forêts. Il a pour second et pour

« Depuis quelque temps, dit le *Times* (août 1845), des bruits fâcheux
circulaient sur la maison de travail d'Andover : on prétendait que l'administration mesurait avec une odieuse parcimonie la ration de ses malheureux
pensionnaires, qu'elle les réduisait exactement à la famine. On affirmait que,
dans l'atelier où l'on pulvérise les os pour faire des engrais, les pauvres employés à ce métier dur et malsain se disputaient comme des chiens les lambeaux de chair encore adhérents aux os ramassés dans les voiries publiques,
et que, pour apaiser leur faim, ils ne reculaient pas même devant les horribles restes des amphithéâtres de dissection. ......

Un magistrat, inspecteur de l'établissement, ayant été averti par des
personnes honorables, se transporta vers ce refuge du travail, accompagné d'un médecin, M. Payne. Il manda le directeur, et ordonna qu'on fît
comparaître devant lui dix pauvres pris au hasard, et après les avoir engagés
à dire la vérité sans crainte et sans exagération, il procéda à leur interro-
gatoire dans les termes suivants :

— Etes-vous employé à pulvériser les os ? — Oui. — Est-il vrai que les
pauvres de votre atelier aient l'habitude de manger la viande, de ronger les
cartilages et de sucer la moëlle de ces débris? — Oh ! oui , répondirent-ils
tous. — Huit sur dix avouèrent qu'ils avaient souvent fait leur repas de cette
dégoûtante nourriture, pour assouvir une faim atroce. Les deux autres n'en
avaient point mangé; mais ils confirmèrent les dépositions de leurs camarades. — Ces os vous font-ils grande envie? — Nous nous jetons dessus
avec empressement. Lorsqu'un de nous voit un os que les autres n'ont pas
remarqué, il s'efforce de le dérober aux yeux de ses camarades et le cache
en attendant l'occasion favorable de le manger. — En avez-vous quelques-

fâcheux effet d'augmenter le prix du bois de chauffage par suite de la consommation des usines, c'est-à-dire d'ajouter au ménage du pauvre un surcroît de dépenses quotidiennes [1] !

La vapeur, devenue l'âme et l'agent de la puissance industrielle et politique, réclame ce métal pour instrument. De sa voix stridente elle s'unit à l'agriculture pour accuser tout impôt, toute mesure qui le lui refuse ou ne le lui concède qu'en lésinant...

Sans dire un mot des deux milliards que l'usure prélève par tant de mains sur la totalité des transactions sociales, contentons-nous de signaler quelques impôts : tels sont les droits qui, en pesant trop lourdement sur les laines, augmentent la valeur de la matière première et le prix des vête-

uns de cachés? — Oui. — Et alors plusieurs d'entre eux allèrent déterrer des os enfouis dans le cendrier. — Ces faits, ajoute le *Times*, ont été portés à la connaissance du gouvernement; mais il n'en est résulté aucune amélioration dans le régime de la maison de travail..... »

Mais si l'excès des impôts, qui renchérissent les subsistances, est un des éléments les plus favorables à la fructification de cette canine et abrutissante misère, nous devons remarquer que cet effet est bien loin de s'arrêter aux facultés du corps ! Une série d'observations savantes du fort honorable député du Jura, M. Cordier, nous démontre que la *progression du crime* reproduit, de la manière la plus mathématiquement exacte, la *progression de l'impôt!* De l'impôt, le meilleur des placements!

Empressons-nous donc d'obéir aux savants instincts du cœur, qui nous sollicitent d'abaisser les droits sur les objets de nécessité première. Les coffres de l'État y gagneront plus de pièces d'or qu'ils n'y perdront d'oboles. En effet, abaisser le prix de ces objets, c'est en multiplier la consommation, c'est allonger la vie du misérable, du consommateur et du producteur indigent, ces deux agents de l'impôt; c'est rendre de la liberté à leurs mouvements; c'est leur accorder, sinon la plénitude de l'être, du moins une amélioration de la vie physique, un commencement de la vie morale, que la misère attaque et détruit à la fois. Augmenter le nombre des consommateurs, c'est créer au domicile de l'État, je veux dire sous tous les climats où s'étend le royaume, le plus splendide et le plus sûr des débouchés que la science des économistes puisse découvrir. Voila comment le bien conduit au bien. — [1] Cette indication n'a trait que fort indirectement à la théorie des free traders; car notre première sollicitude est la protection du travail national.

ments de la classe ouvrière; j'entends parler des vêtements les plus indispensables à la santé dans un climat aussi variable, aussi brumeux que le nôtre. Ah! si du moins, si plutôt nous concédions aux importunités de l'agriculture, qui a d'assez beaux droits à notre protection, le moyen d'accroître indéfiniment le nombre insuffisant de nos bestiaux; si nous voulions dégrever le sel des droits abusifs qui le frappent d'inertie dans nos salines! En effet, grâce à l'énergique action du sel, il n'est plus d'épizooties à redouter pour les bestiaux, qui, croissant et pullulant avec rapidité, enrichissent le sol d'engrais dont l'abondance et la qualité multiplient les récoltes, par lesquelles ils se multiplient eux-mêmes!

L'abondance du sel signifie donc l'abondance des récoltes, puis de la viande, puis des dépouilles des animaux et de *la laine*, puis, enfin, l'assainissement des aliments grossiers et indigestes auxquels la pauvreté condamne le prolétaire [1]!

Des vins [2], de mille objets d'une haute importance, je ne dis rien, trop serait à dire! Il a dû suffire de mettre le lecteur sur une voie qu'un feu de paille législatif

---

[1] La France, qui, pour égaler la Belgique et l'Angleterre, devrait consommer 400 millions de kilogrammes de sel, n'en consomme que 25! J'entends bourdonner autour de moi le texte d'une ordonnance qui, ne concédant cette substance qu'aux besoins directs de la culture, n'abaisserait les droits que sur les sels dénaturés! mélangé au son et à l'eau, le sel, *décuplé* de poids et centuplé de volume, absorberait dès lors, par le transport et l'amalgame, les bénéfices du dégrèvement! Enfin, ce mélange exigeant 160 millions d'hectolitres de son, tandis que la France ne produit que 75 millions d'hectolitres de blé, les ânes de nos moulins se verraient condamnés par nos savants bureaucrates à redemander à la meule deux fois autant de son qu'ils lui auraient apporté de grain! La Chambre des députés a fait justice de cette ordonnance par une loi; mais le ministère paraît faire justice de cette loi par son inertie. — [2] Octrois excessifs, qui frappent le producteur, puis le consommateur prolétaire, etc.

débarrasserait de son fourré d'épines. Tant de pieds nus la foulent!

Abaissons donc progressivement, sans les détruire, les indispensables barrières de la protection ; attaquons l'impôt dans ses excès, désappauvrissons le pauvre, et tout aussitôt la vie et le mouvement lui reviennent aux membres; l'espoir et le courage au cœur; le monde s'ouvre devant ses pas; il s'y tient debout, il y circule, il s'y trouve chez lui. Le voilà de la même maison que nous! Il choisit son climat pour se caser, tantôt ici, tantôt là-bas, et le travail, au lieu de le dégrader, l'élève et l'ennoblit... le travail devient sa liberté. Voilà les hommes dont nous souhaitons voir un courant se former, se grossir et se diriger vers nos possessions d'outremer ; ceux dont les bras ne tarderaient guère à donner aux terres qu'ils auraient remuées une valeur qui, dans la détresse actuelle et factice des colonies, peut et doit sembler idéale! Sous les yeux d'un gouvernement intelligent et libre d'entraves, les capitaux de ce travailleur s'y forment, s'y engagent et s'y fixent; d'autres les suivent, et bientôt s'arrête ce mouvement progressif et désordonné du prix des terres du continent, où la concurrence, bornée dans sa carrière, dispute aux capitaux du pauvre agriculteur l'instrument du travail qui est l'instrument de sa liberté!

Par le travail, voilà donc enfin le prolétaire devenu petit capitaliste! sans révolution le voilà libre d'une liberté qui reste soumise à la règle : je veux dire aux lois de la nature écrite dans la raison chrétienne. Combien une telle liberté diffère de cette sauvage indépendance qui, assurant le triomphe de l'astuce et de la perversité, jusque sous les formes du gouvernement les plus populaires, assujettit la multitude des faibles au petit nombre des forts! Eclose sous la loi chrétienne d'un travail qui maintient à la fois la famille et la société, cette liberté engendre l'égalité véritable, l'égalité des moyens; celle qui facilite l'essor de tout citoyen au lieu de le comprimer et de le restreindre : l'égalité qui croît et se fortifie sous l'égide *du droit commun*.

C'est de la sorte que, lentement et sans secousse, la justice se manifeste et se distribue à toutes les classes. C'est de la sorte que le prolétaire, élevé à notre niveau, use du droit incontestable d'association, reste travailleur et devient à la fois industriel et fabricant, homme de banque et de négoce ! Le capitaliste qui se sent trop faible pour lutter contre ces associations de travailleurs a le temps de plier bagage, et de retirer sans ruine ses capitaux des routes où la fortune ne l'attirerait plus que par des appas trompeurs. Son existence échappe saine et sauve aux bouleversements des révolutions. Une réforme sauve le monde [1] !

[1] Les gens qui vivent les yeux ouverts voient que le mot révolution est un de ces termes pour lesquels beaucoup d'esprits généreux se passionnent faute de les avoir compris. Il en est pour qui la révolution ne date ni du xvie ni du xviiie siècle. « Le christianisme, disent-ils, commence la révolution dans le monde. » (*Atelier*, Av. 1846, *Hist. de la Révol.*, Buchez, p. 299.) La révolution, c'est donc pour eux le dépouillement, la régénération du vieil homme. En ce sens, nous sommes des leurs.

Mais une révolution est un changement violent opposé à l'esprit de douceur. De fait et de nom, elle procède de la révolte, et la révolte est le soulèvement contre l'autorité légitime, qui, république ou monarchie, a sa base sur la foi religieuse. Révolution, ou révolte et christianisme expriment donc deux idées ennemies !

Il n'est point de révolution qui ne produise, au moins en partie, le sens-dessus-dessous des choses, ce qui n'est point le rétablissement de l'ordre, lors même qu'elle attaquerait le désordre; donc, point de révolution qui, *sans une réforme à sa suite*, permette à l'ordre de reprendre le dessus. Or, la raison devant défaire, après une révolution, ce qu'ont fait les passions et les bras, pourquoi ne point laisser tout de suite la raison toute seule militer contre les abus?

Oh ! toute révolution date de Babel ; car elle commence par le langage. Par l'interversion du sens des mots, elle bouleverse les idées, et par les idées les faits ! Savoir sa langue, c'est être sage.

Les révolutions courent plus vite que les réformes, mais en aveugles;

Osons enfin le dire, la vraie, la grande et complète réforme, c'est la résurrection du droit commun, ou de chacun
des droits dont *l'exercice* appartient à tout citoyen d'un
état sagement ordonné; ce droit est le plus juste, le plus vivace et le plus intraitable de tous les droits. De là, l'étonnement que nous causent les paroles de l'un des hommes de
notre capitale, les plus remarquables par le zèle intelligent de
sa charité. « La loi, pour le bien de l'ordre social et de ceux
même qu'elle exclut, a dû refuser aux classes qui luttent
sans cesse contre le travail et la souffrance une représentation dans l'Etat. Elle ne leur a pas reconnu assez de lumières
d'impartialité et de loisirs pour s'occuper des affaires du
pays et participer au gouvernement[1].

Et pourquoi donc exclure de la représentation les classes
laborieuses et souffrantes? Les paysans ne forment-ils pas
en Suède un des ordres de la législature?...

Un adage vulgaire nous a dit : la pire de toutes les domi-
nations est celle des avocats[2]; nos chambres, cependant,
regorgent d'hommes d'affaires et d'avocats!

Les commerçants et les industriels y fourmillent. Et le
père de nos économistes, Adam Smith, démontre que la
profession et les habitudes de ces hommes les entraînent, à
leur insu même, à travailler dans l'intérêt de leur fortune
contre les intérêts de l'Etat[3]!

---

elles renversent tout sur leur passage; elles trébuchent sur les ruines
qu'elles amoncellent. Et que d'or, que de larmes, que de sang pour les
payer! Au mot de révolution, il s'agit donc, encore un coup, de substituer le mot de réforme, et puis il faut marcher serrés sous cette idée. Elle
traverse les geôles et les bastilles ; les coups de fusil ne peuvent l'abattre,
et, comme le Christ ressuscité, elle fait voir et toucher les plaies que lui
a faites le génie du mal à ceux qui nient sa puissance et sa vie.
[1] *Annales de la charité*, p. 28, 29, janvier 1845. — [2] *Regnum avoca-
torum pessimum*. Ce mot ne tombe que sur les avocats intrigants. —
[3] *Merchants and other manufacturers*, etc., vol. i, p. 396, 397 ; Londres,

Est-ce que l'*élite* des classes ouvrières, est-ce que *leurs élus* ne vaudraient pas ces avocats, ces commerçants, ces industriels et ces banquiers, dont les capitaux nous coûtent si cher?.. Est-ce que les paysans de la législature suédoise ont ébranlé les fondements de l'Etat? Est-ce que le tiers-état des assemblées générales de la France, avant d'être devenu tout le monde, n'avait pas été indistinctement composé des représentants de toutes les professions et de toutes les conditions sociales? L'aristocratie bourgeoise et financière sera-t-elle plus exclusive que ne le fut l'aristocratie nobilière qui le fut trop? Dans quel intérêt national imposer silence à la voix qui appellerait l'attention du public du côté où s'expriment dans leur langage pittoresque les grandes douleurs? Et pourquoi donc, au lieu de se les incorporer, exclure les représentants, l'élite de ces classes inférieures, dont on a reconnu si formellement le bon sens pratique! Que craindre d'elles, ou plutôt que n'en point attendre pour la France, si nous leur donnons les moyens de devenir ce que nous sommes!

Et d'ailleurs, la classe des ouvriers ne compte-t-elle point des hommes modérés, des hommes savants dans les branches d'économie industrielle auxquels ils appartiennent! N'offre-t-elle point des publicistes remarquables par leur sens et leurs lumières [1]? Si l'on repousse ces hommes hors du concert social, ils en troubleront l'harmonie; mais que leurs droits se confondent avec les nôtres, et leurs vœux cesseront de nous épouvanter. Les Jacobins ne peuvent devenir leurs

1789. Voir *id.* E. Buret, vol. II, p. 439. Lire *les Juifs, rois de l'époque.* Voir ce que dit M. Fraiser Frisell (devant lequel a pâli Delolme), *Vue générale de la constitution-anglaise,* p. 111, 112; 1837.

[1] *L'Atelier,* par exemple, journal foncièrement religieux, mais où se lisent de temps à autre des phrases qui font frémir. V' le numéro d'août 1845, p. 167 : « Un douloureux souvenir, etc. » — Les votes de la nation représentée n'ont jamais compromis l'ordre lorsque plusieurs millions d'élec-

patrons, que du moment où leurs droits fléchissent devant
les nôtres !

En les appelant, que faisons-nous? Au lieu des bras, des
fusils, des poignards et du triangle d'acier qui moissonne
les têtes et bat la monnaie révolutionnaire, nous demandons des idées et des droits! Au lieu des révolutions et des
guerres, nous appelons des associations d'intelligences, unies
dans un but moral de production et de conservation! Celles-
ci, pour s'accomplir, exigent il est vrai des capitaux, parce
que nulle idée de l'homme, de même que nul esprit humain
ne peut fonctionner sans instrument! Mais en frappant du
pied sur un sol qui nous appartient, nous y ferons jaillir
une source d'or. Il ne nous reste donc plus qu'à frayer à la
fortune publique revivifiée, une voie large et commode!
La richesse, la puissance et la paix sont à nous, pourvu que
nous prêtions nos cœurs à l'acte qui conduit le travailleur à
la possession de sa liberté!

La réforme du système électoral est donc la clef de voûte
de toutes les réformes, qui deviennent impossibles si la
France entière n'y met la main.

Sur le terrain sacré de la légalité, O'Connell a tracé la
route la plus sûre qu'il y ait à suivre, en fait de réformes.....

. . . . . Ceux qu'il épouvantait de loin, lorsqu'ils ont
vu *le monstre* tout près d'eux, lui ont tendu la main; ras-
surés et souriants ils l'aident à réaliser son *utopie*. Notre
nation n'est point la sienne; aussi ne proposons-nous de
l'imiter que selon nos mœurs !

Que si la France s'engage avec sagesse et fermeté dans

teurs les exprimaient. La révolution de 1793 ne s'est opérée que par la
destruction des *cahiers* donnés à des mandataires qui se déclarèrent souverains. Ce même fait ne pourrait se représenter, par la raison *très-profonde*
que les *révolutions ne finissent point comme elles commencent.*

cette voie de la réforme, les terreurs qui en ont entravé le
cours s'évanouiront au premier pas. Vains fantômes, elles se
dissiperont comme les géants de la forêt enchantée du Tasse.
Je parle des terreurs dont ses antagonistes intéressés s'étu-
dient à lui composer un cortège; terreurs qu'inspirent à
juste titre les réactions révolutionnaires, dont le succès est
au prix de l'effusion du sang et de l'action forcée du numéraire !

Hâtons-nous donc, avec une sagesse active, mais ennemie de toute injustice et de toute violence; hâtons-nous de
placer l'indigent dans des conditions favorables à la revivi-
fication du caractère humain qui va s'effaçant dans sa personne! L'espérance ne renaît au cœur du prolétaire que
dans ces conditions. C'est alors qu'en touchant sa chair, il
ne lui semble pas toucher la chair d'un damné! C'est alors
qu'il commence à croire à la justice, à la bienveillance de
la société; *à croire à quelque chose!* La foi le ranime, et
sort du tombeau ses facultés languissantes. — Il croit, il
aime, il agit; car l'amour de cette société, dont il machinait,
dont il rêvait la mort et dont il se sent devenu membre,
excite en son âme un sentiment de vie et d'action.

Faisons notre compte et comptons-bien. — Voici que se
forment tout d'un coup dans un même cœur les trois vertus
cardinales de la société, celles aussi du christianisme : la
foi, l'espérance et la charité. Voici que, par cela même,
l'homme sort tout vif de la brute, et quel homme! Celui-là
ne nous ferait ni peur, ni honte !

De tous ces nouveaux et simples arrangements de la raison, qui peut se plaindre et qui peut perdre? Le propriétaire du sol? — Oh, non! — L'agriculteur? — Oh, non!
Le commerce loyal et discret? — Oh, non! L'industrie sérieuse et prudente? — Oh, non! Nullement. — Qui peut
donc y perdre? — Quelqu'un; je sais bien qui; je vais le

dire en jetant l'œil par-delà les limites de notre patrie : C'est l'étranger !... Hélas !...

..... C'est l'étranger au dehors ; et puis, au dedans, ce sont ses auxiliaires : *quelques* hauts banquiers, quelques opulents et imprudents capitalistes, quelques audacieux spéculateurs. Et que perdent-ils ? Aurait-on conçu la pensée de les dépouiller ? — Oh jamais ! On a laissé ce soin à leurs héritiers ou à leurs vices ! Mais que perdent-ils donc ? Eh bien, ce qu'ils manquent de gagner : voilà leur perte, et c'est là le gain de la France !...

———————

L'association des idées qui se rencontrent dans cet écrit ne restera pas stérile pour le lecteur, s'il daigne reconnaître, et puis après redire autour de lui, à quel point ces idées se recherchent et s'unissent pour la production des temps de justice et de bonheur que nous devons appeler de tous nos vœux et par toutes nos œuvres.

Ouvriers, indigents, hommes fortunés, hommes qui tremblez pour vos richesses, votre famille et votre avenir ; hommes de sueurs et de larmes, dont la bouche maudit heure à heure le temps qui s'écoule ; nous tous enfin, voici l'image que les livres saints nous ont donnée de ce bonheur aux époques où Dieu bénissait son peuple :

Ce sont des jours où chacun mange et boit *en paix* du fruit de ses mains, assis dans sa vigne et sous l'ombre de son figuier.

Travail des mains ou de la pensée ; travail actif et repos plein de calme, sous cette forme harmonieuse l'image du bonheur nous sourit-elle ?

FIN.

TABLE DES MATIÈRES.

36

CHAPITRE VIII.

Malthus. — Peu de mariages et moins d'enfants. — Il y a mieux à faire.

CHAPITRE IX.

Prolétariat ; noirs ; religion ; mœurs ; éducation.

CHAPITRE X.

Europe ; religion ; éducation. — Les écoles et l'Université devant M. E. Buret, économiste lauréat.

L'éducation du prolétaire, en Angleterre et en France, selon nos éco-

CHAPITRE XXVIII.

Le prolétaire entre l'industriel et le planteur.

CHAPITRE XXIX.

Prolétaires européens et prolétaires noirs.

Imprimerie d'A. SIROU et DESQUERS, rue des Noyers, 37.